U0861673

高等职业技术院校汽车类专业教材

汽车故障检测与诊断

（第二版）

主　编　罗富坤

中国劳动社会保障出版社

简介

本书主要内容包括汽车故障检测与诊断概述、汽车发动机故障检测与诊断、汽车底盘故障检测与诊断、汽车电气系统故障检测与诊断、汽车车身及附件故障检测与诊断、汽车综合故障检测与诊断。

本书由河南职业技术学院汽车工程系罗富坤任主编，董继明、韩建国、阴丽华、曾显恒、吉武俊、王文、陈健、张坷、万涛参加编写。中国汽车维修行业协会《汽车维护与修理》杂志社李东江对本书提出了许多宝贵的意见和建议，在此表示衷心的感谢。

图书在版编目(CIP)数据

汽车故障检测与诊断 / 人力资源社会保障部教材办公室组织编写；罗富坤主编. -- 2版. -- 北京：中国劳动社会保障出版社，2019

高等职业技术院校汽车类专业教材

ISBN 978-7-5167-4099-6

Ⅰ. ①汽…　Ⅱ. ①人… ②罗…　Ⅲ. ①汽车-故障检测-高等职业教育-教材②汽车-故障诊断-高等职业教育-教材　Ⅳ. ①U472.9

中国版本图书馆 CIP 数据核字(2019)第 171044 号

中国劳动社会保障出版社出版发行

（北京市惠新东街 1 号　邮政编码：100029）

*

北京谊兴印刷有限公司印刷装订　新华书店经销

787 毫米×1092 毫米　16 开本　18.75 印张　348 千字

2019 年 11 月第 2 版　　2023 年 1 月第 6 次印刷

定价：38.00 元

营销中心电话：400-606-6496

出版社网址：http://www.class.com.cn

http://jg.class.com.cn

前言

为了更好地适应全国高等职业技术院校汽车类专业的教学要求，全面提升教学质量，人力资源社会保障部教材办公室组织有关学校的骨干教师和行业、企业专家，在充分调研企业生产和学校教学情况、广泛听取教师对现有教材反馈意见的基础上，吸收和借鉴各地高等职业技术院校教学改革的成功经验，对现有全国高等职业技术院校汽车类专业教材进行了修订（新编）。

本次教材修订（新编）工作的重点主要体现在以下几个方面：

第一，合理更新教材内容。

根据企业岗位和教学实践的需求变化，确定学生应具备的能力与知识结构，调整部分教材内容，使知识技能点的深度、难度、广度与实际需求相匹配；根据相关专业领域的最新发展，淘汰陈旧过时的内容，补充新知识、新技术、新设备、新材料等方面的内容；根据最新的国家技术标准编写教材内容，保证教材的科学性和规范性。

第二，加强实践技能的培养。

根据就业岗位对技能型人才所需能力的要求，进一步加强实践性教学内容，采用了理论知识与技能训练一体化的编写模式，以体现“做中学”“学中做”的教学理念。

第三，衔接职业技能鉴定要求。

教材编写以相关国家职业标准为依据，涵盖国家职业标准（高级）的知识和技能要求，并在配套习题册中增加了相关职业技能考试的练习题。

第四，精心设计教材形式。

在教材的呈现形式上，尽可能使用图片、实物照片和表格等将知识点生动地展示出来，力求让学生更直观地理解和掌握所学内容。

第五，提供全方位的教学服务。

本套教材配有习题册、教学参考书、电子课件和习题册答案，电子课件等教学资源可通过职业教育教学资源和数字学习中心（http://jg.class.com.cn）下载。

本次教材的修订（新编）工作得到了辽宁、吉林、江苏、山东、河南、广东等省人力资源社会保障厅及有关学校的大力支持，在此我们表示诚挚的谢意。

人力资源社会保障部教材办公室

2018 年 6 月

目录
Contents

模块一 汽车故障检测与诊断概述

学习目标

◆ 了解汽车故障检测与诊断的基本概念。

◆ 熟悉汽车故障检测与诊断的常用工具和检测设备。

◆ 掌握汽车发动机故障检测与诊断项目及内容。

一、汽车故障检测与诊断的基本概念

1. 故障检测与诊断条件

汽车是一个复杂的技术系统，是许多总成、机构和元件的有序构成。在汽车的使用过程中，由于某一种或几种因素的影响，其技术状况将随行驶里程的增加而变化，其动力性、经济性、可靠性、安全性将逐渐或迅速地下降，排放污染和噪声加剧，故障率增加，这不仅对汽车的运行安全、运行消耗、运输效率、运输成本及环境造成极大的影响，甚至还直接影响到汽车的使用寿命。因此，研究汽车故障的变化规律，定期检测汽车的使用性能，及时而准确地诊断出故障部位并排除故障，就成为汽车应用技术的一项重要内容。

汽车故障诊断是在汽车不解体（或仅卸下个别小件）的条件下，确定汽车技术状况或查明故障的部位及原因，进而进行检测、分析与判断。随着科学技术的日益进步，汽车已成为高新技术的载体，现代汽车已成为机、电、气、液一体化产品，其结构越来越复杂，故障诊断难度越来越大；另外，汽车修理方式也已从传统的以零件修复为主转向以零部件和总成更换为主。因此，快速、准确、有效的诊断是保证汽车运行安全，提高经济性，减少排放和噪声，提高维修效率，降低维修成本，延长汽车使用寿命的前提。

要实现汽车故障快速、准确、有效的检测与诊断，必须具备以下条件：

（1）熟悉汽车的结构和工作原理，能判定故障现象相关的系统或总成范围，掌握判定对象的机、电、气、液结构和工作原理，这是进行故障诊断的前提。

（2）具有清晰的检测思路，明确检测参数、正确的检测方法、参数检测顺序、参数测量值的变化形式和正常的范围，这是实现快速、准确故障诊断的关键。

（3）具有较强的综合分析、逻辑推理和判断能力。它一方面决定诊断结果的准确性，同时也影响检测思路，这是实现快速、准确、有效故障诊断的核心。

2．汽车故障诊断技术

汽车故障诊断技术是指在整车不解体的情况下，确定汽车的技术状况，查明故障原因和故障部位的汽车应用技术。

（1）汽车故障

汽车故障是指汽车部分或完全丧失工作能力的现象，其实质是汽车零件本身或零件之间的配合状态发生了异常变化。

汽车的工作能力是其动力性、经济性、工作可靠性及安全环保等性能的总称。汽车故障有如下分类：

1）按丧失工作能力的程度分为局部故障和完全故障。局部故障是指汽车部分丧失工作能力，降低了使用性能的故障。完全故障是指汽车完全丧失工作能力，不能行驶的故障。

2）按产生后果的严重程度分为一般故障、严重故障和致命故障。一般故障是指在汽车运行中能及时排除的故障或不能排除的局部故障，严重故障是指在汽车运行中无法排除的完全故障，致命故障是指导致汽车产生严重损坏的故障。

（2）汽车故障诊断

汽车故障诊断是指在汽车不解体（或仅拆下个别零件）的情况下，确定汽车的状况，查明故障部位及故障原因的汽车应用技术。汽车的技术状况是指定量测得的表征某一时刻汽车外观和性能参数值的总和。汽车技术状况的诊断是通过检查、测量、分析、判断等一系列活动完成的，其基本方法主要分为两种：直观诊断法和现代仪器与设备诊断法。

1）直观诊断法。直观诊断法又称为人工经验诊断法，是指诊断人员凭丰富的实践经验和一定的理论知识，在汽车不解体或局部解体的情况下，依靠直观的感觉印象，借助简单的工具，采用眼观、耳听、手摸和鼻闻等手段，进行检查、试验、分析，确定汽车的技术状况，查明故障原因和故障部位的诊断方法。

2）现代仪器与设备诊断法。现代仪器与设备诊断法是在人工经验诊断法的基础上发展起来的一种诊断方法，是指在汽车不解体的情况下，利用测试仪器、检测设备和检验工具，检测整车、总成或机构的工作参数，为分析、判断汽车技术状况提供定量依据的诊断。

3．汽车故障的成因

汽车故障的成因主要有自然因素和人为因素，因此，汽车故障可分为自然故障和人为故障。

（1）自然故障

自然故障是指汽车在正常的使用和维护条件下，由于不可抗拒的原因而形成的故障。例如，在汽车的使用过程中，零件会产生自然磨损；在长期交变载荷下，零件会产生疲劳；在外载荷及温度残余内应力作用下，零件会产生变形；此外，非金属零件及电气元件会产生老化等。这些原因均会引起故障。

（2）人为故障

人为故障是指由于人为的不慎而造成的汽车故障。这类故障起因在于汽车设计、制造、维护过程中的人为因素，具体如下：

1）汽车设计与制造上的因素。在汽车设计中，尽管车辆设计者们考虑得很周全，也难免在设计中存在薄弱环节和不足之处。例如，发动机水套内的冷却液流向欠合理而影响散热，导致个别气缸磨损剧烈；因空气压缩机结构不合理而严重影响上润滑油；因总体布置不合理或其他原因而导致制动侧滑；有的进口汽车不符合我国国情而造成大客车的车身强度不足等。

2）维修配件质量的因素。随着我国汽车保有量的急剧增长，维修配件的需求量也大大增加了。由于使用单位把关不严，致使伪劣产品鱼目混珠，引发了各种各样的故障。例如，同一发动机气缸盖各燃烧室容积不等，导致发动机动力不足或爆震；凸轮轴正时齿轮的键槽位置超差，会破坏正常的配气相位，降低发动机的动力性；空气滤清器的滤清效果差，会引起气缸早期磨损；前轮左右钢板弹簧的刚度、挠度不一致、不标准，会影响前轮的定位参数，破坏汽车的操纵稳定性等。

3）燃油、润滑油的选用因素。根据车型选用燃油和润滑油，是保证汽车正确使用的必要条件。例如，要求使用 97 号汽油的车辆，若选用了 93 号汽油，发动机就会产生爆震，冲坏气缸衬垫或烧毁活塞顶，并使动力性下降；若压缩比高、热负荷大的汽油发动机使用了与之不配套的润滑油，会使气缸活塞的配合副产生早期磨损；若柴油车在严寒地区使用高凝固点的柴油，会导致汽车启动困难等。

4）使用管理方面的问题。由于使用单位和个人不了解或不严格执行车辆技术管理规定，导致车辆使用不合理，维护不定期，修理不及时，从而导致人为故障。在汽车使用中不重视日常维护，新车或大修车不走合，不执行出车前、行驶中、收车后的“三检”工作，不定期进行“三清”工作等，均会使随机故障频发，不但影响了汽车的使用寿命，而且会危及行车安全。

5）维护保养和维修技术问题。由于存在维护保养和维修技术人员专业技能不高、职业责任感不强、违反技术操作规程以及检测与维修设备老化等问题，会增加车辆使用技术状态下降的风险。

4．汽车故障的症状

汽车故障的症状也称为故障现象，是故障的具体表现。汽车故障通常有下面一些症状：

（1）工况突变

所谓工况突变，是指汽车的工作状况突然出现不正常现象，这是比较常见的故障症状。例如，发动机突然熄火后再发动困难，甚至不能发动；发动机在行驶中动力突然降低，使汽车行驶无力；汽车在行驶中突然制动失灵或跑偏等。这种故障虽然症状明显，容易察觉，但其成因复杂，而且往往是由渐变到突变，因此，在诊断时，必须认真调查、分析突变前有无可疑症状，去伪存真，判明故障的位置。

（2）声响异常

有些故障可以引起汽车发动机或底盘部分的不正常响声，这种故障症状明显，一般能及时发现。应当指出的是，有些声响异常的故障可能酿成机件事故，故必须认真对待。经验表明，凡声响沉重并伴有明显振抖的现象，多数是恶性故障，应立即停车并查明原因。一般的声响常因成因不同而带有不同的特征，在判断时，应当仔细查听，正确分辨。

（3）过热现象

过热现象通常表现在发动机、变速器、驱动桥和制动器等总成上。在正常情况下，无论汽车工作多长时间，这些总成均应保持一定的工作温度。除发动机外，若用手触试时，感到烫痛难忍，即表明该处过热。发动机过热说明冷却系存在故障，如不及时排除，会引起爆震、早燃、行驶无力，甚至造成活塞等部件的烧熔事故。驱动桥过热通常是由于装配不良或缺少润滑油等故障所致，如不及时排除，将引起齿轮及轴承等零件烧损。因此，对过热症状不可掉以轻心。

（4）渗漏现象

渗漏是指汽车的燃油、润滑油、冷却液、制动液（或压缩空气）以及动力转向系油液的渗漏现象。这也是一种明显可察觉的故障症状。渗漏易造成过热、烧损及转向、制动失灵等故障，一旦发现应及时排除。

（5）排烟颜色不正常

发动机在工作过程中，正常的燃烧生成物的主要成分是二氧化碳和少量的水蒸气。如果发动机燃烧不正常，废气中会掺有未燃烧完全的碳粒、碳化氢、一氧化碳及氮氧化物等。对于汽油机而言，正常的废气应无明显的烟雾。但是，气缸上润滑油时，废气呈蓝色；燃烧不完全时，废气呈黑色；油中掺水时，废气呈白色。柴油发动机的排气颜色不正常时，通常是发动机无力或不易发动的伴随现象。因此，烟色为诊断柴油机故障的重要依据之一。

（6）失控或振抖

汽车或总成工作时，可能出现操纵困难或失灵，有时可能出现自身振抖等现象。例如，由于前轮定位不正确而出现前轮振摆或跑偏；由于曲轴或传动轴动不平衡而相应使发动机或传动系统在运转中产生振抖等。

（7）燃油、润滑油消耗异常

燃油、润滑油消耗异常，也是一种故障症状。燃油消耗增多，一般为发动机工作不良或底盘（传动系、制动系）调整不当所致。润滑油消耗过甚，除了渗漏原因之外，多数是发动机存在故障，这时常常伴有加润滑油口处大量冒烟或脉动冒烟，排气烟色不正常等现象，其原因主要是活塞与气缸壁的配合间隙过大或活塞与气缸壁有严重损伤。若发动机在工作中润滑油的消耗量有增无减，可能是润滑系统中掺入冷却液或汽油。因此，燃油、润滑油消耗异常是发动机存在故障的一个重要标志。

（8）有特殊气味

汽车在运行中，如有制动拖滞或离合器打滑等故障，则会散发出摩擦片的焦臭味；发动机过热或润滑油、制动液（带有真空增压器的液压制动系）燃烧时，会散发出一种特殊气味；电路短路、搭铁导致导线烧毁时，也会产生异味。行车中若发觉车内有特殊气味，应立即停车并查明故障的位置。

（9）汽车外观异常

将汽车停放在平坦场地上，检查其外形状况，如有横向或纵向歪斜等现象，即为外观异常，其原因多数是车架、车身、悬挂、轮胎等出现异常。汽车外观异常会引起转向不稳、行驶跑偏、重心转移、轮胎偏磨等故障。

5．汽车故障的变化规律

汽车故障的变化规律是指汽车故障率随行驶里程的变化规律。汽车故障率是指使用达到某行驶里程的汽车，在单位行驶里程内发生故障的概率，也称为失效率或故障程度。它是衡量汽车可靠性的一个重要参数，体现了汽车在使用中丧失工作能力的程度。

在正常的使用和维护条件下，汽车故障率 $\lambda(t)$ 与行驶里程 L 之间的关系呈“浴盆”形曲线，如图 1—1—1 所示。汽车故障变化规律呈现出三个明显的阶段：

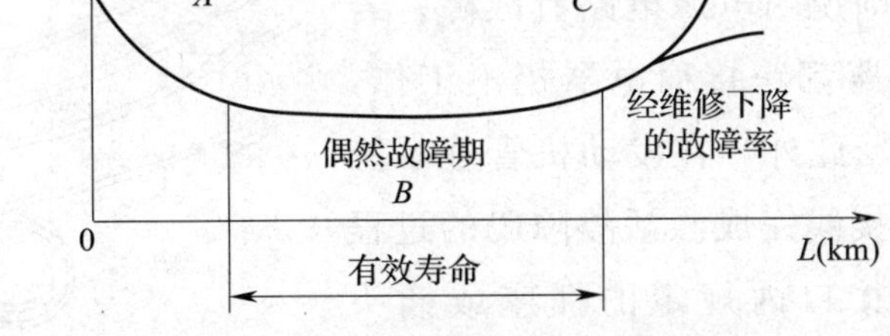

图 1—1—1　汽车故障变化规律曲线

（1）早期故障期

早期故障期相当于汽车的磨合期。因初期磨损量较大，所以故障率较高，但随行驶里程增加故障率会逐渐下降。

（2）随机故障期或偶然故障期

在随机故障期，汽车故障的发生是随机性的，没有一种特定的故障在起主导作用，多由于使用不当、操作疏忽、润滑不良、维护欠佳，以及材料内部隐患或工艺和结构缺陷等偶然因素所致。在此期间，汽车或总成处于最佳状态，其故障率低而稳定，其对应的行驶里程一般称为汽车的有效寿命。

（3）耗损故障期

在耗损故障期，由于零件磨损量急剧增加，大部分零件老化耗损严重，特别是大多数受交变载荷作用而极易磨损的零件已经老化，因而故障率急剧上升，出现大量故障，若不及时维修，将导致汽车或总成报废。因此，必须把握好耗损点，制定合理的维修周期。由上述可知，早期故障期和随机故障期所对应的行驶里程即为汽车的修理周期或称为修理间隔里程。

二、汽车故障检测与诊断常用工具和检测设备

在检测与诊断汽车故障时，常需要借助一些工具和检测仪器来进行。有时甚至还要根据需要，自己设计并制作一些简便、单一的工具和检测仪。在使用这些工具和检测仪器之前，必须了解其性能及使用注意事项，掌握正确的使用方法，保证工具、仪器、设备不被损坏。检修中常用到以下几种工具和检测设备：

1．跨接线

跨接线如图1—1—2所示，它是一段多股导线，两端分别接有鳄鱼夹或不同形式的插头。一般备有多种形式的跨接线，以备特定位置的测量。

跨接线起到了旁通电路的作用，主要用于线路故障（断路、短路）的检查。例如，当控制开关接通而电器不工作时，可将跨接线跨接在被测部件的搭铁端子与车身搭铁之间，若电器恢复工作，则说明其搭铁电路开路；若将跨接线跨接在蓄电池“+”极与被测部件的“电源”端子上，而部件工作正常，则说明电源电路有故障；若电源电路和搭铁电路都跨接而电器仍不工作，说明其本身有故障。此外，在发动机管理系统的自诊断中常用跨接线完成激活故障码的过程（跨接在专用检测接口内规定的插座或插头上）。

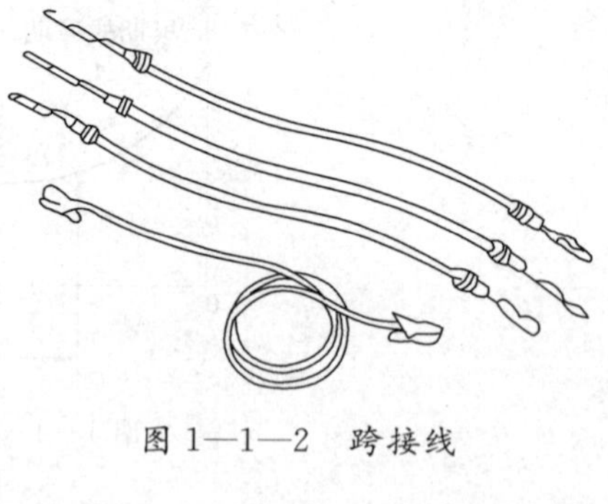

图1—1—2　跨接线

注意事项：

（1）用跨接线将电源电压加至实验部件之前，必须确认被测部件的电源电压规定值。否则，可能造成设备损坏。

（2）跨接线不可将被测部件“+”端子与发动机搭铁直接跨接，以免造成电源短路。

2．测试灯

测试灯也称为测电笔，它是在跨接线的基础上增加了用于显示电路导通状态的灯，根据灯的明暗程度可以判断被测线路的电压大小。测试灯分为有源测试灯（可用欧姆表代替）和无源测试灯（可用电压表代替）两种类型，如图 1—1—3 所示。

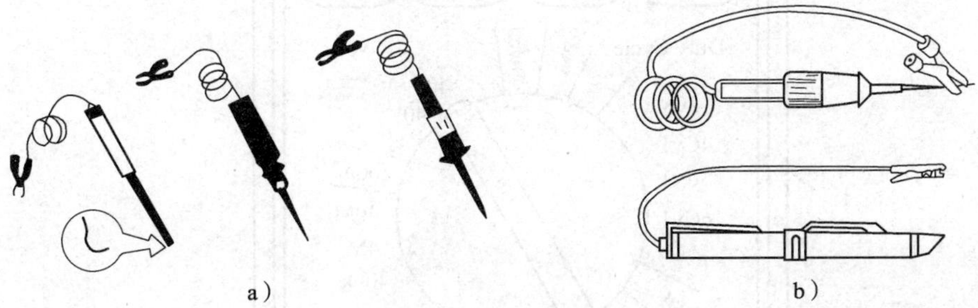

图 1—1—3　测试灯

a）无源测试灯　b）有源测试灯

（1）无源测试灯

无源测试灯也称为 12 V 测试灯，当电器有故障时先将测试灯的搭铁夹搭铁，再用探针短接于电子器件的“电源”端子处，如灯不亮，说明被测线路有断路，应沿电流的流向逐次短接在第二测试点、第三测试点……直到灯亮为止。此时可断定故障点在最后两个测试点之间的线路或电子器件上。

（2）有源测试灯

有源测试灯的结构和原理与无源测试灯基本相同，由于自身带有电源，检测方法略有不同。另外，采用断路法可对线路的断路故障进行快速检查。如将其跨接在所测线路的两端，灯不亮，初步断定在被测线路中有故障，再逐步缩小测试范围，直至灯亮，可判断断路点在最后两个被测点之间的线路中。

3．万用表

在发动机电控系统检测及故障诊断中，除经常要检测电压、电流、电阻等参数外，还需要检测转速、闭合角、百分比、频率、压力、时间、电容、电感、温度等参数。这些参数对于发动机电控系统的故障检测与诊断具有重要意义。但是这些参数用一般数字式万用表无法检测，需用汽车专用万用表。

汽车专用数字式万用表如图 1—1—4 所示，其主要技术参数见表 1—1—1。

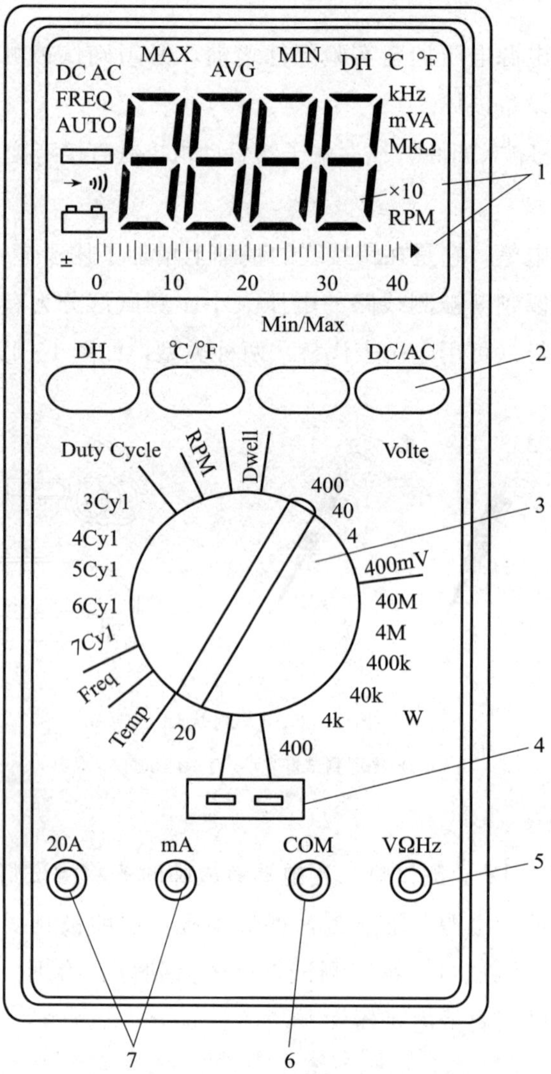

图 1—1—4　汽车专用数字式万用表

1—4 位数字及模拟量（棒形图）显示器　2—功能按钮　3—功能选择开关　4—测量温度插座
5—测量电压、电阻、频率、闭合角、频宽比（占空比）及转速公用插座
6—公共接地插座　7—测量电流插座

表 1—1—1　　汽车专用数字式万用表的主要技术参数

主要功能	技术参数
直流电压	400 mV～400 V（±0.5%），1 000 V（±1%）
直流电流	400 mA（±1%），20 A（±2%）
交流电压	400 mV～400 V（±1.2%），750 V（±1.5%）
交流电流	400 mA（±1.5%），20 A（±2.5%）

续表

主要功能	技术参数
电阻	400 Ω（±1%），4 kΩ～4 MΩ（±1%），40 MΩ（±2%）
频率	4 kHz～4 MHz（±0.05%），最小输入频率 10 Hz
音频	电路通、断音频信号测试
二极管的检测	—
温度的检测	−18～300℃（±3%），−301～110℃（±3%）
转速	150～3 999 r/min（±0.3%），4 000～10 000 r/min（±0.6%）
闭合角	±0.5℃
频宽比	±0.2%

注：括号内为测量误差。

特殊功能及使用方法：

（1）信号频率检测

将功能选择开关转至频率挡（Freq），公用接地插座 COM 的测试线搭铁，VΩHz 插座的测试线接被测的信号线，此时在显示器上即可读取被测信号的频率。

（2）温度检测

将功能选择开关置于温度挡（Temp），把温度探针插入温度检测插座，按动“℃/℉”按钮，再用温度探针接触被测物体的表面，显示器即显示出所测的温度。

（3）闭合角检测

将功能选择开关转至相应发动机气缸的闭合角测量位置（Dwell），COM 插座的测试线搭铁，VΩHz 插座的测试线接点火线圈“—”极接线柱，在发动机运转时显示器即能显示出点火线圈一次侧电流增长的时间（即导通角）。

（4）占空比检测

将功能选择开关转至占空比测量位置（Duty Cycle），COM 插座的测试线搭铁，VΩHz 插座的测试线接被测的信号线，显示器即显示出被测电路一个工作循环（周期）中脉冲信号所保持时间的相对百分数（即占空比）。

（5）转速的测量

将功能选择开关置于转速挡（RPM），将测量转速的专用插头插入 COM 插座和 VΩHz 插座，再将感应式转速传感器的夹子夹到某一缸的高压分线上，在发动机工作时显示器即显示出发动机的转速。

（6）起动机启动电流的检测

将功能选择开关置于 400 mV 挡（1 mV 相当于 1 A），把霍尔效应式电流传感器的夹子夹在蓄电池的电源线上，按动“Min/Max”按钮，拆除点火线圈并转动发动机曲轴 2～3 s，显示器即能显示出启动电流。

（7）氧传感器的检测

首先拆下氧传感器线束，用一根跨接线将此线束与氧传感器相接。然后将功能选择开关置于 4 V 挡，按动“DC/AC”按钮并置于 DC 状态，再按“Min/Max”按钮，使 COM 插座的测试线搭铁，VΩHz 插座的测试线与氧传感器的跨接线相连。让发动机运转至快怠速（约 2 000 r/min），此时氧传感器的工作温度可达 360℃以上。排气浓时，氧传感器的输出电压约为 0.8 V；排气稀时，输出电压为 0.1～0.2 V。注意，当氧传感器的工作温度低于 360℃时，无电压信号输出。

（8）喷油器喷油脉宽的测量

先将功能选择开关转至占空比测量位置，测量出喷油器喷油的占空比后，再将功能选择开关置于频率挡，测量出喷油器的工作频率。按照下列公式即可计算出喷油器喷油的脉冲宽度（即喷油时间）：

喷油脉宽＝占空比（%）/工作频率（s）

4．真空测量仪

在发动机管理系统中，很多执行机构是利用进气歧管的真空度作为动力源，用真空式膜片执行器来实现控制动作的。因此，在诊断时，需要利用真空测量仪给执行器施加标准的真空信号，来检查它们是否工作良好，从而判断故障的所在。图 1—1—5 所示的是一种使用较多的手持真空测量仪。

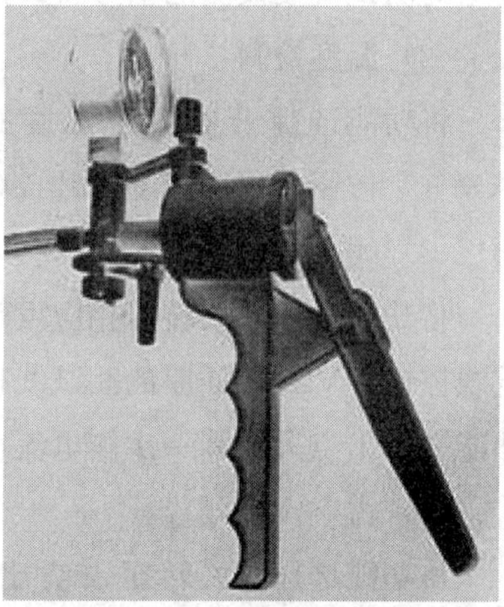

图 1—1—5　手持真空测量仪

使用手持真空测量仪时的注意事项如下：

（1）检测前，首先要确定连接处无真空泄漏，否则测量结果不准确。

（2）连接真空测量仪和部件时，要选用直径合适的软管。当软管的内径大于被测部件、管子或接口的外径时真空读数不准确，或根本没有读数；当软管的内径小于被测部件、管子或接口的外径时，强行安装会造成管口损坏，以致下次无法使用。

（3）按规定要求的范围建立真空，不能过大，否则会造成被测部件或系统的损坏。

（4）做完检查后，在拆连接软管前，要先泄掉测量仪内的真空，然后再卸软管，否则，灰尘、湿气等会被吸入发动机部件或相关的系统内，造成不良后果。

5．燃油压力测量仪

在发动机燃油喷射系统中，燃油压力是决定喷油量的关键因素，也是重要的相关参数之一。燃油压力表（图 1—1—6）就是用来测量燃油压力的专用工具，是燃油喷射系统检查中使用的重要工具。

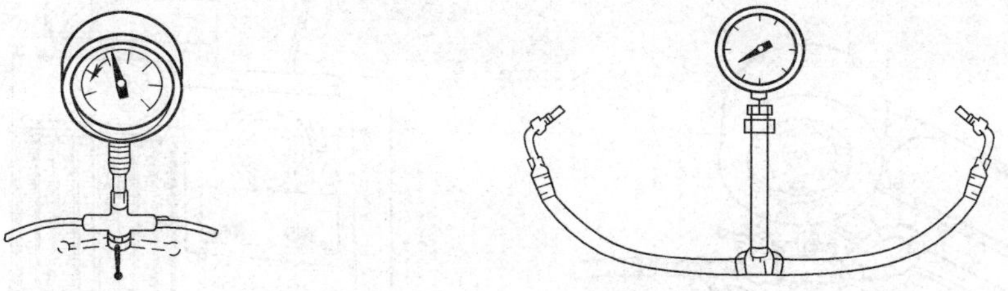

图 1—1—6　燃油压力表

在发动机管理系统中，广泛采用多点喷射方式，通常在燃油总管上有一个专用燃油压力检测口（图 1—1—7），检测口上用螺塞旋紧，内设单向阀，以防止尘土进入燃油总管中及高压燃油从检测口溢出。检查油压时，把螺塞卸下，并用相应的接头和软管将测量仪与检查口连接好，再将接头处拧紧，启动发动机，读取燃油压力测量仪上的数据即可。专用的燃油压力测量仪的测量范围一般为 6.9～690 kPa。

6．喷油器自动检测清洗分析仪

喷油器堵塞后，将会造成混合气变稀，喷射形状变差，影响发动机的工作性能，因此，必须定期对其进行检查和清洗。

喷油器自动检测清洗分析仪能够进行检测的项目有喷油量检测、喷射角度检测、喷油雾化检测、密封度检测、最短开关周期检测、怠速工况检测、最大功率工况检测、最高转速工况检测、动态扫描检测、重复性检测、物理清洗（检测清洗、反冲清洗和超声波清洗）和化学清洗（用微酸清洗液清洗）。

（1）离车式喷油器清洗器

图 1—1—8 所示的喷油器清洗及流量测定设备就是一种离车式喷油器清洗器，它除了用超声波的方法对喷油器进行清洗外，还可以用于检测喷油器工况和喷射质量。它模拟发动机控制模块 ECM 输出的驱动波形，经过放大后驱动喷油器，在同等工作条件下（系统压力、介质密度、管道截面积、工作温度、频率、工作次数和驱动幅度）对喷油器进行数据检测和对比检测。

清洗时必须将喷油器从车上拆下。它能在 10 min 内同时清洗 8 个喷油器，并完成检漏及流量测定等项目。

（2）就车式喷油器清洗器

图 1—1—9 所示为就车式喷油器清洗器，其最大的优点是无须拆下喷油器即可随车进行清洗。清洗器内装有除碳剂和一只电动燃油泵（220 V 交流电），清洗时连接喷油器的连接总管与燃油泵总管上的油压检测接口，连接油压调节器的回油管与清洗器，

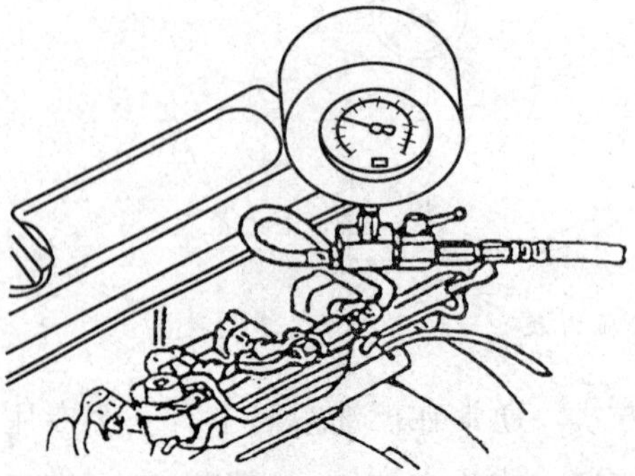

图 1—1—7　多点喷射系统燃油压力检测口

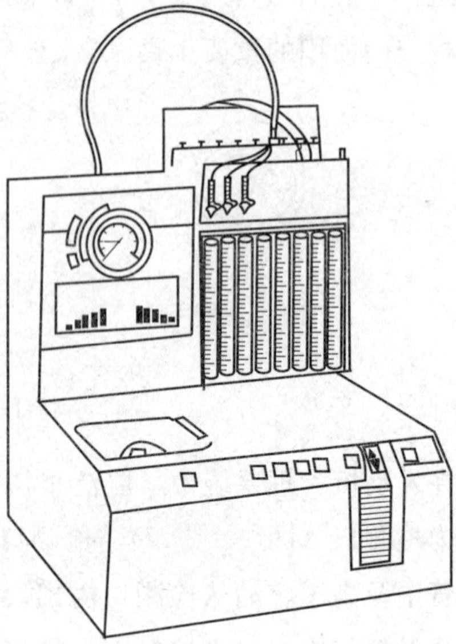

图 1—1—8　喷油器清洗及流量测定设备

同时断开油泵驱动电路，然后接通清洗器电动汽油泵的电路并启动发动机，使发动机使用除碳剂在 2 000 r/min 的转速下运转 10 min 后，停止其运转，断开清洗器电动汽油泵电路，清洗工作即完成。

7. 故障诊断分析仪

利用发动机故障诊断分析仪协助查找发动机管理系统的故障源是一种非常有效的检测手段。目前，汽车修理行业的故障诊断分析仪分为台式、便携式两种，由于便携式故障诊断分析仪具有携带方便、操作简单等优点，且能大大提高检修的速度和效率，故应用广泛。这类仪器一般都具有如下功能：

1）从发动机电控单元的存储器中读取所存储的故障码。

2）在发动机运转或汽车行驶时，对发动机管理系统的参数进行动态测试。

3）发动机检修后，根据操作者的指令清理发动机电控单元所存储的故障码。

4）汽车检修人员可在汽车运转或停车状态下，通过检测仪发出工作指令，以检测各执行器

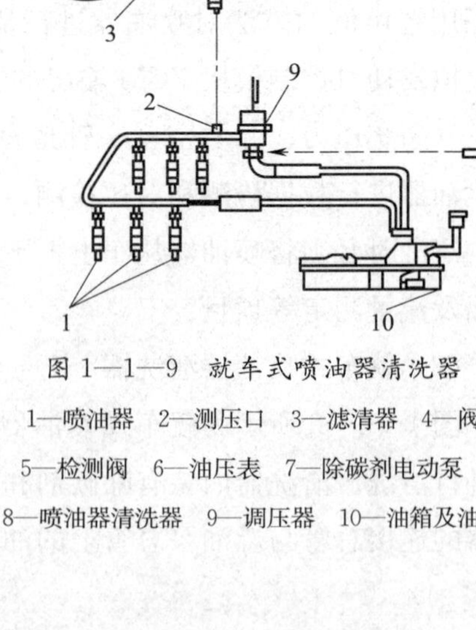

图 1—1—9　就车式喷油器清洗器

1—喷油器　2—测压口　3—滤清器　4—阀
5—检测阀　6—油压表　7—除碳剂电动泵
8—喷油器清洗器　9—调压器　10—油箱及油泵

的工作情况。

（1）通用型的故障诊断分析仪

故障诊断分析仪俗称解码器。图1—1—10所示为深圳市创威联电子开发有限公司研制的WU-2000汽车故障诊断分析仪，它是专门用来诊断汽车故障及辅助修理的快速分析专家系统，集成了读ECU（电子控制单元）版本、读取故障码、清除故障码、动态数据显示、执行元件测试、系统设定、编程、匹配自适应、故障专家分析、电路图库、音响解码等诸多功能，并且可以进行光盘升级和网上升级。

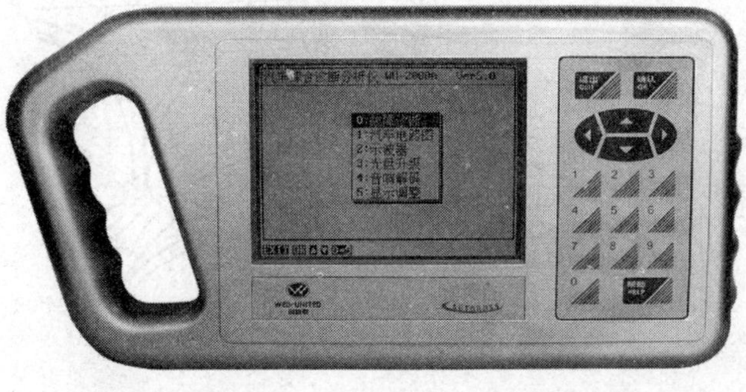

图1—1—10　WU-2000汽车故障诊断分析仪

（2）专用型的故障诊断分析仪

在实际修理作业时，如果某修理厂的修理对象为某单一车系，也可选用相应的专用型的故障诊断分析仪。这类测试仪器有测试克莱斯勒车系的DRB-Ⅲ、福特车系的STAR-Ⅱ、本田车系的PGM-FI系列等。

三、汽车发动机故障检测与诊断项目及内容

1．发动机的基本检查

确认故障症状时要注意顾客描述汽车的症状可能会与实际情况有些差异。在顾客驾车并说明故障症状时，最好能与顾客在一起。如不行的话，也要自己驾车体验一下这些症状。另外，要记住没有症状就说明没有故障。如果没有体验到故障的症状，就不要试图去修理，以免浪费时间和精力而徒劳无获。所以开始进行故障排除之前，应先确认故障。

发动机的基本检查要求具备三个环节：燃油供给、合适的气缸压力（压缩）、足够的点火能量。

这些环节的缺陷常常会引起驾驶性能方面的故障，而这些故障通常被误以为是控制系统的问题。某些电控系统还带有自适应性修正，仅靠检查ECU控制系统来找出故障原因，只会事倍功半。所以最好在确定发动机机械和常规易损元件状态良好之后，再检查控制系统的问题。应检查的发动机机械系统如下：

（1）燃油系统检测

安装压力表，检查燃油泵压力是否足够（图 1—1—11），再检查一下喷油泵的供油量是否满足标准。如果上述两个条件都已具备，再检查电子喷油系统，喷油脉冲可以用 LED 灯迅速检查出来。燃油不干净也可能是一种故障。劣质燃油不仅妨碍发动机的工作，还会影响控制系统，增加尾气，导致机械性故障。注意，发动机会因吸入空气量过多或过少而产生很多问题。检查空气滤清器和通气管，确保无堵塞或空气泄漏。

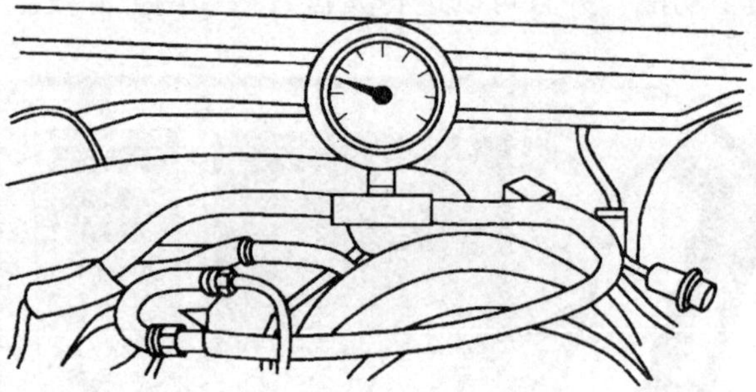

图 1—1—11　燃油压力测试

（2）气缸压力检测

检查燃烧室密闭性和发动机基本工作的最佳方法是进行气缸压力检测（压缩比试验）。但一些汽车的火花塞很难拆下，所以压缩比试验通常不那么方便。也可以用一个真空测量仪来检测歧管的真空度，以判断发动机是否密闭良好。图 1—1—12 所示为在各种状态下真空表的读数。但真空度测试的结果没有压缩比试验可靠。除此之外，还可以选择动力平衡试验来进行测试和判断，但其精度比上述两种方法都低。

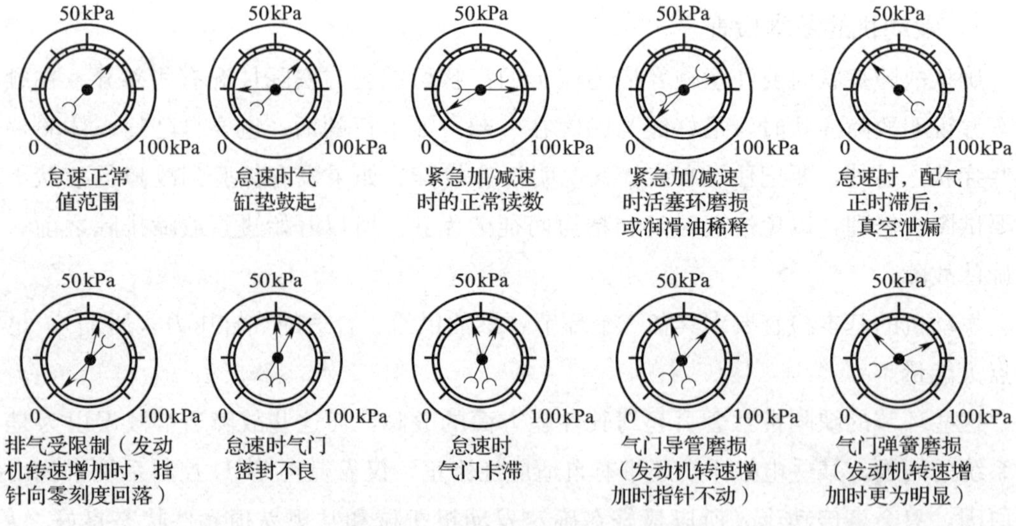

图 1—1—12　真空表的常见读数

(3) 点火电压测试

检查点火线圈的二次侧电压，再检查基本点火正时和点火提前角是否符合标准。检查点火系统的最佳方法是进行示波器波形分析或进行跳火测试（图 1—1—13）。本书稍后将对用于分析点火系统的示波器波形进行详细介绍。检查车辆有无明显的故障，如检查线路连接插头和真空管有无松动或断路；检查有无润滑油和冷却液泄漏以及破损的驱动带和管子；检查有无机械、电气和碰撞方面的损坏。

2．电控系统检测

虽然电控系统的工作方式都是相似的，但每个系统都有其独特性。如故障是属于电子方面的，就应充分了解所涉及的系统控制原理和结构特点，还可以查阅原厂说明书或一些可靠的售后资料，如电路图、诊断故障码、故障检测流程图、ECU 和端子作用图解、测试条件或标准等。

检查解码器诊断卡和诊断接头是否正确，仪器中蓄电池状态是否良好。检查示波器导线有无破损。如示波器导线屏蔽不良，会产生干扰信号，形成错误的波形。检查控制系统要依照从整体到局部的原则。精确地检查局部之前，应先进行整体检查。对发动机控制系统进行全面测试时，应使发动机达到正常工作温度，使发动机进入闭环工作状态。带电控系统的汽车在仪表板上有一盏故障指示灯（MIL），开启点火钥匙而不启动发动机，灯就会点亮，如图 1—1—14 所示。

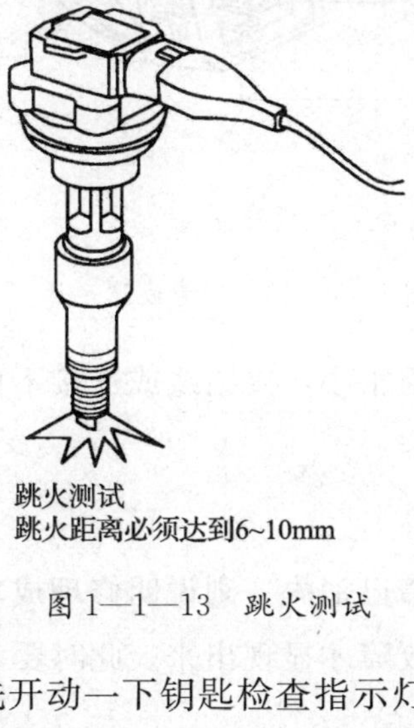

图 1—1—13　跳火测试

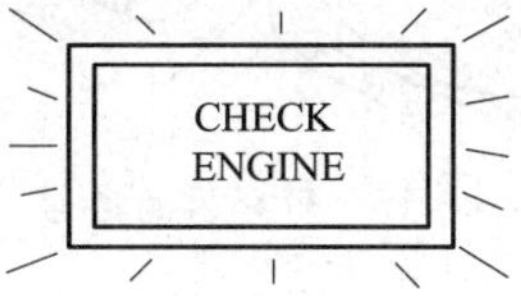

图 1—1—14　发动机故障指示灯

先开动一下钥匙检查指示灯是否良好。对大多数系统来说，若 MIL 灯不亮，电子控制模块 ECM 不会进入诊断状态，解码器无法与系统连接。这种情况还可能阻碍系统进入闭环状态，造成驾驶性能故障。因此，在测试之前，应首先排除 MIL 灯的故障，然后利用解码器检查是否有存储在存储器中的故障，其连接方式如图 1—1—15 所示。通过查看故障码，可以找出发生故障的具体电路（回路）或子系统。而要找到开始故障检修的地方，还需进行进一步测试以确定故障原因。对于不产生故障码的系统，可以通过观察解码器的数据流参数来检查有无异常的状况，以确定发生故障的电路。由于从解码器取得的信息、故障类型及可疑电路不同，接下来的检修步骤也有所不同。应将目标缩小至某一具体元件或线路，然后通过测量确认故障点。注意，确定故障后，应进行核查。在更换元件之前，要观察输入元件的信号是否都正常、接头连接是否良好。连接处（尤其是搭铁端）松脱和破损引起的电子故障通常比元件失效引起的故障要多。

3．进行修理

将故障范围缩小到一个点上时，即可开始修理。卸下元件后，要对其进行测试以验证是否存在故障（图 1—1—16）。安装新零件之前最好检查一下新零件。

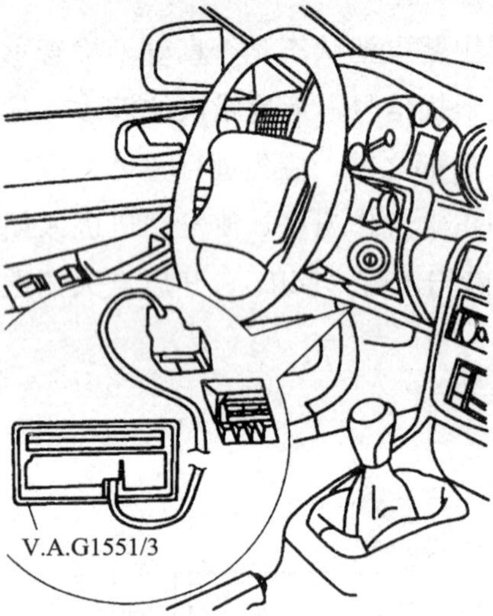

图 1—1—15　解码器的连接

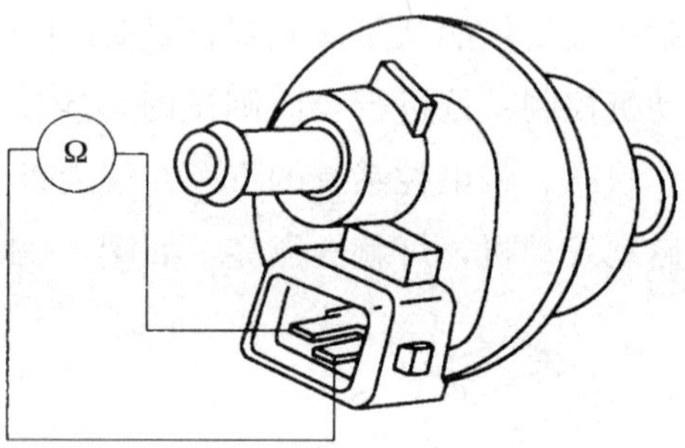

图 1—1—16　测量故障元件

注意，修理电路时要小心，微电压信号回路的电阻很小，接错线或连接不良都会导致严重的后果。

4．确认修理成功

这是故障检修的最后一步。复检故障回路，如故障已消失，则说明修理成功。但有时回路故障不止一个，第一个故障修好以后第二个故障才显现出来。此时要对原来修过的地方重新进行故障检修。

5．路试

检查完整个回路后，进行路试，以确保故障症状都已消除。

思考与练习

1. 简述汽车故障与汽车故障诊断的定义。
2. 汽车故障的成因有哪两种？
3. 汽车故障的症状有哪些？
4. 汽车故障有哪些变化规律？
5. 对发动机进行故障检测与诊断时有哪些项目？
6. 如何正确使用汽车专用万用表？应注意哪些事项？
7. 便携式故障诊断分析仪具备哪些功能？

模块二

汽车发动机故障检测与诊断

课题一　起动系故障检测与诊断

学习目标

- 了解起动系的组成。
- 掌握起动系故障检测与诊断方法。
- 能够对起动系故障进行检测与诊断。

想一想

一辆上海大众普通型乘用车，在行驶 60 000 km 后，启动无力，不能运行，送厂维修。

想一想：如何对发动机起动系统进行故障检测与诊断，以排除故障，使其恢复启动能力，让发动机正常运转起来？

让发动机在静止状态下运转起来，迅速达到稳定运行状态的过程，就是汽车的启动。发动机的启动条件是：蓄电池的静止电压不能低于 12.3 V；正、负极桩（搭铁端子，接触不良时会发烫）应接触良好，启动有力；起动机、启动继电器和启动电路应连接良好；燃料供给系统畅通，空燃比适当，能够提供启动需要的加浓可燃混合气；点火系统良好，点火能量足够，火花塞发出蓝色火花。另外，发动机技术状态良好，气缸不漏气，有足够的压缩比使发动机能够连续运转。总而言之，要有合适的空燃比（有油、有气）、有火、有电，燃烧室要有足够的压缩比，气缸不漏气。当然，这也是起动系基本检查、基本维护的主要内容。

一、起动系的组成

起动系一般由起动机、蓄电池、启动继电器、点火开关等组成，如图 2—1—1 所示。

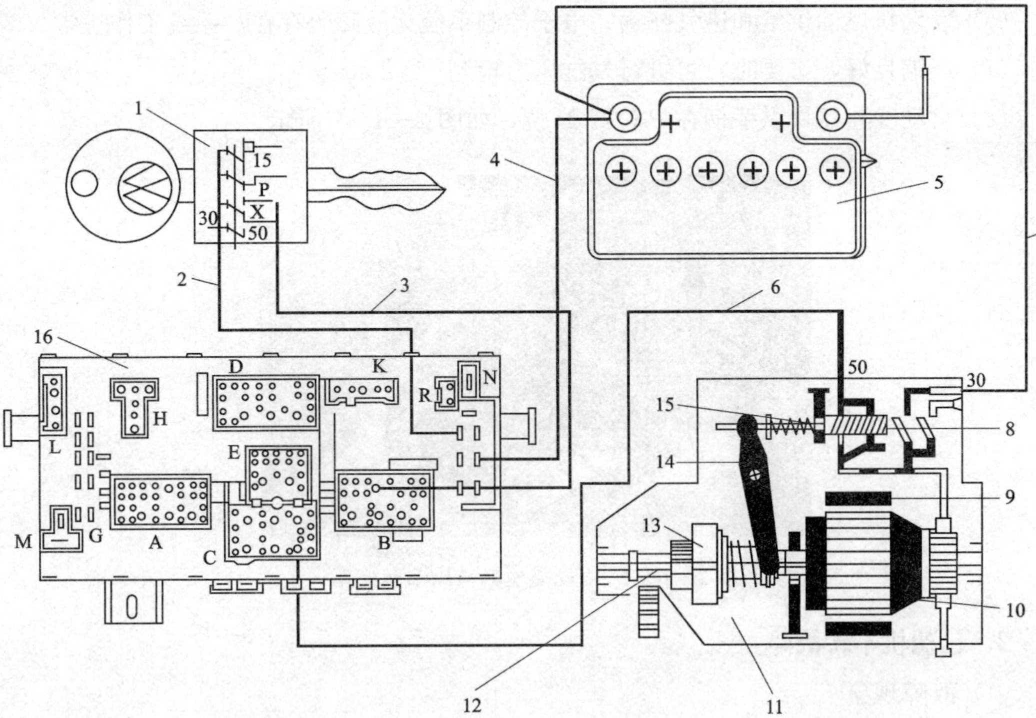

图 2—1—1　桑塔纳 2000 型发动机起动系的组成

1—点火开关　2，4—红色导线　3，6—红黑色导线　5—蓄电池　7—黑色导线

8—电磁开关　9—定子　10—电枢　11—起动机总成　12—驱动齿轮

13—滚柱式单向离合器　14—移动叉　15—回位弹簧　16—中央线路板

点火开关接通后，起动机上的电磁吸拉开关拉动移动叉 14，同时拨动驱动齿轮 12 与发动机飞轮齿圈啮合，并接通启动电缆，开始启动。

上述动作是有声音的，若无声音，则应检查电源系统。例如，正负极桩处接触不良，手触极桩处有发烫的感觉。

二、起动系故障检测与诊断

1．故障检测

（1）蓄电池电压需大于 12.3 V，才能启动发动机。这时前照灯光强、喇叭响亮，说明蓄电池不亏电。

（2）检查起动机电磁开关，50 线和启动电缆线应接触良好、无松动。电磁开关的吸拉线圈和保持线圈的电阻应符合技术标准，无短路、断路。

（3）点火开关线束插接良好。

（4）若有继电器，可检查继电器的工作情况，启动时，用手触摸继电器，会有明显振动。或拔下启动继电器，检查电磁线圈的电阻，一般为 70～80 Ω。

（5）跳火试验时，火花塞应有蓝色火花。

（6）发动机燃油供给和进气畅通。电子控制系统无故障码存在，系统工作正常。

（7）压缩良好，必要时，可进行气缸压力检测。

（8）自动变速器操纵手柄在 P 位或 N 位，如图 2—1—2 所示。

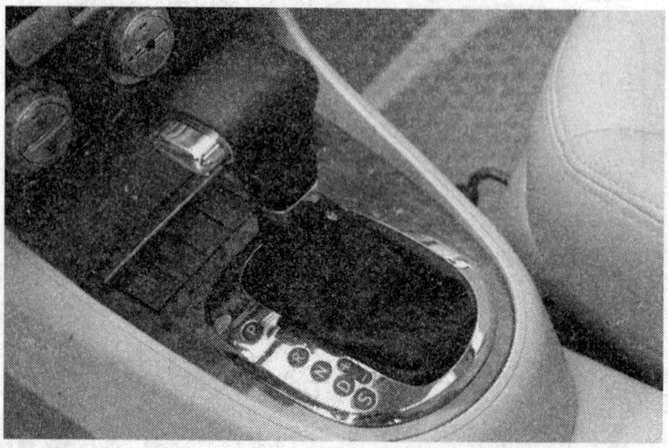

图 2—1—2　自动变速器操纵手柄位置

2．起动机不转故障

（1）故障现象

接通点火开关至启动挡，起动机和发动机都不转。

（2）故障原因及处理方法

1）蓄电池存电不足，应充足蓄电池电量。

2）连接导线接触不良，应清洁并紧固各连接线路的接头和搭铁端子。

3）起动机电动机损坏，应更换起动机电动机。

4）起动机电磁开关损坏，应更换起动机电磁开关。

5）启动继电器损坏，应更换启动继电器。

6）点火开关接触不良，应检查或更换点火开关。

7）自动变速器手柄不在空挡启动开关位置，应将其置于空挡位。

（3）故障诊断流程

起动机不转的故障诊断流程如图 2—1—3 所示。

3．起动机运转无力故障

（1）故障现象

当接通点火开关到启动挡时，起动机虽能转动，但达不到发动机启动所要求的转速和扭矩。

（2）故障原因及处理方法

1）起动机电动机损坏，应更换起动机电动机。

2）蓄电池电量不足，应充足蓄电池电量。

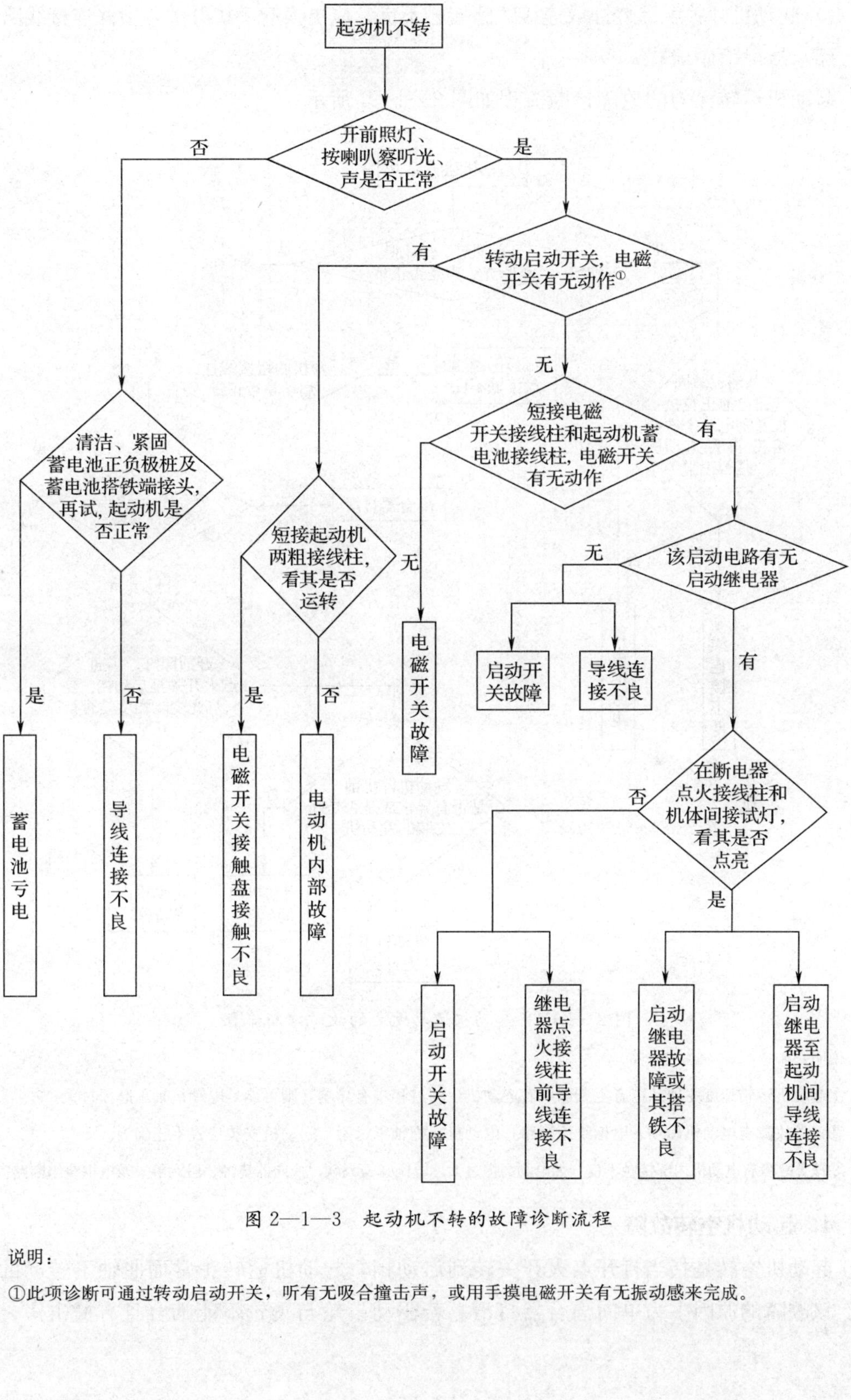

图 2—1—3　起动机不转的故障诊断流程

说明：

①此项诊断可通过转动启动开关，听有无吸合撞击声，或用手摸电磁开关有无振动感来完成。

3）蓄电池接线柱和搭铁接触不良，应检修接线柱和搭铁。

4）起动机开关触点烧蚀或连接线路接触不良，应更换起动机开关，检修连接线路。

（3）故障诊断流程

起动机运转无力的故障诊断流程如图 2—1—4 所示。

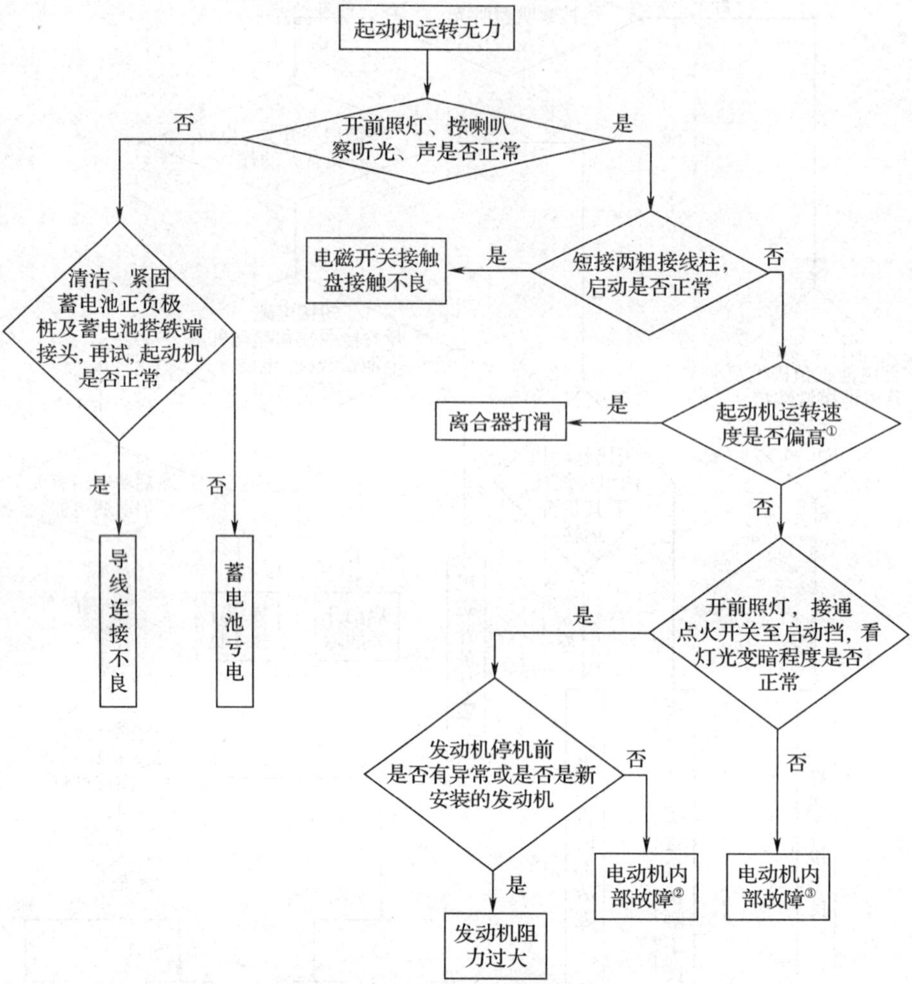

图 2—1—4　起动机运转无力的故障诊断流程

说明：

①起动机运转速度主要从声音上判断，若起动机运转过程中有异响，则可能是电动机轴承磨损过大。

②该类故障有电动机磁场、电枢绕组短路，电动机装配轴承过紧，起动机安装位置不正确等。

③该类故障有电动机内部接触不良（如电刷磨损过大，电刷弹簧太软，换向器烧蚀、脏污等）及电枢绕组断路等。

4．起动机空转故障

起动机空转是指当打开点火开关转到启动挡，起动机运转正常而曲轴不转动的现象。该故障的原因多为单向离合器打滑。若驱动齿轮与飞轮不能啮合且有撞击声，则可能是由于驱动齿轮或飞轮齿圈磨损过甚或损坏以及电磁开关接触盘接通过早。

检查或更换起动机、飞轮齿圈。

三、用汽车电器检测仪检测并诊断起动系故障

1．诊断参数

目前，大部分发动机综合性能分析仪和汽车电器检测仪都有测量启动电流、启动电压和启动转速等功能。启动电流、启动电压和启动转速是指在关闭车上所有能关闭的用电设备，接通起动机（将点火开关置于启动挡位），由起动机带动曲轴旋转时，蓄电池输出的总电流、蓄电池正负极桩间的电压和发动机曲轴转速。在起动系统故障诊断中，启动电流包括起动机刚通电时的最大电流和起动机运转时的稳定电流，启动电压包括起动机未通电时的初始电压和起动系检测结束时的终止电压，启动转速是指由起动机带动曲轴旋转进入稳定状态时发动机的曲轴转速。

2．检测与诊断方法

（1）检测方法

用发动机综合性能分析仪或汽车电器检测仪进行检测的一般步骤如下：

1）启动发动机，预热至正常温度，冷却液温度为 80～90℃，蓄电池电解液温度为25℃左右。

2）按规定将电流传感器夹到蓄电池输出（火）线上；将两个电压传感器分别接到蓄电池两极桩上；将转速传感器夹到指定位置。

3）根据所用仪器使用说明书操作键盘或按钮，使测试仪进入起动系测试待命状态。

4）关闭车上所有能关闭的用电设备，用断火（或断油）的方法使发动机不着火，并将节气门全开。

5）将开关置于启动挡位，由起动机带动曲轴旋转 4～6 s，读取电流表、电压表和转速表的指示值。

6）间隔 30 s 以上再重复测量一次。

（2）诊断方法

起动系统正常工作时，一般 12 V 电源系统汽油机的启动初始电压 $U_B \geqslant 12$ V，启动终止电压 $U_E \geqslant 9.6$ V，启动转速 n_S 应达 50～70 r/min；24 V 柴油机的启动初始电压 $U_B \geqslant 24$ V，启动终止电压 $U_E \geqslant 19.2$ V，启动转速 n_S 应达 100～200 r/min。启动电流因蓄电池和起动机配置不同而差异很大，每一车型的启动初始电流 I_B 和启动稳定电流 I_E 的实测值应符合该车型相关资料的规定。

起动系检测常见异常情况及故障部位和原因分析见表 2—1—1。

表 2—1—1　　起动系检测常见异常情况及故障部位和原因分析

	诊断参数					故障原因
	U_B	U_E	I_B	I_E	n_S	
检测结果	偏低	偏低	偏小	偏小	偏低	蓄电池内部故障或亏电严重
	正常	偏低	正常	偏小	偏低	蓄电池存电不足
	正常	偏低	偏大	偏大	偏低	起动机内部短路或发动机阻力过大
	正常	正常	偏小	偏小	偏低	起动机内部断路或接触不良
	正常	正常	正常	波动过大	波动过大	电刷与换向器接触不良，电磁开关故障或各缸压力差异过大

四、故障案例

1．故障现象

东风 EQ6100－1 型发动机启动时发动机转动缓慢无力、转速过低，或接通起动机开关，起动机只是“咔嗒”一声并不转动。

2．故障诊断

接通启动开关，启动开关处只是“咔嗒”一声。该故障常发生在电磁控制式起动机。电磁控制式起动机的电磁开关线圈有短路或接触不良时，产生的磁力太小，不足以进一步压缩回位弹簧，使主回路接触盘接触不良；也可能在启动时起动机小齿轮刚好顶在飞轮端面不能啮入。此时若将发动机曲轴摇转一角度，往往又可使小齿轮啮入飞轮齿间而显示正常。若曲轴摇转仍不能使小齿轮啮入启动，则应检查电磁开关线圈有无短路。

3．故障排除

检测电磁开关线圈，排除短路故障。充足蓄电池电压，即可完成发动机的启动。

4．故障点评

本故障的诊断、检测和排除思路明确。有“咔嗒”声说明电磁开关前面线路无故障。因此，围绕电磁开关进行诊断、检测，边检测、边诊断，逐步接近故障部位，逐一排除故障。

思考与练习

1. 起动机不转故障的主要原因有哪些？如何检测与诊断？
2. 发动机不能启动故障的主要原因有哪些？如何检测与诊断？

课题二　点火系故障检测与诊断

学习目标

◆ 了解发动机点火系的作用、组成及常见故障。
◆ 掌握发动机点火系故障检测与诊断方法。
◆ 能够对发动机点火系故障进行检测与诊断。
◆ 能够对发动机点火系进行维护。

想一想

一辆大众普通型乘用车，在行驶 100 000 km 后，点火系统工作不良，造成油耗增加、加速性能（又称为动力性）下降，需送厂维修。

想一想：

1. 点火系统对发动机经济性、动力性的影响大吗？

2. 如何对点火系统进行故障检测与诊断，以排除故障，提高经济性、动力性？

发动机经济性、动力性下降，对点火系统的技术状态影响极大。如点火不正时，是正时齿轮、正时带以及分电机构有故障所致。有些车辆仅在市区运行，时间一长，火花塞会形成积炭，使点火不良。因而专业技术人员常建议司机每月驾车在高速公路上行驶数次，以使火花塞在高温下实现自净。另外，普通高压线在汽车行程 100 000 km 左右、火花塞在汽车行程 60 000 km 左右建议换新。如果点火系工作不良，将严重影响发动机的经济性、动力性和排放性能。

一、发动机点火系的作用、组成和常见故障

1. 点火系的作用

点火系的作用是控制点火必须正时，要具备足够的点火能量，并能够根据发动机的转速和负荷自动调节点火时间，以保证在压缩上止点后 10°左右做功，从而获得最好的经济性、动力性和排放性能。点火提前角以有轻微爆震为最佳。

2. 点火系的组成

传统点火系统一般由蓄电池、断电器、分电器、点火线圈、附加电阻、电容器和火花塞等组成。电子点火系统一般由蓄电池、点火线圈、点火信号发生器、点火器、

分电器、火花塞和点火开关等组成。上海桑塔纳轿车发动机点火系统如图 2—2—1 所示，点火系统连线图如图 2—2—2 所示。

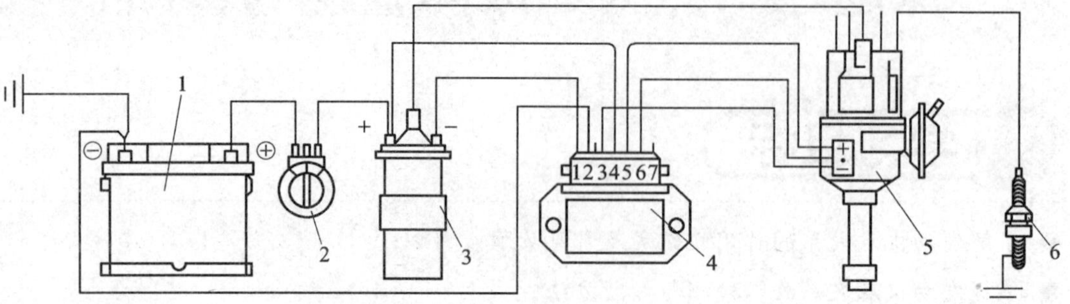

图 2—2—1　上海桑塔纳轿车发动机点火系统

1—蓄电池　2—点火开关　3—点火线圈　4—点火控制器

5—内装霍尔信号发生器的分电器　6—火花塞

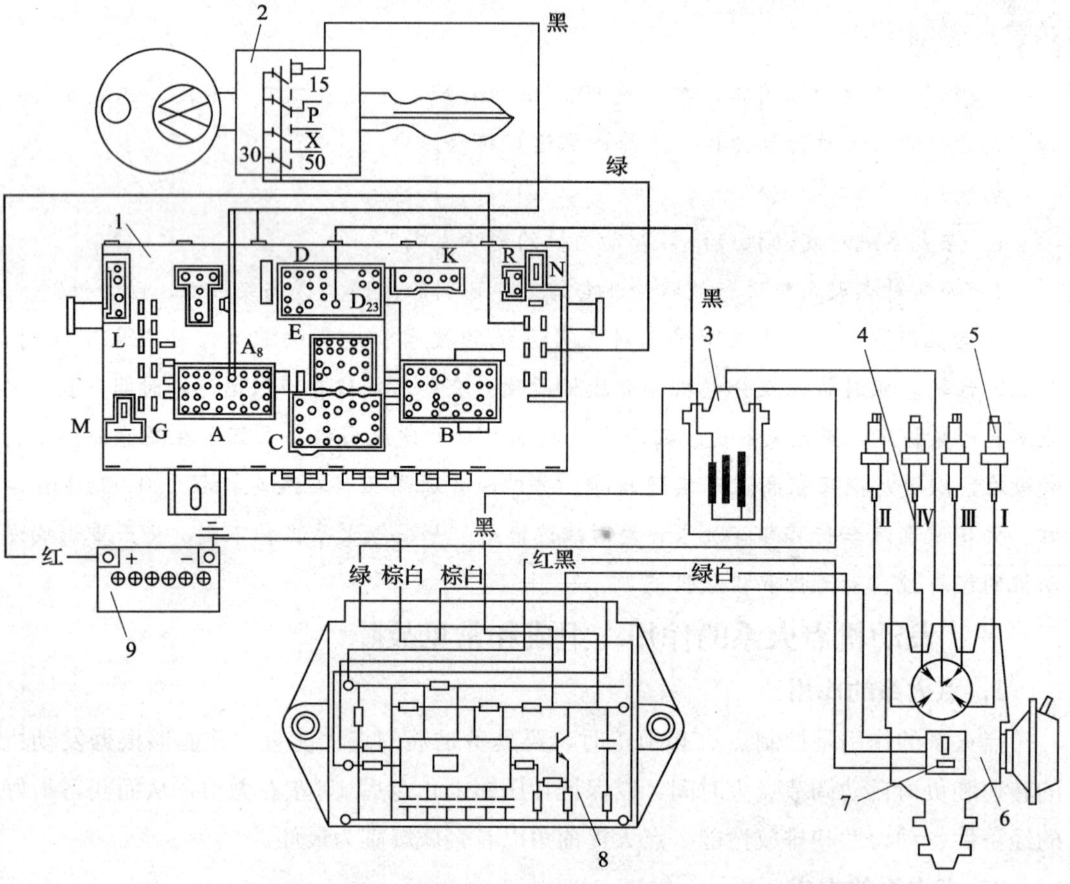

图 2—2—2　点火系统连线图

1—中央线路板　2—点火开关　3—点火线圈　4—高压导线　5—火花塞

6—分电器　7—霍耳传感器　8—点火控制器　9—蓄电池

3．点火系常见故障

点火系常见故障为发动机不能发动或发动困难，个别缸不点火，点火时间不当，点火错乱等。点火系故障常见部位为火花塞、分电器、电子点火器、点火线圈等。

二、发动机点火系故障检测与诊断

1．发动机不能启动或启动困难

（1）故障现象

发动机在行驶途中突然熄火；起动机带动曲轴运转速度正常，但不能启动或启动困难；火花塞湿润。

（2）故障原因及处理方法

1）火花塞潮湿，应清洗、烘干或更换火花塞。

2）点火器故障，应检查或更换点火器。

3）点火信号发生器性能不良，应检修或更换点火信号发生器。

4）点火开关损坏，应更换点火开关。

5）点火线圈断路、短路，应更换点火线圈。

6）线路连接不良或搭铁，应检修线路。

7）熔丝松动或熔断，应紧固或更换熔丝。

8）分缸线漏电或内部断裂，应更换分缸线。

9）中央高压线绝缘性能下降、漏电，应更换中央高压线。

（3）故障诊断流程

发动机不能启动或启动困难的故障诊断流程如图 2—2—3 所示。

2．个别气缸不点火

（1）故障现象

发动机运转不稳，在怠速下机体抖动；排气管冒黑烟或白烟，并发出有节奏的“突突”声或放炮声。

（2）故障原因及处理方法

1）个别气缸的火花塞绝缘体破裂，电极间隙不当，有油污、积炭，应检修或更换损坏的火花塞。

2）分缸高压线脱落或漏电，应检修和更换分缸高压线。

3）点火线圈老化，应更换点火线圈。

（3）故障诊断流程

个别气缸不点火的故障诊断流程如图 2—2—4 所示。

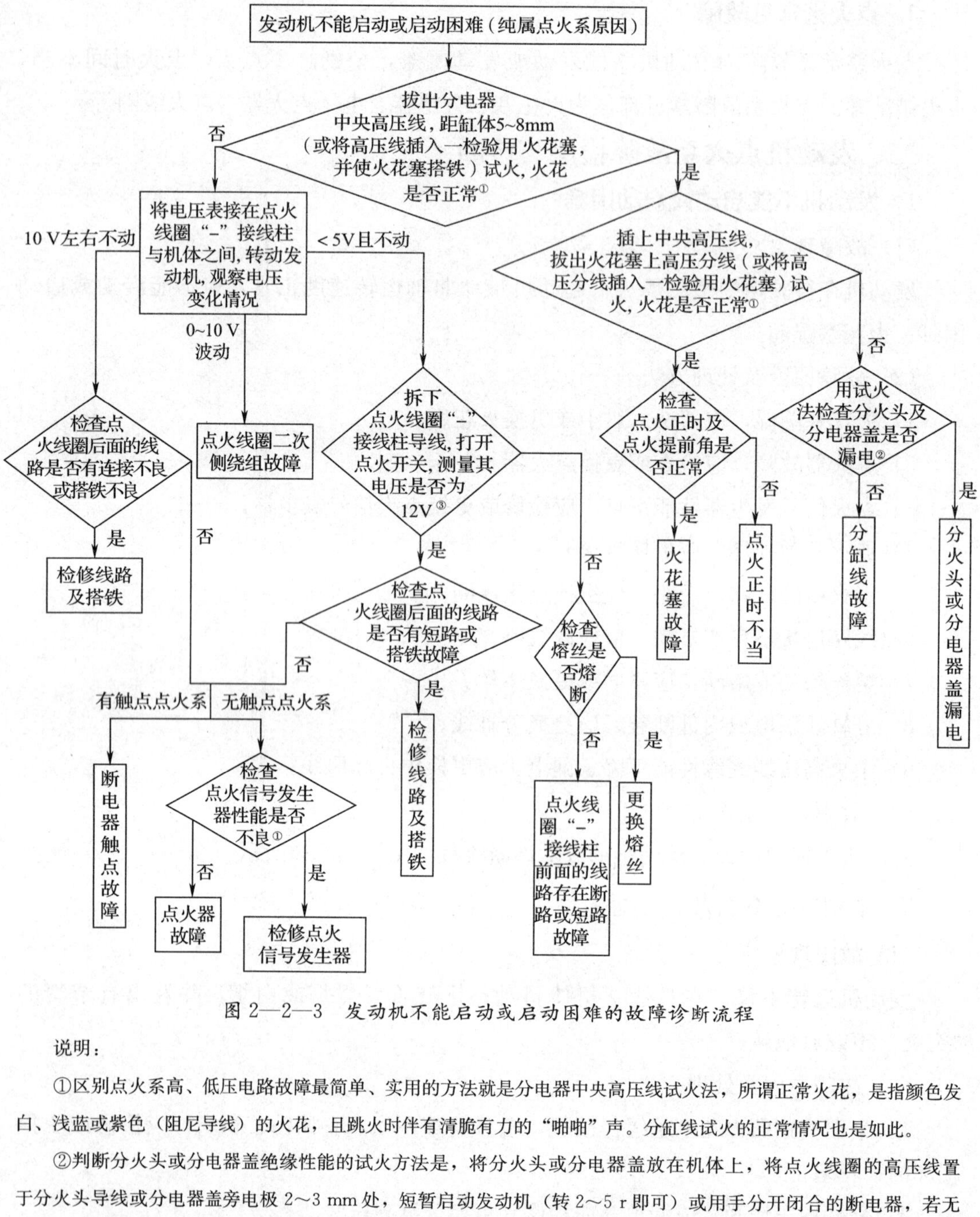

图 2—2—3　发动机不能启动或启动困难的故障诊断流程

说明：

①区别点火系高、低压电路故障最简单、实用的方法就是分电器中央高压线试火法，所谓正常火花，是指颜色发白、浅蓝或紫色（阻尼导线）的火花，且跳火时伴有清脆有力的“啪啪”声。分缸线试火的正常情况也是如此。

②判断分火头或分电器盖绝缘性能的试火方法是，将分火头或分电器盖放在机体上，将点火线圈的高压线置于分火头导线或分电器盖旁电极 2～3 mm 处，短暂启动发动机（转 2～5 r 即可）或用手分开闭合的断电器，若无火花，说明其绝缘性能良好；若有火花，说明其绝缘损坏。

③一次侧电路的断路部位检查常用逐点试灯法，即用一直流试灯，一端搭铁，一端与检查部位相连，通过观察试灯亮暗情况来判断该检查部位的通电情况。例如，在点火开关接通、试灯检测端与点火线圈“＋”接线柱相连时，若试灯点亮，说明该接线柱前面的线路无断路故障，反之则说明其前面的线路有断路故障。注意，对电子点火系禁用传统的逐点搭铁检查法。

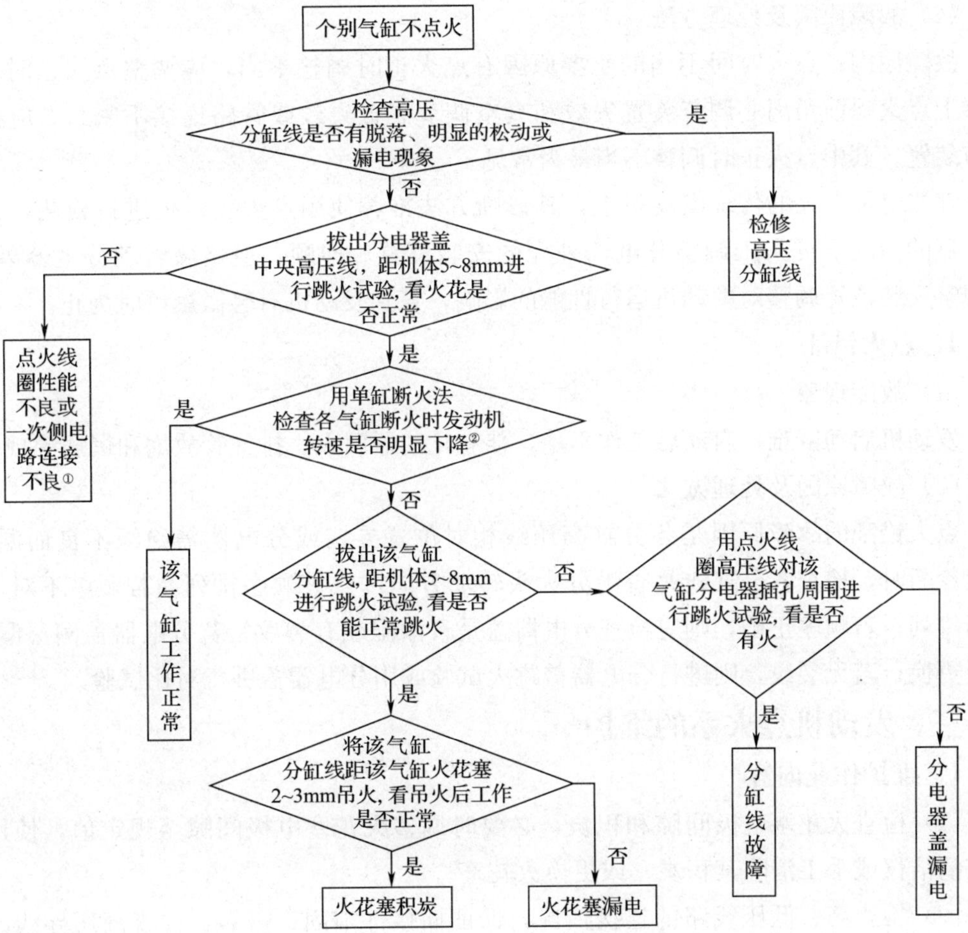

图 2—2—4　个别气缸不点火的故障诊断流程

说明：

①点火系技术状态不良，可能导致技术状态较差的个别气缸不工作，甚至产生多缸交替不工作的现象。有触点点火系断电器触点和电容器性能不良也会引起火花弱。

②单缸断火法是诊断具体不工作气缸或工作不良气缸位置的常用手段。其方法是在发动机怠速或低速下运转时，拔下某气缸火花塞上的分缸线并使其与机体短路，观察该操作对发动机运转情况的影响程度，以确定该气缸的工作情况。如某气缸短路后，发动机转速明显下降、平稳性明显变差、故障现象加剧，说明该气缸工作良好，反之则说明该气缸不工作或工作不良。

3．点火时间不当

（1）故障现象

发动机动力性能不良、运转平稳性差、有爆震、易过热的现象，都有可能是点火时间不当引起的。点火时间不当分点火过早或过迟两种情况。发动机启动时有反转、怠速和急加速时有爆震则为点火过早；若发动机发闷、无力，易过热，排气管冒黑烟，放炮或化油器回火则为点火过迟。

（2）故障原因及处理方法

故障原因：点火时间不当的主要原因有点火正时调整不当，应调整点火正时；分电器上点火提前角离心调节装置失效和真空调节装置失效或管路连接不密封，应检修调节装置。其中点火正时调整不当最为常见。

在非电控点火的传统发动机上，其诊断方法推荐使用点火正时仪进行检测，在无此仪器的情况下可人工调整分电器外壳的安装位置，即顺、逆略微转动分电器外壳，并观察安装位置调整对发动机运行性能的影响，直到发动机有轻微爆震时为止。

4．点火错乱

（1）故障现象

发动机启动困难，启动后工作不稳，伴有化油器回火、排气管放炮和爆震等现象。

（2）故障原因及处理方法

点火错乱的故障原因是各分缸高压线相对位置弄错或分电器盖绝缘不良而漏电。一般诊断时，检查各分缸线是否沿分火头转动方向按点火顺序排列。若顺序不对，应重新排列；若顺序正确，则应检查分电器盖是否潮湿或有裂纹。若分电器盖潮湿漏电，则应更换；若无裂纹，则进行分电器盖跳火试验或用分电器盖进行对比试验。

三、发动机点火系的维护

1．维护作业内容

（1）检查火花塞电极间隙和积炭，必要时调整火花塞电极间隙至规定值，使用火花塞清洁仪或手工清除其积炭，或更换火花塞。

（2）检查高、低压线路的连接情况，保证插接件牢固、可靠，检查高压导线的绝缘性能和电阻，若不符合要求则应更换。

（3）清洁点火模块。

（4）无分电器的直接点火系统的发动机，在进行点火正时的调整时应检查正时带或链条的正时标记是否对齐。

2．电子式点火信号发生器的检查

（1）霍尔式点火信号发生器的检查（以上海桑塔纳轿车用霍尔式点火信号发生器为例）

1）霍尔式点火信号发生器电压的测量。霍尔式点火信号发生器是有源器件，需输入一定的电源电压才能工作。因此，应先测量其输入电压是否正常，方法是用直流电压表的“+”“−”表笔分别接到与分电器相连接的插接器“+”“−”接线柱（红黑线端与棕白线端），如图 2—2—5 所示。接通点火开关，电压表应显示 11～12 V，否则，说明点火器没有给霍尔信号发生器提供正常的工作电压，应检查点火器。若电压表显示电压正常，可进一步测量点火信号发生器的输出信号电压，方法是用同一只电压表在点火开关接通时测量分电器的信号输出线（绿白线）与搭铁线（棕白线）之间的电压。当触发叶轮的叶片在霍尔传感器的气隙中时，电压表应显示 2～9 V；而当触发叶轮的叶片不在霍尔传感器的气隙中时，电压表所显示的电压应接近于零，为0.3～0.4 V。如经上述测量，电压表读数正常，可认为霍尔式信号发生器正常。

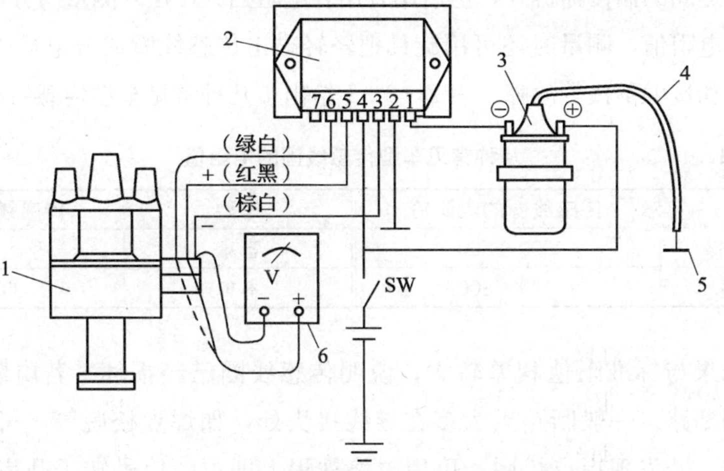

图2—2—5　霍尔式点火信号发生器的检查方法

1—分电器　2—点火器　3—点火线圈　4—高压线　5—搭铁　6—直流电压表

2）霍尔式点火信号发生器的跳火试验。在实际工作中，常根据模拟信号发生器动作的方式来进行判断。关断点火开关，打开分电器盖，转动曲轴，使分电器触发叶轮的叶片不在气隙中。拔出分电器盖上的中央高压线，使其端部离气缸体5～8 mm。然后接通点火开关，用小旋具（或薄铁板）在信号发生器的气隙中轻轻插入和拔出，模拟触发叶轮叶片在气隙中的动作。若此时高压线端部跳火，说明霍尔信号发生器、点火器、点火线圈及连接导线性能良好；若不跳火，在点火线圈、点火器及连接导线正常的情况下，则说明信号发生器故障，应予以更换。图2—2—6所示为霍尔式点火信号发生器的跳火试验示意图。

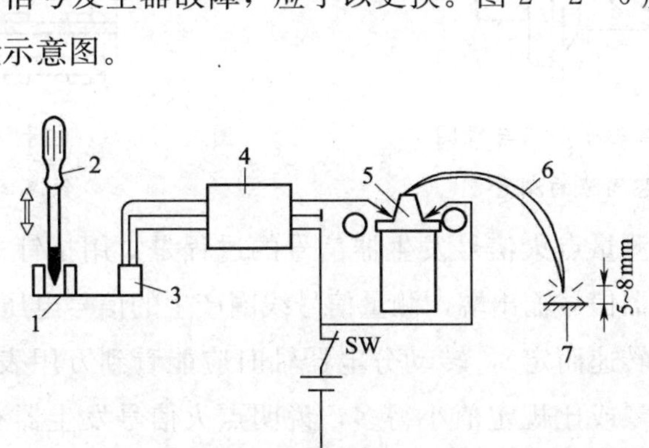

图2—2—6　霍尔式点火信号发生器的跳火试验示意图

1—分电器霍尔触发开关　2—小旋具（或薄铁板）　3—信号发生器插接件

4—点火器　5—点火线圈　6—高压导线　7—发动机机体

(2) 磁感应式点火信号发生器的检查

1）检查方法。磁感应式点火信号发生器的检查方法是测量传感线圈的电阻值。先将分电器与线束之间的插接器拆开，然后用万用表电阻挡（Ω挡）测量与分电器相连接的两根导线之间的电阻值，测量时还可用旋具把轻轻敲击传感线圈或分电器壳，以检查其内部是否有松旷和接触不良等故障。表2—2—1给出了几种常见车型传感线圈的电阻值。

表2—2—1　　几种常见车型传感线圈的电阻值　　Ω

车型	传感线圈的电阻值	车型	传感线圈的电阻值
解放CA1092	600～800	富康	300
北京切诺基	400～800	本田	600～800

若测量结果与标准阻值相差较大，说明传感线圈已经损坏。若电阻值为无穷大，说明传感线圈断路。一般断路点大多在导线接头处，如焊点松脱等，可将传感线圈拆下进一步检查。若发现焊点松脱，可用电烙铁焊上即可。信号转子凸齿与线圈铁芯之间的间隙可用塞尺进行测量，如图2—2—7所示。该间隙的标准值为0.2～0.4 mm，若不符合，可松开紧固螺钉A和B做适当调整，如图2—2—8所示，直至间隙符合上述规定，再将螺钉A和B拧紧即可。

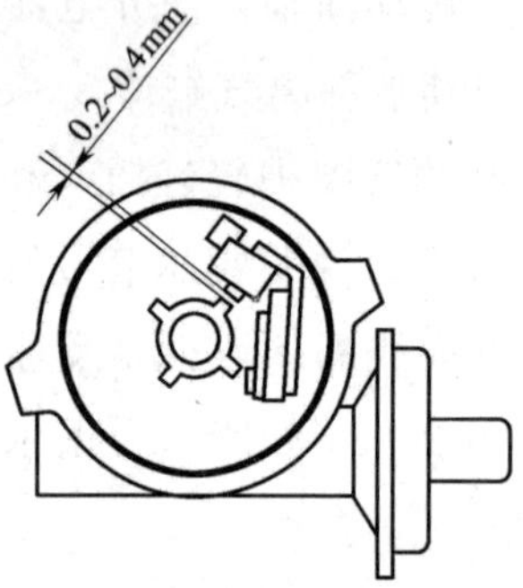

图2—2—7　信号转子凸齿与线圈铁芯间隙的测量

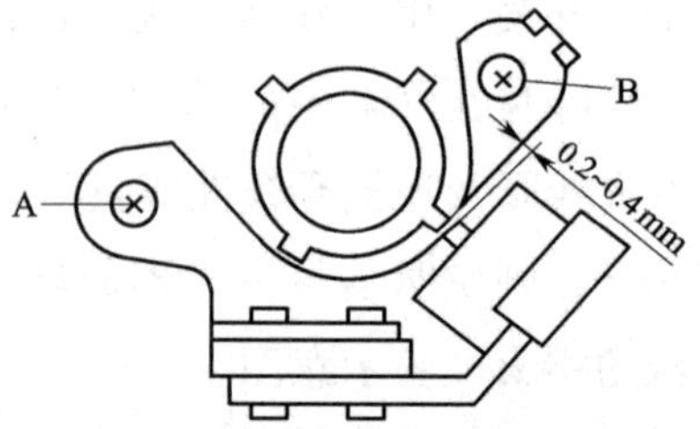

图2—2—8　信号转子凸齿与线圈铁芯间隙的调整

用指针式万用表测量点火信号发生器信号的过程是：用指针式万用表的低电压量程挡接点火信号发生器信号输出端，测量信号线圈产生的信号电压（一般不足1 V，视分电器型号及测试的转速而定），转动分电器轴时应能看到万用表指针有明显的摆动。若测得的信号电压为零或比规定值小得多，说明点火信号发生器有故障。故障原因有信号线圈或其连接导线断路、短路，磁铁磁性消失或减弱，磁路短路或气隙过大。也可用示波器在分电器转动时观察点火信号发生器的信号波形。

2）跳火试验法。在确认低压电路各连接导线、插接器、点火线圈及点火信号发生器基本完好的情况下，可采用跳火试验法判断点火器是否有故障。对于东风EQ1090

汽车装用的JFD667型、解放CA1092汽车装用的6TS2107型具有失速断电保护功能的磁感应式电子点火系统，可将分电器盖拆下，并拔出分电器盖上的中央高压线，使其端头离开缸体5～8 mm；接通点火开关，然后用一只旋具头快速地碰刮定子爪，以改变通过传感线圈的磁通而使其产生点火脉冲，触发点火器。若每次碰刮时高压线端都能跳火，说明点火器完好，否则说明点火器有故障，应予以检修或更换。

四、故障案例

1．故障现象

一辆奥迪100型轿车发动机启动困难或出现断火。

2．故障诊断

当线路接触不良或外加电压低时，外加电流强度不容易保证，于是影响到霍尔电压升高，使点火控制器不能正常工作。霍尔式点火控制器发生故障，点火控制器中的电子元器件有老化、烧坏或潮湿等，使之不能正常工作，造成中断点火和发动机难启动。

检查霍尔式点火控制器，用电压表测量传感器“+”“−”极插脚的电压，若电压为零，说明故障不在点火控制器，可再测量点火控制器1、4插脚的电压。若电压正常，说明故障在点火控制器，可用同规格和型号且性能良好的点火控制器进行对换试验来证明。若故障在点火控制器，则应更换元件。

奥迪100型轿车点火装置电路如图2—2—9所示。

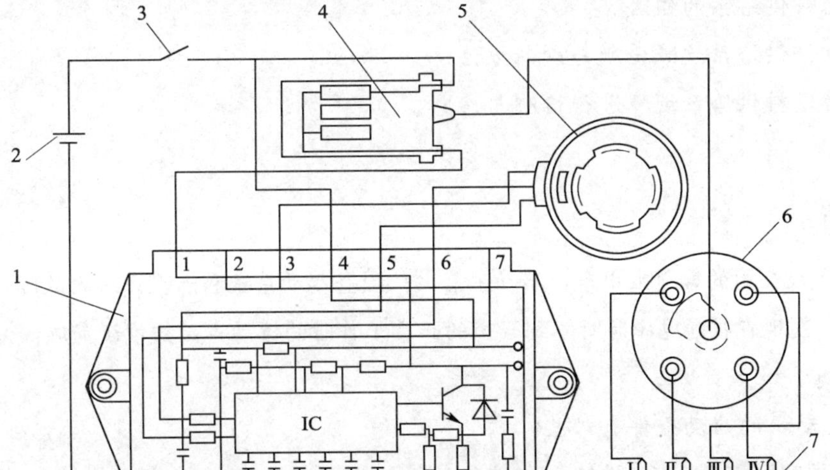

图2—2—9　奥迪100型轿车点火装置电路

1—点火控制器　2—蓄电池　3—点火开关　4—点火线圈　5—霍尔效应传感器　6—分电器　7—火花塞

3．故障排除

更换霍尔式点火控制器。

4．故障点评

霍尔式点火控制器是大众公司常见的点火控制器件，该案例基本反映了霍尔式点火控制器的故障检测方法，应重点学习和实践。

思考与练习

1．简述汽车发动机点火系的作用及组成。

2．怎样判定个别气缸不点火？个别气缸不点火的故障原因有哪些？怎样进行人工诊断？

3．点火时间不当的故障现象有哪些？

课题三　燃料供给系故障检测与诊断

学习目标

◆ 了解燃料供给系的组成。

◆ 掌握燃料供给系故障检测与诊断方法。

◆ 能够对燃料供给系故障进行检测与诊断。

想一想

一辆大众公司的普通乘用车，启动不着火；检查起动系统和点火系统无故障；检查燃油供给系统，发现在接通电源时听不到轻微的正常工作时的振动声，初步认定燃油泵不工作。

想一想：

1．发动机的启动条件有哪些？

2．如何对发动机燃料供给系统进行故障检测与诊断，以排除油路、气路故障，使其恢复燃料供给，让发动机正常运转起来？

如果起动系统和点火系统工作正常，发动机机械系统没有故障，但汽油发动机不能启动时，就应重点检查燃料供给系统。燃料供给系统包括供气、供油和废气排放。油路不畅会使发动机熄火；供气不畅会影响发动机的怠速稳定性；废气排放不畅会影响发动机的功率发挥。在汽油发动机不能启动时，一般先检查油路，如油泵是否工作等。

一、汽油机燃料供给系的组成

汽油机电子控制多点燃油喷射系统一般由汽油箱、电子汽油泵、汽油滤清器、油压缓冲器（油压脉动缓冲器，可不装）、油压调节器、油轨（分配管）、喷油器和进气歧管等组成，如图 2—3—1 所示。桑塔纳 2000 型电子控制发动机燃油供给系统的工作原理如图 2—3—2 所示。

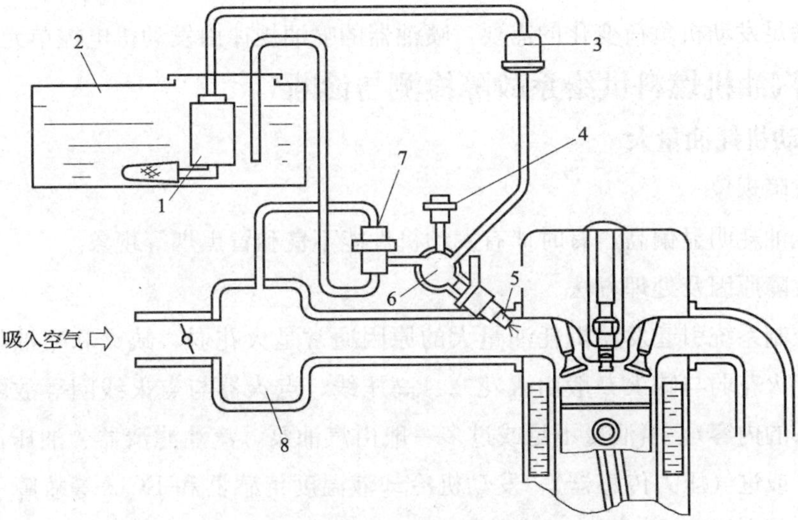

图 2—3—1　汽油机电子控制多点燃油喷射系统

1—电子汽油泵　2—汽油箱　3—汽油滤清器　4—油压缓冲器
5—喷油器　6—汽油分配管　7—油压调节器　8—进气歧管

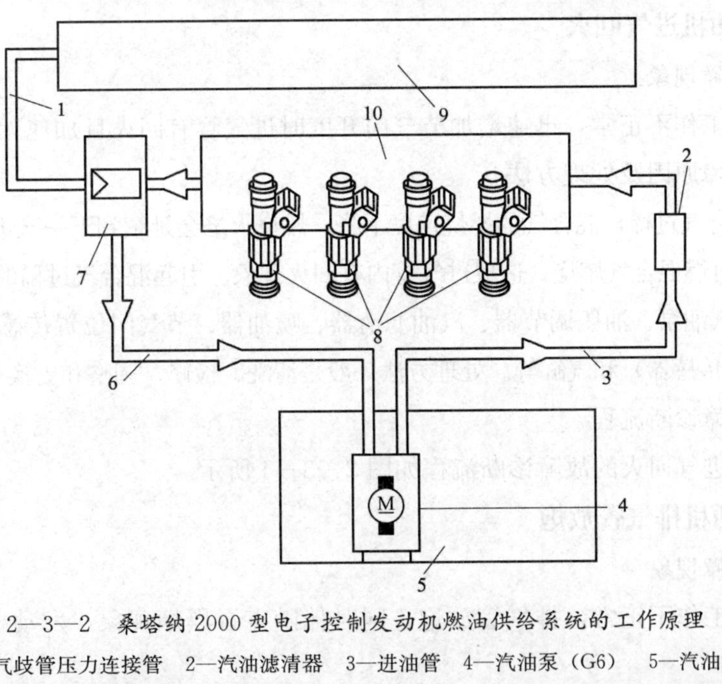

图 2—3—2　桑塔纳 2000 型电子控制发动机燃油供给系统的工作原理

1—进气歧管压力连接管　2—汽油滤清器　3—进油管　4—汽油泵（G6）　5—汽油箱
6—回油管　7—油压调节器　8—喷油器（N30～N33）　9—进气歧管　10—汽油分配管

燃料供给系是将油箱的燃油过滤后，泵入油轨且维持 200～300 kPa 的压力，在 ECU 的控制下，定时、定量给喷油器提供足够的经过真空压力调节的燃油，多余的燃油再流回油箱。早期的燃油供给系统装有油压缓冲器，以吸收油泵的脉动压力。油压调节器是根据进气歧管的进气压力，即发动机的负荷来调节喷油压力的。节气门开度大，即负荷大，进气歧管压力高，使回油量减少，油轨油压升高；反之，油轨油压降低，从而满足发动机负荷变化的需要。喷油器的喷油规律由发动机电控单元控制。

二、汽油机燃料供给系故障检测与诊断

1．发动机耗油量大

（1）故障现象

发动机油耗明显偏高，有时伴有发动机性能不良和冒黑烟等现象。

（2）故障原因及处理方法

电子控制系统引起发动机耗油量大的原因通常是火花弱、缺火和喷油量不足或过多造成的。火花弱与缺火一般由火花塞、高压线、点火器与点火线圈等故障引起（可参考点火系的内容），喷油量不足或过多一般由汽油泵、汽油滤清器、油压调节器、空气流量计（或进气压力传感器）、发动机冷却液温度传感器和 ECU 等故障引起。处理方法一般是用专用清洗机清洗喷油器或更换失效的零部件。

（3）故障诊断流程

发动机耗油量大的故障诊断流程如图 2—3—3 所示。

2．发动机进气回火

（1）故障现象

发动机工作不正常，迅速增加节气门开度时进气管有回火且加速无力。

（2）故障原因及处理方法

如果混合气过稀，混合气的燃烧速度下降，燃烧火焰会延续到下一次进气门打开，使进气歧管内的可燃混合气燃烧，造成进气管内有回火现象。引起混合气过稀的主要故障部位是进气系统、汽油泵、油压调节器、汽油滤清器、喷油器、节气门位置传感器、空气流量计（或进气压力传感器）和气缸等。处理方法一般是清洗、检修、调整和更换相关部件。

（3）故障诊断流程

发动机进气回火的故障诊断流程如图 2—3—4 所示。

3．发动机排气管放炮

（1）故障现象

发动机工作不正常，排气管放炮，同时伴随有冒黑烟现象，发动机动力下降，油耗增加。

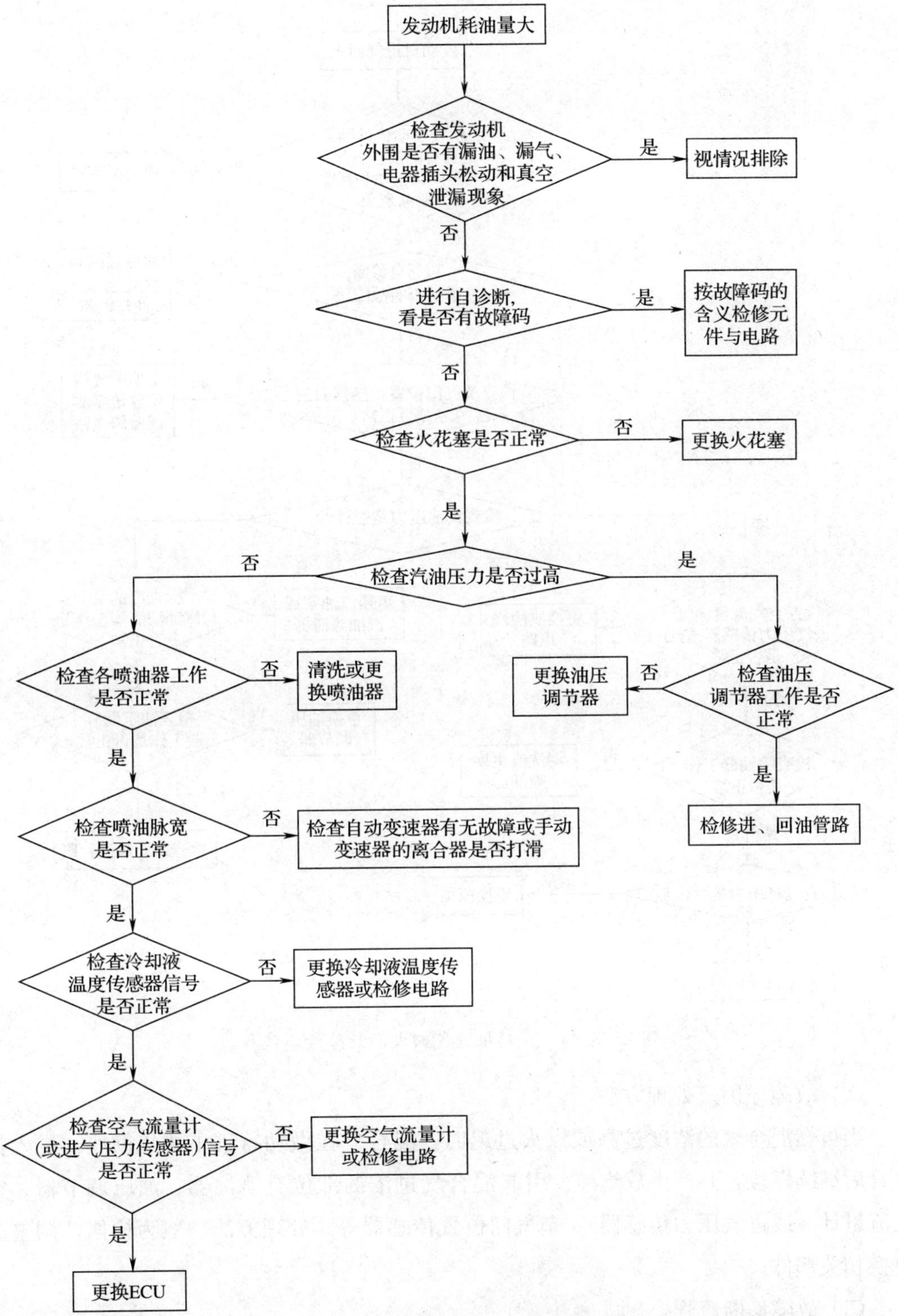

图 2—3—3　发动机耗油量大的故障诊断流程

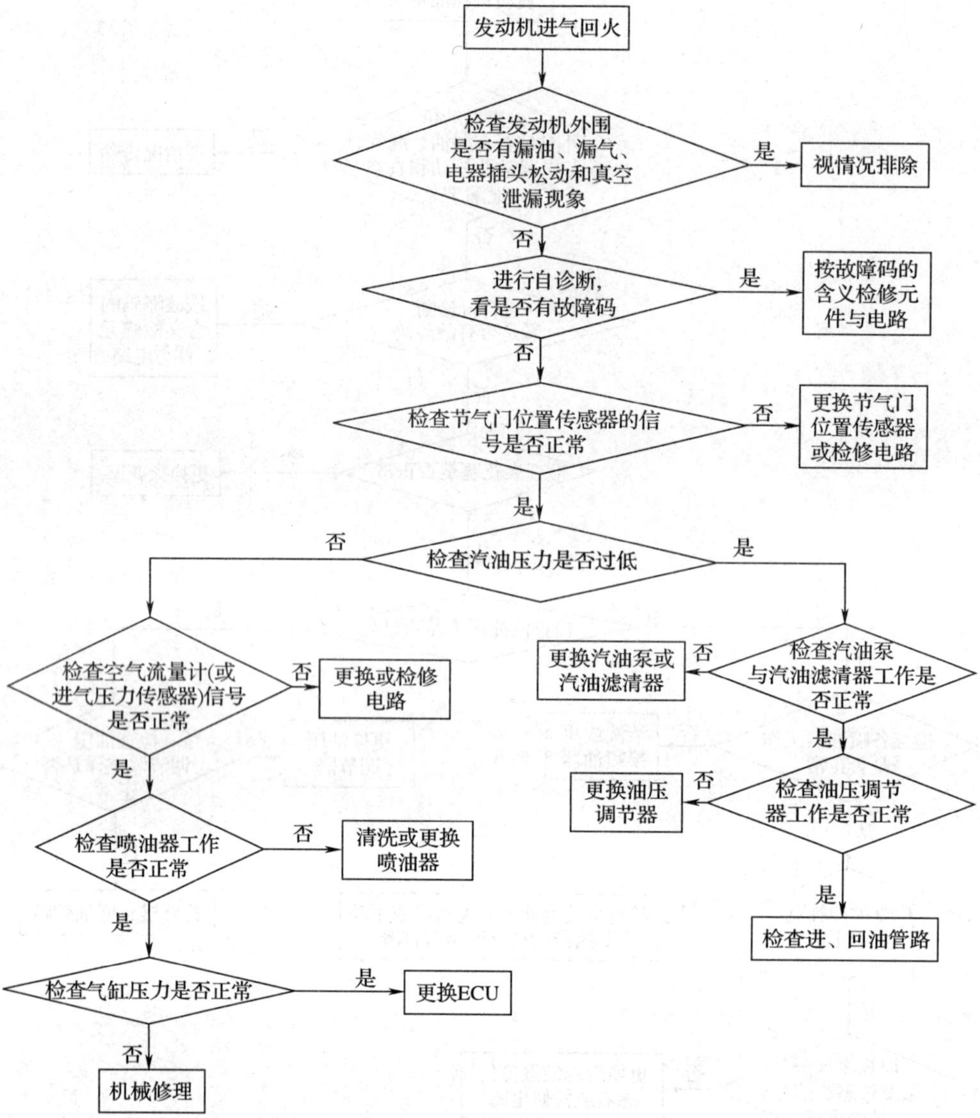

图 2—3—4　发动机进气回火的故障诊断流程

（2）故障原因及处理方法

当可燃混合气的浓度过高或点火过迟时，混合气在做功行程未燃烧彻底，进入排气管后继续燃烧，并产生放炮声。引起混合气过浓的部位有喷油器、油压调节器、空气流量计（或进气压力传感器）、节气门位置传感器等。处理方法一般为检修、调整和更换相关部件。

（3）故障诊断流程

发动机排气管放炮的故障诊断流程如图 2—3—5 所示。

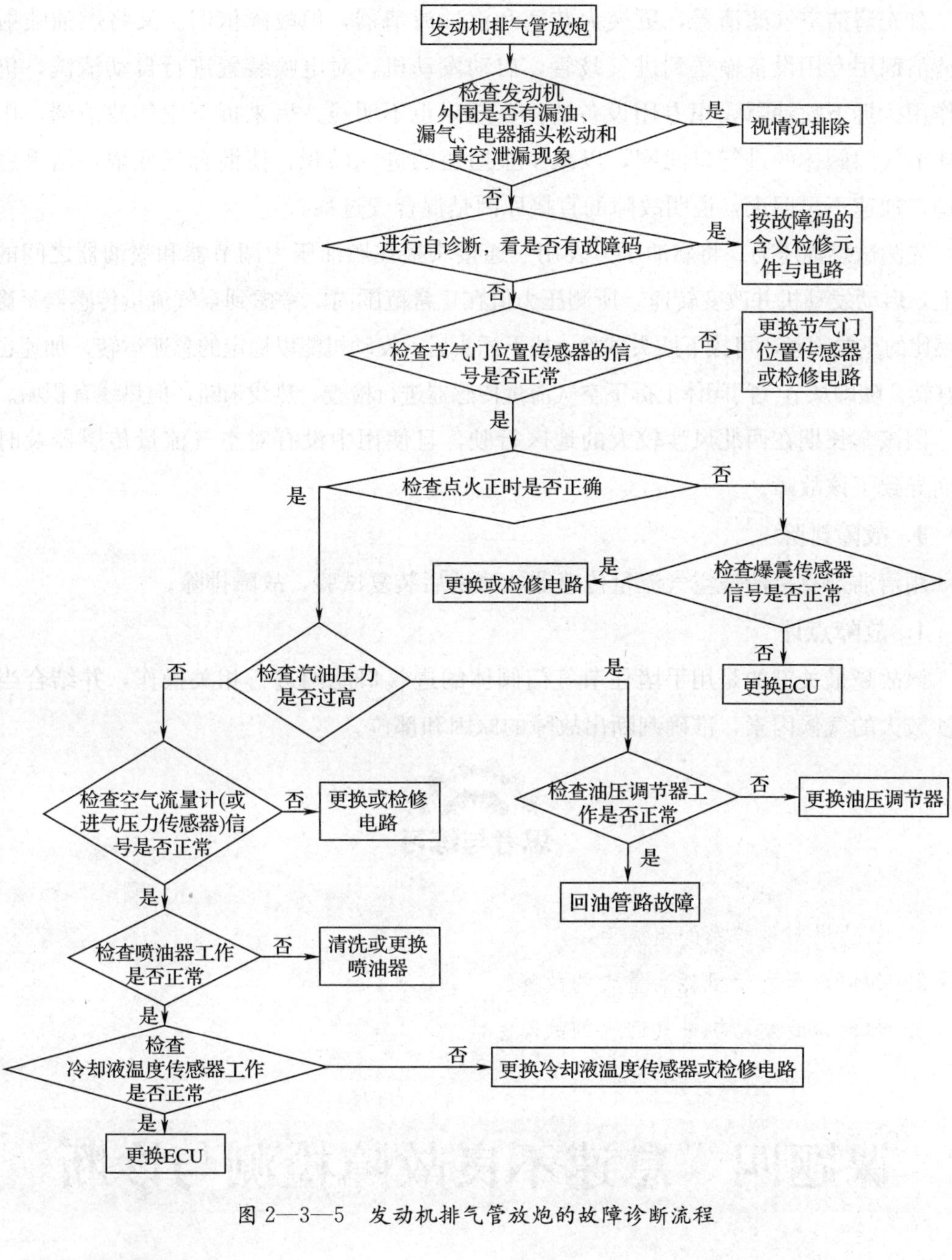

图 2—3—5　发动机排气管放炮的故障诊断流程

三、故障案例

1. 故障现象

上海别克轿车（装用 V6 电控发动机）行驶时动力不足、加速不良，检查发现发动机怠速时严重抖动，急加速时进气管回火。

2．故障诊断

首先清洁空气滤清器，更换火花塞和汽油滤清器，但故障依旧。又将燃油喷射系统清洁剂用专用设备输送到进气歧管，启动发动机，对电喷装置进行自动清洗，仍未起作用。拆下喷油器，用专用设备清洗，效果也不明显。后来拆下空气滤清器，用手堵住节气门阀体的进气口滤网，以减少主通道的进气面积，使混合气变浓，结果怠速变稳，加速不再回火，说明故障的直接原因是混合气过稀。

先测试燃油压力。将燃油压力表用三通接头接在燃油压力调节器和喷油器之间的油路上，启动发动机并改变转速，所测压力值在正常范围内。考虑到空气流量传感器是影响空燃比的重要因素，可拔下插头试验。拔下插头后，发动机能以稳定的怠速运转，加速也有所好转。随即从节气门阀体上拆下空气流量传感器进行检查，热线未断，但热线有积垢。

因该车长期在西北风沙较大的地区行驶，且使用中没有对空气流量传感器及时除尘而导致了该故障。

3．故障排除

用清洁剂直接清洗空气流量传感器，清洗后装复试验，故障排除。

4．故障点评

该故障最关键的是用手堵住节气门阀体的进气口滤网进行相关操作，并结合当地风沙较大的气候因素，准确判断出故障的原因和部位。

思考与练习

1. 简述燃料供给系的组成。
2. 如何诊断发动机耗油量大的故障？
3. 如何诊断发动机进气回火的故障？

课题四　怠速不良故障检测与诊断

学习目标

◆ 了解怠速控制系统的常见类型。

◆ 掌握怠速控制系统故障检测与诊断方法。

◆ 能够对怠速控制系统故障进行检测与诊断。

◆ 能够对怠速控制机构进行检修。

想一想

一台大众乘用轿车，发动机怠速转速有时为 900 r/min，有时高达 1 200 r/min，并且伴有发动机怠速不稳定。

想一想：

1. 发动机怠速不稳定是小故障吗？怠速不稳定与哪些系统有关？

2. 如何对发动机怠速控制系统进行故障检测与诊断，让发动机正常运转？

怠速通常是指节气门关闭，加速踏板完全松开，且发动机对外无功率输出并能保持最低转速的稳定运转工况。由于怠速时的进气量少，因此，混合气数量以及点火时刻的轻微变化，都会对发动机怠速造成比较明显的影响。在分析发动机的怠速故障时，除了考虑气缸密封、混合气和点火时刻等因素外，还应考虑怠速时的发动机负荷。

怠速时节气门处于关闭位置，一旦在节气门后面的真空管路破损漏气，就会造成怠速不稳故障出现。如真空助力制动系统的真空管、废气再循环系统的真空管、真空燃油压力调节器的真空管以及由负荷大小调节的进气歧管真空管等，都会产生怠速不稳故障。

一、怠速控制系统的类型

目前常见的怠速空气控制有两种基本类型，一种是直接控制节气门全关时的最小开度，即节气门直动式；另一种是控制节气门旁通管路中的空气流量，即旁通空气式，如图 2—4—1 所示。

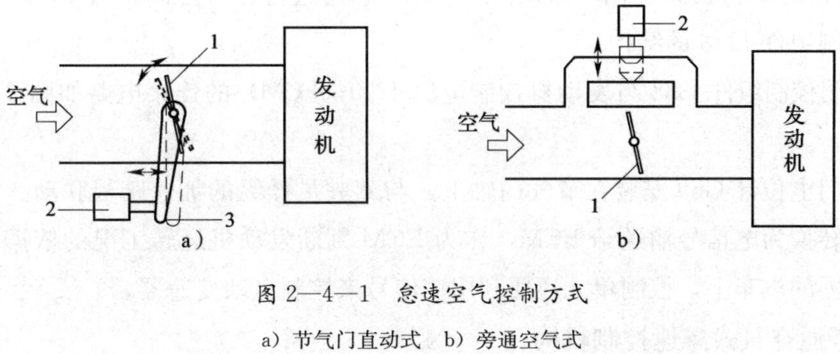

图 2—4—1　怠速空气控制方式

a）节气门直动式　b）旁通空气式

1—节气门　2—怠速控制阀执行机构　3—节气门操纵臂

怠速控制系统主要由相关的传感器、执行器和控制模块 ECM 组成，各组件及其功能见表 2—4—1。

表 2—4—1　　怠速控制系统的组件及其功能

组件		功能
传感器	转速传感器（Ne 信号）	检测曲轴转速
	节气门位置传感器	检测发动机处于怠速状态
	冷却液温度传感器	检测发动机冷却液温度
	启动开关信号	检测发动机正在启动中
	空调开关（A/C）信号	检测空调的工作状态（ON、OFF）
	车速（里程）传感器	检测车速
	空挡启动开关信号（P/N）	检测换挡手柄位置
	液力变矩器负荷信号	检测液力变矩器负荷变化
	动力转向开关信号	检测动力转向工作状态
	发电机负荷信号	检测发电机工作状态
执行器	怠速控制阀（ISC）	控制节气门旁通空气量
ECM	根据从各传感器输入的信号，把发动机的实际转速与各传感器输入的信号所决定的目标转速进行比较。根据比较得出的差值，确定相当于目标转速的控制量，去驱动控制空气量的执行器，使怠速转速控制在目标转速上	

在 ECM 的 ROM 中存储有各种怠速工况下的最佳怠速转速——目标转速。发动机怠速运转时，ECM 将发动机的实际转速与由各传感信号所决定的目标转速进行比较，根据比较所得差值，确定相当于目标转速的控制量，去驱动控制空气量的执行器，使怠速转速保持在目标转速附近。

1．节气门直动式怠速控制系统

桑塔纳 2000GSi，捷达 GT、GTX 以及红旗 CA7220E 等型轿车就采用了节气门直动式怠速控制执行机构，由节气门组件 J338 对怠速进行综合控制。图 2—4—2 所示为节气门控制组件 J338 的结构。

节气门控制组件 J388 与发动机控制电脑 J220（ECM）的连接电路如图 2—4—3 所示。

节气门电位计 G69 安装在节气门轴上，与驾驶员操纵的加速踏板联动。它将节气门的开度转换为电信号输送给 ECM，作为 ECM 判断发动机运转工况的依据。在配装自动变速器的汽车上，控制单元还要利用该信号来控制自动变速器。

2．旁通空气式怠速控制机构

旁通空气式怠速控制机构在节气门的旁通气道内设立一个阀门，阀门开大，旁通空气道截面增大，空气流量增大，怠速转速提高；反之，怠速转速降低。常见的控制形式有步进电动机式、旋转滑阀式和线性脉冲电磁阀式。

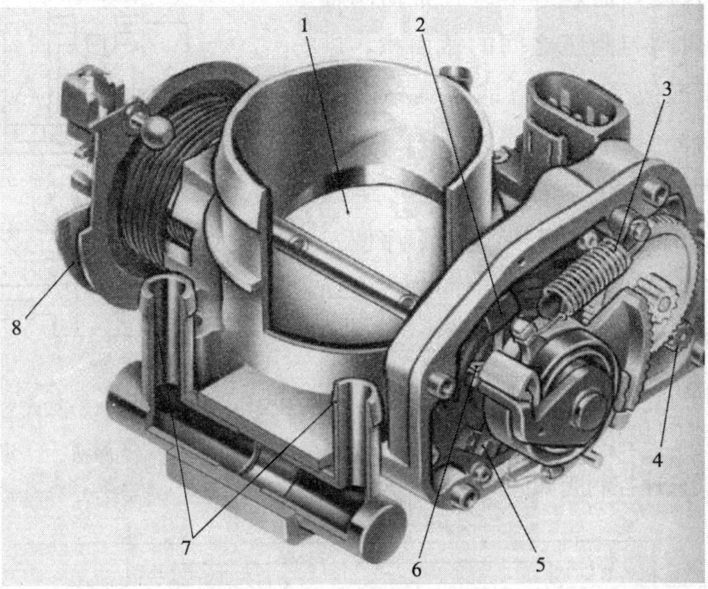

图 2—4—2　节气门控制组件 J338 的结构

1—节气门　2—怠速节气门电位计 G88　3—应急弹簧　4—怠速控制电动机 V60
5—节气门电位计 G69　6—怠速开关　7—冷却液进/出管口　8—节气门操纵臂

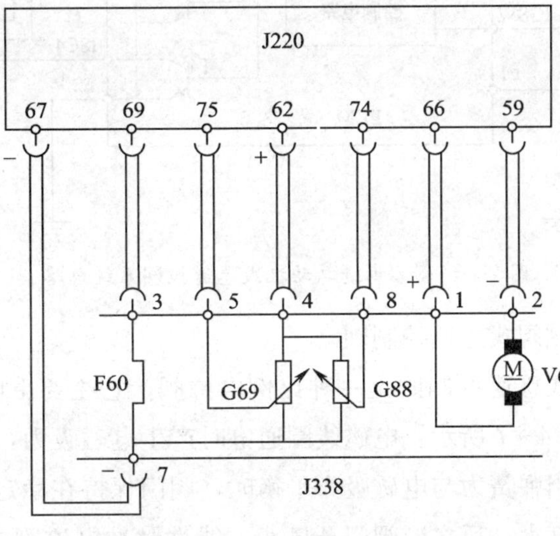

图 2—4—3　节气门控制组件 J338 与发动机控制电脑 J220（ECM）的连接电路

F60—怠速开关　G69—节气门电位计　G88—怠速节气门电位计　J220—发动机控制电脑
J338—节气门控制组件　V60—怠速控制电动机

（1）步进电动机式怠速控制阀

步进电动机式怠速控制阀由永磁转子、定子绕组总成和把旋转运动变成直线运动的进给丝杠以及阀门等部分组成。步进电动机的转子可在 ECM 的控制下顺时针或逆时针旋转一定的角度，通过进给丝杠带动阀轴轴向移动，改变阀与阀座之间的截面积，进而调节流经节气门旁通气道的空气量，如图 2—4—4 所示。

步进电动机式怠速控制系统电路如图 2—4—5 所示。ECM 按照一定的顺序使三极管 VT1～VT4 适时导通，分别向步进电动机四个定子绕组供电，驱动步进电动机旋转，调节旁通空气量，从而调节怠速转速。

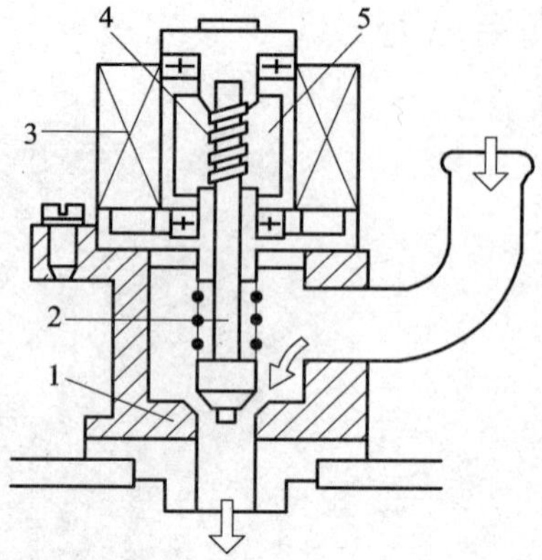

图 2—4—4　步进电动机式怠速控制阀的结构

1—阀座　2—阀轴　3—定子绕组总成

4—进给丝杠　5—永磁转子

（2）旋转滑阀式怠速控制阀

旋转滑阀式怠速控制阀如图 2—4—6 所示。

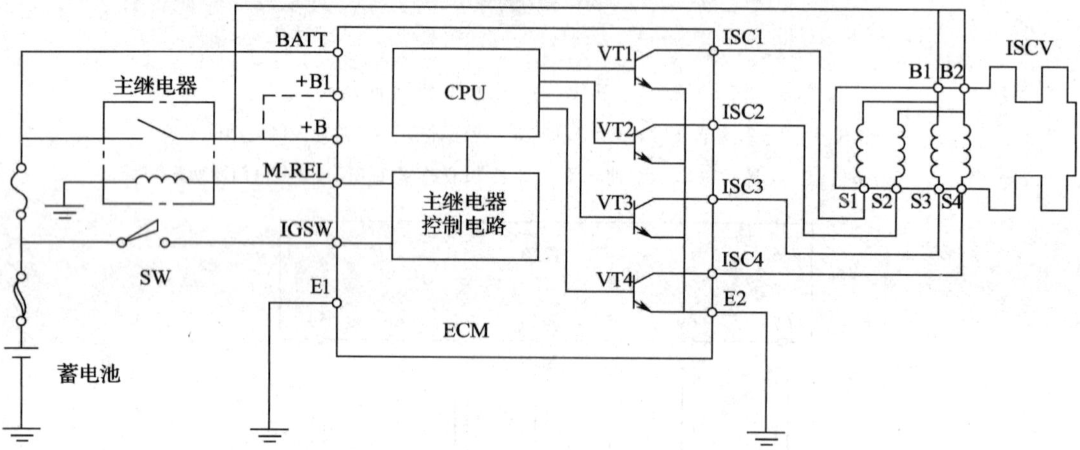

图 2—4—5　步进电动机式怠速控制系统电路

（3）线性脉冲电磁阀式怠速控制阀

线性脉冲电磁阀式怠速控制阀是一种比例电磁阀，它主要由电磁线圈、阀轴及阀等部件组成，如图 2—4—7 所示。电磁线圈通电时产生电磁吸力，使阀轴沿轴向位移，从而控制阀门开度。当弹簧力与电磁吸力平衡时，阀门保持在稳定状态。当电流大时，电磁吸力大，阀门开度大；反之，阀门开度小。线性脉冲电磁阀式怠速控制系统电路如图 2—4—8 所示。

二、怠速控制系统故障检测与诊断

1. 怠速过低、运转不稳故障

发动机怠速过低、运转不稳的故障原因与处理方法见表 2—4—2，故障诊断流程如图 2—4—9 所示。

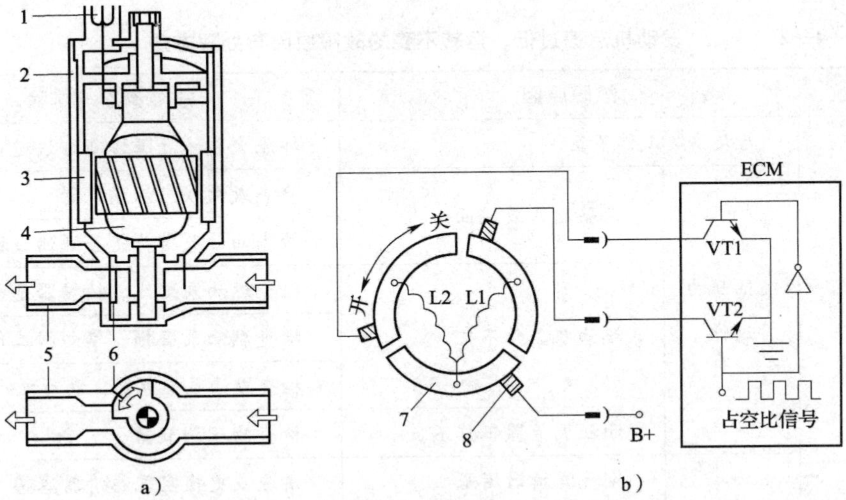

图 2—4—6　旋转滑阀式怠速控制阀的结构和电路原理

a）结构　b）电路原理

1—电插头　2—外壳　3—永久磁铁　4—电枢　5—旁通气道　6—旋转滑阀　7—滑片　8—电刷

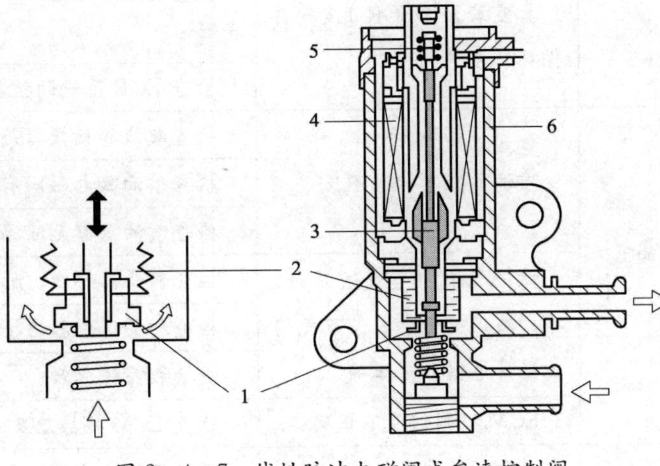

图 2—4—7　线性脉冲电磁阀式怠速控制阀

1—阀　2—波纹管　3—阀轴　4—电磁线圈　5—弹簧　6—壳体

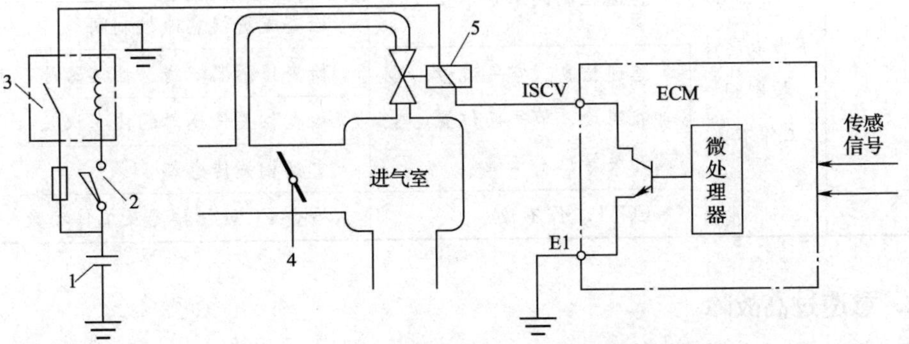

图 2—4—8　线性脉冲电磁式怠速控制系统电路

1—蓄电池　2—点火开关　3—主继电器　4—节气门　5—怠速控制阀

表 2—4—2　　发动机怠速过低、运转不稳的故障原因与处理方法

故障现象	故障原因		故障诊断与排除
发动机在怠速工况下转速过低，运转不平稳甚至熄火	点火系统工作不良		按点火系统故障诊断方法进行
	喷油压力过低	油路堵塞或漏油	检查或更换汽油滤清器
			检查油管及接头是否漏油或堵塞
		燃油泵工作不良	检查燃油泵配线、插接器是否正常
			检查燃油泵磨损、单向阀工作状况
			检查燃油泵继电器、电动机的技术状况
		油压调节器工作不良	检查油压调节器
	进气系统堵塞或漏气	空气滤清器堵塞	清洗或更换空气滤清器滤芯
		进气管漏气	检查软管、接头是否漏气
			检查进气歧管与缸体、缸盖的密封
		真空装置、EGR（废气再循环）系统漏气	检查真空管是否松脱、EGR 系统是否漏气
			检查 EGR 系统的控制电路
	喷油器工作不良	喷油器技术状况不良	检查配线和插接器是否正常
			检查喷油器电磁阀有无卡滞
			检查喷油器有无泄漏
		喷油信息（空气流量计、冷却液温度传感器、节气门位置传感器）不正确	检查传感器配线、插接器是否正常
			检查相关传感器的技术状况
			更换相关传感器
		ECM 控制信号不正确	检查 ECM 插接器及工作参数
	怠速调整不当或怠速控制阀工作不良	怠速调整过低	重新调整怠速至规定值
		怠速控制阀工作不良	检查配线、插接器是否正常
			检查或更换怠速控制阀
		怠速信息（空气流量、冷却液温度、节气门位置、空调开关等）不正确	检查传感器配线、插接器是否正常
			检查相关传感器的技术状况
			更换相关传感器
		ECM 工作不良	检查 ECM 插接器及工作参数

2．怠速过高故障

发动机怠速过高的故障原因与处理方法见表 2—4—3，故障诊断流程如图 2—4—10 所示。

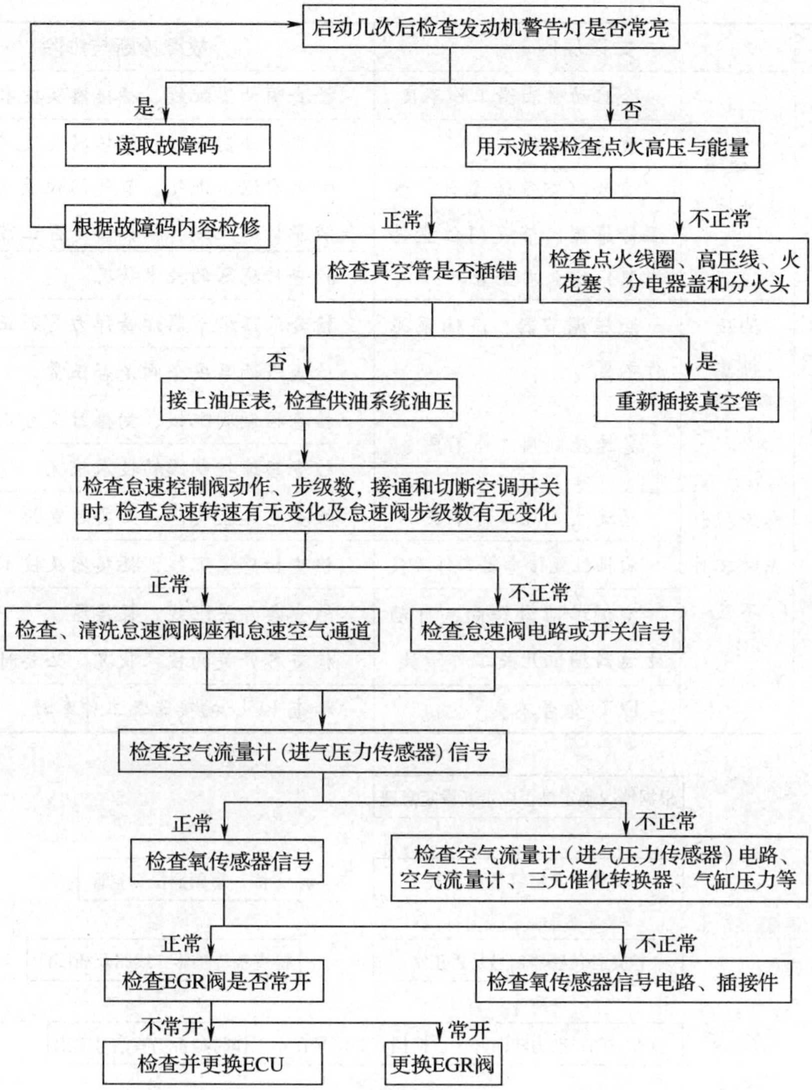

图 2—4—9　发动机怠速过低、运转不稳的故障诊断流程

表 2—4—3　　发动机怠速过高的故障原因与处理方法

故障现象	故障原因		故障诊断与排除
发动机在热机状态下怠速转速明显偏高，通过调整无法使怠速降低	节气门关闭不严	节气门体工作不良	检查节气门回位弹簧弹力是否正常
			检查节气门及节气门轴是否卡滞、变形
		节气门操纵连接装置	检查节气门各连接点是否卡滞
			检查操纵拉杆或拉索是否变形、卡滞

续表

故障现象	故障原因		故障诊断与排除
发动机在热机状态下怠速明显偏高，通过调整无法使怠速降低	怠速喷油量过多	冷启动喷油器工作不良	检查喷油器配线、插接器及技术状况
		喷油器工作不良	检查喷油器配线、插接器及技术状况
		喷油（空气流量计、水温传感器、节气门位置传感器）信息不正常	检查水温、进气、节气门位置传感器及空气流量计的配线、插接器是否正常
			检查传感器的技术状况
	油压过高	油压调节器、汽油泵工作不良	检查油压调节器弹簧弹力是否正常
			检查汽油泵安全阀是否正常
	怠速控制系统工作不良	怠速控制阀工作不良	检查控制阀配线、插接器是否正常
			检查怠速控制阀的技术状况
		怠速空气阀工作不良	检查怠速空气阀，必要时更换
		曲轴位置传感器工作不良	检查传感器配线、插接器及技术状况
		空调、动力转向、自动变速器挡位开关工作不良	检查各开关配线、插接器
			检查各开关的技术状况，必要时更换
		ECU 信号不良	检查 ECU 插接器及工作参数

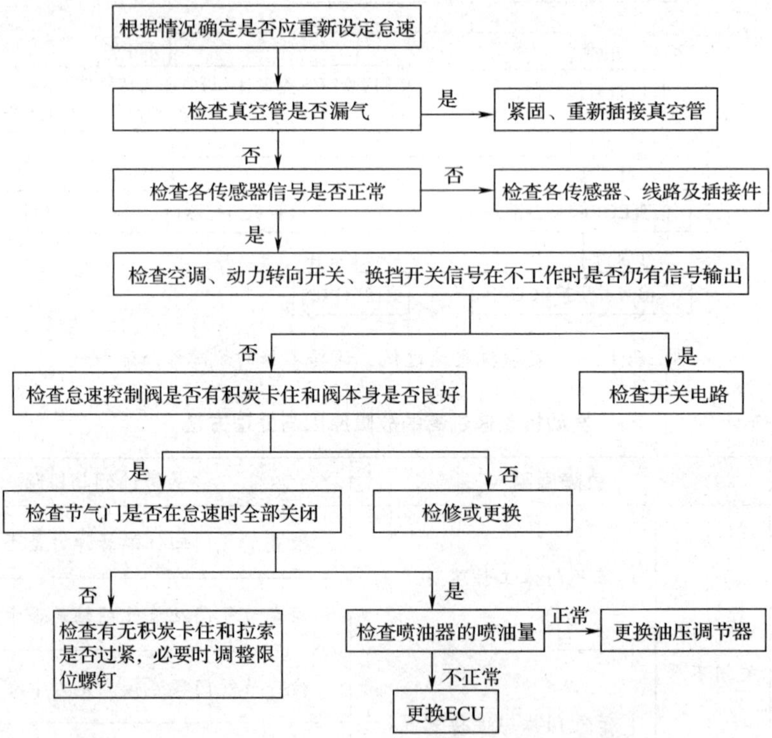

图 2—4—10　发动机怠速过高的故障诊断流程

三、怠速控制机构的检修

1. 节气门直动式怠速控制机构的检修（以大众车系为例）

（1）注意事项

1）节气门控制组件（J338）为一整体结构，壳体不允许打开。图 2—4—11 所示为节气门控制组件 J338 的导线连接器。

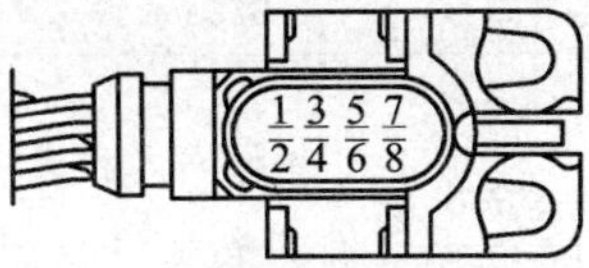

图 2—4—11　节气门控制组件 J338 的导线连接器

2）怠速参数的基本设定已由厂家在控制单元中完成，不需要人工调整。

3）拆装或更换节气门控制组件后，必须用专用仪器 V. A. G1551 或 V. A. G1552 重新进行一次基本设定。

（2）怠速开关 F60 的检修

1）测量怠速开关的供电电压。将点火开关置于“OFF”位置，断开节气门控制组件的电插头。将点火开关置于“ON”位置，测量线束插头端子 3 与 7 之间的电压，如图 2—4—3 所示，应在 9 V 以上。

2）测量怠速开关的电阻值。测量节气门控制组件电插头端子 3 与 7 之间的电阻值。当节气门关闭时，其电阻值应小于 1.5 Ω；当节气门打开时，电阻值应为无穷大。否则，应更换节气门控制组件。

3）检测导线有无断路与短路故障。

（3）怠速节气门电位计 G88 和节气门电位计 G69 的检修

测量电位计的供电电压。将点火开关置于“OFF”位置，断开节气门控制组件的电插头。将点火开关置于“ON”位置，测量线束插头端子 4 与 7 之间的电压，应为 4.5 V。将点火开关置于“OFF”位置，断开节气门控制组件 J338 和发动机控制电脑 J220 之间的连接线束，测量线束两端插头上各端子间有无短路或断路。如有断路或短路，则应更换导线或线束。

（4）怠速控制电动机 V60 的检修

1）检查怠速控制电动机绕组的电阻值。将点火开关置于“OFF”位置，断开节气门控制组件的电插头。测量怠速控制电动机绕组的电阻值，应符合要求。否则，应更换节气门控制组件。

2）检查供电电压。将点火开关置于“OFF”位置，断开节气门控制组件的电插头。将点火开关置于“ON”位置，测量线束插头端子 1 与 2 之间的电压，应达到规定标准。

怠速开关 F60、怠速节气门电位计 G88、节气门电位计 G69 和怠速控制电动机 V60 的检测标准见表 2—4—4。

表 2—4—4　　急速开关 F60、怠速节气门电位计 G88、节气门电位计 G69 和怠速控制电动机 V60 的检测标准

检测项目		检测条件	检测部位	标准值
电源电压	F60	接通点火开关，拔下节气门控制组件 8 端子插头	节气门控制组件插头端子 3 与 7	≥9 V
	G88		节气门控制组件插头端子 4 与 7	≥4.5 V
	G69			
	V60		节气门控制组件插头端子 1 与 2	≥9 V
F60 怠速触点的电阻值		断开点火开关，节气门关闭	电控单元插头端子 67 与 69	≤1.5 Ω
		断开点火开关，节气门开启	电控单元插头端子 67 与 69	∞
V60 怠速控制电动机的电阻值		断开点火开关，拔下节气门控制组件 8 端子插头	节气门控制组件插头端子 1 与 2	3～200 Ω
导线有无断路		断开点火开关，拔下节气门控制组件 J338 连接器插头和控制单元 J220 连接器插头	控制组件插头端子 1 和电控单元插头端子 66	≤1.5 Ω
			控制组件插头端子 2 和电控单元插头端子 59	
			控制组件插头端子 3 和电控单元插头端子 69	
			控制组件插头端子 4 和电控单元插头端子 62	
			控制组件插头端子 5 和电控单元插头端子 75	
			控制组件插头端子 7 和电控单元插头端子 67	
			控制组件插头端子 8 和电控单元插头端子 74	
导线有无短路		断开点火开关，拔下节气门控制组件 J338 连接器插头和控制单元 J220 连接器插头	检测控制组件插头上各端子之间的电阻值	≥1 MΩ
			检测控制单元插头上各插孔之间的电阻值	

2．步进电动机式怠速控制阀的检修（以丰田车系为例）

（1）就车检查

当发动机熄火时，步进电动机会发出“咔嗒”响声，使阀门开度退到最大开度位置。如果听不到复位时的“咔嗒”响声，应对步进电动机进行检查。

（2）检测定子绕组的电阻值

将点火开关置于“OFF”位置，断开步进电动机的电插头，测量各相定子绕组的

电阻值均应符合规定（10～30 Ω），否则应更换步进电动机。图 2—4—12 所示为步进电动机怠速控制阀定子绕组电阻值的检查方法。

（3）步进电动机工作情况检查

从节气门体上拆下步进电动机，将其电插头的 B1 和 B2 端子与蓄电池正极连接，将 S1、S2、S3、S4 端子依次与蓄电池负极连接，此时步进电动机应转动，阀芯伸出。若按 S4、S3、S2、S1 的顺序与蓄电池负极连接，步进电动机应反向转动，阀芯缩回。图 2—4—13 所示为步进电动机工作情况的检查方法。

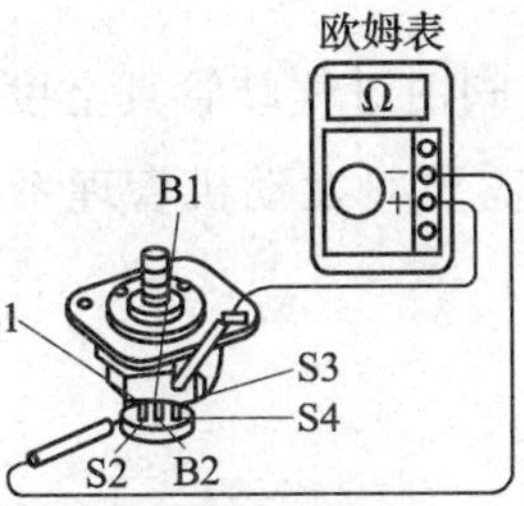

图 2—4—12　步进电动机怠速控制阀定子绕组电阻值的检查方法

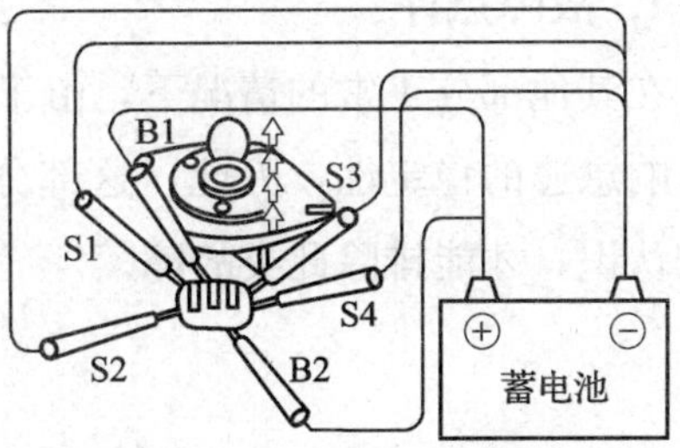

图 2—4—13　步进电动机工作情况的检查方法

（4）ECM 控制电压检查

将步进电动机装到节气门体上，插好电插头。将点火开关置于“ON”位置，检测 ECM 的 ISC1、ISC2、ISC3、ISC4 端子与 E1 之间（或检测步进电动机电插头端子 S1、S2、S3、S4 与搭铁之间）的电压，应为 9～14 V。若无电压，则要检查主继电器到步进电动机的电路。

四、故障案例

1. 故障现象

一辆本田 ACCORD 轿车，采用 F22B1 发动机，启动时须用力踩下加速踏板，松开加速踏板，发动机怠速抖动严重，且很短时间内便自动熄火。

2. 故障诊断

发动机抖动时，故障指示灯不亮。利用车载诊断系统调取故障码，无故障码输出。

检查节气门位置传感器、进气管绝对压力传感器、冷却液温度传感器、怠速控制阀，各部件均正常。

对电源进行检查，正常。

对燃油系统泄压，装上燃油压力表，测量系统压力，正常。

根据以往经验，判定废气再循环系统存在故障，于是启动发动机使其怠速运转，拔下 EGR 阀上的真空管，怠速正常。再插回此真空管，故障再次出现。仔细检查 EGR

系统，发现从用力踩下加速踏板启动发动机和松开加速踏板至发动机怠速运转时，EGR 阀上方的真空室内始终存在一定的真空度，使 EGR 阀全开（正常情况：怠速时 EGR 阀应处于关闭状态），造成混合气成分失调，以致出现上述故障。

该车 EGR 阀上方真空室内的真空度受 EGR 电磁阀控制，而 EGR 电磁阀又由发动机控制模块 ECM 控制。经进一步检查，发现 EGR 电磁阀损坏。

3．故障排除

更换 EGR 电磁阀，故障排除。

4．故障点评

在其他部分正常的情况下，由于 EGR 系统的真空阀由进气歧管真空度提供，从而会影响怠速的稳定性，因此，这部分检查非常重要，需要对发动机管理系统有较为清晰的认识，才能排除此类故障。

思考与练习

1. 怠速控制系统有哪几种类型？每种类型都是由哪些部分组成的？
2. 怠速不良的故障现象有哪些？
3. 一般在哪些情况下需要提高发动机的怠速转速？

课题五　加速不良、动力不足故障检测与诊断

学习目标

- ◆ 了解微机控制的汽油机增压系统的作用及组成。
- ◆ 了解可变进气系统和三元催化转换器的作用及组成。
- ◆ 掌握发动机动力系统故障检测与诊断方法。
- ◆ 能够对发动机动力系统故障进行检测与诊断。
- ◆ 了解电控发动机的故障诊断方法。

想一想

一辆奥迪轿车，行驶里程 100 000 km 后，出现加速无力的现象。进厂维修时，客户要求更换废气涡轮增压器，因价值过万元，保险公司要求对废气涡轮增压器进行技术鉴定，以决定是否赔付维修费用。该如何鉴定呢？

想一想：

1. 废气涡轮增压器的结构特点有哪些？

2. 带有废气涡轮增压系统的发动机有何特点？使用中应注意哪些事项？

对带有废气涡轮增压系统的发动机，与普通发动机相比，在相同排量的前提下，它能提升发动机的功率和扭矩（约 40%，即 1.8 T 相当于 2.4 L），燃料燃烧更充分，但维护与保养费用较高，且在城市中大部分时候涡轮增压器是不工作的，因为一般转速设定在 3 500 r/min 才会启动涡轮增压，而且安装了涡轮增压的车动力输出反应滞后，踩下加速踏板后提速会有一定延时（因为废气涡轮增压器需要发动机的废气驱动，当踩下加速踏板后涡轮增压器并没有马上提高工作效率，要等 2 s 以上才会反应）。

靠涡轮增压增加动力输出虽然轻而易举，但伴随着增压所产生的高热必须妥善处理。高热会影响负责直接冷却和润滑的润滑油，它会因为受到高热而快速氧化。因此，涡轮增压发动机必须选用耐高温、抗氧化好的优质润滑油，而且润滑油更换周期要相应缩短，才不容易产生氧化物。通常厂家是通过加装润滑油冷却器来避免油温过高。在进气部分，为了增加进气的含氧量，涡轮增压汽车大多会采用安装进气冷却器的方式来降低压缩空气的温度，冷却液箱、节温器也会适当加大，以提高散热效率。

在使用中，汽车起步时应缓慢启动。由于涡轮增压器是靠润滑油来冷却的，冷车启动时润滑油润滑不佳，这时增压器如果高速运转，磨损会很大。车辆高速运转后，切勿立即熄火。若发动机突然熄火，润滑油润滑会中断，涡轮增压器内部的热量也无法被润滑油带走，容易造成涡轮增压器转轴与轴套之间“咬死”（发动机突然熄火后，通往涡轮增压器的润滑油停止流动，如果此时排气歧管的温度很高，其热量就会被吸收到涡轮增压器壳体上，使停留在增压器内部的润滑油形成积炭。当积炭越积越多时就会阻塞进油口，导致轴套缺油，加速涡轮转轴与轴套之间的磨损，甚至产生“咬死”的严重后果）。因此，发动机熄火前应怠速运转 3 min 左右，以使涡轮增压器转子转速下降。

发动机动力不足的故障诊断应从以下几个方面进行分析：

1. 机械密封及配气相位（包括可变配器机构）是否异常。

2. 燃油的供应是否与发动机工况匹配。

3. 进/排气系统（包括增压系统、可变进气系统和三元催化转换器等）是否异常。

4. 点火时刻是否正确。

5. 发动机电子控制系统如增压系统、可变进气系统等出现的其他干扰。

一、微机控制的汽油机增压系统

所谓发动机增压，就是将空气进行预压缩，然后再供入气缸的一种技术措施。它通过提高进气的密度来增加进气量，从而可以使发动机的功率增加。当今在汽油发动机上得到广泛应用的有涡轮增压和机械增压两种。

图 2—5—1 所示为电控汽油喷射式发动机机械增压系统。空气按下列顺序流过系统各部件：空气滤清器→空气流量计→节气门体→机械增压器→中间冷却器→气缸（喷油器）。机械增压器由曲轴带轮经传动带和电磁离合器驱动。当电磁离合器接通时，压气机工作；当电磁离合器断电时，压气机停止工作。

在怠速或低速小负荷下，不需要增压，ECM 使电磁离合器断电，电磁离合器分离，增压器停止工作。同时，ECM 给进气旁通阀通电使其开启，空气经进气旁通阀及旁通管路进入机械增压器下游的进气管。当 ECM 接通电磁离合器电源时，电磁离合器接合，机械增压器工作。

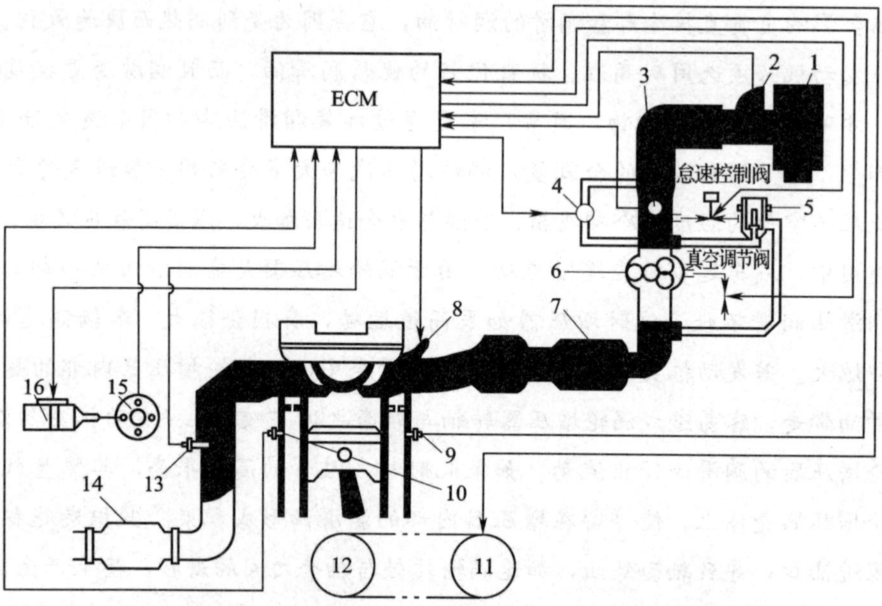

图 2—5—1　电控汽油喷射式发动机机械增压系统

1—空气滤清器　2—空气流量计　3—节气门及其位置传感器　4—怠速控制阀
5—旁通阀　6—机械增压器　7—中间冷却器　8—喷油器　9—爆震传感器
10—水温传感器　11—电磁离合器　12—曲轴带轮　13—氧传感器
14—三元催化转换器　15—分电器　16—点火线圈

图 2—5—2 所示为带有涡轮增压的汽油机电子控制系统。ECM 通过操纵增压压力控制电磁阀控制膜片式放气控制阀左侧气室内的压力。当左侧气室压力较低时，右侧气室内的弹簧推动膜片左移，并带动联动杆将排气旁通阀关闭，发动机的排气推动涡轮机旋转，并带动同轴的压气机一起旋转，进气管内的空气被压气机压缩后经由中间冷却器进入气缸。当左侧气室压力高时，膜片右移，并通过联动杆将排气旁通阀打开，使部分排气直接进入大气，从而降低涡轮机的转速和增压压力。

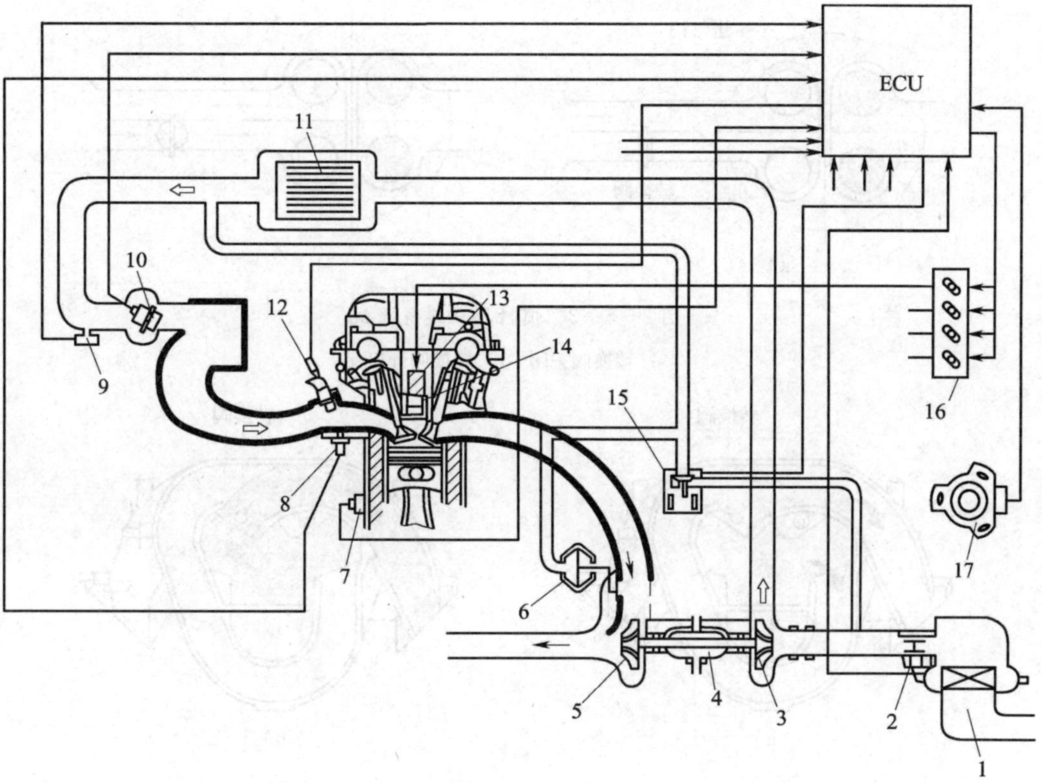

图 2—5—2　带有涡轮增压的汽油机电子控制系统

1—空气滤清器　2—空气流量计　3—增压涡轮　4—涡轮增压器　5—动力涡轮　6—膜片式放气控制阀　7—爆震传感器　8—冷却液温度传感器　9—增压压力传感器　10—节气门位置传感器　11—中间冷却器　12—喷油器　13—点火线圈　14—火花塞　15—增压压力电磁阀　16—点火器　17—曲轴位置传感器

发动机工作时，ECM 将增压压力传感器的压力信息与存储在脉谱图中相应工况下的理论值进行比较。若实际测量的增压压力值与脉谱图中的理论值存在偏差，ECM 将输出控制信号，对增压压力电磁阀进行控制，改变膜片室中的压力，使排气旁通阀动作。当实际进气压力低于理论值时，旁通阀阀门关小；当实际进气压力高于理论值时，旁通阀阀门开大。

二、可变进气系统

发动机工作时，在进气行程中，进气管内会产生周期性的压力波动。利用了进气管内的动力效应的可变进气系统有两种，即惯性增压进气系统和谐振增压进气系统。

惯性增压进气系统利用不同的进气管截面积来改变进气气流的流速，如图 2—5—3 所示。谐振增压进气系统则可以改变进气管的有效长度，如图 2—5—4 所示。

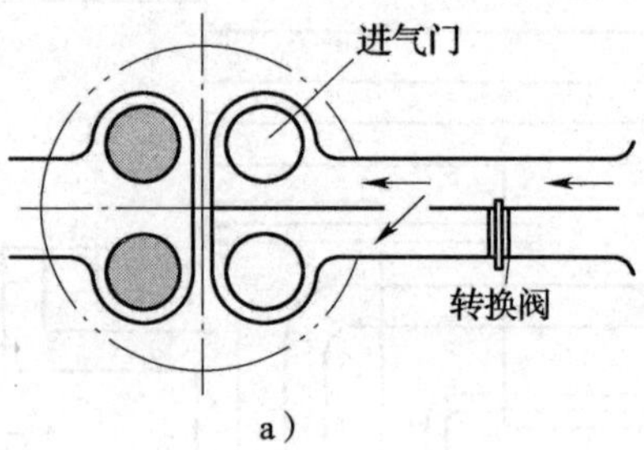

图 2—5—3　惯性增压进气系统

a）转换阀关闭　b）转换阀开启

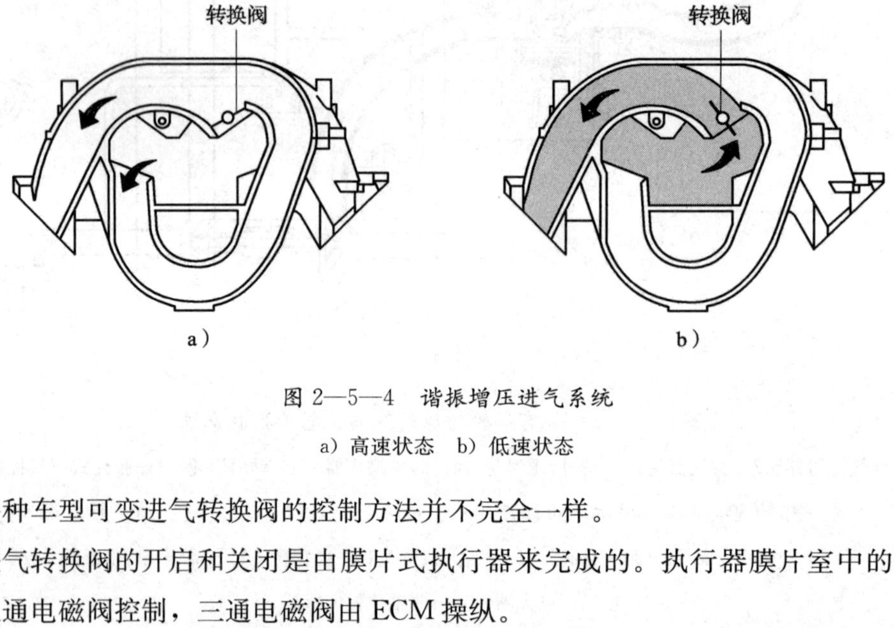

图 2—5—4　谐振增压进气系统

a）高速状态　b）低速状态

各种车型可变进气转换阀的控制方法并不完全一样。

进气转换阀的开启和关闭是由膜片式执行器来完成的。执行器膜片室中的工作压力受三通电磁阀控制，三通电磁阀由 ECM 操纵。

当发动机在中、低速（≤5 200 r/min）下工作时，三通电磁阀不通电，膜片式执行器与三通电磁阀的空气滤清器（通大气）之间的通路被切断，膜片式执行器与真空罐之间形成通路，真空作用在执行器膜片室，膜片带动拉杆将进气转换阀关闭，如图 2—5—5a 所示。

当发动机在高速（>5 200 r/min）下工作时，ECM 输出控制信号使三通电磁阀通电，膜片式执行器与真空罐之间的通道被切断，转而与大气接通，此时大气压作用在执行器膜片室，使膜片带动拉杆将进气转换阀打开，结果各缸的进气通道变为两个，如图 2—5—5b 所示。

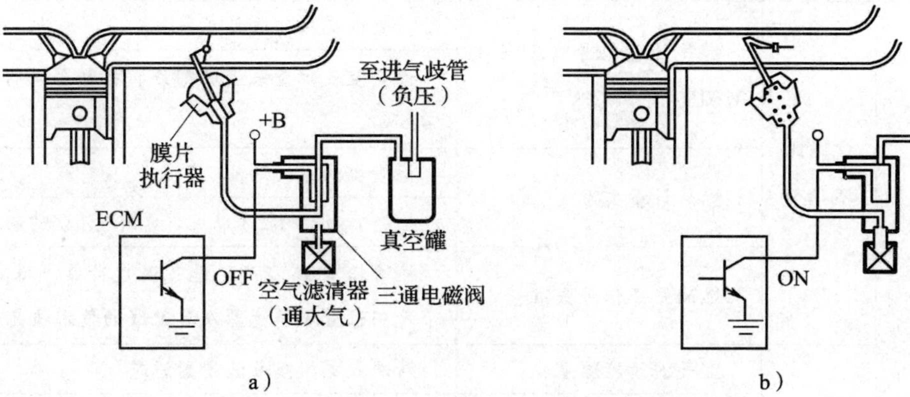

图 2—5—5　可变进气系统的控制原理

a）中、低速状态　b）高速状态

三、三元催化转换器

三元催化转换器不仅能促使 CO、HC 的氧化，也能促使 NO_x 的还原，从而使 CO、HC 和 NO_x 三种有害成分都得到净化，生成 N_2、CO_2和 H_2O。三元催化转换器和空燃比闭环控制结合在一起，形成了现在所能达到的最有效的污染净化系统。

要达到转化率高且使用寿命长的理想状况，三元催化转换器的使用温度应为 400～800℃。当温度达到 800～1 000℃时，会加速催化剂的热老化。当温度超过 1 000℃时，会导致催化剂迅速变质，很快就完全丧失催化功能。另外，若发动机工作不正常，如某缸缺火或混合气长期处于过浓的情况下，可能使催化剂温度达到 1 400℃以上，这时会将载体材料烧熔而使三元催化转换器完全损坏。

如果使用了含铅汽油，则铅的生成物会沉积并覆盖在催化剂活性物质表面，造成“铅中毒”，从而使催化转换能力下降。发动机的残余润滑油也会使催化转换器“中毒”。

在良好的工作条件下，三元催化转换器的使用寿命可达到 80 000～100 000 km。

如果三元催化转换器或排气管堵塞，将会出现发动机加速无力、达不到最高车速等故障现象。

四、发动机动力系统故障检测与诊断

发动机动力不足的可能故障原因与处理方法见表 2—5—1，诊断流程如图 2—5—6 所示。

表 2—5—1　　发动机动力不足的可能故障原因与处理方法

故障现象	故障原因		故障诊断与排除
发动机动力不足（加速缓慢、达不到最大功率等）	点火系统工作不良		按点火系统故障诊断方法进行
	空燃比不正确	空气计量信号（AFS 或 MAP）失准	检查或更换空气计量装置
			检查空气计量装置的配线、插接器是否正常
		燃油计量失准	检查燃油系统油压
			检查喷油器的技术状况，更新或清洗喷油器
		燃油修正信号失准	检查冷却液温度、进气温度、氧、爆震、节气门位置等传感器及其配线的技术状况
	进气系统堵塞或漏气	空气滤清器堵塞	清洗或更换空气滤清器滤芯
		进气管漏气	检查软管、接头是否漏气
			检查进气歧管与缸体、缸盖的密封
		真空装置、EGR 系统漏气	检查真空管是否松脱，EGR 系统是否漏气
			检查 EGR 系统的控制电路及系统
	排气堵塞	三元催化转换器堵塞	检查三元催化转换器，锈堵时应更换
	机械密封不良	缸盖与缸体密封不良	检查气缸盖衬垫
		气门与气门座密封不良	检查气缸压力
		活塞与气缸间密封不良	检查气缸压力
	配气相位失准	配气正时失准	检查配气正时
		可变配气机构工作不良	检查可变配气机构

五、电控发动机的故障诊断方法

1．诊断原则

现代发动机管理系统是一个复杂的机电一体化综合控制系统，在诊断故障时，首先要系统、全面地掌握整个系统的结构、原理和电气线路，并要掌握诊断的基本原则。如果要诊断并排除一个可能涉及电控系统的发动机故障，应先分析按对待普通发动机那样检查可能引起该故障的各种原因。如果仪表盘上的故障指示灯点亮，则应按厂家规定的程序调取故障码进行检查。当发动机有故障，而故障指示灯未点亮或故障码未显示，就应像发动机没装电控系统时那样，按照基本诊断程序进行检查，否则，遇到一个本来与电控系统无关的简单故障，却去检查电控系统的传感器、执行器和控制电路，走不必要的弯路，而不能及时排除故障。

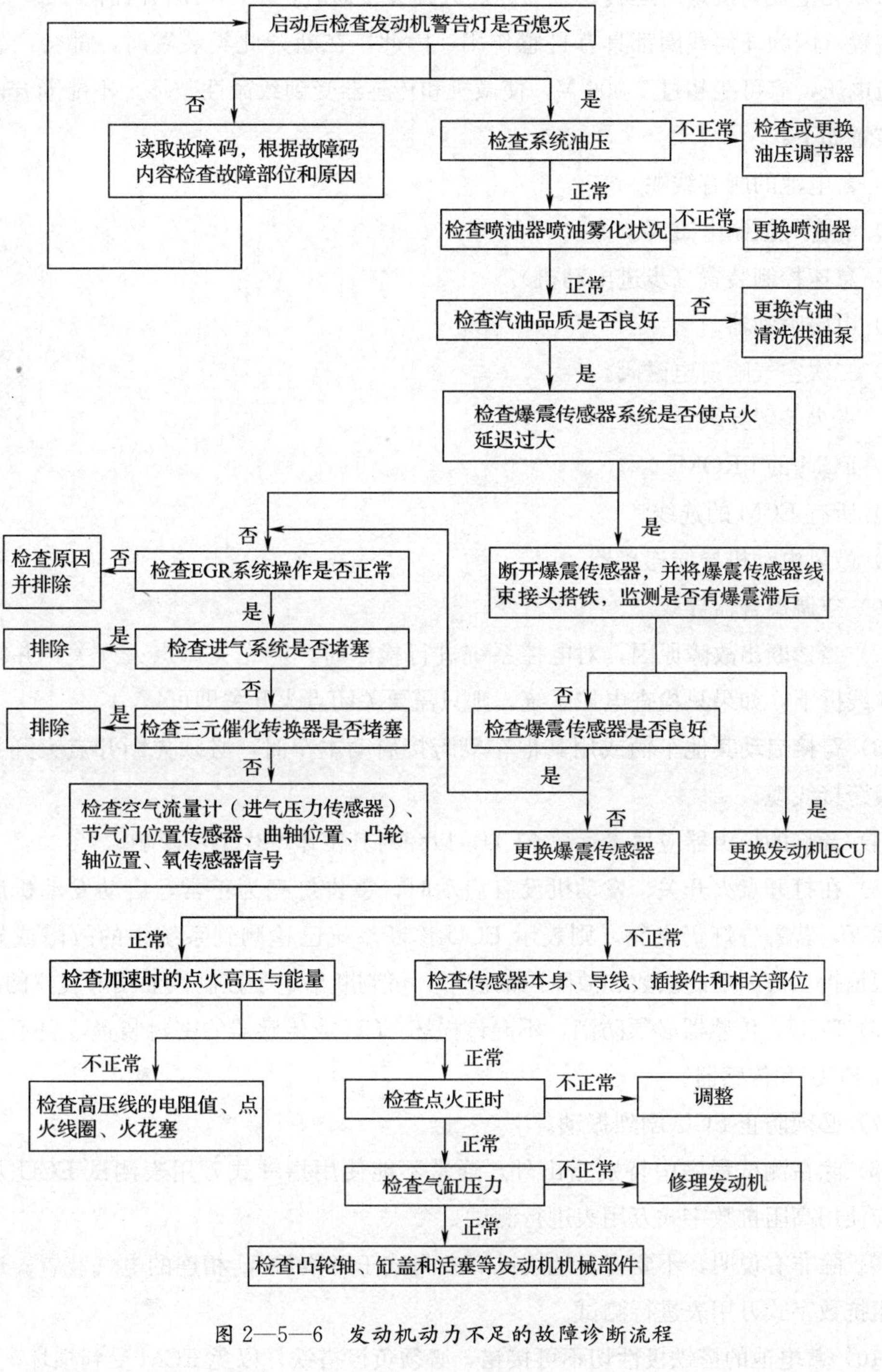

图 2—5—6 发动机动力不足的故障诊断流程

2. 诊断与维修注意事项

发动机管理系统对高温、高压、高湿度是十分敏感的，因此，在诊断与维修时应注意以下各项：

（1）无论发动机是否运转，只要在点火开关接通时，决不可断开任何 12 V 的电气工作装置。因为任何线圈都具有自感作用，因此，在断开此类装置时，都会产生很高的感应电压，有可能超过 7 000 V，使微机和传感器受到致命性破坏。不能断开的部分电气装置如下：

1）蓄电池的所有线缆。

2）混合气控制电磁阀。

3）怠速控制装置（步进电动机）。

4）电磁喷油器。

5）二次空气喷射电磁阀。

6）点火装置导线。

7）ECM 的 PROM。

8）所有 ECM 的连线。

9）鼓风电动机导线连接器。

10）空调离合器导线。

（2）当诊断出故障原因，对电控系统进行检修时，应先关掉点火开关，并将蓄电池搭铁线拆下，如果只检查电控系统，则只需要关闭点火开关即可。

（3）跨接启动其他车辆或用其他车辆跨接启动本车时，必须先断开点火开关，才能拆装跨接线缆。

（4）音响的扬声器应尽量远离 ECU，以免对其工作产生不良影响。

（5）在打开点火开关、发动机没有启动时，警告灯亮为正常，启动发动机后警告灯应熄灭，若警告灯仍点亮，则表示 ECU 诊断系统已检测到系统中的故障或异常情况。根据指示灯闪烁的次数和故障码的波形，可判断出电子控制汽油喷射装置的故障。

（6）ECU、传感器必须防潮，不允许损坏 ECU 或传感器的密封装置，更不允许用水冲洗 ECU 和传感器。

（7）必须防止 ECU 剧烈振动。

（8）除在测试程序中特别指出外，通常不能使用指针式万用表测试 ECU 及传感器，应使用高阻抗数字式万用表进行测试。

（9）除非有说明，不要盲目地用试灯去测试任何和 ECU 相连的电气装置。通常使用高阻抗数字式万用表进行测试。

（10）蓄电池的搭铁极性切不可接错，必须负极搭铁，以免 ECM 受到损坏。

（11）喷油器上的 O 形密封圈是一次性使用的零件，不能重复使用，拆卸喷油器后换新的 O 形密封圈，以保证密封性能良好。

（12）在车身上进行电弧焊时，应先断开 ECU 电源。

（13）电子控制的汽油喷射系统的故障较少，常见的故障往往是接触不良引起的，所以要保持各接头、接线柱的清洁和接触可靠。

（14）电控燃油喷射系统中的 CPU 是高质量的电子器件，本身故障很少，需要检查时，要用专用的仪器，一般不允许在修理作业时盲目拆修。

六、故障案例

1. 故障现象

一辆桑塔纳 2000 GSi 型轿车，发动机在怠速时运转不稳定，且排气管有“突突”声，突然加速时有回火和放炮等现象。

2. 故障诊断

利用故障诊断仪读码，读出两个故障，分别为霍尔传感器故障和氧传感器故障。

首先对霍尔传感器进行检查：

（1）检查霍尔传感器到发动机控制模块之间的导线电阻值，应符合标准。

（2）接通点火开关后，检查霍尔传感器线束侧连接器端子 1 与 3 之间的电压约为 5 V，端子 2 与 3 之间的电压为蓄电池电压，如图 2—5—7 所示。

（3）将测试灯从霍尔传感器线束侧连接器背面连接到端子 1 与 3 上。接通点火开关，转动发动机时测试灯闪亮。曲轴每转两转，测试灯闪亮 1 次。

以上检查表明霍尔传感器无故障，再对氧传感器进行检查：

（1）检查氧传感器线束侧连接器端子 1 与 2（图 2—5—8）之间的加热元件电阻值，应符合标准。

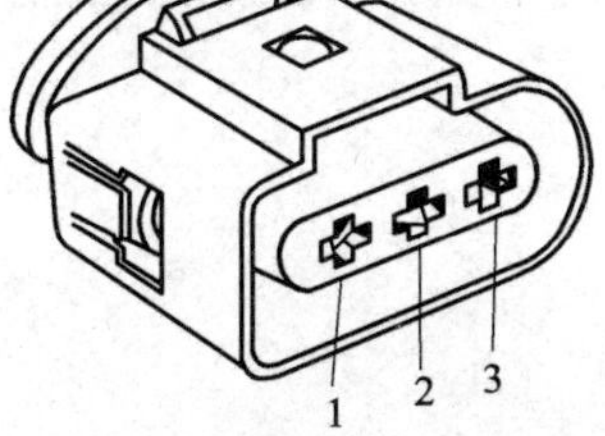

图 2—5—7　霍尔传感器线束侧连接器端子

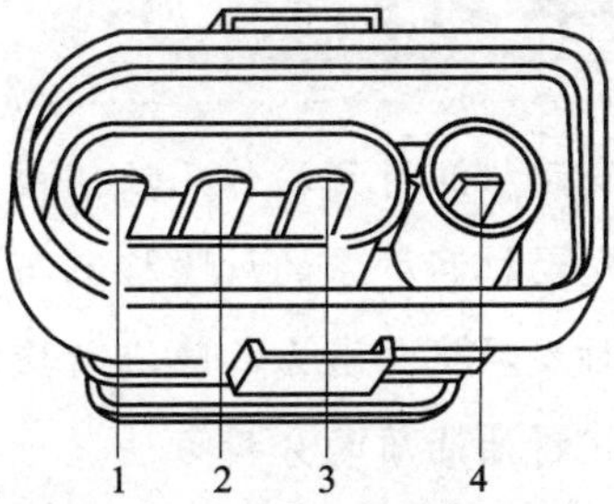

图 2—5—8　氧传感器线束侧连接器端子

（2）将测试灯连接到氧传感器线束侧连接器端子 1 和发动机搭铁点上，启动发动机，测试灯亮，说明加热电路正常。

（3）发动机运转时，测量氧传感器连接器端子 3 和 4 之间的电压，约为 500 mV，说明氧传感器的信号电压也正常。

可能是空气流量计出现故障，利用故障诊断仪读取数据流。发动机怠速运转时，进气量在规定范围内，但将发动机加速到 3 000 r/min 时，发现所显示的数值变化缓慢，大约在 4～5 s 后才趋于稳定。因此，可以判定空气流量计性能不良。

3．故障排除

更换空气流量计后，故障排除。

4．故障点评

利用故障诊断仪读码的方法，可以缩小检测范围，扩大诊断思路，从而找出故障点。故障部位并没有被 ECU 正确识别和记录，因此，需要有综合分析和推理判断的能力，才能迅速排除故障。

思考与练习

1. 如何判断三元催化转换器是否堵塞？
2. 发动机动力不足的原因有哪些？
3. 简述电控发动机的故障诊断方法。

课题六　润滑系故障检测与诊断

学习目标

- 了解发动机润滑系的作用及组成。
- 掌握发动机润滑系的故障检测与诊断方法。
- 能够对发动机润滑系故障进行检测与诊断。
- 了解润滑油油质的分析方法。

想一想

一辆大众帕萨特 B5 的润滑油压力表显示偏低，润滑油压力报警灯闪亮，发动机噪声变大，水温偏高。司机只好停车检查，并求助修理厂救援。

想一想：

1. 润滑油压力报警灯闪亮，这时还能继续行车吗？
2. 如何做才能迅速排除故障，确保润滑系统达到技术状态，并恢复汽车的行驶性能？

润滑油压力过低，会影响润滑系统的正常工作，而发动机只有在良好的润滑状态下，才能稳定地输出功率。一旦润滑系出现故障，应立即停机检查，否则将出现拉缸、烧瓦、抱轴或使主轴颈、连杆轴颈、凸轮轴等机械运转部件急剧磨损等严重事故。要迅速、快捷地确诊故障的原因和部位，必须熟悉润滑系统的功能和组成、润滑油路的循环方向以及造成润滑油压力过低的原因等相关知识。

汽车润滑油的加注方法如图 2—6—1 所示。润滑油加注要采取少量、多次的方法，加注时随时注意油量变化，严禁加注过量，并且要保证润滑油品牌、型号相同，严禁混加。

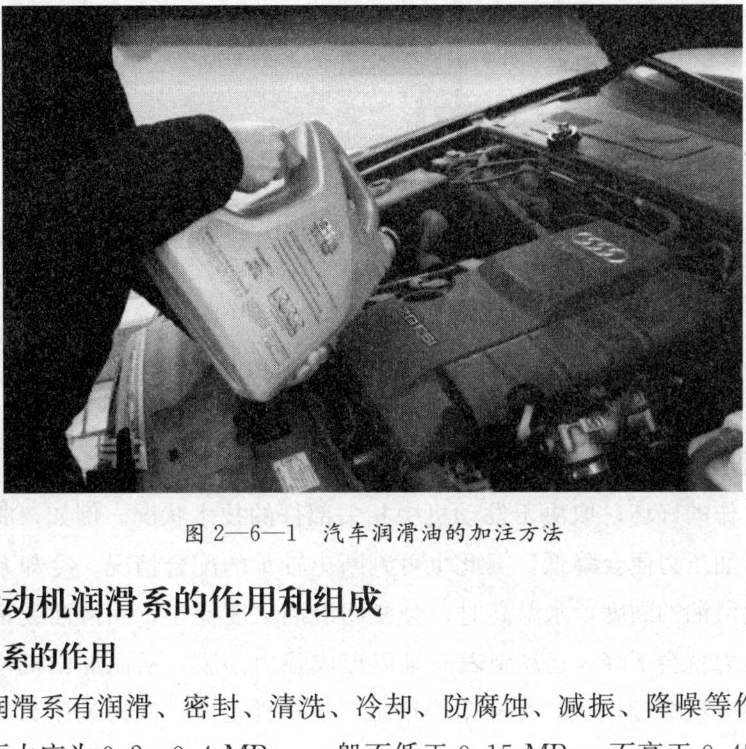

图 2—6—1　汽车润滑油的加注方法

一、发动机润滑系的作用和组成

1. 润滑系的作用

发动机润滑系有润滑、密封、清洗、冷却、防腐蚀、减振、降噪等作用。汽油机润滑油正常压力应为 0.2～0.4 MPa，一般不低于 0.15 MPa，不高于 0.45 MPa；柴油机润滑油压力因柴油机的压缩比高，机械负荷较大而较高，一般为 0.29～0.59 MPa。具体发动机的润滑油压力允许值可参阅相关维修手册。

2. 润滑系的组成

桑塔纳 2000 型轿车发动机采用压力循环式润滑，其润滑系统如图 2—6—2 所示。油底壳内的润滑油经润滑油泵加压和润滑油滤清器滤清后，被输送到主油道内。然后润滑油分两路分别润滑两大机构的曲轴和配气凸轮轴。油压表的油压传感器安装在主油道上，是一个常闭式油压开关，通过油压表显示主油道内的压力；油压过低报警开关安装在离主油道较远的缸盖配气凸轮轴油道上，是一个常开式油压开关，油压过低时闭合，接通红色油压过低报警灯报警。

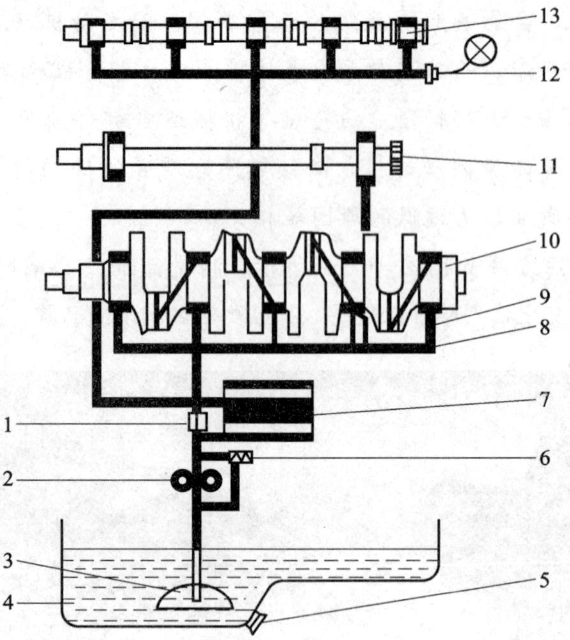

图 2—6—2　桑塔纳 2000 型轿车发动机的润滑系统

1—旁通阀　2—润滑油泵　3—集滤器　4—油底壳　5—放油塞　6—安全阀　7—润滑油滤清器　8—主油道　9—分油道　10—曲轴　11—中间轴　12—压力开关　13—凸轮轴

3. 影响润滑系正常工作的主要因素

润滑系工作的好坏，取决于发动机中相关部件的技术状况。例如，曲轴主轴承间隙变大，润滑油压力便会降低，据此也可判断出轴承的配合情况。冷却系统温度的高低会影响到润滑油的黏度，水温高时，会使润滑油黏度变小，润滑油变稀，流动性加快，润滑油压力就会下降，运动副表面难以形成强力油膜，从而加剧机件磨损；水温低时，会使润滑油黏度增大，黏滞阻力增加，流动性变差，润滑油压力就会升高，这时因润滑不良也会加剧运动副表面的磨损。例如，寒冷季节的低温启动磨损，就是气缸壁和曲轴轴颈磨损的主要原因之一。因此，正确选用适宜的润滑油牌号，维护发动机的技术状态至关重要。

二、发动机润滑系故障检测与诊断

1. 润滑油压力过低

（1）故障现象

发动机在正常工作温度和转速下，润滑油压力表读数低于规定值或低于油压报警器报警值。

（2）故障原因及处理方法

1）润滑油集滤器网堵塞。处理方法：先观察油底壳是否被碰撞变形，若变形，可放掉润滑油，去掉油底壳，检查润滑油集滤器与油底壳是否损坏、变形或被污物堵住。若出现上述情况，则修复并清洗油底壳，更换或清洗润滑油集滤器。润滑油集滤器如图 2—6—3 所示。

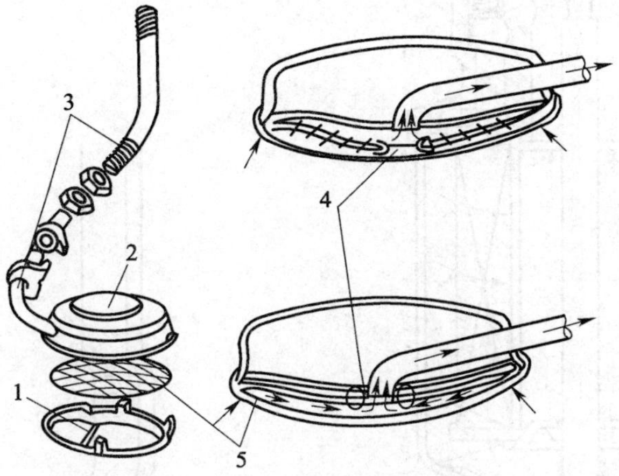

图 2—6—3　润滑油集滤器

1—罩　2—浮子　3—油管　4—环口　5—滤网

2）润滑油滤清器堵塞。处理方法：更换润滑油滤清器的滤芯。润滑油滤清器如图 2—6—4 所示。

3）油底壳内润滑油油面过低。处理方法：按规定补充润滑油。润滑油刻度尺如图 2—6—5 所示。

4）润滑油黏度降低。处理方法：润滑油被燃油或冷却液稀释，黏度下降，应更换润滑油。

5）润滑油限压阀弹簧失效或调整不当。处理方法：更换弹簧或重新调整。

6）润滑油管接头漏油或进入空气。处理方法：检修润滑油管路，排出空气。

7）润滑油道堵塞。处理方法：清洗润滑油道。

8）润滑油泵性能不良。处理方法：检修或更换润滑油泵。图 2—6—6 所示为测量润滑油泵齿轮啮合间隙的方法。

9）曲轴主轴承、连杆轴承或凸轮轴轴承间隙过大。处理方法：必要时光磨曲轴、凸轮轴或更换轴承。

10）润滑油压力表或润滑油压力传感器失效。处理方法：接通点火开关，将润滑油压力表的两根接线柱短接，若润滑油压力表指针摆动，说明润滑油压力表完好，润滑油压力传感器失效；若润滑油压力表指针不摆动，说明润滑油压力表失效，应检修或换件。

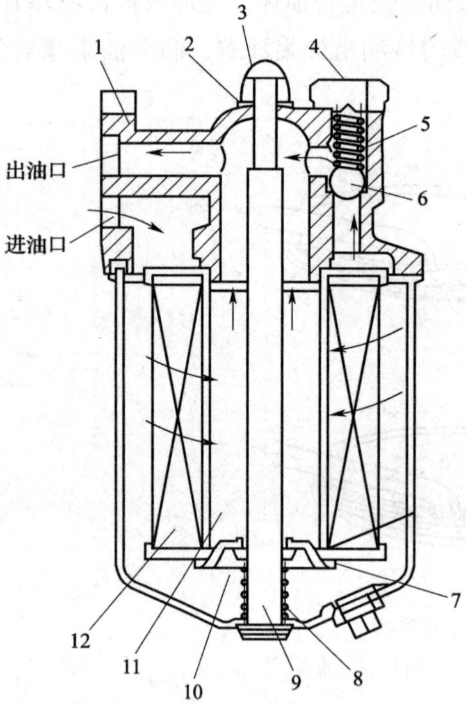

图 2—6—4　润滑油滤清器

1—上盖　2—密封圈　3—螺母　4—阀座
5—旁通阀弹簧　6—球阀　7—托板
8—压紧弹簧　9—拉杆　10—垫圈
11—滤网　12—滤芯

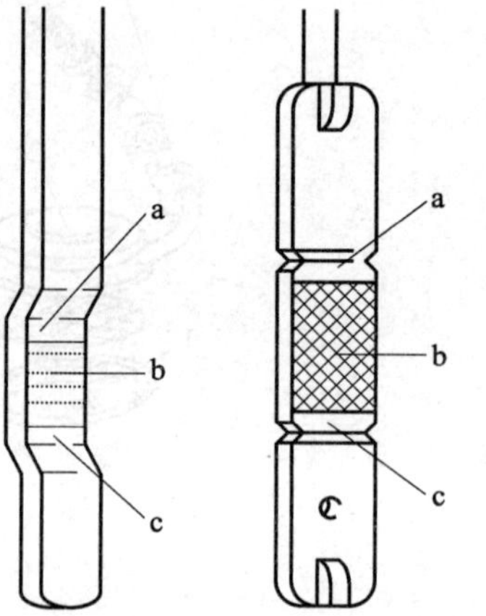

图 2—6—5　润滑油刻度尺

a—不必加注润滑油　b—可以加注润滑油
c—必须加注润滑油

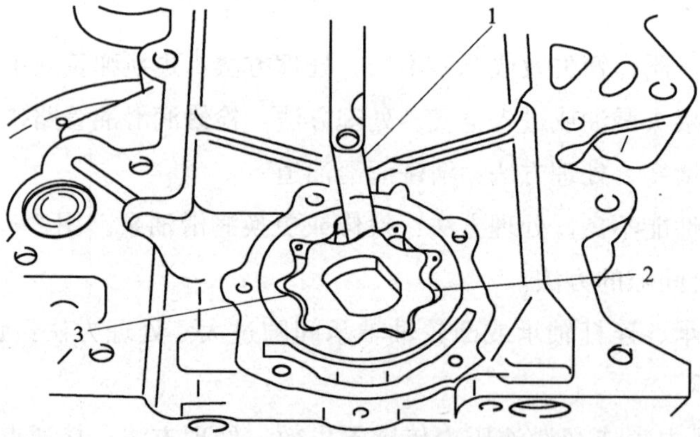

图 2—6—6　测量润滑油泵齿轮啮合间隙的方法

1—塞规　2—内转子　3—外转子

（3）故障诊断流程

润滑油压力过低的故障诊断流程如图 2—6—7 所示。

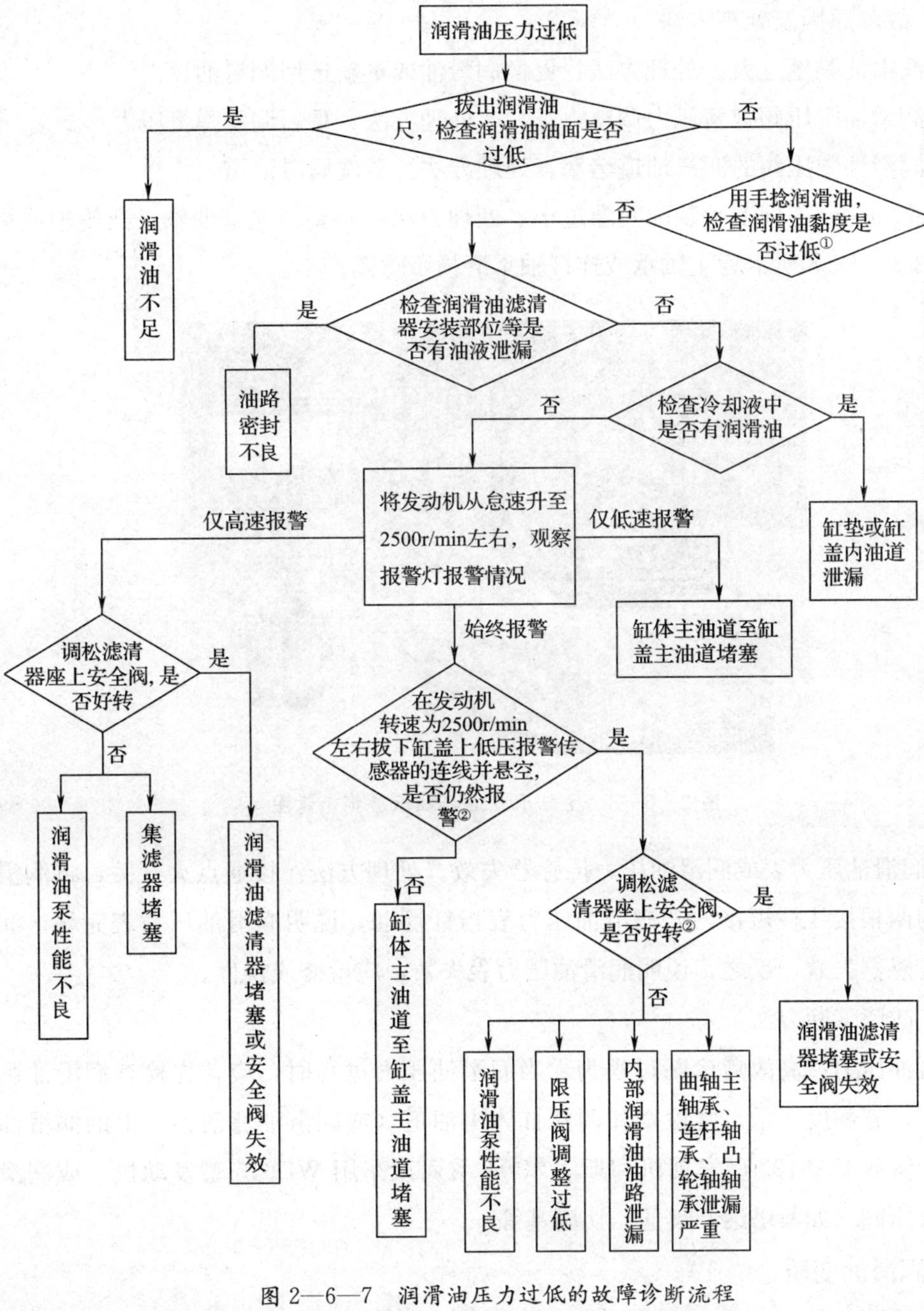

图 2—6—7　润滑油压力过低的故障诊断流程

说明：

①润滑油性能的仪器检测详见润滑油变质故障诊断的相关内容。

②以 JV 型发动机为例。

2．润滑油压力过高

（1）故障现象

发动机在正常工作的转速下，润滑油压力表读数高于规定值。

（2）故障原因及处理方法

1）润滑油黏度过大。处理方法：更换润滑油或重新选用润滑油。

2）润滑油限压阀弹簧压力调整得过大。处理方法：重新调整弹簧压力。

3）润滑油限压阀的润滑油道堵塞。处理方法：清洗润滑油道。

4）主轴承或连杆轴承装配间隙过小。处理方法：必要时光磨曲轴、凸轮轴或更换轴承。图 2—6—8 所示为主轴承或连杆轴承磨损示意图。

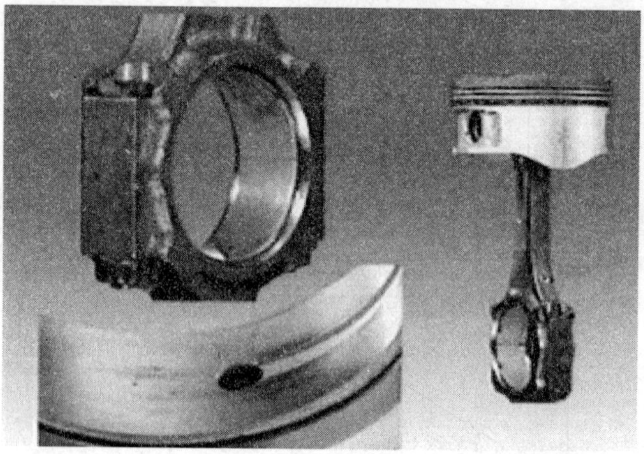

图 2—6—8　主轴承或连杆轴承磨损示意图

5）润滑油压力表或润滑油压力传感器失效。处理方法：接通点火开关，将润滑油压力表的两根接线柱短接，若润滑油压力表指针摆动，说明润滑油压力表完好，润滑油压力传感器失效；反之，说明润滑油压力表失效，应检修或换件。

（3）故障诊断方法

润滑油压力过高故障诊断过程为：当润滑油压力过高时，应首先检查润滑油黏度是否过大，若黏度正常，则检查和调整缸体主油道（或润滑油滤清器）上的润滑油压力阀（如解放 CA6102 型发动机和斯太尔 91 系列汽车用 WD615 型发动机）或润滑油泵上的限压阀（如桑塔纳、奥迪、切诺基等）。

3．润滑油变质

（1）故障现象

1）从润滑油尺上滴在洁白吸墨纸上的润滑油呈黑色并有杂质，或者油滴外缘呈黄色而核心呈黑色。

2）发动机轴瓦的摩擦表面呈腐蚀状，被胶膜、积炭或其他沉积物覆盖。

3）润滑油颜色变黑，黏度下降或上升；添加剂性能丧失，含有水分；润滑油乳化，呈乳浊状并有泡沫。

(2) 故障原因及处理方法

1) 润滑油压力过低且润滑油黏度过大。处理方法：检查及调整压力或更换润滑油。

2) 润滑油粗滤器滤芯堵塞或旁通阀弹簧过软。处理方法：检查、调整或更换滤芯。

3) 润滑油细滤器滤芯堵塞或其中心孔两端密封不良。处理方法：检查或更换滤芯。润滑油滤清器在车上的位置如图 2—6—9 所示。

4) 曲轴箱通风不良。处理方法：检查、调整或保养曲轴箱通风系统。图 2—6—10 所示为发动机曲轴箱的通风装置。

图 2—6—9　润滑油滤清器在车上的位置

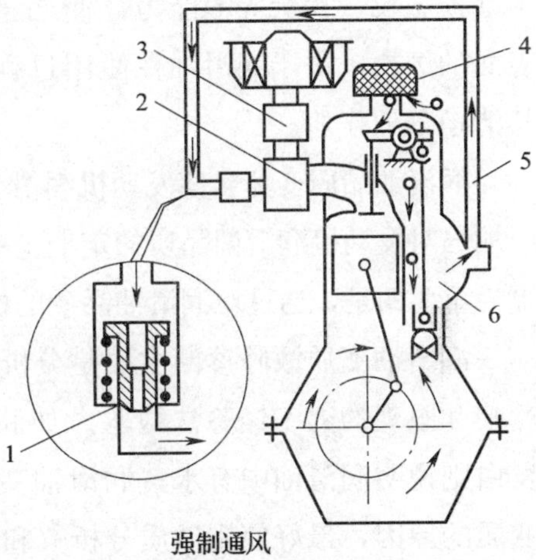

图 2—6—10　发动机曲轴箱的通风装置

1—单向流量控制阀　2—进气管

3—化油器　4—进气滤清器

5—抽气管　6—挺杆室

5) 活塞环漏气。处理方法：修理或更换活塞环。图 2—6—11 所示为活塞与活塞环。

图 2—6—11　活塞与活塞环

6) 汽油或冷却液进入润滑系统，润滑油被稀释，黏度下降。处理方法：检查燃油供给系统或冷却系统，查明原因和部位。

7）发动机缸体破裂或气缸衬垫烧蚀，冷却液进入油底壳或润滑系统，润滑油被乳化，呈白色状。处理方法：焊接或更换发动机缸体、气缸衬垫。

8）润滑油使用时间过长（超过一年以上）。处理方法：更换发动机润滑油。

（3）故障诊断方法

润滑油在使用过程中，由于杂质污染、燃油稀释、高温氧化、添加剂消耗或性能丧失等原因，其品质会逐渐变差。在外观上，还表现为颜色变黑、黏度上升或下降。润滑油中的清净分散剂是润滑油的一种重要添加剂，具有从发动机摩擦表面分散并移走磨损微粒、积炭等的能力，使之悬浮在润滑油中而不沉淀在摩擦表面，以减少摩擦表面的磨损。由于润滑油在使用过程中清净分散剂的消耗及性能降低，也会逐渐失去其清净分散作用。

润滑油品质变坏会使发动机润滑变差，磨损加剧，甚至引发严重的机械故障，因而应加强对发动机润滑油品质的定期检测与分析，实行按质换油，以保证发动机良好润滑。更为重要的是，通过对润滑油品质的检测，可分析并监控发动机技术状况的变化。

润滑油变质故障诊断主要是分析清楚润滑油变质的原因。润滑油变质可通过手捻、鼻嗅和眼观的人工经验法检验。如润滑油发黑、变稠一般由润滑油氧化造成；润滑油发白则说明润滑油中有水；润滑油变稀则为汽油或柴油稀释引起。为准确分析润滑油变质的原因，最好使用油质分析仪和滤纸油斑试验法进行润滑油品质的检查。

4．润滑油消耗过多

（1）故障现象

润滑油消耗量超过规定值，排气管冒蓝烟，气缸内积炭增多。

（2）故障原因及处理方法

1）活塞、活塞环与气缸壁的间隙过大或活塞环与环槽的侧隙过大。处理方法：检修或更换活塞、活塞环和气缸。图 2—6—12 所示为活塞、活塞环与气缸壁的磨损示意图。

图 2—6—12　活塞、活塞环与气缸壁的磨损示意图

2）气门与气门导管间隙过大或气门油封失效。处理方法：检修或更换气门，更换气门导管或气门油封。图 2—6—13 所示为气门的磨损示意图。

图 2—6—13　气门的磨损示意图

3）发动机各部件密封表面漏油。处理方法：检查发动机各部件可能漏油的表面。

4）曲轴箱通风不良。处理方法：检修曲轴箱通风装置。

5）大修后扭曲环或锥面环装反。处理方法：重新安装活塞环。

6）若发动机装配废气涡轮增压器，增压器轴磨损严重。处理方法：检查涡轮轴的径向和轴向间隙是否过大。

7）气压制动系空气压缩机的气缸、活塞环磨损严重，使润滑油进入气压制动系统。处理方法：应检查气压制动系统油水分离器或储气罐中是否有润滑油。

（3）故障诊断流程

润滑油消耗过多的故障诊断流程如图 2—6—14 所示。

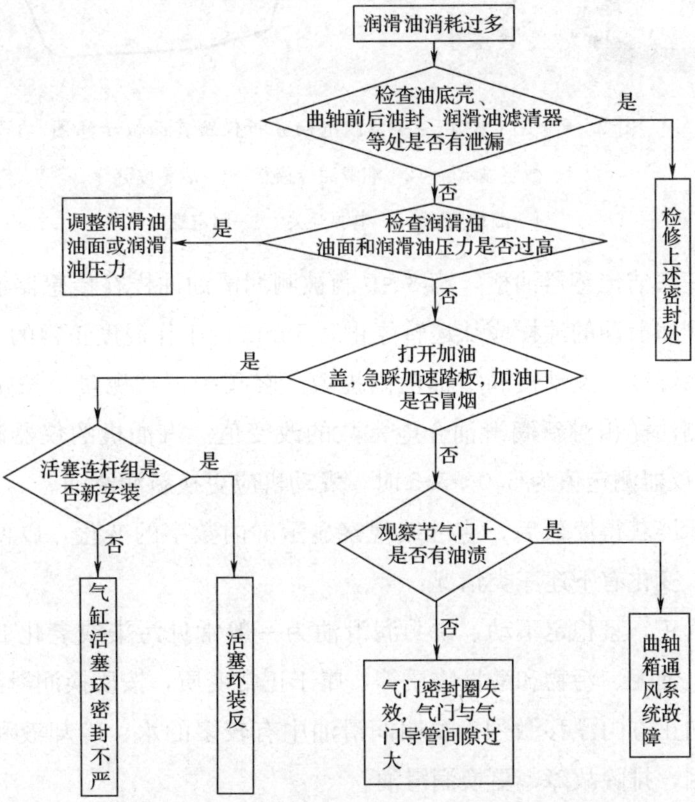

图 2—6—14　润滑油消耗过多的故障诊断流程

三、润滑油油质的分析方法

1. RZJ－2A型润滑油分析仪

以RZJ－2A型润滑油分析仪（图2—6—15）为例说明润滑油油质的检测方法。使用润滑油分析仪时，应先用脱脂棉彻底清洁传感器油槽，然后滴3～5滴与被测润滑油同牌号的新润滑油在传感器油槽中，使润滑油与油槽边沿齐平。等待2～5 s，使润滑油在油槽内扩散完成，轻按一下“清零”按键，约2 s后清零，显示“±00.00”。

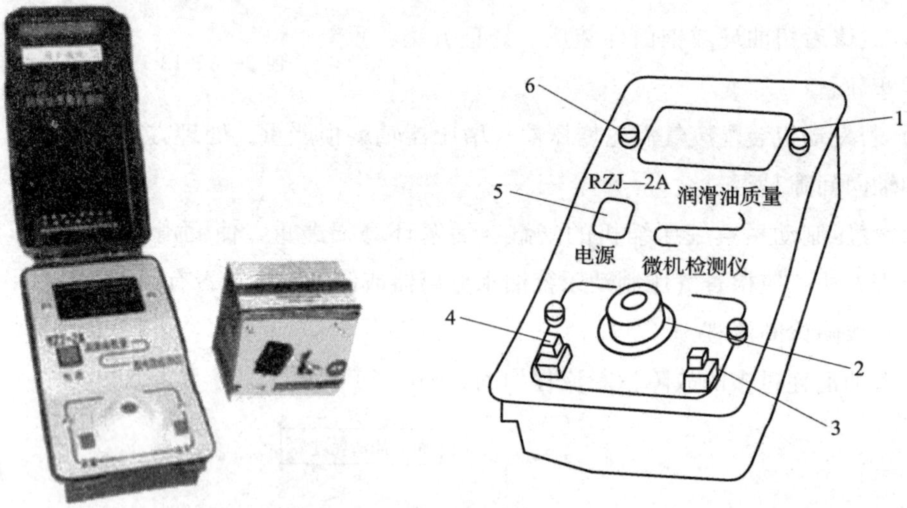

图2—6—15　R2J－2A型润滑油分析仪及其面板示意图

1—数字显示屏　2—润滑油传感器　3—清零按键

4—测量按键　5—电源开关　6—固定螺钉

再一次彻底清洁传感器油槽，滴3～5滴被测润滑油油样在传感器油槽中，要求与上述相同。被测润滑油的油样应从运转停止后5 min内工作温度正常的（新润滑油油样亦应加热到这一温度）发动机润滑油池内提取。轻按一下“测量”按键，数字显示屏立即显示出被测油样相对新润滑油介电常数的改变值。汽油机的仪器测定值为4.2～4.7，柴油机的仪器测定值为5.0～5.5时，发动机应更换新润滑油。

从数字显示屏获得读数后，应继续观察显示屏内数字的变化，以便找出润滑油品质变化的原因。变化有下述三类情况：

（1）数字为正，且稳定不动：说明润滑油为一般常见污染或老化变质，即润滑油中含有氧化物、油泥、污物和酸性物质等，属于正常变质，按质换润滑油即可。

（2）数字向正方向漂移激烈：说明润滑油中有较多的水、冷却液和大颗粒金属微粒，应查明原因，排除故障，更换润滑油。

（3）数字向负方向漂移：说明润滑油被汽油稀释（润滑油被柴油稀释时，数字不向负方向漂移），应查明原因，排除故障，更换润滑油。

使用油质分析仪能检测润滑油的污染程度及原因，但不能反映润滑油清净分散剂的消耗程度及性能。要分析润滑油清净分散剂的消耗程度及性能，可用滤纸油斑试验法。

2．滤纸油斑试验

滤纸油斑试验法的分析方法是：把使用中的润滑油按规定要求滴在专用滤纸上，油滴逐渐向四周浸润扩散，一般会形成三个颜色深浅不同的环形斑点，从内至外分别称为沉积环、扩散环和油环，如图 2—6—16 所示。若润滑油所含杂质的浓度和粒度不同及清净分散能力不同，所形成油斑每一环形区域的直径大小和颜色深浅也有所不同。

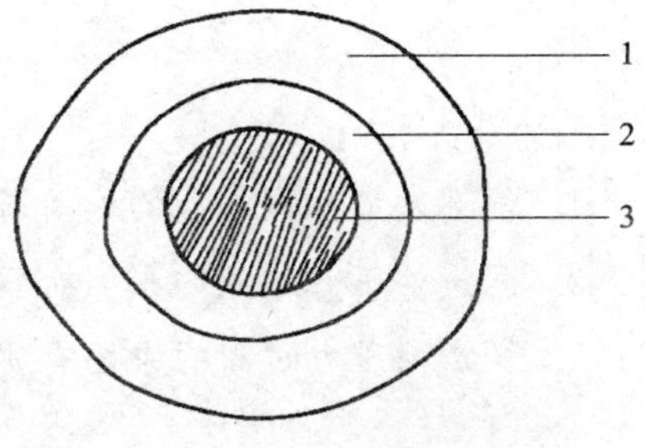

图 2—6—16　滤纸油斑的形状

1—油环　2—扩散环　3—沉积环

如果杂质颗粒扩散到较远处，沉积环与扩散环的杂质浓度及颜色深浅程度差别较小，则润滑油中杂质粒度小，且清净分散剂的性能良好；若润滑油中杂质集中于沉积环，沉积环与扩散环的杂质浓度和颜色深浅程度差别较大，则润滑油中杂质粒度大，且清净分散剂的性能丧失，应更换新润滑油。

四、故障案例

1．故障现象

一辆装有康明斯 6BT5.9 型发动机的东风 EQ1141G 型汽车，累计行驶 150 000 km 左右，发动机怠速运转时，油压指示灯亮，并伴有异响。

2．故障诊断

询问司机得知，该发动机此前曾发生过曲轴连杆轴颈烧瓦故障，当时磨修了曲轴，更换了轴瓦，装机运行，怠速时润滑油压力高于 69 kPa，油压指示灯不亮。维修后汽车行程只有 2 500 km。检查润滑油，润滑油油面高度符合标准，润滑油品质良好。用听诊器听诊，气缸下部有沉重响声，在气缸中部有清脆响声。急加速时中、下部响声明显增大；单缸断油时下部响声无明显变化，而中部响声明显减小；相邻两缸断油时下部响声明显减小；发动机水温变化时，中、下部响声无明显变化。拆检发动机，发现曲轴连杆轴承和主轴承轴瓦又被烧蚀。检查润滑油泵，泵油压力正常。经仔细检查发现，该发动机凸轮轴与气缸体凸轮轴座孔配合间隙过大（该发动机凸轮轴在气缸体上安装时，只有第一道轴颈有轴承配合，其余轴颈均与气缸体上的凸轮轴座孔直接配合），气缸体凸轮轴座孔磨损达 0.40～0.50 mm，磨损量严重超限。

3．故障排除

在气缸体凸轮轴座孔内镶入凸轮轴轴承，并对轴承进行刮削修配，使凸轮轴轴颈与轴承达到正常配合间隙。

4．故障点评

该案例通过望、闻、问、切、诊，缩小了故障范围，并对不同车型的特殊结构创新了一项新的维修工艺，不失为一个典型案例。

思考与练习

1. 简述发动机润滑系的作用与组成。
2. 润滑油压力过低的原因有哪些？如何检测与诊断？
3. 润滑油压力过高的原因有哪些？如何检测与诊断？

课题七　冷却系故障检测与诊断

学习目标

◆ 熟悉发动机冷却系的作用、组成及工作原理。

◆ 掌握发动机冷却系故障检测与诊断方法。

◆ 能够对发动机冷却系故障进行检测与诊断。

想一想

一辆大众帕萨特轿车，已行驶200 000 km，在行驶中发动机因过热而导致水温经常过高，司机开回修理厂进行维修。

想一想：

1. 发动机为何会过热？哪个部件出问题了呢？

2. 如何对发动机冷却系统进行故障检测与诊断，以排除故障，使其恢复保温能力，让发动机正常运转起来？

造成“开锅”故障的主要原因是冷却系统出现了问题，冷却液温度过高、过低，都不能使发动机保持在正常工作状态。发动机要保持在正常工作状态，冷却液的温度应在80～90℃。这时着火条件好，燃烧完全；润滑油黏度值较好，润滑条件好。因此，发动机在运行过程中，要时刻注意冷却液温度的变化，及时采取有效措施，排除故障，确保冷却液温度正常。

冷却系的常见故障是冷却液温度过高、冷却液温度过低、冷却液泄漏、冷却风扇故障或温控开关失效等。常见故障部位为节温器、电动风扇或风扇带、温控开关、散热器和水泵。

一、发动机冷却系的作用、组成及工作原理

1．冷却系的作用

冷却系的作用是使发动机在所有工况下都能保持在适当的温度范围内（80～90℃），既防止发动机过热，又防止发动机过冷。在发动机冷启动之后，冷却系还要保证发动机迅速升温，尽快达到正常的工作温度。行车过程中发现冷却液表读数异常、冷却液指示灯点亮，应立即停车检查。因为冷却液温度过高将造成发动机过热，零件强度降低，润滑油变质，磨损加剧，导致发动机动力性、经济性、可靠性等全面下降。冷却过度或使发动机长期在低温下工作，均会使散热损失及摩擦损失增加，零件磨损加剧，排放恶化，发动机工作“粗暴”，功率下降及燃油消耗率增加。

2．冷却系的组成

冷却系主要由水泵、散热器、节温器、风扇、分水管、水套、百叶窗、水温表或水温报警器等组成。根据风扇驱动方式的不同可分为机械风扇式冷却系和电动风扇式冷却系。机械风扇式冷却系普遍采用硅油式或电磁式风扇离合器；现在的轿车广泛采用电动风扇式强制冷却系统，其电动风扇由温控开关或控制器控制，且配有膨胀水箱。桑塔纳 2000 型发动机电动风扇式强制冷却系的组成如图 2—7—1 所示。

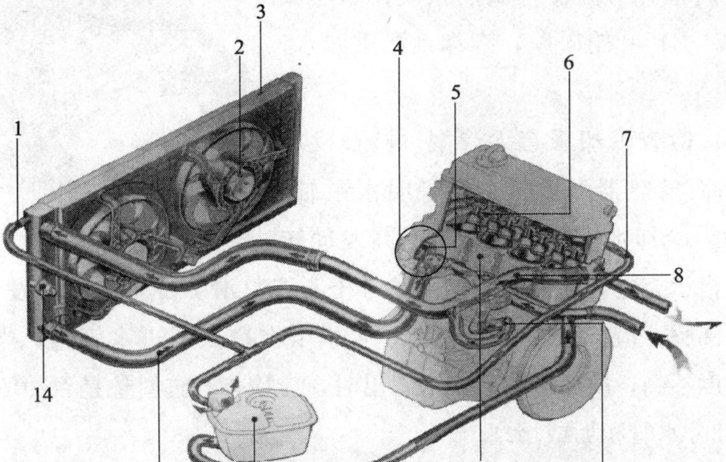

图 2—7—1　桑塔纳 2000 型发动机电动风扇式强制冷却系的组成

1—蒸气管　2—电动风扇　3—散热器　4—齿形带带轮　5—水泵、节温器　6—气缸盖水套

7—发动机水套排气管　8—冷却液上橡胶软管　9—节气门热水管　10—气缸体水套

11—冷却液下橡胶软管　12—冷却液膨胀水箱　13—进水管　14—电动风扇双速热敏开关

3．冷却系的工作原理

冷却系的工作原理是利用发动机带动水泵和风扇，强制使冷却液循环，配合风扇带走热量；冷却强度可根据节温器和风扇热敏控制开关自动调节，从而使发动机工作在90℃左右的温度范围内，以保持发动机的正常工作状态。

二、发动机冷却系故障检测与诊断

1．发动机过热

（1）故障现象

运行中的汽车，在百叶窗完全打开的情况下，水温表指针经常指在100℃以上，且散热器伴随有“开锅”现象；燃烧室内出现“炽热点”，发动机熄火困难；汽油机易发生爆震或早燃，柴油机易发生早燃，使工作“粗暴”，加剧噪声和振动。

（2）故障原因及处理方法

1）冷却液不足。

处理方法：检查冷却系容水量，散热器、水泵及冷却系其他部位有无渗漏。若上述部位符合要求，应检查与清洗冷却系的水垢。行驶中若水温表指示水温过高，而散热器下部温度并不高，则应解体发动机，检查气缸衬垫是否冲破、气缸内壁是否破损、缸体水套与气缸是否连通。按规定补充冷却液。

2）风扇传动带断裂或传动带张紧装置松动，使传动带松动打滑；节温器主阀门松脱；离心式水泵（图2—7—2）叶轮松脱，冷却系严重漏水；气缸衬垫冲坏。

图2—7—2　离心式水泵

处理方法：检查冷却系有无渗漏。检查发动机机体温度高而散热器温度低，则说明水泵轴、水泵叶轮松脱，冷却水不能循环。若提高发动转速，电流表不指示充电，则说明风扇传动带松脱或打滑。冷车启动时发动机温度迅速升高，冷却水沸腾，应检查节温器主阀是否横卡在散热器进水管内。当冷却水沸腾，散热器下部温度不高，散热器口有气泡冒出时，应检查气缸衬垫是否冲坏、烧损。

3）水套和分水管积垢或堵塞。

处理方法：清理水套和分水管。

4）水泵工作性能不良。

处理方法：检修或更换水泵。

5）燃烧室内积炭过多。

处理方法：清洗燃烧室。

6）散热器的进水管或出水管凹瘪。

处理方法：检修或更换散热器水管。

7）节温器主阀门不能打开或打开时间过迟。

处理方法：检修或更换节温器。蜡式节温器的结构如图 2—7—3 所示，其工作原理如图 2—7—4 所示。

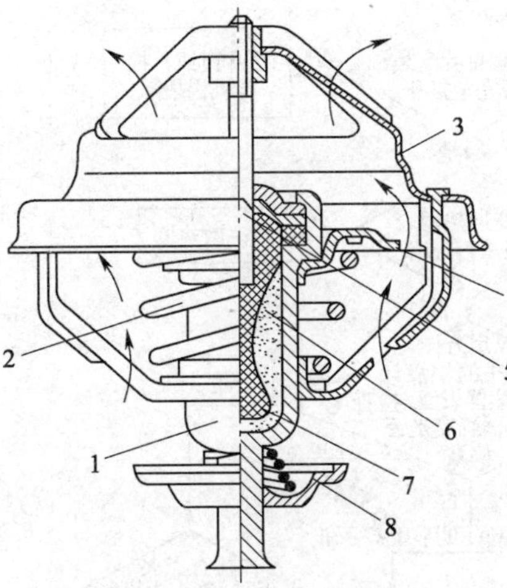

图 2—7—3　蜡式节温器的结构

1—节温器外壳　2—弹簧　3—支架
4—主阀门　5—推杆　6—石蜡
7—胶管　8—副阀门

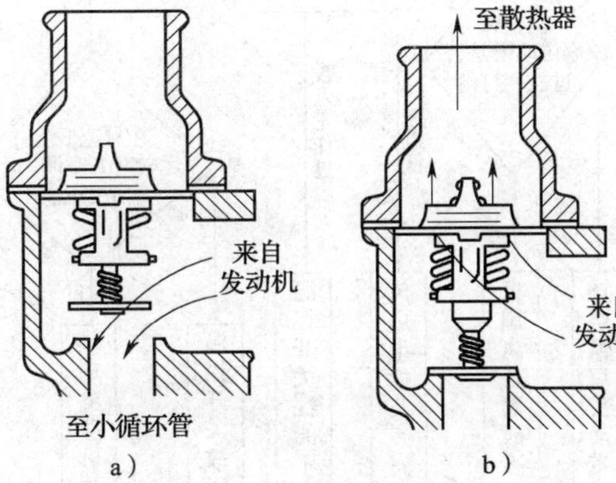

图 2—7—4　蜡式节温器的工作原理

a）小循环　b）大循环

8）散热器内部水垢堵塞或外部过脏。

处理方法：清洗散热器。

9）百叶窗不能完全打开。

处理方法：检修百叶窗及控制机构。

10）电动风扇性能不良。

处理方法：检修或更换电动风扇。

11）温控开关/水温传感器和控制器失效。

处理方法：检修或更换温控开关/水温传感器和控制器。

（3）故障诊断流程

发动机过热的故障诊断流程如图 2—7—5 所示。

2．发动机过冷

（1）故障现象

冬季运行的汽车，在百叶窗完全关闭、水温表和水温传感器技术状况完好的情况下，发动机达不到正常的工作温度；发动机动力不足，油耗增加。

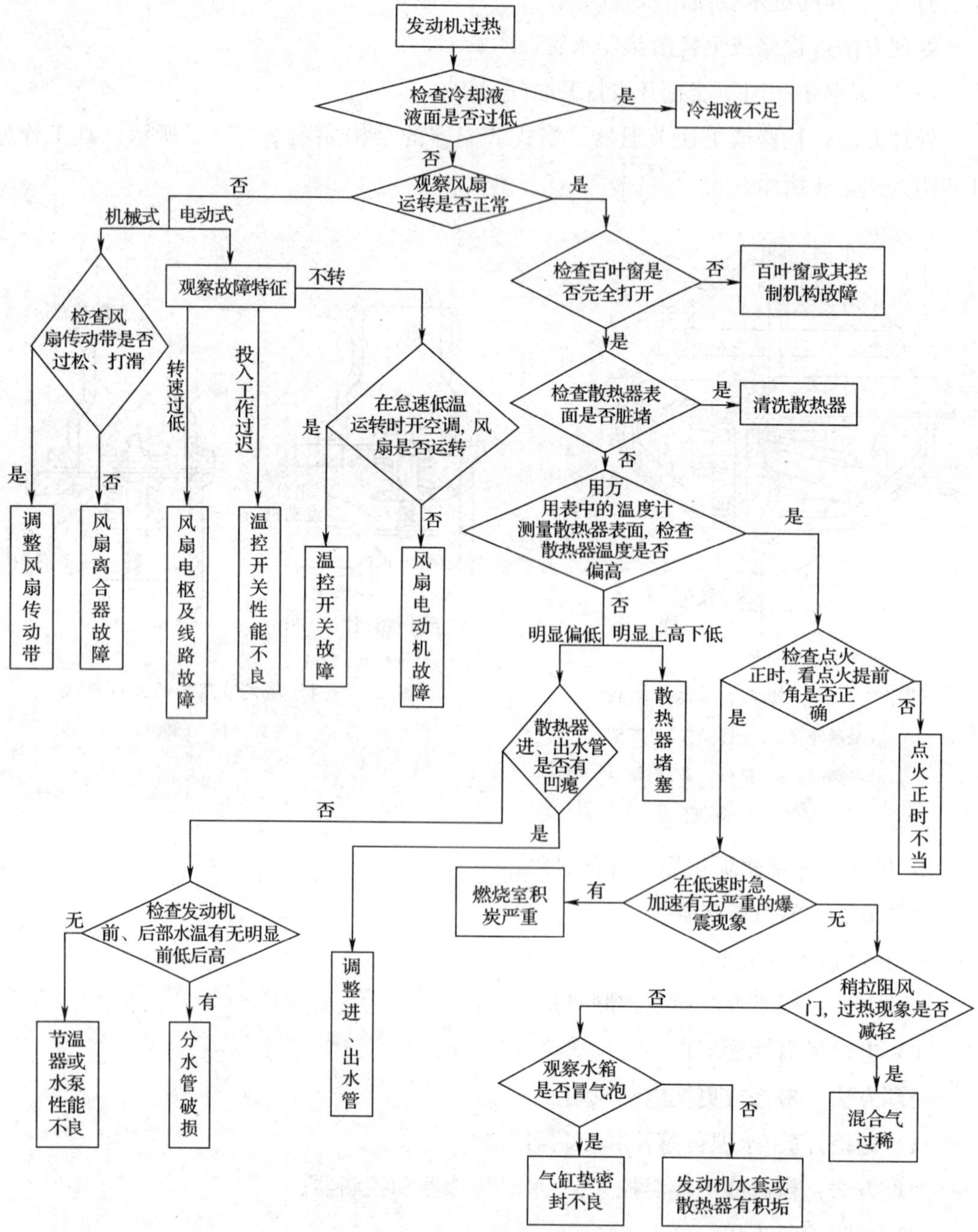

图 2—7—5　发动机过热的故障诊断流程

（2）故障原因及处理方法

1）百叶窗未关或无法调节，在严寒地区未使用保温措施，节温器失效，导致启动时不能迅速升温，以使发动机保持正常温度运转。

处理方法：检查百叶窗是否能关闭自如，若关闭后仍不能升高温度，则应考虑使用保温套；检查发动机节温器是否失效。

2）风扇离合器接合过早，应检修或更换风扇离合器。

3）温控开关闭合过早，应检修或更换温控开关。

（3）故障诊断方法

首先检查百叶窗的关闭情况，若能关严，则检查节温器主阀是否常开，若节温器正常，则让发动机冷机启动，在升温过程中测量水温，观察风扇离合器或温控开关是否接合或闭合过早。

3．冷却液消耗过多

冷却液消耗过多是指冷却液比正常情况下消耗过快的现象。其主要原因有冷却系内部渗漏、冷却系外部渗漏和散热器盖开启压力过低。通常通过目测检查外部有无漏水的痕迹，确定有无外部渗漏；通过检查润滑油是否发白（乳化），或在发动机水温正常时排气管是否冒白烟来确定内部是否渗漏。此外还可用专用手动压力测试器进行就车检测，其方法如图 2—7—6 所示。在冷却系中注满水，用专用接头将测试器和散热器水箱密封连接，用手推测试器，使测试器压力表指示 0.10 MPa，保持不动，在 5 min 内压力不应下降，同时观察冷却系外部各密封处有无漏水现象。漏水处即为不密封部位。若外部无漏水现象，而压力下降过快，则说明内部有泄漏处。

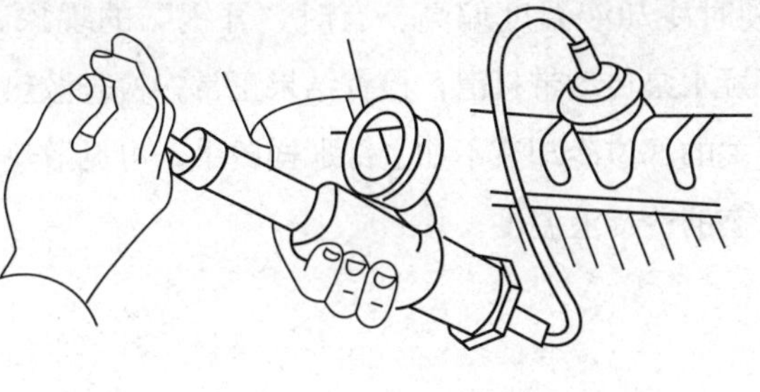

图 2—7—6　冷却液密封性的就车检查方法

若无内、外渗漏，则让发动机冷机启动，在升温过程中，观察在水温表或报警器指示水温正常的情况下散热器是否有蒸汽逸出，若有则说明散热器盖蒸汽阀有故障。同样也可使用上述专用手动压力测试器进行散热器盖的检查。将盖与测试器装在一起，用手推测试器，使压力升高，检查密封性能和阀的开启压力。在散热器的检修中也可使用该测试器进行散热器密封性的检查。散热器盖的结构如图 2—7—7 所示。

三、故障案例

1．故障现象

一辆奥迪 V6 型乘用车，怠速时冷却液温度高，且散热器易“开锅”；开启空调，冷却液温度正常。

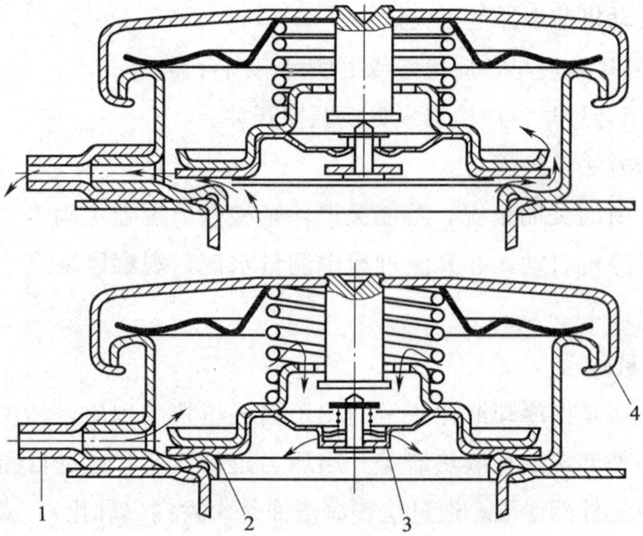

图 2—7—7　散热器盖的结构

1—蒸汽排出管　2—蒸汽阀　3—空气阀　4—散热器盖

2．故障诊断

启动发动机，冷却液温度升至 97℃时风扇不转。用导线短接温控开关，风扇工作，说明线路正常，可能是温控开关损坏。更换后立即试车，冷却液温度正常。但汽车行驶数小时后出现低速行驶时冷却液温度偏高、有时“开锅”的现象。经对温控开关进行检查，温控开关良好；怀疑水泵传动带打滑，检查结果正常；检查散热器盖也正常。后来发现散热器下部安装温控开关的部位冷却液不如上部那样烫手，可见散热器下部已堵塞，温控开关感受不到处于高温状态的冷却液温度。

3．故障排除

清洗散热器。

4．故障点评

故障诊断思路正确，考虑了空调系统、风扇、水泵传动带、温控开关等主要影响部件，如果结合该车的行驶里程和加注的冷却液质量，也能很快判断出是水箱结垢导致“开锅”的故障。

思考与练习

1. 发动机过热的原因有哪些？应怎样诊断？
2. 发动机冷却液消耗过多的原因有哪些？应怎样诊断？

课题八　排放异常故障检测与诊断

学习目标

- 了解汽车排放物的形成及影响汽车排放的主要因素。
- 了解排放污染的控制装置。
- 掌握发动机排放异常故障检测与诊断方法。
- 能够对发动机排放异常故障进行检测与诊断。

想一想

上海大众普通乘用轿车在行驶中发现排气管冒黑烟、动力不足。司机将车辆开到修理厂进行检修，显然，产生故障的原因较多，如何着手检测才能找到故障部位，从而恢复汽车的技术性能，并使尾气排放符合国家标准呢?

想一想：发动机油耗为什么会增加呢?

发动机排气异常，根据表现程度不同可分为排气烟色异常和排气有害物超标两类。发动机正常工作时，排气管排出的废气是无色透明的气体，只有在短时间内接近全负荷运转或启动时，废气才呈现灰色或深灰色。当汽车出现机械故障和排放控制装置故障时，会引起发动机排气烟色异常，并往往伴随着发动机动力不足、混合气燃烧不完全、排气管放炮、油耗增加和气缸内有大量积炭等现象。最简单的方法就是拆下火花塞，观察其技术状态：

1. 若火花塞呈干燥的棕红色，则为燃烧完全，技术状态良好。
2. 若火花塞呈灰黑色且干燥，则为燃烧不完全，有积炭产生。
3. 若火花塞呈黑色且湿润，则为该气缸火花塞不能点火，没做功。

一、汽车排放物

1. 汽车排放物的形成

随着汽车保有量的增加，汽车排放物对环境所造成的影响也随之增大。汽车排放物对人类危害最大的是一氧化碳（CO）、碳氢化合物（HC）和氮氧化合物（NO_x）。一氧化碳（CO）是氧气不足形成的；碳氢化合物（HC）是油料未完全燃烧的产物；氮氧化合物（NO_x）则是高温条件下的产物。

2．影响汽车排放物形成的主要因素

（1）发动机的结构

1）燃烧室的面容比。活塞到达上止点时，燃烧室的表面积与容积之比称为燃烧室的面容比。降低燃烧室的面容比，可以减少燃烧室壁面激冷效应，减少 HC 的排放量。

2）压缩比。从减少排放污染的角度出发，应适当降低压缩比，使燃烧最高温度降低，NO_x生成量减少，同时因排放温度也提高，使 HC 排放量减少。

（2）空燃比

空燃比大，则发动机排放污染就会严重。

（3）点火时刻

点火时刻早或晚，会使发动机燃烧室温度升高，排放污染物增加，尤其是 NO_x生成量会增多。

（4）发动机转速和车速的影响

在一定节气门开度下，随着发动机转速的升高，混合气流速及活塞运动速度会增大，压缩过程挤气作用增强，火焰的传播速度加快，减少了热损失，使 CO、HC 排放减少，NO_x排放增多。当转速升高到最高转速 3/4 左右时，燃烧温度最高，NO_x生成量最多。图 2—8—1 所示为汽油机在一定油门开度下曲轴转速对排气有害成分的影响。随着车速的提高，CO、HC 排放量减少，而 NO_x排放量增多。表 2—8—1 为某轿车在不同车速下 CO、HC 及 NO_x的排放情况。

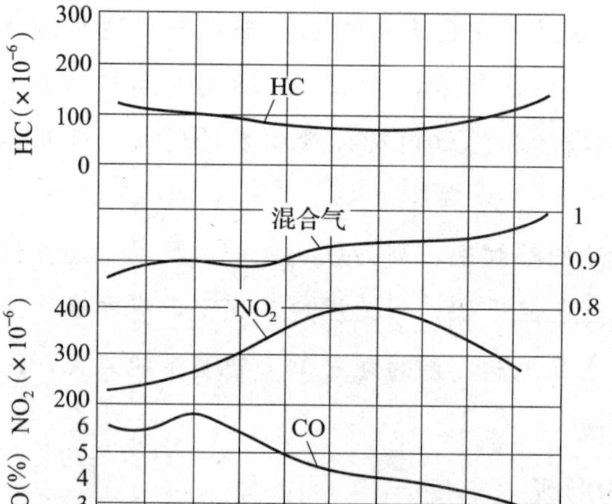

图 2—8—1　曲轴转速对排气有害成分的影响

表 2—8—1　　某轿车在不同车速下 CO、HC 及 NO_x 的排放情况

车速（km/h）	16	32	48	64	80	96
CO（g/mile）	95.28	48.48	34.14	27.61	23.09	20.08
HC（g/mile）	11.40	7.45	5.85	4.11	4.03	3.65
NO_x（g/mile）	5.09	5.71	6.38	7.06	7.74	8.31

二、排放污染的控制

1．排放控制的作用

汽车的有害排放物中，全部 CO、NO_x和约 60％的 HC 都是由发动机排气管排出的。此外，曲轴箱气体和燃油箱燃油蒸发的 HC 排放各约占汽车 HC 总排放的 20％。对汽车排放的控制，就是通过改善燃烧过程、降低燃烧温度、阻断曲轴箱气体和燃油蒸发排放、净化排气管废气等手段，使汽车对大气的污染减小到最低的限度。

2．排放控制的分类

为了有效地控制排放污染，在发动机本身改进的基础上，加装了各种净化控制装置。如微机控制的汽油喷射、电子点火及怠速控制等，都能有效降低发动机的排放污染。本课题内容中所涉及的排放控制装置，是除上述系统以外的一些排放控制装置。

3．排放控制装置

目前汽车排放控制装置种类较多，根据控制方式不同，可将它们分为机内净化、机外净化和污染源封闭循环净化三类。

（1）机内净化

从进气系统入手，通过改善混合气的质量，使燃烧产生的有害成分降低。这一类的排放控制装置有进气温度自动控制装置、废气再循环控制装置、混合比加浓式减速废气净化装置、进气歧管真空度控制阀等。图 2—8—2 所示为电子控制 EGR 系统的组成。

（2）机外净化

对发动机排出的废气进行净化处理，将废气中所含有的 HC、CO、NO_x等有害气体转化为无害的水（H_2O）、二氧化碳（CO_2）和氮（N_2）等气体。这一类的排放控制装置有热反应器、两元催化转换器、三元催化转换器、二次空气喷射装置等。目前广泛使用的发动机废气净化装置是三元催化转换器。图 2—8—3 所示为二次空气喷射系统原理图。

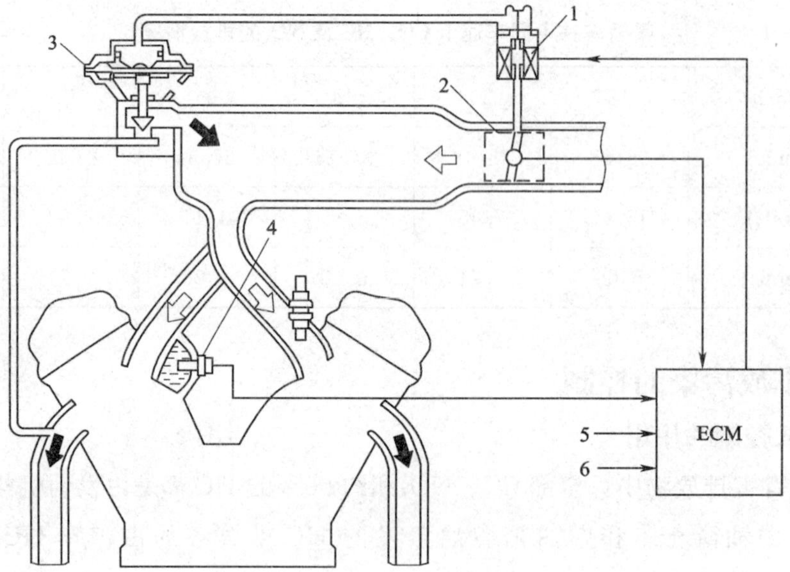

图 2—8—2　电子控制 EGR 系统的组成

1—EGR 电磁阀　2—节气门位置传感器　3—EGR 阀　4—水温传感器　5—曲轴传感器　6—启动信号

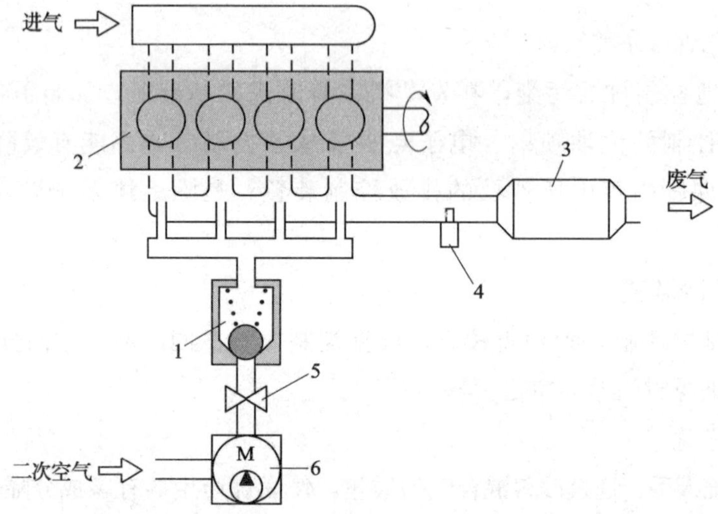

图 2—8—3　二次空气喷射系统原理图

1—单向阀　2—发动机　3—催化转换器　4—氧传感器　5—二次空气阀　6—电动泵

（3）污染源封闭循环净化

对曲轴箱气体及燃油箱燃油蒸发等 HC 排放源实施封闭化处理，以阻断向空气排放 HC。这类控制装置有曲轴箱强制通风装置、活性炭罐等。现在的汽车为能达到严格的排放标准，往往同时使用集中排放控制装置。图 2—8—4 所示为闭式曲轴箱通风（PCV）系统示意图，图 2—8—5 所示为 PCV 阀的结构，图 2—8—6 所示为电子控制的燃油蒸发控制系统的构成。

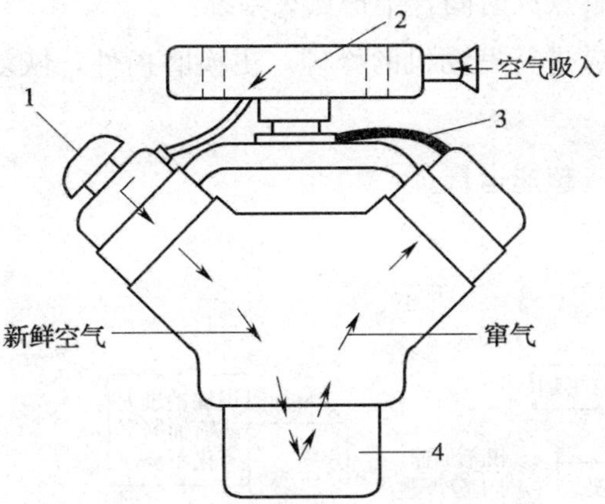

图 2—8—4　闭式 PCV 系统示意图

1—加润滑油盖　2—空气滤清器

3—PCV 阀　4—曲轴箱

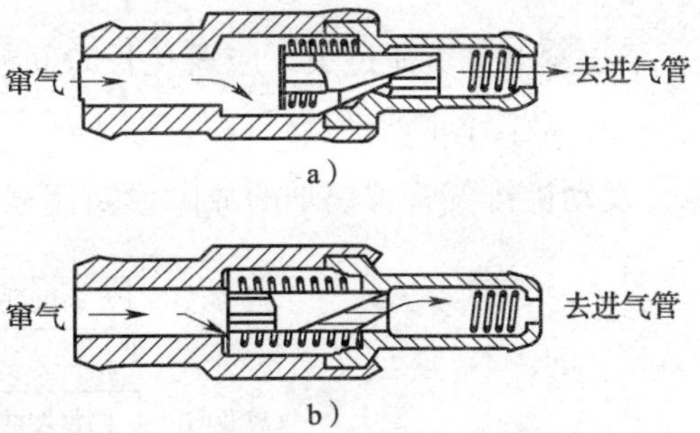

图 2—8—5　PCV 阀的结构

a）怠速及小负荷下　b）大负荷下

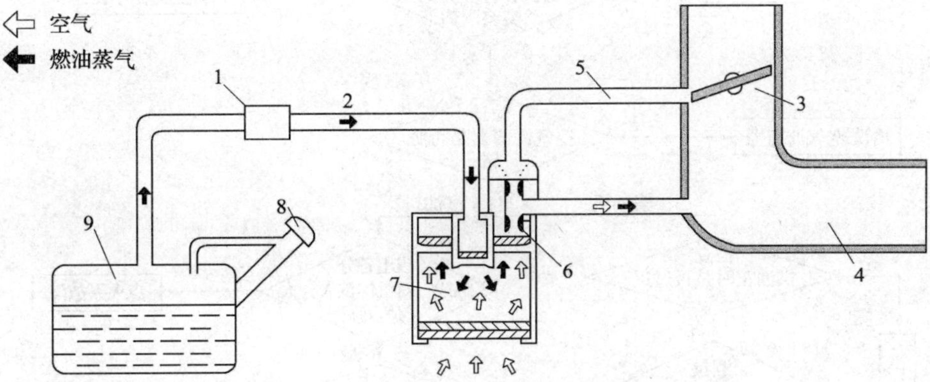

图 2—8—6　电子控制的燃油蒸发控制系统的构成

1—单向阀　2—油气管　3—节气门　4—进气歧管　5—真空管

6—炭罐电磁阀　7—炭罐　8—加油口盖　9—油箱

三、发动机排放异常故障检测与诊断

1. 发动机排气管冒黑烟

（1）故障现象

汽油机：发动机动力不足，混合气燃烧不完全，排气管冒黑烟、放炮，油耗增加，气缸内有大量积炭；柴油机：发动机动力不足，运转不稳，排气管冒黑烟，加速时出现敲击声。

（2）故障原因及处理方法

1）空气滤清器堵塞，空燃比过大，应更换空气滤清器。

2）喷油量过多，燃烧不完全，应检查油路和喷油质量，排除油路故障。

3）点火时间过晚，点火能量过弱，应调整点火时间，维护点火系统。

4）气缸漏气，压缩比下降，缸压过低，应进行发动机的修理，更换磨损件，恢复气缸的压缩比。

5）发动机负荷过大，应避免长时间超载、超速运行。

（3）故障诊断流程

发动机排气管冒黑烟的故障诊断流程如图 2—8—7 所示。

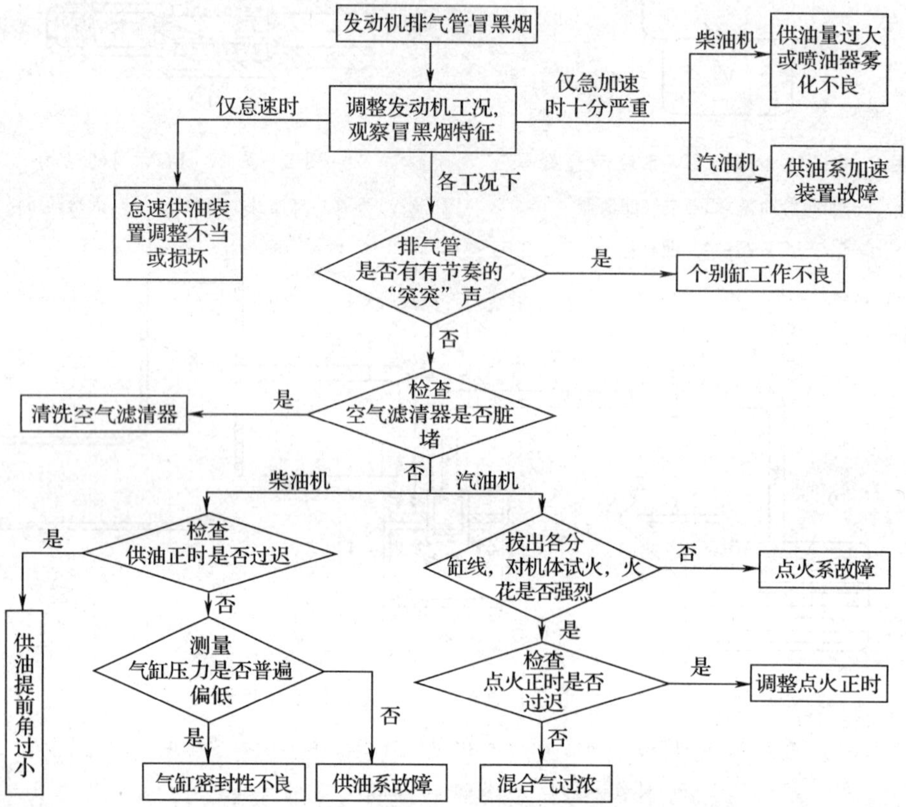

图 2—8—7　发动机排气管冒黑烟的故障诊断流程

2．发动机排气管冒白烟

（1）故障现象

发动机动力不足，运转不稳，排气管冒白烟。注意，在气温较低的冬季，发动机冷启动后往往冒白烟，但当发动机热机后白烟能自行消失，这是正常现象。

（2）故障原因及处理方法

1）燃油或润滑油中含有水，应更换燃油。

2）发动机气缸体、气缸盖有裂纹，应修复、更换发动机或气缸盖。

3）气缸衬垫损坏，使冷却液进入燃烧室，应更换气缸衬垫。

（3）故障诊断方法

首先检查汽油中是否掺杂有水。其次检查油底壳油面是否上升或润滑油是否呈乳状，若是则说明气缸盖或气缸体有裂纹；反之则在冷车时取下水箱盖，启动发动机，观察水箱口的冷却水是否呈沸腾状态并排出大量气泡，若是则故障为气缸衬垫损坏。有时柴油机喷油器喷雾质量不佳或气缸压缩压力不足也会造成排气管冒白烟。若发动机刚启动时冒白烟，温度升高后冒黑烟，通常是气缸压力过低造成的。

3．发动机排气管冒蓝烟

（1）故障现象

汽车在运行过程中排气管冒蓝烟，润滑油消耗过大，这通常是由于润滑油窜入气缸后，未经燃烧就随废气排出引起的。

（2）故障原因及处理方法

1）润滑油油面过高或润滑油压力过高，应排出多余的润滑油，检查并调整润滑油压力。

2）活塞环装错或磨损、损坏，气缸与活塞环间隙过大，应检查并调整活塞环间隙和安装位置。

3）曲轴箱通风装置进风过多，应清洗曲轴箱通风装置。

4）气门杆与气门导管的间隙过大，气门油封损坏，应检查并调整配气机构。

另外，若发动机装配有废气涡轮增压器，增压器轴可能漏油。诊断方法是检查涡轮轴的径向和轴向间隙是否过大。制动系空气压缩机润滑油多由发动机提供，空气压缩机可能是润滑油的消耗源，检查方法是检查油水分离器或储气管中的润滑油是否明显较多。

（3）故障诊断方法

1）测量缸压：若缸压过低，可去掉火花塞，从火花塞孔中加入少许润滑油，再测缸压。若缸压升高，说明气缸与活塞环间隙过大，应更换气缸或活塞环；若缸压未升高，说明气门组或气缸衬垫处漏气，应更换气门组或检查缸盖平面度，更换气缸衬垫。

2）检查曲轴箱通风装置是否工作良好，否则应进行更换或维修。

3）检查废气涡轮增压器轴向间隙是否过大，若过大应进行更换或维修。

4）检查制动系油水分离器或储气管中的润滑油是否明显较多，若较多说明空气压缩机处的润滑油流失，应更换或维修空气压缩机。

四、故障案例

1．故障现象

一辆奥迪 1002.6E 型轿车，能启动着车，但怠速不稳，抖动厉害，能缓慢加速到 2 000 r/min，急加速就熄火。

2．故障诊断

使用V. A. G1551型故障检测仪进行检测，ECM无故障输出；检测发动机，无漏气和插头松动现象；使用燃油压力表测量系统油压，正常；检查火花塞，颜色发黑，说明燃烧不充分；测量气缸压力正常，也没有排气管冒黑烟的现象，可以排除喷油嘴喷油量大的原因。因为此车为原装奥迪，带三元催化转换器，怀疑可能是三元催化转换器堵塞。启动发动机，接真空表，缓慢加速，真空度逐渐下降至非常低的数值，说明排气系统有阻流现象。拆下三元催化转换器，从里面倒出很多粉末。

3．故障排除

更换三元催化转换器后试车，故障排除。

4．故障点评

三元催化转换器堵塞故障往往不被人注意。火花塞发黑，说明燃烧不良；缸压正常，说明燃烧室密封良好。若检查氧传感器，也会发现“蛛丝马迹”的。

思考与练习

1. 发动机排放异常故障的主要原因是什么？应如何检测？
2. 影响汽车排放物形成的主要因素有哪些？

模块三

汽车底盘故障检测与诊断

课题一　传动系故障检测与诊断

学习目标

- ◆ 了解传动系的组成。
- ◆ 掌握传动系故障检测与诊断方法。
- ◆ 了解传动系的维护方法。
- ◆ 能够对传动系故障进行检测与诊断。

想一想

一辆普通桑塔纳出租车，离合器接合后，出现汽车起步困难，运行中油耗上升，发动机过热、加速不良等现象，需进厂送修。

想一想：

1. 发动机技术状态良好，而传动系统工作不良，会影响汽车行驶的动力性、经济性吗?

2. 动力传动路线最有可能产生故障的环节在哪里?

3. 用手触摸运行后汽车的变速箱、轮毂轴承，若烫手，说明什么问题?

汽车出现起步困难、加速不良现象，通常是由于离合器打滑，变速器、传动轴、驱动桥异响等使动力不足而造成的，因而必须熟悉传动系的结构组成和动力传递路线，即离合器、变速器、万向传动装置、主减速器、差速器和半轴等结构及环节，才能进行传动系的故障诊断和排除。

一、传动系的组成

传动系一般由离合器、变速器、万向传动装置、主减速器、差速器和半轴等组成。根据布置方式不同，传动系可分为发动机前置后轮驱动（FR）、发动机前置前轮驱动

（FF）、发动机后置后轮驱动（RR）和四轮驱动（4WD）。桑塔纳2000型轿车传动系属于发动机前置前轮驱动（FF），其布置示意图如图3—1—1所示。

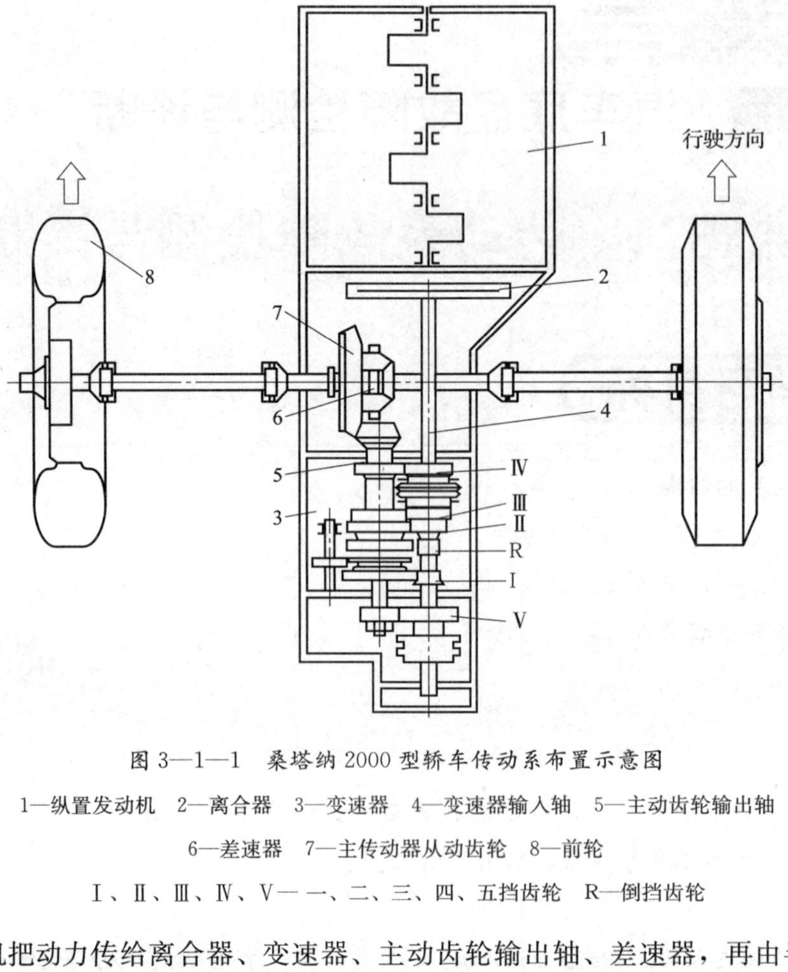

图3—1—1　桑塔纳2000型轿车传动系布置示意图

1—纵置发动机　2—离合器　3—变速器　4—变速器输入轴　5—主动齿轮输出轴

6—差速器　7—主传动器从动齿轮　8—前轮

Ⅰ、Ⅱ、Ⅲ、Ⅳ、Ⅴ— 一、二、三、四、五挡齿轮　R—倒挡齿轮

发动机把动力传给离合器、变速器、主动齿轮输出轴、差速器，再由半轴和万向传动装置驱动前轮转动。当然，前轮还具有转向功能。

发动机的动力通过离合器传给变速器，经过变速器的变速、变矩、变向后，动力再经过万向传动装置向后传递到驱动桥，驱动桥中的主减速器减速增矩后，再经过差速器把增矩后的动力传给半轴和驱动轮，通过地面附着力驱动车辆运行。

二、传动系故障检测与诊断

1. 离合器故障

（1）离合器打滑

1）故障现象：离合器接合后，发动机动力不能完全传给驱动轮，出现汽车起步困难、油耗上升、发动机过热、加速不良等现象。

2）故障原因及处理方法：离合器打滑的根本原因是压盘不能牢固地压在从动盘摩

擦片上，或摩擦片的摩擦系数过小。具体原因主要有：

①摩擦片烧损、硬化、有油污或磨损严重，视情况予以修理或更换。

②膜片弹簧疲劳、开裂或失效，应予以更换。

③分离轴承运动发卡、不能回位，应予以润滑或更换。

④压盘或飞轮变形、磨损，应予以磨平或更换。

⑤离合器操纵机构调整不当，导致踏板自由行程过小，应予以调整。

⑥拉索发卡，应予以润滑。

3）故障诊断流程：离合器打滑的故障诊断流程如图 3—1—2 所示。

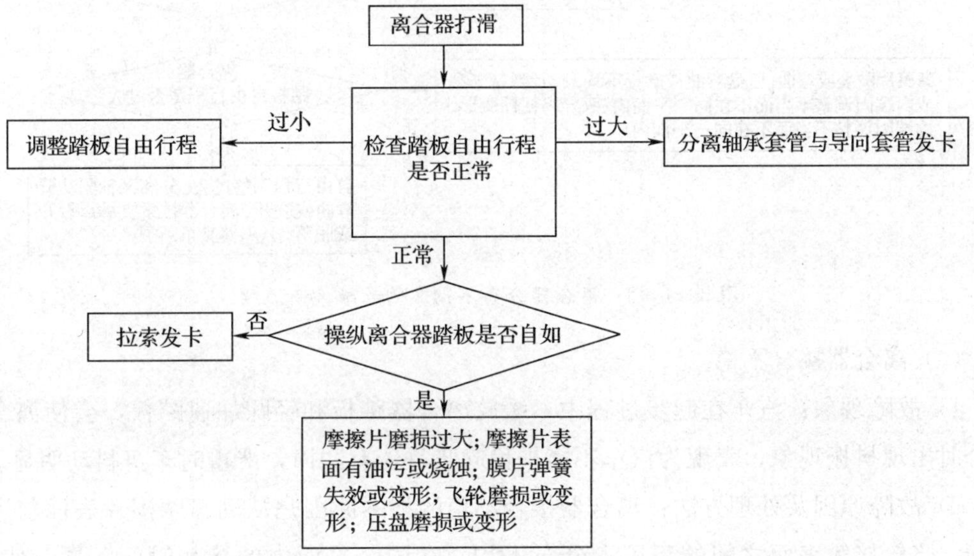

图 3—1—2　离合器打滑的故障诊断流程

（2）离合器分离不彻底

1）故障现象：发动机怠速时，完全踩下离合器踏板，却挂挡困难，并常伴有齿轮撞击声；或在强行挂挡后，不松开离合器踏板，汽车就猛向前窜或发动机熄火。

2）故障原因及处理方法：离合器分离不彻底的根本原因是离合器踏板踩到底时，压盘离开从动盘的移动量过小，或部件的变形导致压盘与从动盘摩擦片有所接触而不能彻底分离。具体原因主要有：

①离合器踏板自由行程过大，应予以调整。

②从动盘翘曲，应予以更换。

③压盘变形，应予以磨平或更换。

④摩擦片变形或铆钉松动，应予以修理或更换。

⑤膜片弹簧断裂或内端因调整不当而不在同一平面内（或分离杠杆变形，内端因

调整不当而不在同一平面内），应予以更换或调整。

⑥操纵机构发卡，应予以润滑。

⑦液压操纵系统漏油，系统内有空气或油量不足，应在常规检查中进行排气或添加液压油等。

3）故障诊断流程：离合器分离不彻底的故障诊断流程如图 3—1—3 所示。

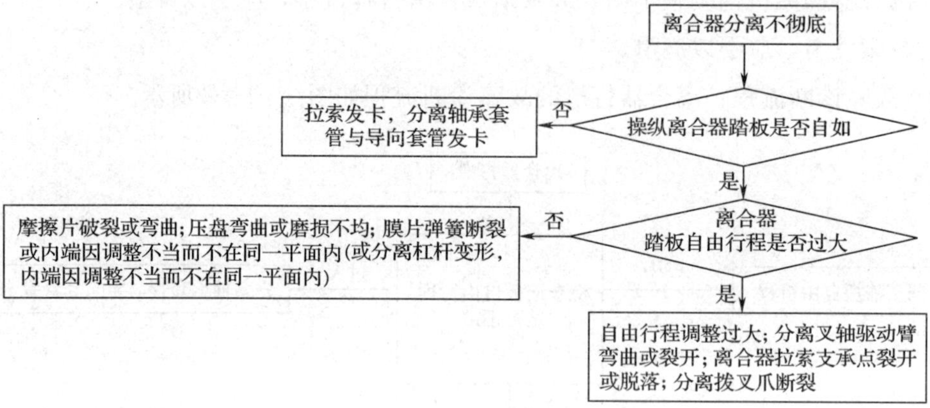

图 3—1—3　离合器分离不彻底的故障诊断流程

（3）离合器接合不稳

1）故障现象：汽车在起步过程中，缓放离合器踏板和轻踩加速踏板，会使离合器接合时出现抖振现象，表现为汽车不能平稳起步且伴有冲撞，严重时车身抖动明显。

2）故障原因及处理方法：离合器接合不稳的根本原因是从动盘摩擦片表面与压盘表面、飞轮接触表面之间的正压力分布不均，在同一平面内的接触时间不同，使主、从动盘接合不平顺引起发抖。具体原因主要有：

①操纵机构工作不畅，应予以调整或润滑。

②从动盘翘曲、厚度不均或中间花键的配合间隙过大，应予以更换。

③压盘变形，应予以更换。

④离合器盖松动，应予以紧固。

⑤飞轮端面圆跳动超标，应予以更换。

⑥膜片弹簧本身弹力不均、断裂或内端因调整不当而不在同一平面内（或分离杠杆变形，内端由于调整不当而不在同一平面内），应予以更换或调整。

3）故障诊断流程：离合器接合不稳的故障诊断流程如图 3—1—4 所示。

（4）离合器异响

1）故障现象：离合器接合、踩下离合器踏板少许及完全踩下离合器踏板时，离合器发出不正常响声。

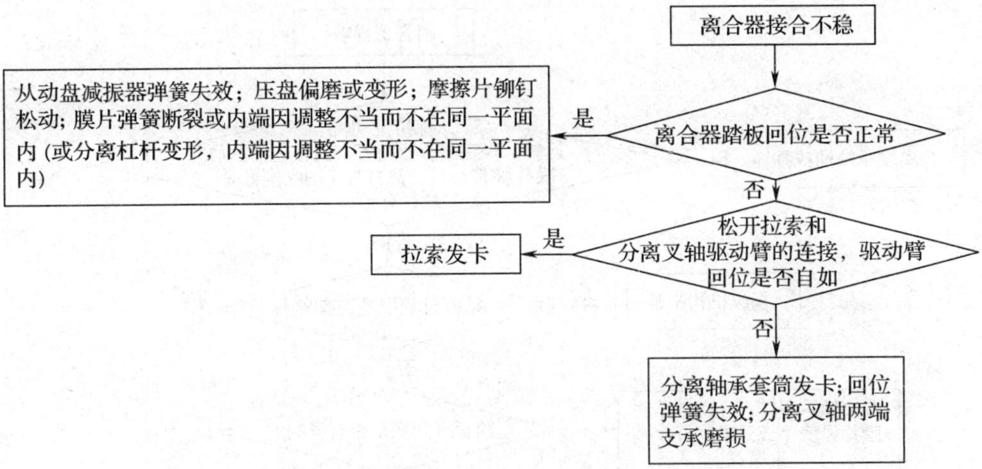

图 3—1—4　离合器接合不稳的故障诊断流程

2）故障原因及处理方法：造成离合器异响的根本原因在于离合器的部分零件严重磨损及主、从动部件传力部位松旷，在离合器接合或分离的瞬间，由于惯性冲击的作用，造成不正常摩擦或撞击而产生异常响声。具体原因主要有：

①分离轴承缺油或损坏，应予以润滑或更换。

②分离轴承与膜片弹簧（或分离杠杆）内端之间无间隙，应予以调整。

③分离轴承回位弹簧折断，应予以更换。

④摩擦片铆钉外露，应予以修理。

⑤膜片弹簧碎裂，应予以更换。

⑥踏板自由行程过小，应予以调整。

⑦从动盘减振器弹簧折断等。拆下离合器从动盘，检查或更换从动盘。

3）故障诊断流程：离合器异响的故障诊断流程如图 3—1—5 所示。

2．普通齿轮有级变速器故障

变速器的常见故障部位有同步器、自锁装置、互锁装置、轴承、花键等。变速器的常见故障包括变速器换挡困难或挂不上挡、变速器跳挡、变速器乱挡、变速器卡挡、变速器漏油和变速器异响。

（1）变速器换挡困难或挂不上挡

1）故障现象：变速器不能顺利地挂入挡位，往往伴有齿轮撞击声，或完全不能挂上挡。

2）故障原因及处理方法：造成变速器换挡困难或挂不上挡的根本原因是汽车换挡时待啮合齿轮的圆周速度不相等，或换挡拨叉移动时的阻力过大。具体原因主要有：

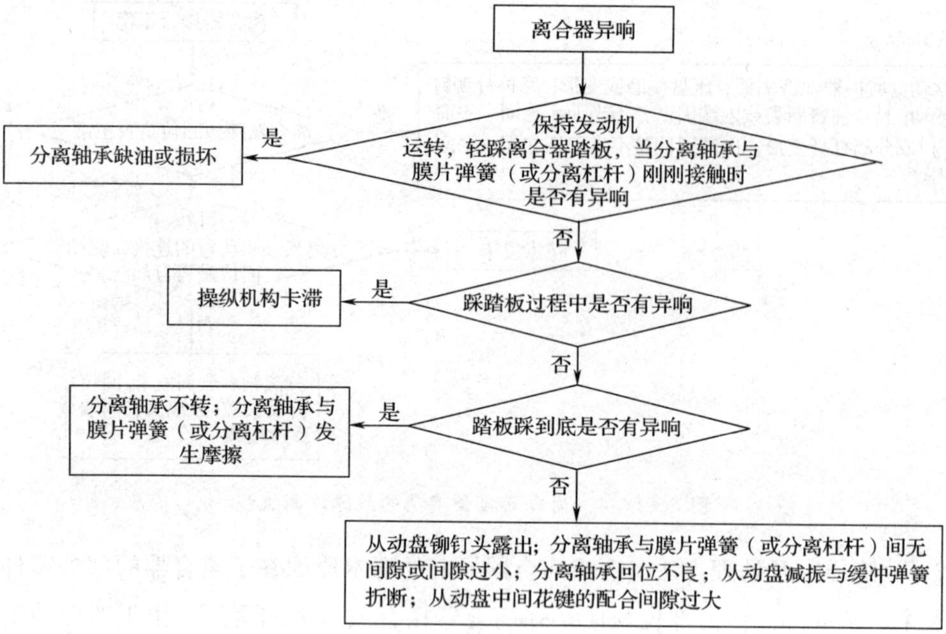

图 3—1—5　离合器异响的故障诊断流程

①离合器调整不当或分离不彻底，应予以调整和检修。

②变速杆弯曲变形或操纵机构调整不当，应予以调整和检修。

③拨叉轴弯曲变形，与导向孔配合过紧或因缺油锈蚀，应予以调整和检修。

④同步器滑块卡滞，应更换同步器。

⑤自锁、互锁装置卡死，应检修或更换。

3）故障诊断流程：变速器换挡困难或挂不上挡的故障诊断流程如图 3—1—6 所示。

（2）变速器跳挡

1）故障现象：在汽车行驶过程中，尤其是加速或爬坡时，变速杆自动跳回到空挡位置。

2）故障原因及处理方法：造成变速器跳挡的根本原因是啮合齿轮在传力时产生较大的轴向作用力，从而脱离啮合位置，或啮合齿轮未能全齿长啮合，当载荷突变时导致跳挡。具体原因主要有：

①操纵装置变形或松旷，应予以调整和检修。

②接合器与换挡杆连接调整不当，应予以调整。

③拨叉弯曲或磨损，应予以修理或更换。

④自锁装置失效，应予以修理或更换。

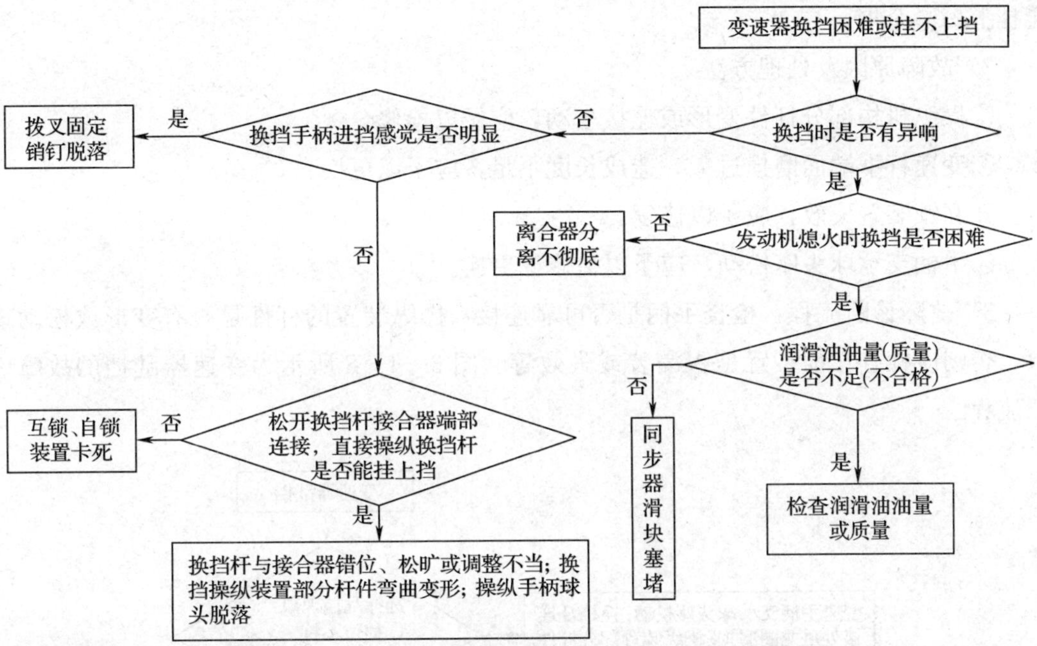

图 3—1—6　变速器换挡困难或挂不上挡的故障诊断流程

⑤齿轮轴向间隙过大，应予以调整。

⑥相啮合的齿轮在啮合部位磨损成锥形，应予以更换。

⑦同步器接合齿圈磨损，应予以更换。

3）故障诊断流程：变速器跳挡的故障诊断流程如图 3—1—7 所示。

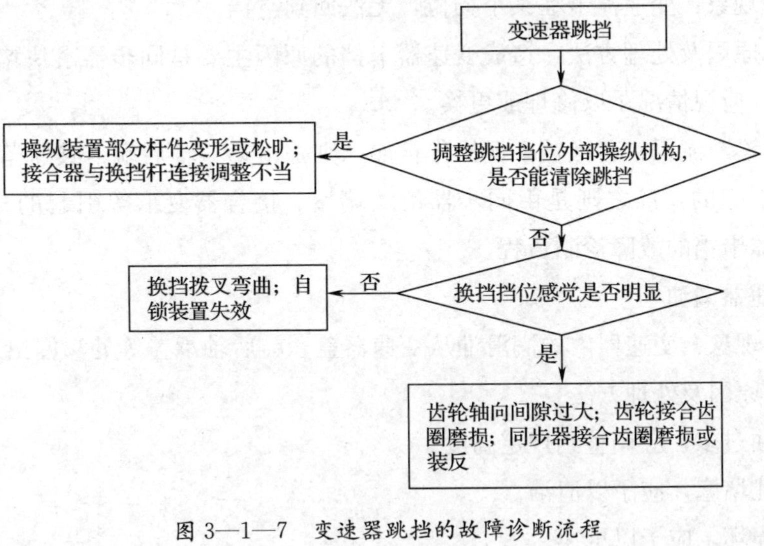

图 3—1—7　变速器跳挡的故障诊断流程

（3）变速器乱挡

1）故障现象：变速器实际挂入的挡位与应该挂入的挡位不符，或原挡未退出仍然能挂上另一个挡。

2）故障原因及处理方法

①操纵机构部分杆件变形或连接松动，应予以检修。

②变速杆下端面磨损过大，造成长度不足，应予以更换。

③互锁装置失效，应予以修复。

④手柄支承球头座松动，应予以检修或更换。

3）故障诊断流程：检查手柄是否可靠连接，操纵装置的杆件是否有变形或松动现象，否则应检查互锁装置是否漏装或失效等。图 3—1—8 所示为变速器乱挡的故障诊断流程。

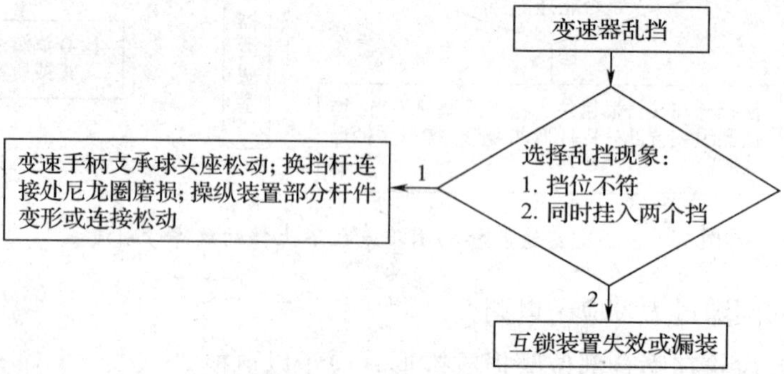

图 3—1—8　变速器乱挡的故障诊断流程

（4）变速器卡挡

1）故障现象：变速器卡在某个挡位，无法回到空挡。

2）故障原因及处理方法：造成变速器卡挡的原因主要是同步器滑块堵塞、拨叉轴弯曲卡死等，应视情况予以修理或更换。

3）故障诊断流程：若换挡手柄操作自如，则是由第一轴后端卡簧脱落或换挡拨叉开口销脱落引起的，反之则是由同步器滑块堵塞、接合器变形等引起的。图 3—1—9 所示为变速器卡挡的故障诊断流程。

（5）变速器漏油

1）故障现象：变速器内的润滑油从变速器盖、前后轴承盖等处渗漏出来。

2）故障原因及处理方法

①润滑油过多，应调整到规定高度。

②通气孔堵塞，应予以清洁。

③油封损坏，应予以更换。

④接合面变形，应予以修理。

⑤连接螺栓松动，应予以紧固或更换。

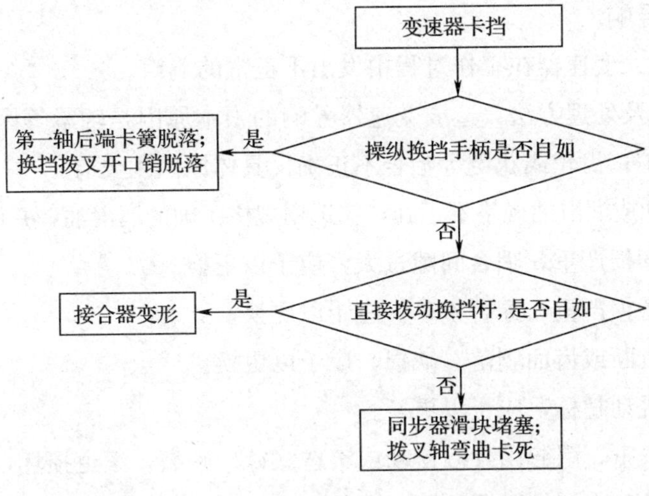

图 3—1—9　变速器卡挡的故障诊断流程

⑥密封垫或密封胶失效，应予以更换。

⑦壳体有裂纹，应予以焊补。

3）故障诊断流程：检查油面是否过高，通气孔是否堵塞，油封是否损坏，壳体是否有裂纹等。图 3—1—10 所示为变速器漏油的故障诊断流程。

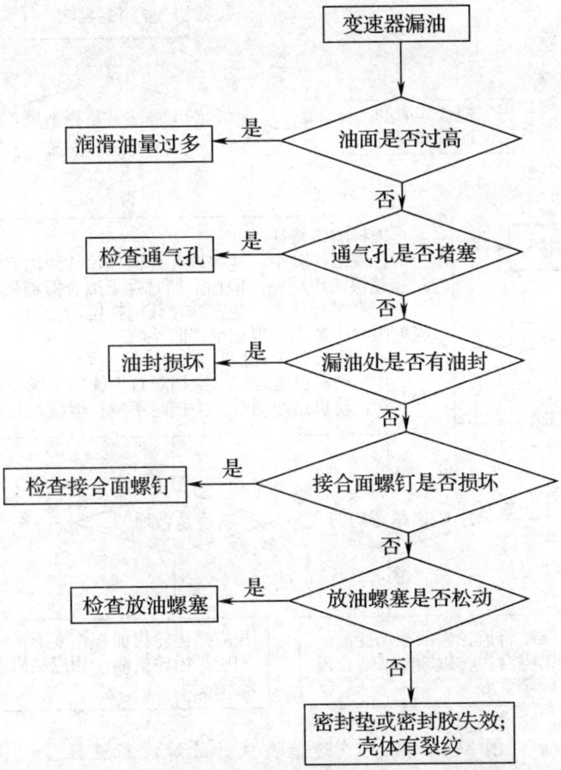

图 3—1—10　变速器漏油的故障诊断流程

（6）变速器异响

1）故障现象：变速器在工作过程中发出不正常的响声。

2）故障原因及处理方法：造成变速器异响的根本原因是轴承等因磨损、损坏、润滑不良而造成松旷；齿轮或花键等啮合不正确。具体原因主要有：

①变速器缺油或润滑油规格不正确，应选用规格正确的润滑油，并调整到规定高度。

②齿轮轮齿磨损严重，啮合间隙过大，应予以更换。

③齿轮内孔磨损严重，配合松旷，应予以更换。

④齿轮轮齿折断或齿面剥落、缺损，应予以更换。

⑤齿轮端面跳动超标，应予以更换。

⑥轴承磨损严重，引起内外圈松动或滚珠（针）碎裂，滚道损坏，应予以更换。

⑦第一、二轴和中间轴弯曲变形，应予以校正或更换。

⑧花键过度磨损，应予以更换。

⑨自锁装置损坏，应予以修复。

⑩同步器滑块堵塞，应予以修复或更换。

3）故障诊断流程：变速器异响的故障诊断流程如图 3—1—11 所示。

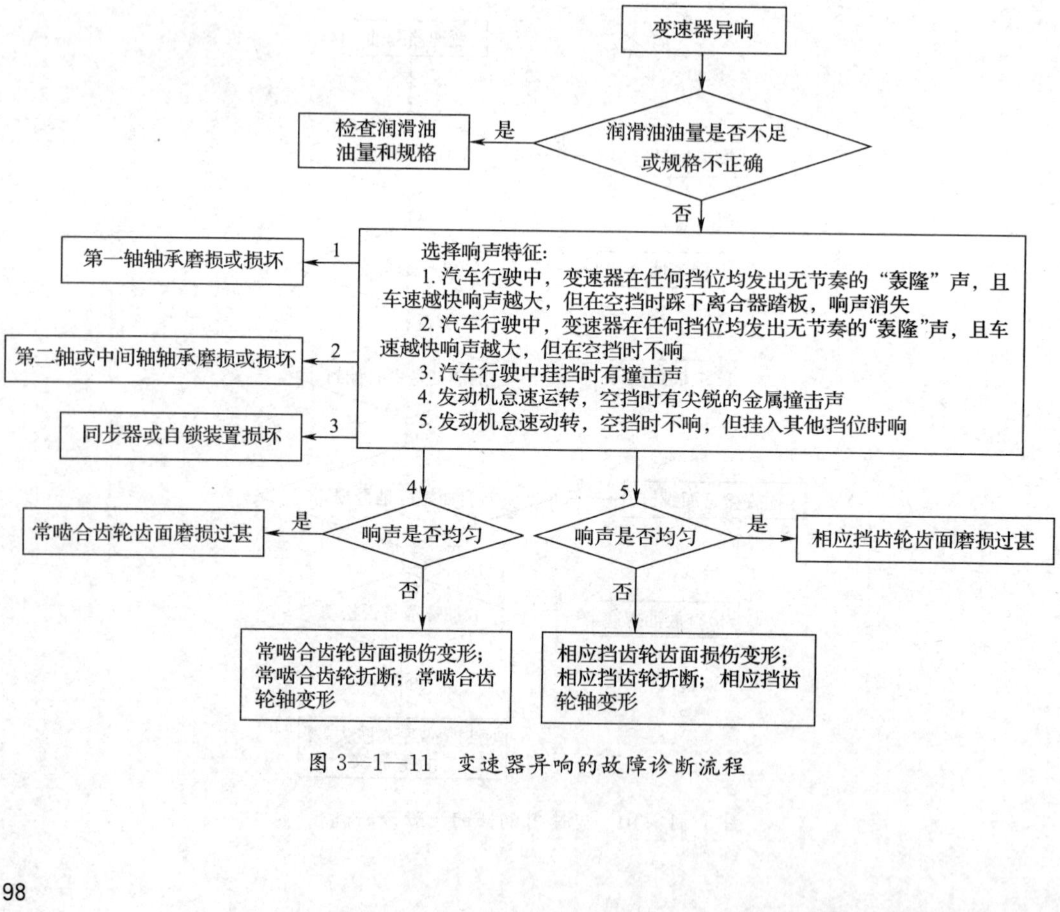

图 3—1—11　变速器异响的故障诊断流程

3．万向传动装置故障

万向传动装置的常见故障部位有传动轴平衡块、传动轴套管、花键、中间支承等。万向传动装置的常见故障是万向传动装置异响。根据其响声的部位可分为万向节响、传动轴响和中间支承响。

（1）故障现象

在汽车行驶过程中万向传动装置发出不同的响声。

（2）故障原因及处理方法

万向传动装置发出异响的根本原因是万向传动装置的连接处磨损松旷，装配不当，或传动轴弯曲等原因造成动平衡破坏，当传递较大的转矩和受到剧烈的冲击时产生异响。具体原因主要有：

1）万向节套筒与万向节叉孔磨损松旷，应予以更换。

2）万向节叉凸缘盘连接螺栓松动，应予以紧固或更换。

3）传动轴伸缩节花键因磨损和冲击造成松旷，应予以更换。

4）传动轴弯曲，应予以校正。

5）传动轴上的平衡片失落或套管凹陷，应重新做动平衡。

6）传动轴套管与万向节叉或伸缩节花键轴焊接时位置歪斜或焊接后传动轴未做动平衡，应予以更换或做动平衡。

7）伸缩节未按标记安装，应按标记装配。

8）中间支承固定螺栓松动，应予以紧固或更换。

9）中间支承固定位置不正确，应按正确位置固定。

10）中间支承滚动轴承润滑不良，滚道表面有麻点、凹痕、退火变色等损伤，应予以润滑或更换。

（3）故障诊断流程

万向传动装置异响的故障诊断流程如图 3—1—12 所示。

万向传动装置还可能发生振动，主要原因如下：

1）车轮或轮胎动不平衡。

2）传动轴平衡片脱落。

3）汽车超载。

4）传动轴或万向节的运转角改变。

5）发动机、变速器或传动轴橡胶支承件失效。

4．驱动桥故障

驱动桥的常见故障部位有行星齿轮与十字轴、轴承、花键、调整垫片等。驱动桥的常见故障包括驱动桥异响、驱动桥过热和驱动桥漏油等。

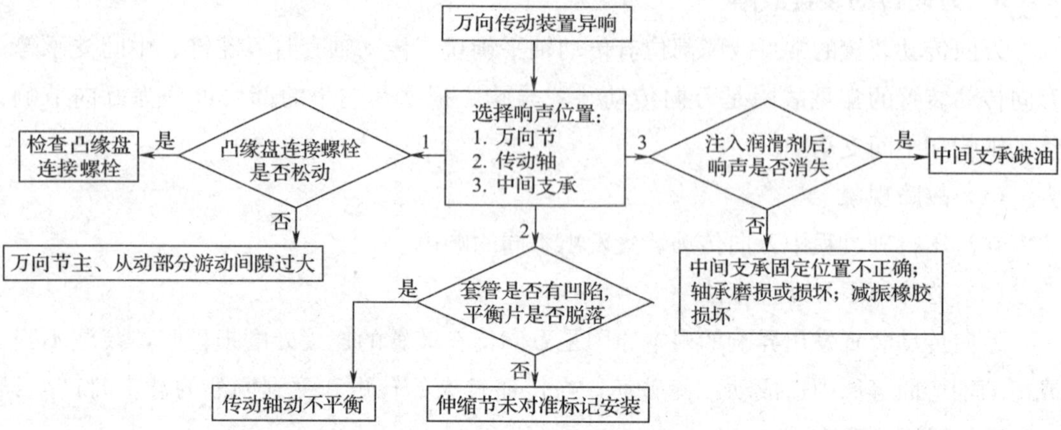

图 3—1—12　万向传动装置异响的故障诊断流程

（1）驱动桥异响

1）故障现象：驱动桥在汽车不同的行驶工况下发出非正常响声。

2）故障原因及处理方法：造成驱动桥异响的根本原因是驱动桥的传动部件磨损松旷、调整不当或润滑不良，当承受较大的动载荷时，发出不正常的响声。具体原因主要有：

①主减速器主、从动齿轮，行星齿轮和半轴齿轮等啮合间隙过大或过小，应予以调整。

②半轴齿轮与半轴的花键、差速器壳与十字轴、行星齿轮孔与十字轴配合松旷，应予以调整。

③主、从动齿轮印痕不符合要求，应予以调整。

④主、从动齿轮，行星齿轮和半轴齿轮的齿面磨损严重，轮齿折断、变形或未成对更换，应予以更换。

⑤润滑油油量不足，牌号不符，变质或有杂物，应更换正确的润滑油，并调整到规定高度。

⑥圆锥滚子轴承预紧度调整不当，应予以调整。

⑦驱动桥壳体、主动齿轮紧固螺母或从动齿轮连接螺钉松动，应予以紧固或更换等。

3）故障诊断流程：驱动桥异响的故障诊断流程如图 3—1—13 所示。

（2）驱动桥过热

1）故障现象：汽车行驶一定里程后，用手触摸驱动桥壳中部，有非常强烈的烫手感觉。

2）故障原因及处理方法：引起驱动桥过热的根本原因是驱动桥工作时摩擦阻力过大。具体原因主要有：

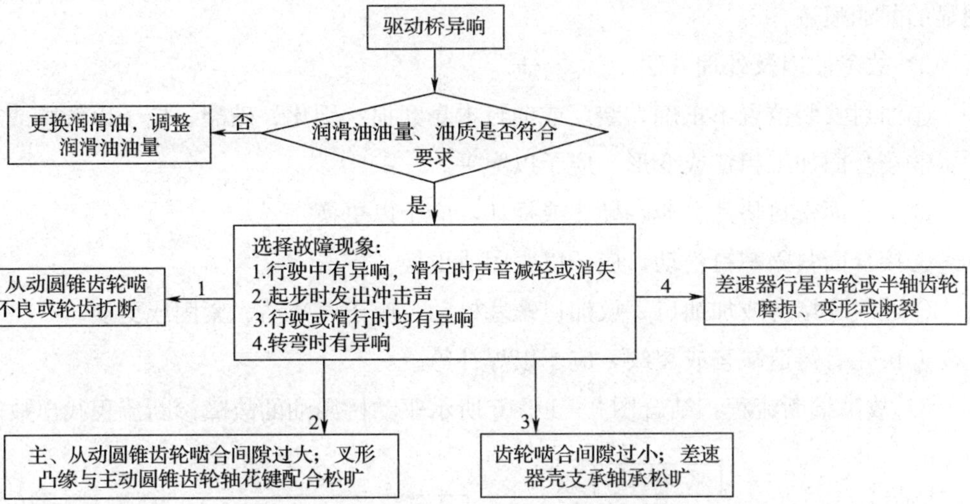

图 3—1—13　驱动桥异响的故障诊断流程

①圆锥滚子轴承预紧度调整过大，应予以调整。

②润滑油油量不足、变质或牌号不符合要求，应更换正确的润滑油，并调整到规定高度。

③主减速器、差速器各齿轮的啮合间隙过小，应予以调整。

④止推垫片与主减速器背面间隙过小，应予以调整或更换。

3）故障诊断流程：按照过热部位不同，结合图 3—1—14 所示驱动桥过热的故障诊断流程找出故障。

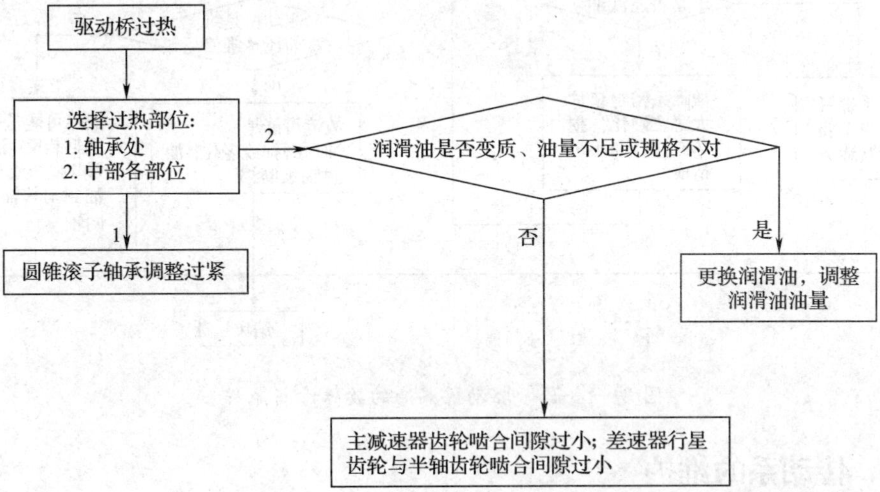

图 3—1—14　驱动桥过热的故障诊断流程

（3）驱动桥漏油

1）故障现象：在驱动桥加油口螺塞、放油口螺塞、油封处或各接合面衬垫处出现明显的漏油痕迹。

2）故障原因及处理方法

①油封安装位置不正确、装反或油封本身磨损、硬化、破裂，应予以调整或更换。

②接合面加工粗糙或变形，应予以磨平。

③接合面密封垫片太薄、硬化或损坏，应予以更换。

④接合面紧固螺钉松动，应予以紧固或更换。

⑤通气孔堵塞或加油口、放油口螺塞松动，应予以清洁、紧固或更换。

⑥桥壳有铸造缺陷或裂纹，应予以焊补等。

3）故障诊断流程：结合图 3—1—15 所示驱动桥漏油的故障诊断流程找出故障。

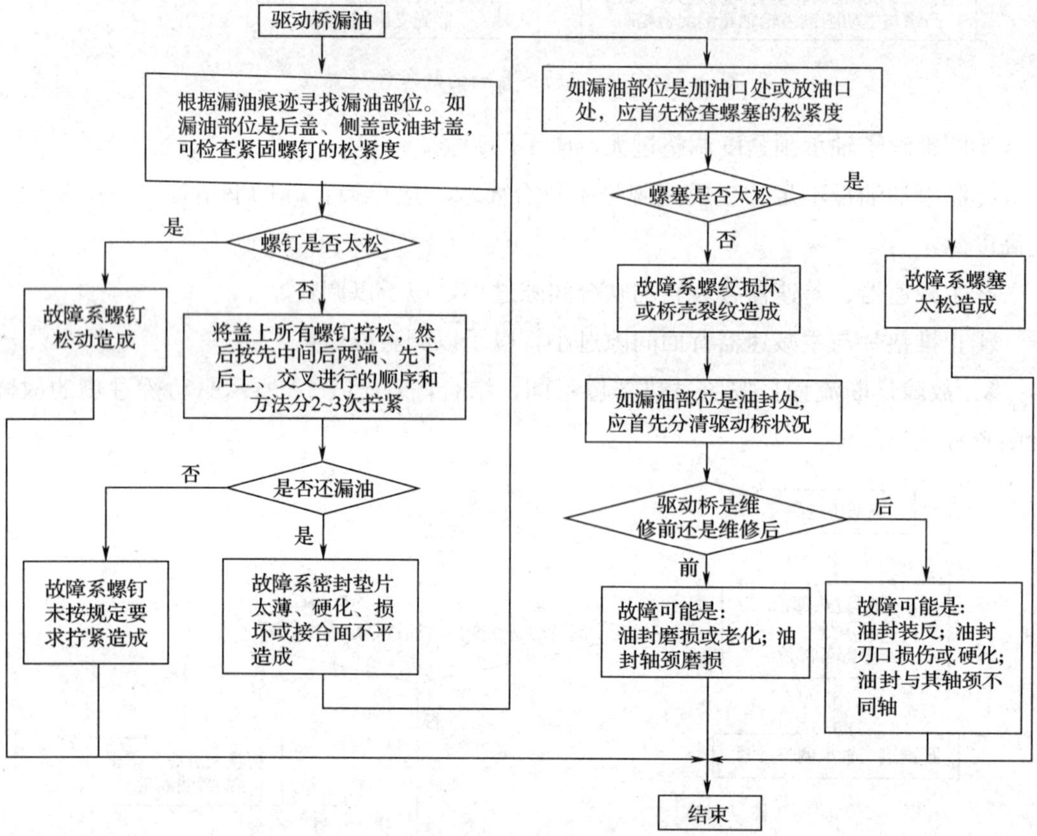

图 3—1—15　驱动桥漏油的故障诊断流程

三、传动系的维护

1. 离合器的维护

离合器的维护工作主要是检查及调整离合器踏板的自由行程。

桑塔纳乘用车离合器操纵机构为机械拉索式，其踏板总行程为（150±5）mm，不符合要求时，可通过改变离合器分离叉轴传动臂与分离叉的安装位置来调整。踏板自由行程为 15～25 mm，不符合要求时，可通过调整螺母调整。对于离合器采用液压式操纵机构的汽车，离合器踏板自由行程的调整一般通过调整踏板上的偏心螺栓，改变主缸推杆的长度来实现。各种车型的踏板自由行程不一定相同，应查阅相关维修手册。

2．变速器的维护

（1）检查润滑油油面高度及密封情况。

（2）检查操纵机构。

（3）清洁通气塞。

3．万向传动装置的维护

（1）检查防尘罩、万向节、中间支承支架和轴承。

（2）润滑传动轴、万向节、十字轴和中间支承轴承。

（3）检查各连接螺栓是否松动。

4．驱动桥的维护

（1）检查润滑油的油量。

（2）检查外壳有无变形或裂纹。

（3）检查齿轮间隙是否正常。

四、故障案例

1．故障现象

一辆松花江微型车，行驶中挂 1、2、3 挡及倒挡均正常，而挂 4 挡时或加速时有类似离合器打滑的现象。

2．故障诊断

启动发动机并加速至中速，拉紧制动器后，逐次挂 1、2、3、4 挡及倒挡，进行离合器打滑试验，结果挂 1、2、3 挡及倒挡时均能使发动机熄火，只有挂 4 挡时发动机不熄火，由此说明离合器无故障，问题出在变速器内部。将变速器解体并清洗干净，仔细对齿轮、齿套及轴承进行检查，外观上看不出异常，于是对变速器的第一轴进行负荷转动试验，发现在加大负荷时第一轴和第一轴上的 4 挡主动齿轮圈有打滑现象（因加工及焊接不良所致）。

3．故障排除

换用新轴，装复试车，故障排除。

4．故障点评

不拆卸或稍拆卸是故障诊断的一个原则。进行逐挡打滑试验，更能体现诊断的基本方法。由于该变速器第一轴和第一轴上的 4 挡主动齿圈打滑，行驶中挂 4 挡时发动机的转矩便不能全部传递出去，而加大负荷时，随着转矩的增大，打滑随之严重，转矩传递损失亦增大，汽车便出现类似离合器打滑的现象。

思考与练习

1. 传动系由哪些部件组成？
2. 传动系离合器故障有哪些故障现象？
3. 传动系驱动桥故障有哪些故障现象？

课题二　自动变速器故障检测与诊断

学习目标

◆ 了解自动变速器的组成及控制原理。

◆ 了解自动变速器各传感器的作用。

◆ 掌握自动变速器故障检测与诊断方法。

◆ 能够对自动变速器故障进行检测与诊断。

想一想

一辆大众普通乘用型轿车，装备有自动变速器，行车时偶有换挡冲击，驾驶操纵性变差，安全性也受到影响，司机送厂维修。

想一想：

1. 自动变速器工作不良故障诊断的思路和一般方法是什么？
2. 自动变速器的基本结构和控制原理有何特点？

自动变速器的结构较为复杂，而且不同车系的自动变速器结构差别较大，在工作中出现的故障类型、表现形式各不相同，造成故障的原因和部位也不相同。所以在分析故障时首先必须熟悉自动变速器的结构和控制原理，结合其各项基本检查，充分利用电控自动变速器的自诊断功能，全面分析故障，确定故障部位，避免盲目解体。

一、自动变速器的组成及各挡传动路线

1. 自动变速器的组成

自动变速器一般由液力变矩器、行星齿轮组、变速器壳体、油泵、电子控制系统等组成，如图 3—2—1 所示。

图 3—2—1　自动变速器的组成

1—壳底　2—传动轴　3—变速器壳体　4—行星齿轮组　5—离合器片　6—液力变矩器　7—油泵　8—电子控制系统

图 3—2—2 所示为德国大众公司的 01M 型自动变速器的结构简图。

液力变矩器位于自动变速器的最前端，安装在发动机的飞轮上，起到自动离合、传递并增大扭矩、柔和传力的作用。变速齿轮机构主要包括行星齿轮机构和换挡执行机构两部分，其构成了自动变速器的前进挡、倒挡、空挡等挡位。液压装置根据控制单元的指令对液力变矩器和齿轮变速器进行液压控制，实现挡位的转换。电子控制单元根据各传感器传来汽车的运行参数，通过对系统油压的控制，使各执行元件工作。

01M 型自动变速器的内部结构如图 3—2—3 所示。其中各离合器、制动器的作用如下：离合器 K1 驱动小太阳轮，离合器 K2 驱动大太阳轮，离合器 K3 驱动行星齿轮支架，制动器 B1 制动行星齿轮支架，制动器 B2 制动大太阳轮。

2. 各挡传动路线

1 挡时，自动变速器控制模块（TCM）通过控制电磁阀 EV4 使离合器 K2 分离，单向轮参加工作，行星齿轮支架固定不动，动力传递经涡轮轴→离合器 K1→小太阳轮→短行星齿轮→长行星齿轮→齿圈。

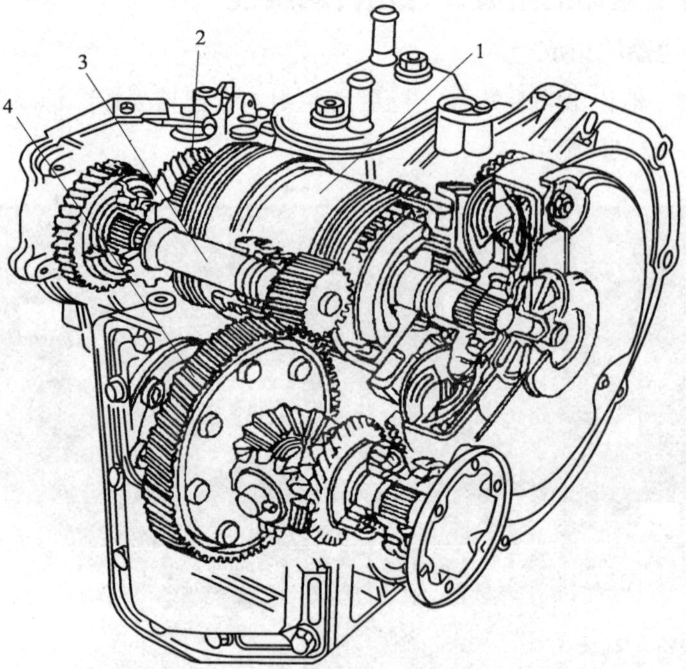

图 3—2—2　01M 型自动变速器的结构简图

1—行星齿轮组　2—行星齿轮组输出齿轮　3—中间传动轴　4—差速器

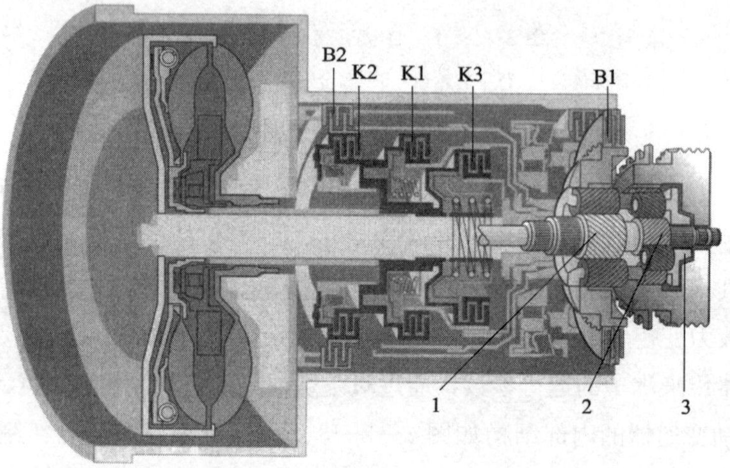

图 3—2—3　01M 型自动变速器的内部结构

1—大太阳轮　2—小太阳轮　3—行星齿轮支架

K1—1、2 挡离合器　K2—倒挡离合器　K3—3、4 挡离合器

B1—倒挡制动器　B2—2、4 挡制动器

2 挡时，电磁阀 EV4 使离合器 K2 分离，制动器 B2 由电磁阀 EV2 控制将大太阳轮制动。动力传递经涡轮轴→离合器 K1→小太阳轮→短行星齿轮→长行星齿轮→齿圈。

3 挡时，离合器 K1 和 K2 接合，小太阳轮和大太阳轮被同时驱动，由于两个太阳轮的直径不同，行星齿轮组被固定，整个行星齿轮组就作为一个整体输出动力。

变速器处于机械 3 挡时，TCM 控制电磁阀 EV3 使离合器 K3 接合，直接驱动行星齿轮支架，手动阀控制离合器 K1、K2 接合，行星齿轮组被锁定，动力直接通过离合器 K3 进行传递。

4 挡时，TCM 控制电磁阀 EV1 和 EV4，使离合器 K1 和 K2 分离，同时控制电磁阀 EV2 使制动器 B2 接合。这样动力通过离合器 K3 驱动行星齿轮支架绕大太阳轮旋转，此时大太阳轮被固定，动力得以通过齿圈输出。

倒挡时，阀体手动阀供给离合器 K2 和制动器 B1 压力，离合器 K2 驱动大太阳轮，制动器 B1 制动行星齿轮支架，动力传递经离合器 K2→大太阳轮→长行星齿轮→齿圈。

二、自动变速器的控制原理

1．电控液力自动变速器的工作过程

自动换挡系统中各控制阀不同的工作状态将控制变速齿轮机构中离合器的分离与接合和制动器的制动与释放，并改变变速齿轮机构的动力传递路线，实现变速器挡位的变换。

电控液力自动变速器通过传感器和开关监测汽车和发动机的运行状态，接受驾驶员的指令，并将所获得的信息转换成电信号输入到电控单元。电控单元根据这些信号，通过电磁阀控制液压控制装置的换挡阀，使其打开或关闭通往换挡离合器和制动器的油路，从而控制换挡时刻和挡位的变换，以实现自动变速。电控液力自动变速器的组成示意图如图 3—2—4 所示。

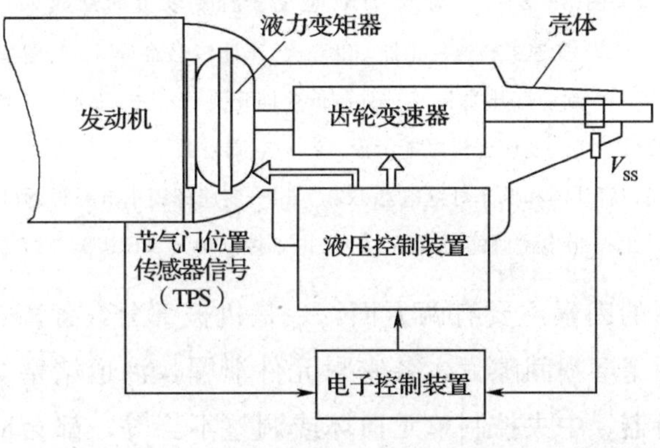

图 3—2—4　电控液力自动变速器的组成示意图

2．电子控制系统的组成

电子控制装置是控制系统的核心，它通过传感器将汽车行驶速度和发动机负荷等参数转变为电信号，电子控制单元（ECU）根据这些电信号做出是否需要换挡的判断，

并按照设定的控制程序发出换挡指令，操纵各种电磁阀（如换挡电磁阀、油压电磁阀等）去控制阀板总成中各个控制阀的工作（接通或切断换挡控制油路），驱动离合器、制动器、锁止离合器等液力执行元件，从而实现对自动变速器的全面控制。

大众01M型电子控制装置由各种传感器、控制开关、执行器和ECU等组成，如图3—2—5所示。

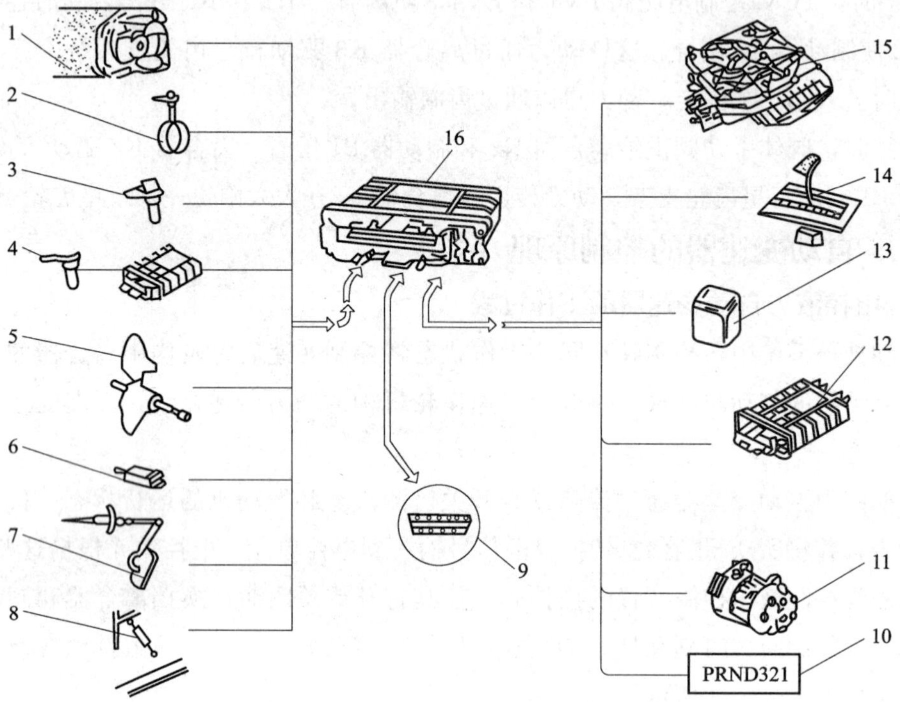

图3—2—5　大众01M型电子控制装置的组成

1—节气门电位计G69　2—变速器转速传感器G38　3—车速传感器G68　4—发动机转速传感器G28
5—多功能开关F125　6—制动灯开关F　7—强制低速挡开关F8　8—变速器润滑油温度传感器G93
9—自诊断接口　10—变速杆位置指示板　11—空调装置　12—发动机控制单元J220
13—启动锁和倒车灯继电器J226　14—变速杆锁止电磁阀N110
15—带电磁阀的滑阀箱　16—电子控制单元（ECU）J217

影响自动变速器的因素主要有两方面，一是机械部分，各离合器、制动器摩擦片磨损或间隙不当，活塞磨损间隙大，各密封元件泄漏，油道堵塞等；二是电子控制部分，各传感器、执行器、中央控制单元损坏或调整不当等，都会造成自动变速器不能正常工作。

三、各传感器的作用

1. 节气门电位计G69

节气门电位计G69（图3—2—6）的作用是确定换挡点（与速度信号配合，程序控制），控制变速器油压，使换挡时的速度变化较平稳。当 G69 出现故障，J217 不进入应急状态，此时以中等负荷信号（50%）来进行工作，但此时停止逻辑控制，锁止离合器停止工作。

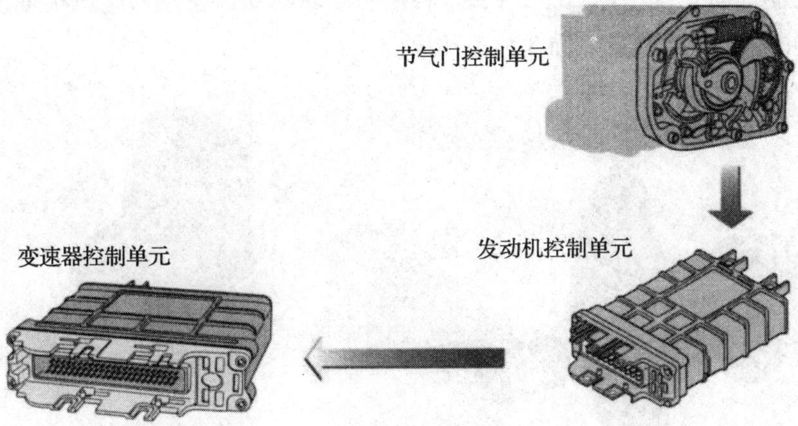

图 3—2—6　节气门电位计 G69

2．变速器转速传感器 G38

变速器转速传感器 G38（图 3—2—7）的作用是获得大太阳轮转速信号，推迟点火提前角，在换挡过程中控制片式离合器和制动器油压。当 G38 出现故障，变速箱进入紧急状态，可用 V. A. G1551 的 02 功能进行查询。

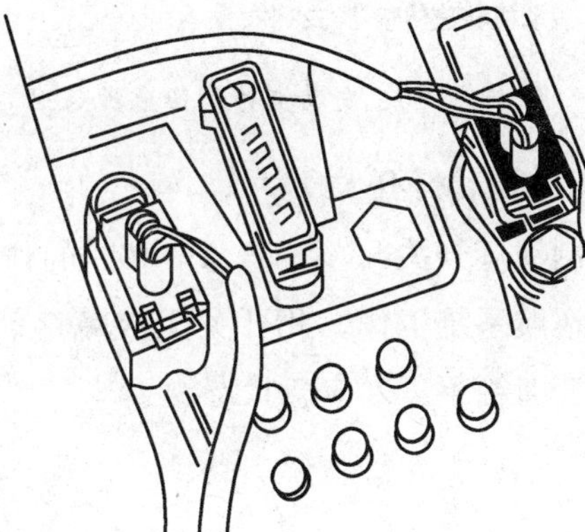

图 3—2—7　变速器转速传感器 G38

3．车速传感器 G68

车速传感器 G68 的作用是获得车辆行驶速度信号。根据车速传感器 G68、变速器转速传感器 G38 和节气门电位计 G69 信号，可以确定换挡时刻和锁止离合器的滑差，保证巡航系统工作（D、3、2 挡，车速>30 km/h）。可用 G28 信号作为替代信号，变矩器中的锁止离合器不会锁止，由于 G68 有替代信号，因此，变速箱不会进入应急状态。

4．发动机转速传感器 G28

发动机转速传感器 G28（图 3—2—8）的作用是感知发动机的转速（通过 J220 来获取），可作为 G68 的替代信号，用来与车速传感器 G68 做比较，确定锁止离合器的打滑量。若 G28 故障发生在 J220 之前，则发动机熄火；若发生在 J220 与 J217 之间，则变速箱进入应急状态。G28 可用 V. A. G1551 对其进行故障查询和数据读取。

5．多功能开关 F125

多功能开关 F125（图 3—2—9）的作用是获得排挡操纵杆的位置信号。它用于接通倒车灯开关（挂倒挡时），若换挡杆位于行驶挡位，则控制起动机电路使其无法通电；用于控制巡航系统（D、3、2 挡），若信号中断则变速箱进入应急状态。F125 可用 V. A. G1551 对其进行故障查询和数据读取。

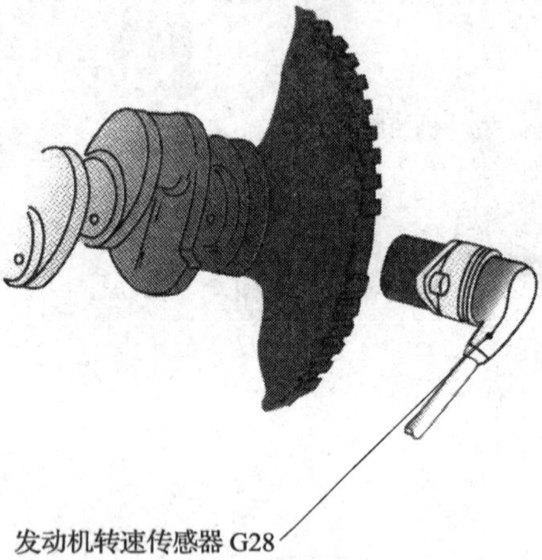

图 3—2—8　发动机转速传感器 G28

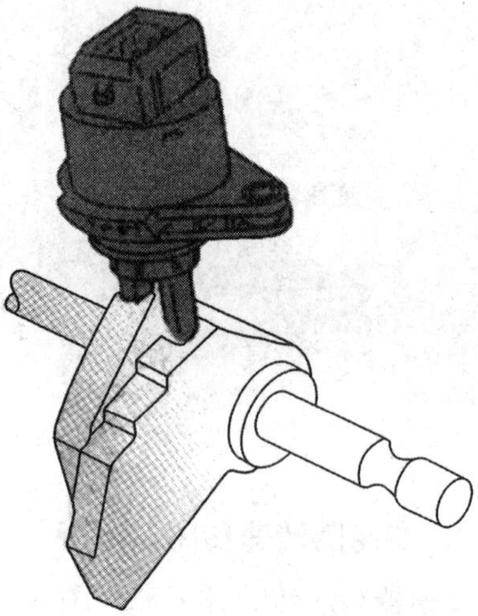

图 3—2—9　多功能开关 F125

6．制动灯开关 F

制动灯开关 F（图 3—2—10）的作用是获得驾驶员制动信号，用于解除换挡杆锁定和巡航系统工作。此开关无故障存储，但可用 08 功能进行查询。若此开关发生故障，变速箱不进入应急状态。

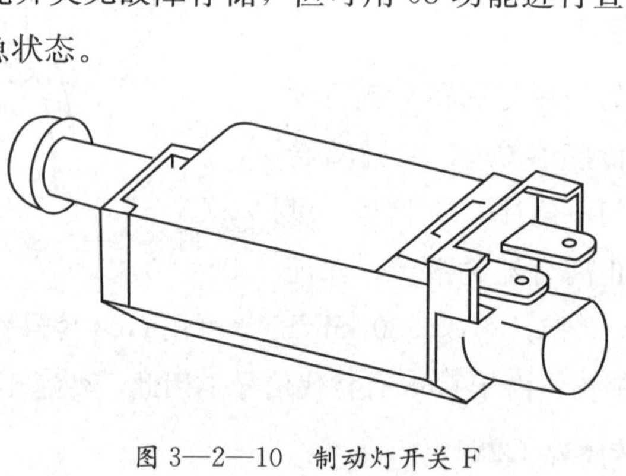

图 3—2—10　制动灯开关 F

7．强制低速挡开关 F8

若强制低速挡开关 F8（图 3—2—11）有故障，变速箱不进入应急状态，可用 V. A. G1551 对其进行故障查询和数据读取。若要更换拉索，需要进行基本设定。控制单元可根据加速踏板踏下的速度强制降挡。当车速＞120 km/h 时，触动此开关，变速器控制单元 J217 不反应。当车速≤50 km/h 时，触动此开关，则向下换一挡。当车速约等于 80 km/h 时，触动此开关，切断空调机 8 s。

8．变速器润滑油温度传感器 G93

变速器润滑油温度传感器 G93（图 3—2—12）的作用是使变速箱工作在最适宜的温度。若油温超过 150℃，锁止离合器锁止（不让油液发生搅动）；若油温仍不下降，则自动变速器自动切换到下一挡。

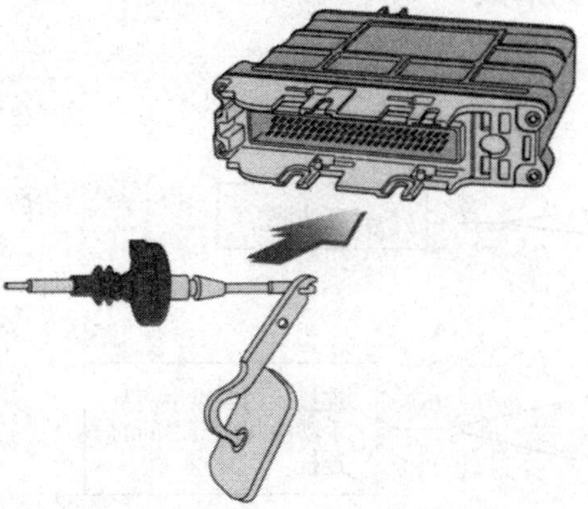

图 3—2—11　强制低速挡开关 F8

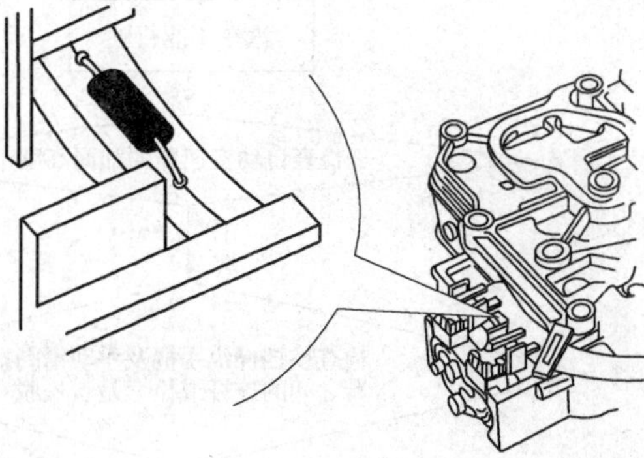

图 3—2—12　变速器润滑油温度传感器 G93

大众 01M 型挡位 D 指示灯状态见表 3—2—1。

表 3—2—1　　大众 01M 型挡位 D 指示灯状态

挡位＼电磁阀	1#	2#	3#	4#	5#	6#	7#
1 挡	不亮	不亮	亮	不亮	亮/灭	亮	不亮
2 挡	不亮	亮	亮	不亮	亮/灭	亮	亮/灭
3 挡	不亮	不亮	不亮	不亮	不亮	亮	不亮
4 挡	亮	亮	不亮	不亮	不亮	亮	亮

四、自动变速器故障检测与诊断

1．汽车不能行驶

（1）故障现象

无论操纵手柄位于倒挡或前进挡，汽车都不能行驶；汽车启动后只能行驶一段路程，热车后就不能行驶。

（2）故障原因及处理方法

1）换挡操纵手柄及手动滑阀摇臂之间的连杆或拉索松脱，使手动滑阀保持在空挡或停车位置。应调整、紧固换挡操纵手柄及手动滑阀摇臂之间的连杆或拉索。

2）自动变速器油底壳被撞坏，自动变速器漏油使油面过低。应更换自动变速器油底壳。

3）油泵进油滤网堵塞或油泵损坏。应更换油泵，清洗进油滤网。

4）主油路严重损坏。应检查主油路，排除故障。

（3）故障诊断流程

汽车不能行驶的故障诊断流程如图 3—2—13 所示。

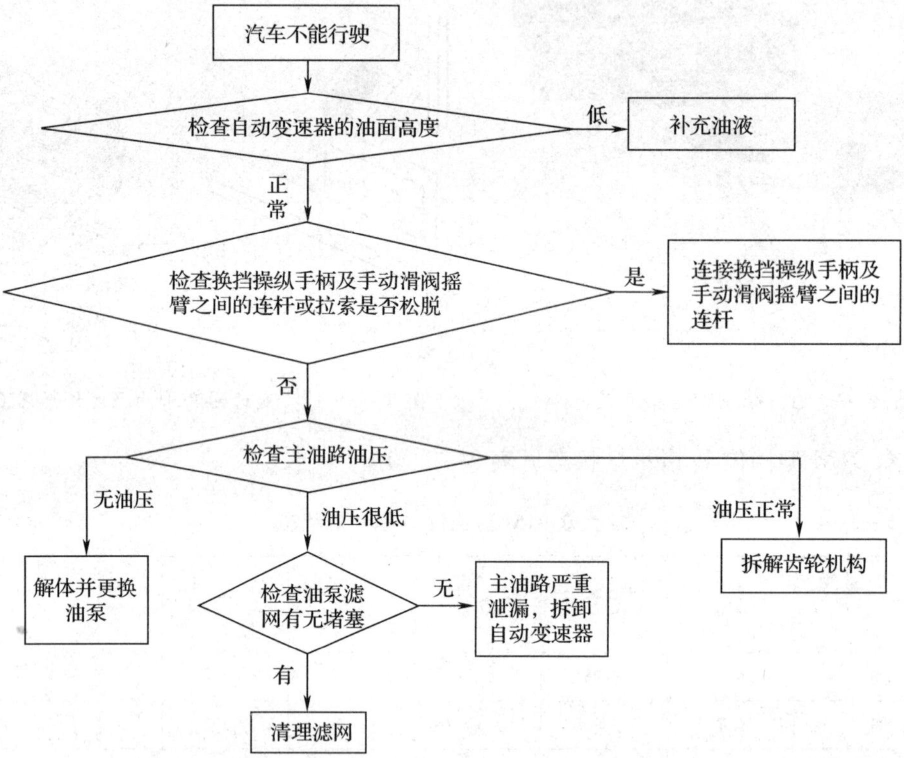

图 3—2—13　汽车不能行驶的故障诊断流程

2．自动变速器换挡冲击过大

（1）故障现象

在汽车起步时，由停车挡或空挡挂入前进挡或倒挡时，自动变速器的动作不良，并产生很大的冲击振动；在汽车行驶过程中，自动变速器换挡时出现较大的冲击现象。

（2）故障原因及处理方法

1）发动机怠速过高。应检查自动变速器怠速，若过高则进行调整。

2）节气门位置传感器有故障或主油路调压电磁阀有故障，使主油路压力过大，液压系统工作不良。应检查节气门位置传感器，若不当应进行调整。

3）换挡执行元件（如制动器或离合器的摩擦元件）的工作间隙不正常；单向离合器打滑或锁止不良而出现运动干涉；换挡前的离合器或制动器的分离时间过长或分离不彻底等。应检查主油路油压，若主油路压力过大或液压系统工作不良，则拆开调压阀进行修理。

4）自动变速器的换挡时刻不正确。应检查自动变速器各调整部位是否合适，控制电磁阀、换挡执行元件及电子控制系统是否有损坏、断路及短路故障，若有故障应及时进行排除。

5）变速器与发动机的支承胶垫磨损，连接螺栓松动，传动系的间隙过大或松旷。应检查并调整。

6）蓄压器有故障及作用在蓄压器背部的减振缓冲油压不正常。应更换蓄压器。

7）油压电磁阀不工作。应更换油压电磁阀。

8）电控部分有故障。应检查自动变速器各调整部位是否合适，控制电磁阀、换挡执行元件及电子控制系统是否有损坏、断路及短路故障，若有故障应及时进行排除。

（3）故障诊断流程

自动变速器换挡冲击过大的故障诊断流程如图 3—2—14 所示。

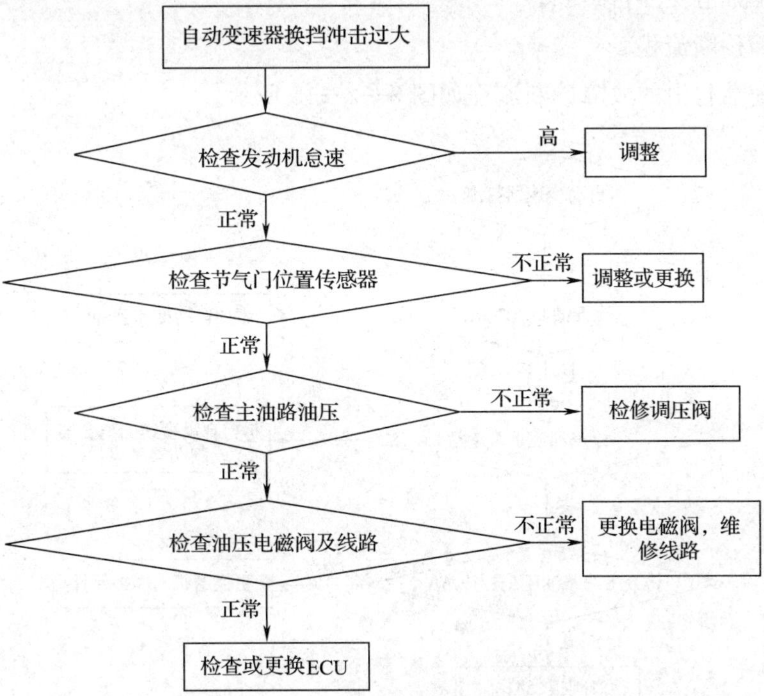

图 3—2—14　自动变速器换挡冲击过大的故障诊断流程

3．自动变速器打滑

（1）故障现象

变速器打滑造成驱动无力，当汽车起步时踩下加速踏板，发动机的转速很快升高，但车速升高缓慢；行驶中踩加速踏板进行加速时，车速不能随发动机转速上升而迅速提高；汽车在平坦道路上行驶时基本正常，但上坡无力，且发动机转速异常高。

（2）故障原因及处理方法

1）自动变速器漏油，使油面过低。应检查油面，确保自动变速器油面高度符合规定。

2）自动变速器油面过高，运转中被行星齿轮机构剧烈搅动后产生大量气泡。自动变速器油液若有大量气泡，则是因油压、油温过高造成的，行车中应停车降温或拆检自动变速器。

3）离合器、制动器摩擦片、制动带磨损过甚或烧焦。应检查离合器和制动器摩擦片、制动带的磨损情况，若磨损严重、变形或烧焦，应及时修理或更换。

4）油泵磨损过甚或主油路泄漏，造成供油压力过低。应检查主油路油压和油泵磨损情况。

5）单向离合器打滑。应检查单向离合器是否打滑，若打滑应拆开检查滚柱或内、外齿圈。

6）离合器或制动器活塞密封圈损坏导致漏油。应检查离合器或制动器活塞密封圈的情况，若漏油应更换密封圈。

（3）故障诊断流程

自动变速器打滑的故障诊断流程如图 3—2—15 所示。

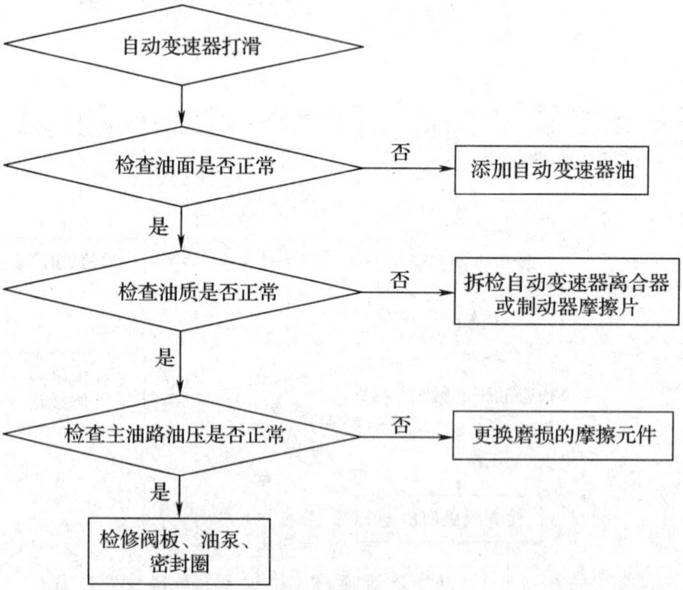

图 3—2—15　自动变速器打滑的故障诊断流程

4．自动变速器不能换挡

（1）故障现象

汽车行驶中自动变速器始终只能以某个挡位行驶，无论多大的节气门位置和多高的发动机转速，自动变速器始终不换挡。

（2）故障原因及处理方法

1）节气门位置传感器或线路有故障。应检查节气门位置传感器和线路，并排除故障。

2）车速传感器有故障。应检查车速传感器，必要时更换。

3）换挡电磁阀或线路有故障。应检查换挡电磁阀及其线路。

4）挡位开关有故障。应检查挡位开关。

5）ECU 或线路有故障。应利用自诊断系统检查系统中有无故障码，若有则按提示检修相关的传感器（车速和节气门位置传感器）、挡位开关、换挡电磁阀、ECU 及线路等。若电控系统和阀体无故障，应分解自动变速器，检查相关的换挡元件有无打滑现象；用压缩空气检查各离合器、制动器油路或活塞有无泄漏，视情况修复或更换。

（3）故障诊断流程

自动变速器不能换挡的故障诊断流程如图 3—2—16 所示。

5．自动变速器无超速挡

（1）故障现象

汽车行驶中，车速已升高至超速挡范围，但自动变速器仍不能从 3 挡升入超速挡。

（2）故障原因及处理方法

1）超速挡开关或线路有故障。首先进行仪器检测或人工读码，按提示查找故障部位并检修或更换相关的传感器（如水温传感器、油温传感器、节气门位置传感器等）和各种开关（O/D 开关、挡位开关、制动开关等），同时检测相关线路。

2）超速挡电磁阀或线路有故障。处理方法同上。

3）超速制动器打滑。应更换超速制动器。

4）超速离合器或超速单向离合器卡死。应更换新件。

5）挡位开关有故障。用举升机将汽车举起或悬空驱动轮，运转发动机，让自动变速器在前进挡运行，检查在空载状态下自动变速器的升挡情况。

6）自动变速器油温传感器有故障。应更换新件。

7）节气门位置传感器有故障。应更换新件。

8）发动机水温传感器有故障。应更换新件。

9）ECU 或线路有故障。应利用自诊断系统检查系统中有无故障码，若有则按提示检修相关的传感器、执行器，或用同型号的 ECU 进行对比试验，确定故障 ECU 后更换。

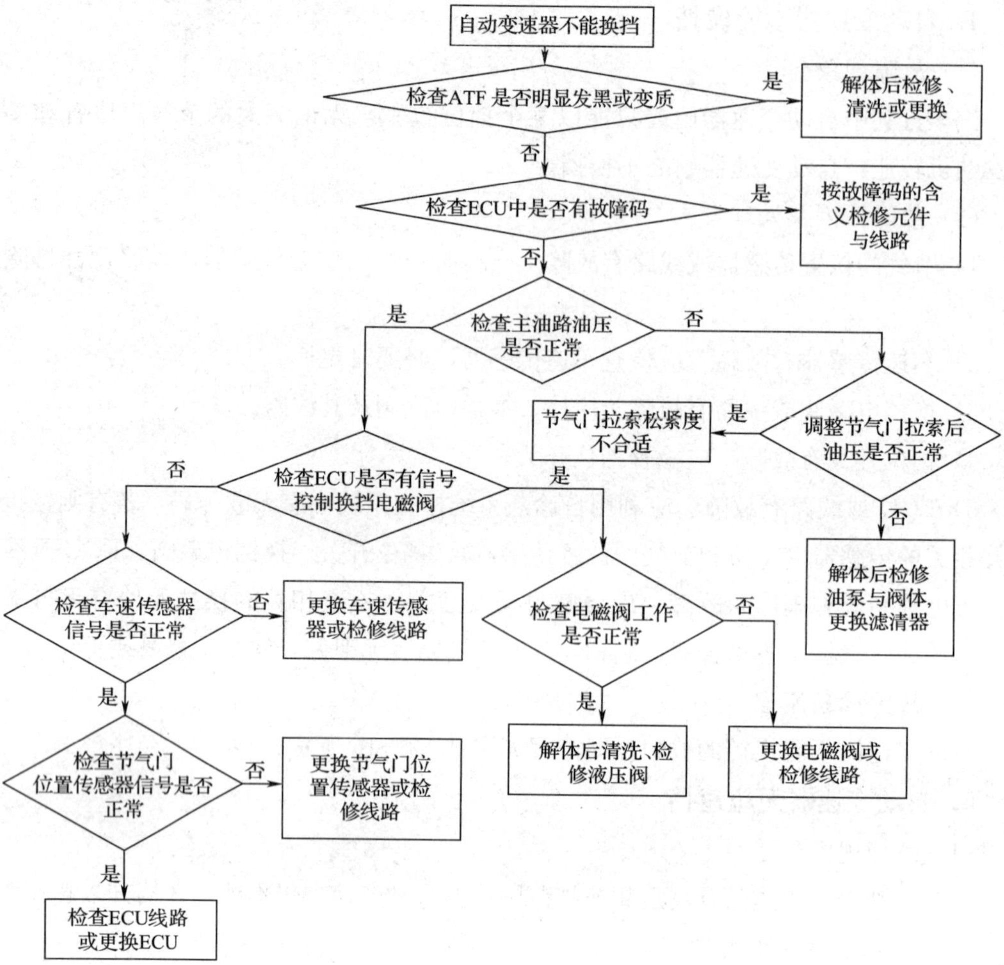

图 3—2—16　自动变速器不能换挡的故障诊断流程

（3）故障诊断流程

自动变速器无超速挡的故障诊断流程如图 3—2—17 所示。

五、故障案例

1．故障现象

一辆 2.3 L 的广州本田雅阁轿车，当车速达到 70 km/h 以后就会出现发动机转速提升（空转）而汽车加速无反应的现象。

2．故障诊断

汽车在行驶时发动机转速平稳上升到某一个数值后突然急速上升，而车速反而下降，其原因是前进挡中某些挡位工作不良，即“缺挡”。在 D 挡位主要表现为无 D2 挡、D3 挡或超速挡，在 2 挡位主要表现为无 2 挡加速或无发动机制动，在 L 挡位则表现为无法驱动汽车或无发动机制动。这种缺挡故障使汽车失去驱动，车速下降。

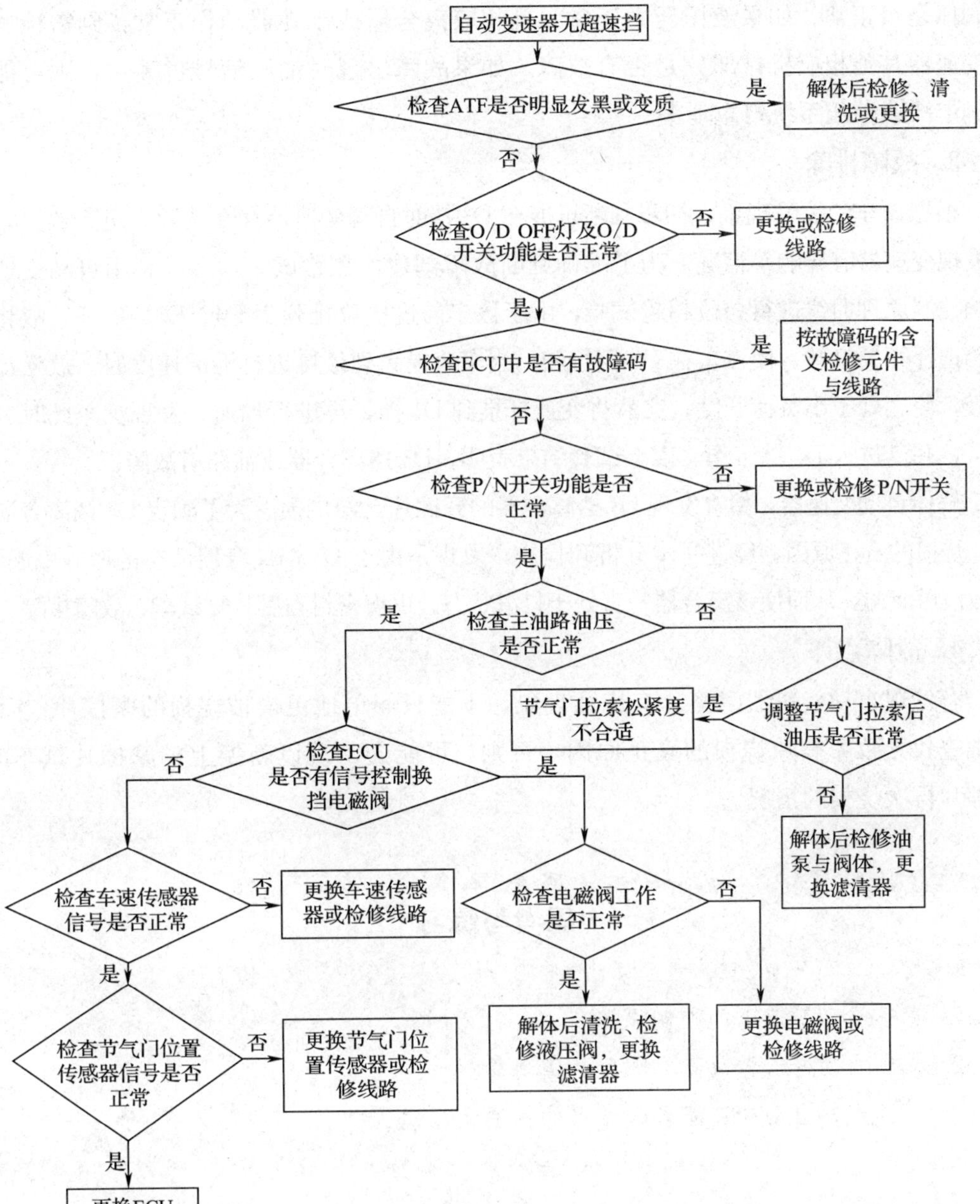

图 3—2—17　自动变速器无超速挡的故障诊断流程

对于这类缺挡故障，可通过试车检查在运行中和故障出现时有无异常现象及响声。如果自动变速器有异响，且油内又有较多磨屑和杂质，则说明行星齿轮机构元件及摩擦元件等机械部分损坏，应解体检查、修复或更换新件；排除机械故障后，缺挡故障如果还不能消除，就应考虑电、液控制系统了。利用油压测试法检测油路油压及故障出现时油压是否降低。如果故障出现时油压降低，则说明该挡液压油路有泄漏发生，可用压缩空气检查该挡位各离合器、制动器的液压活塞及油路是否存在泄漏，进而检查阀体是否正常。如果液压压力正常，且相应离合器或制动器动作正常，则需检查自动变速器其他相应机械部分是否有故障。如果故障出现时油压信号也丢失，则可能为滑阀卡滞或液压系统严重泄漏。

3．故障排除

根据该车的故障现象，初步判断可能在D3挡时自动变速器存在故障。进行路试，没有发现变速器有异响等情况。为了准确判断故障部位，在路试时，可以利用自动变速器换挡控制原理曲线进行挡位超越试验，由于该车前进挡位排列为D4、D3、2、1，故将超越挡选择开关打开，使汽车在D3挡行驶。当车速提高到最接近打滑的速度时，放松加速踏板，使之处于小负荷开度，突然将变速杆推到D4挡，再进行加速，发现汽车此时有驱动了，并已进入D4挡工作。以上试验结果表明，D3挡离合器或油路有故障。

解体自动变速器，检查发现D3挡离合器的摩擦片已经烧损。为了确定D3挡离合器摩擦片烧损的真正原因，经进一步分析和检查，发现是由于D3挡离合器活塞的密封圈断裂，造成液压泄漏，从而使该离合器一直处于打滑状态。更换密封圈后装复试车，故障排除。

4．故障点评

若发现自动变速器摩擦片有烧蚀现象，不能只简单地更换被烧损的摩擦片，而应仔细查找导致摩擦片烧损的真正原因，否则，可能会出现以新换上的摩擦片试车时，摩擦片再次烧损的情况。

思考与练习

1．简述自动变速器的控制原理。
2．汽车自动变速器故障有哪些故障现象？
3．简述汽车自动变速器各传感器的作用。

课题三　制动系故障检测与诊断

学习目标

◆ 了解制动系的组成。

◆ 掌握制动系故障检测与诊断方法。

◆ 了解制动系统的检查与调整方法。

◆ 能够对制动系故障进行检测与诊断。

想一想

一辆桑塔纳轿车，在行驶过程中明显感到制动力不足，连续制动效果也无好转。

想一想：

1. 制动系统应做哪些常规检查?

2. 制动系统哪个环节易出问题?

对以上维修案例，技术人员通过对制动系统进行初步检查，发现是真空助力器空气滤网堵塞，膜片两边压差过小导致制动时真空助力不足。清洗滤网后，制动良好。真空助力器如图 3—3—1 所示。

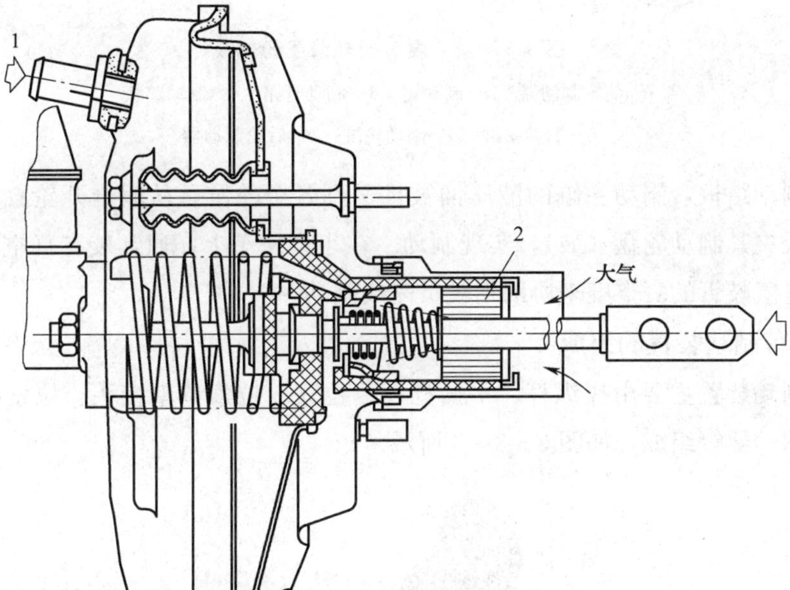

图 3—3—1 真空助力器

1—真空管 2—滤网

为了保证汽车能在安全的条件下具有高速行驶能力，制动系一般应具有良好的制动性能和制动稳定性，且制动时不跑偏、不侧滑，制动可靠，操作轻便，反应灵敏。

一、制动系的组成

1．液压制动装置的组成

液压制动装置主要由前轮制动器、后轮制动器、制动主缸、制动轮缸、制动踏板、制动管路和制动钳等组成，如图 3—3—2 所示。

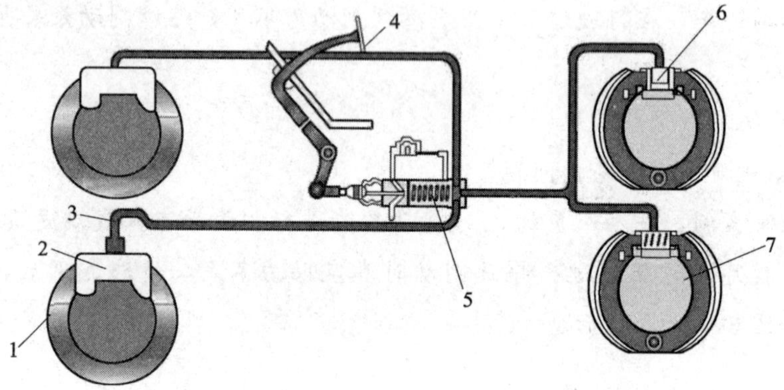

图 3—3—2 液压制动装置的组成

1—前轮制动器 2—制动钳 3—制动管路 4—制动踏板

5—制动主缸 6—制动轮缸 7—后轮制动器

踩下制动踏板，制动主缸的液压油被推送到各个轮缸，从而推开轮缸活塞，张开制动蹄片或夹紧制动轮盘（鼓），实现制动。在小型轿车上，通常装有真空助力器，利用发动机进气歧管的真空度来协助驾驶员完成制动。

2．驻车制动装置的组成

驻车制动装置主要由操纵杆、平衡杠杆、拉索、拉索调整接头、拉索支架、拉索固定夹、制动器等组成，如图 3—3—3 所示。

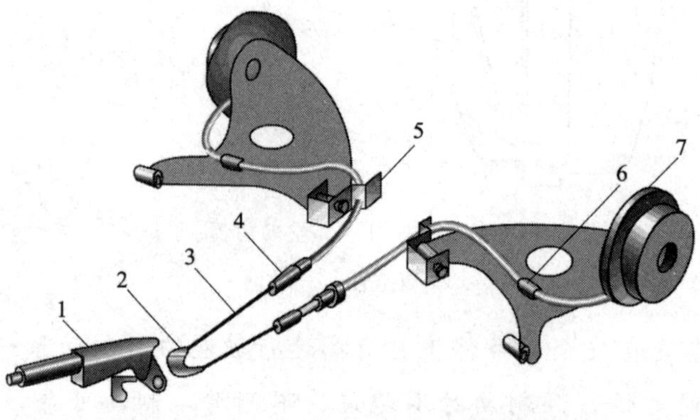

图 3—3—3 驻车制动装置的组成

1—操纵杆 2—平衡杠杆 3—拉索 4—拉索调整接头

5—拉索支架 6—拉索固定夹 7—制动器

拉起制动手柄，通过拉索直接使制动装置起作用，即可实现驻车制动。

二、制动系故障检测与诊断

1. 液压制动装置故障

液压制动装置常见故障主要包括制动不灵、制动失效和制动拖滞等。

(1) 制动不灵

制动不灵又叫制动力不足。

1) 故障现象

①制动时，汽车不能立即减速或停车。

②踩下第一脚制动踏板时，制动不灵；连续踩下制动踏板，制动力逐渐升高，但仍感不足，制动效果不佳。

2) 故障原因及处理方法

①制动管路中有空气，或油管凹瘪，软管老化、发胀，内孔不畅通或管路内壁积垢太厚。

处理方法：更换老化、发胀、凹瘪、内孔不畅通的油管，排出制动系统管路中的空气，如图 3—3—4 所示。

②储液罐制动液不足或变质。

处理方法：添加或更换厂家规定规格的制动液到合适高度。

③制动主缸、制动轮缸的皮碗、活塞、缸壁磨损过于严重。

处理方法：更换部分零配件或总成。

④制动主缸、制动轮缸、管路或管接头漏油。

处理方法：检查油管接头，排除故障，如图 3—3—5 所示。

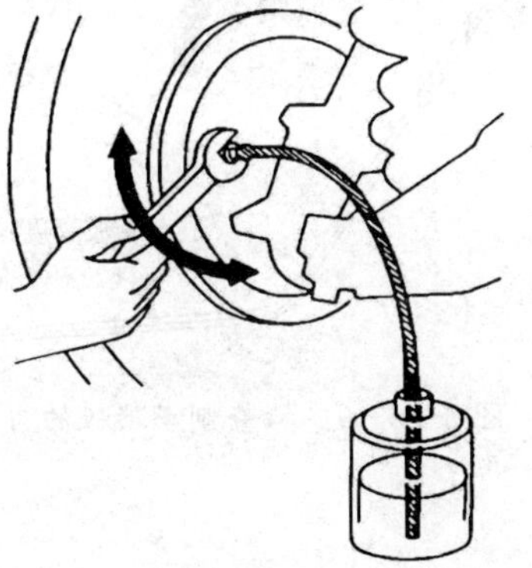

图 3—3—4　排出制动管路中的空气

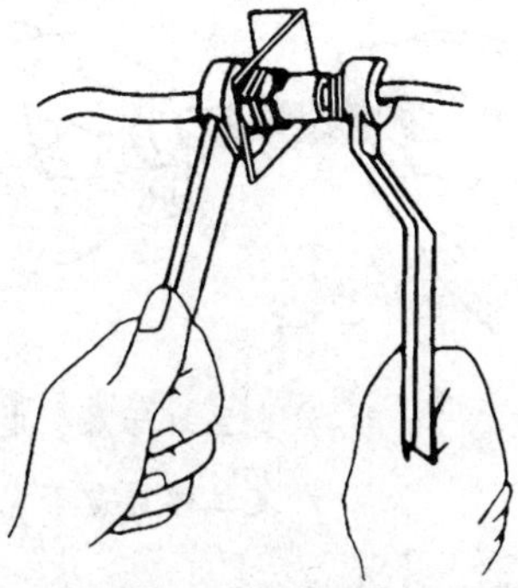

图 3—3—5　检查油管接头

⑤制动鼓磨损过甚，或制动间隙调整不当。

处理方法：应予以更换或调整。

⑥制动主缸出油阀、回油阀不密封或活塞回位弹簧预紧力太小，或进油孔、补偿孔、储液罐通气孔、活塞前贯通小孔堵塞。

处理方法：检查、调整、清洁或更换制动主缸，主要检查主缸活塞、皮碗和复位弹簧是否完好（图 3—3—6）。

⑦制动主缸或制动轮缸皮碗老化、发黏、发胀。

处理方法：更换制动主缸、制动轮缸皮碗或制动主缸、制动轮缸总成。

⑧制动器摩擦片（制动盘）与制动鼓（制动钳）的接触面积太小，制动蹄摩擦片质量欠佳或使用中表面硬化、烧焦、有油污、铆钉头外露。

处理方法：磨削、修理或更换制动器摩擦片。

⑨增压器、助力器效能不佳或失效。

处理方法：更换增压器、助力器。

⑩制动踏板自由行程太大。

处理方法：检查制动踏板的自由行程（图 3—3—7），并调整踏板自由行程到规定值。

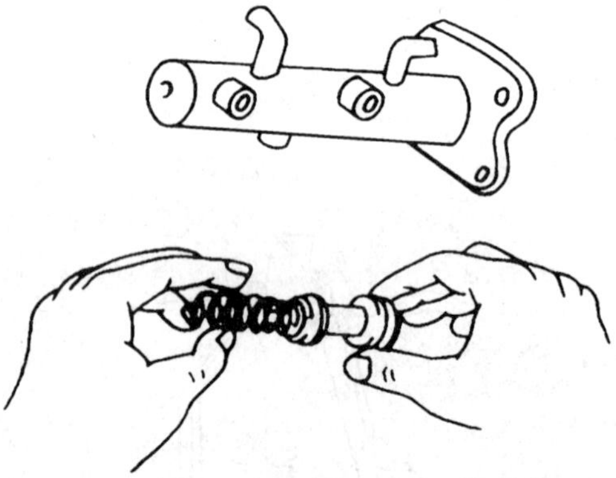

图 3—3—6　检查主缸活塞、皮碗和复位弹簧是否完好

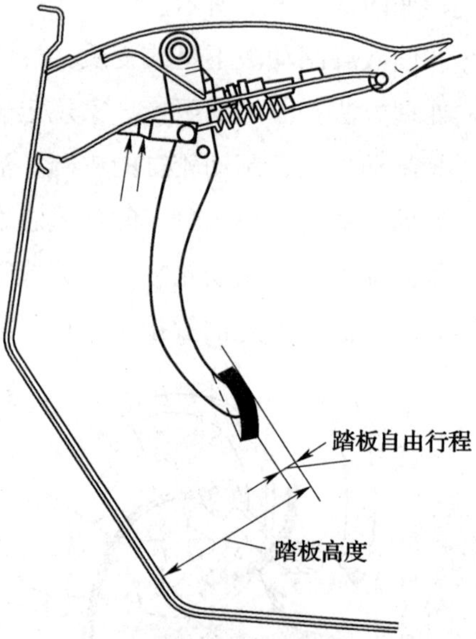

图 3—3—7　检查制动踏板的自由行程

3）常见故障的排除方法

①连续踩下制动踏板，踏板能逐渐升高，再往下踩感到有弹性，即制动系内有空气，应排出制动系统中的空气，如图 3—3—8 所示。将软管接在轮缸的放气螺钉上，拧松放气螺钉，结合踏板，排除空气。

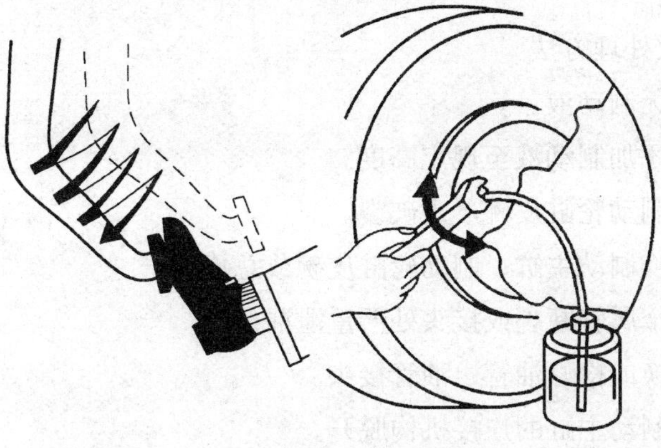

图 3—3—8　排出制动系统中的空气

②踩下第一脚制动踏板时，制动不灵，连续踩下制动踏板时，踏板位置逐渐升高且效果良好，说明自由行程过大或摩擦片与制动鼓间隙过大，应予以调整，调整方法如图 3—3—9 和图 3—3—10 所示。

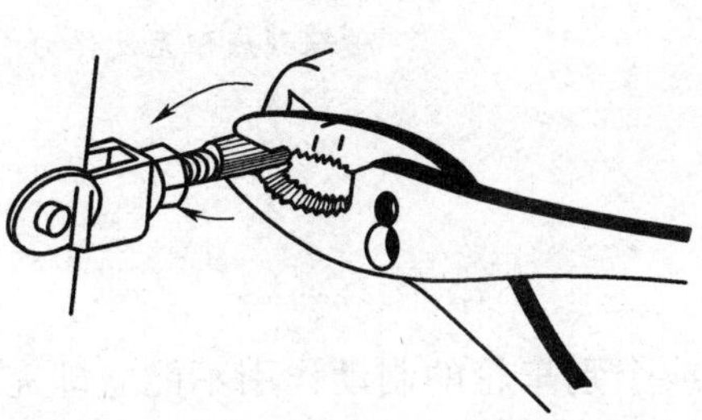

图 3—3—9　调整主缸推杆自由行程

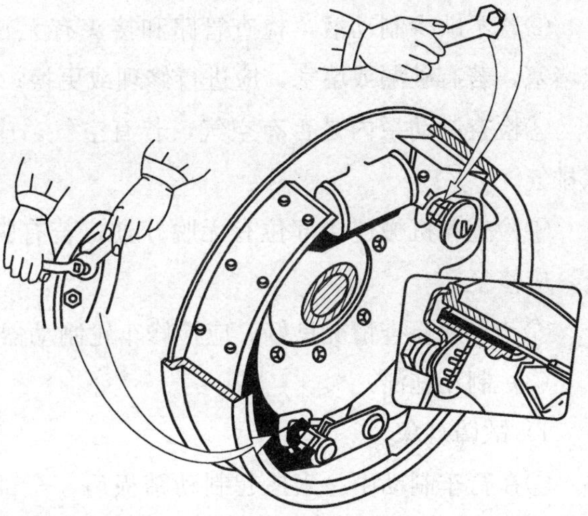

图 3—3—10　调整车轮制动器

③连续踩下制动踏板，踏板位置能逐渐升高，升高后不抬脚继续踩，此时感到有下沉感，说明制动系中有漏油之处或制动主缸出油阀关闭不严。应检查油管、油管接头和主缸。

④当踩下制动踏板时，踏板高度符合要求，也不下沉，但制动效果不好，应检修车轮制动器。

（2）制动失效

1）故障现象：汽车行驶时，踩下制动踏板车辆不减速，即使连续踩、压制动踏板也无明显减速作用。

2）故障原因及处理方法

①制动主缸内无制动液。

处理方法：应添加制动液至规定高度。

②制动主缸、制动轮缸皮碗严重破裂。

处理方法：更换制动主缸、制动轮缸皮碗或总成。

③制动软管、金属管断裂或接头处严重泄漏。

处理方法：更换或检修油管、油管接头。

④制动踏板至制动主缸的连接机构脱开。

处理方法：应予以修理。

3）故障诊断方法

①连续踩几次制动踏板，若制动踏板被踩到底但无反弹力（图 3—3—11），则检查制动主缸是否缺少制动液；若缺少，应按规定添加。

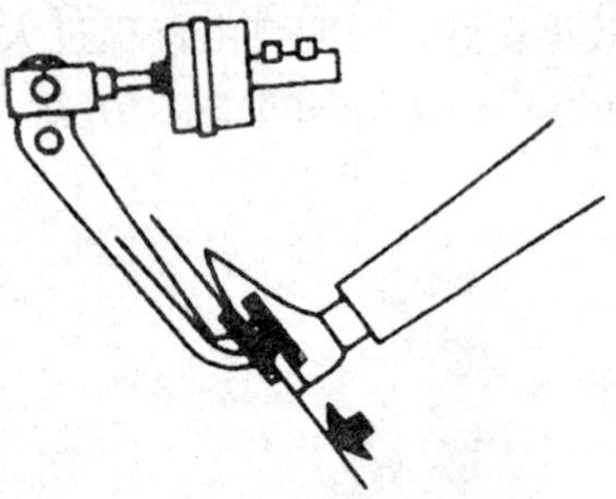

图 3—3—11　连续踩制动踏板，踏板被踩到底但无反弹力

②若不缺少制动液，检查管路和接头有无破漏或堵塞，若有破漏或堵塞，应进行修理或更换。

③检查制动系内是否有空气，若有空气，应予以排气。

④检查各机械连接部位有无脱开处，若有脱开处，应修复。

⑤若上述检查情况良好，应检修车轮制动器。

（3）制动拖滞

1）故障现象

①在行车制动中，当抬起制动踏板后，全部或个别车轮的制动作用不能立即完全解除，以致影响车辆重新起步、加速行驶或滑行。

②汽车行驶一定里程后，用手触摸制动鼓感觉发热。

2）故障原因及处理方法

①制动踏板无自由行程。

处理方法：调整制动踏板，恢复合适的自由行程。

②踏板回位弹簧脱落、拉断、拉力不足或踏板轴锈蚀、卡住而回位困难。

处理方法：连接或更换踏板回位弹簧。

③制动主缸皮碗发胀、发黏或活塞回位弹簧拉断、预紧力太小，造成回位不畅。

处理方法：更换制动主缸皮碗或活塞回位弹簧。

④制动主缸补偿孔被污物堵塞。

处理方法：应予以清洁。

⑤制动蹄回位弹簧脱落、拉断、拉力太小而回位不畅。

处理方法：连接或更换制动蹄回位弹簧。

⑥制动器制动间隙太小。

处理方法：调整制动器制动间隙。

⑦制动油管凹瘪、堵塞或制动液太脏、太稠而使回油困难。

处理方法：应予以更换。

3）故障诊断流程

①制动时车辆向左跑偏，即为右侧车轮制动不灵；反之则为左侧车轮制动不灵。

②当确定某车轮制动不灵后，应先调整制动鼓与制动蹄片之间的间隙。

③若制动间隙符合要求，应对该制动轮缸进行排气。

④经上述检查和调整后，若仍不能排除，应拆检车轮制动器。

2．驻车制动装置故障

驻车制动装置常见的故障包括驻车制动效能不良、驻车制动拉杆不能定位等。

（1）驻车制动效能不良

1）故障现象：在坡道上停车，拉起驻车制动操纵杆，车辆仍不能停止滑行。

2）故障原因及处理方法

①拉杆的工作行程过大。

处理方法：调整拉索的长度。

②后制动摩擦片或制动鼓有油污。

处理方法：应予以清洁。

③拉索连接部分松旷或因阻滞而运动不畅。

处理方法：应予以调整、清洁或更换拉索。

3）故障诊断流程：检查驻车制动拉杆的工作行程。若正常，故障一般由后制动摩擦片或制动鼓有油污、后制动摩擦片烧蚀引起；若不正常，故障一般由驻车制动工作行程调整过大、驻车制动拉索连接部分松旷或因阻滞而运动不畅引起。

（2）驻车制动拉杆不能定位

1）故障现象：拉起拉杆至某一位置，放手后拉杆又回到初始位置；拉杆不能拉起。

2）故障原因及处理方法

①棘爪弹簧失效或折断。

处理方法：更换棘爪弹簧。

②棘爪与齿板轮齿磨损过甚而滑牙。

处理方法：更换棘爪与齿板轮。

③棘爪或拉杆变形卡滞。

处理方法：应予以校正或更换。

3）故障诊断流程：反复拉驻车制动拉杆，观察拉杆能否复位。若能复位，故障一般由棘爪弹簧失效或折断、棘爪与齿板轮齿磨损过甚而滑牙引起；若不能复位，故障一般由棘爪或拉杆变形卡滞、棘爪或齿板等处铆钉脱落引起。

三、制动系的检查与调整

1. 制动液的检查与更换

（1）制动液的检查

正常情况下，汽车每行驶 10 000 km 时和制动系统维修后，应检查储液罐内制动液的液面高度。正确的液面高度应在储液罐的上限和下限标线之间，如图 3—3—12 所示。若制动液液面过低，应向储液罐内加入制动液至上限位置。若行驶中制动液液面过低、报警灯点亮时，应立即添加制动液。

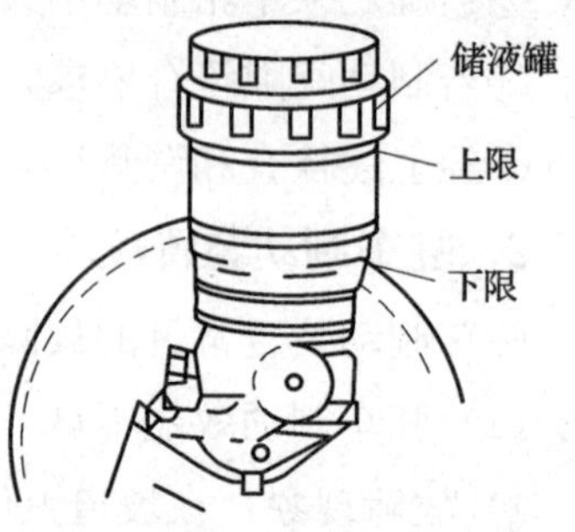

图 3—3—12　储液罐的液面高度

此外，应检查制动液是否变质，具体表现为：是否混入或吸入水分，是否有杂质或沉淀物。

（2）制动液的更换

正常情况下汽车每使用一年，应更换制动液。更换新的制动液时，通常应清洗液压制动管路，有一种不拆卸管路而有良好清洗效果的方法：由两人配合，一人踩住制动踏板，另一人按由远而近的顺序拧松制动分泵的放气螺钉，使旧制动液和污物从此排出。当储液罐内的旧制动液排完时加入新制动液，再按上述方法将旧制动液彻底排净，直到新制动液流出为止。

更换制动液应选用优质产品，厂家推荐使用 921 合成制动液或 DOT - 3 制动液。制动液应清洁、包装密封。否则，制动液吸收空气中的潮气或进入杂质会导致制动系统中的总泵、分泵磨损，从而影响制动效果。不同牌号的制动液不能混用，否则会使制动失灵。

2. 制动系内的排气

维修制动系时，如更换制动管路，维护制动总泵、分泵之后，必须将制动系内的空气排净，以确保良好的制动效果。放气的一般程序是：

（1）检查储液罐内的液面高度，通常应加至规定的上限值。放气过程中，应及时添加制动液，保持液面高度不低于下限值。

（2）放气顺序：由远至近，即右后轮、左后轮、右前轮、左前轮。

（3）为了清洁和回收制动液，应将放气螺钉擦干净，并接上透明塑料软管和容器。

（4）制动系的排气方法如图 3—3—13 所示。一人踩制动踏板数次，当制动踏板较高时，用力踩住不放松。另一人用扳手逆时针转动放气螺钉 1/3～1/2 圈，使制动液及空气从管中流出，直至无空气为止。在拧紧放气螺钉之前，绝不可放松制动踏板。

（5）若空气没排尽，可重复（4）的操作，直至流出的制动液没有气泡为止。排气过程结束后，检查制动管路，不应有渗漏现象。

3．制动真空助力性能的检查

汽车行驶一定里程后或认为真空助力性能较差时，应对其性能进行检查。检查可分为简易和试验仪器两种方法，下面介绍简易方法：

（1）真空助力作用的检查

在发动机熄火时，按正常制动力踏下制动踏板并保持不动。然后启动发动机，制动踏板随即向下移动一个位置，说明真空助力作用正常。若制动踏板不向下移动或移动不明显，说明真空助力作用丧失或减弱。

（2）真空助力器的密封检查

启动发动机并使其运转 1～2 min 后熄火。然后按真空助力器密封检查时制动踏板的高度（图 3—3—14）踩几下制动踏板，踏板高度一次比一次高，说明助力缸密封良好。否则，应检查助力缸的密封状况。

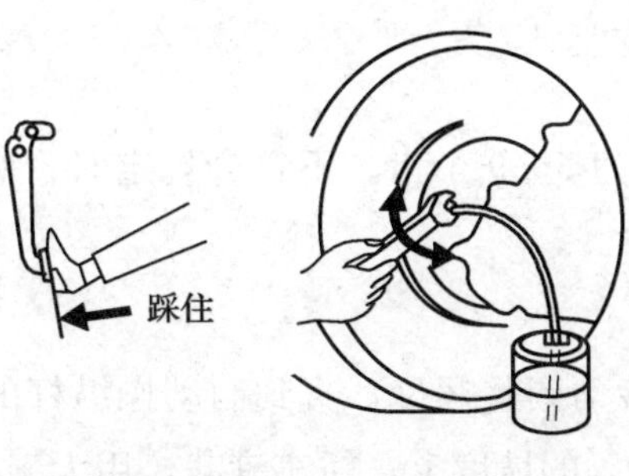

图 3—3—13　制动系的排气方法

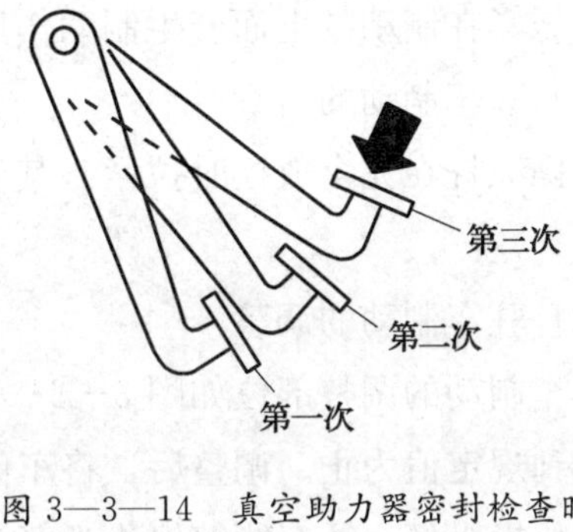

图 3—3—14　真空助力器密封检查时制动踏板的高度

（3）负荷气密性的检查

启动发动机，运转 1～2 min 后，踩下制动踏板。然后使发动机熄火，在 30 s 内踏板高度应无变化。若有变化，应检查单向阀是否密封，真空管路是否有泄漏等。

4．制动踏板的检查与调整

（1）制动踏板自由行程的检查与调整

将直尺一端放置于制动踏板的前围板上，另一端接触制动踏板一侧（直尺应垂直于踏板平面）。用手轻压踏板，当感到有阻力时应停止，查看踏板移动的距离，即自由行程，正常范围为 3～7 mm，过大或过小应予以调整。制动踏板高度的调整方法如图 3—3—15 所示，拧松固定螺母，转动真空助力器推杆，调整合适后将固定螺母拧紧。

调整后，应检查并确保制动踏板高度和制动灯开关正常。

（2）制动踏板高度的检查与调整

测量踏板高度，即踏板在自由状态下其上表面至前围板的距离，应为 176～181 mm。若不符合规定应进行调整。

1）拆下制动灯开关导线，拧松制动灯开关固定螺母。

2）旋转制动灯开关，同时检查踏板高度，直到符合规定时，再将制动灯开关固定螺母固定。

3）装复制动灯开关导线。最后检查及调整制动踏板的自由行程，使之符合规定。

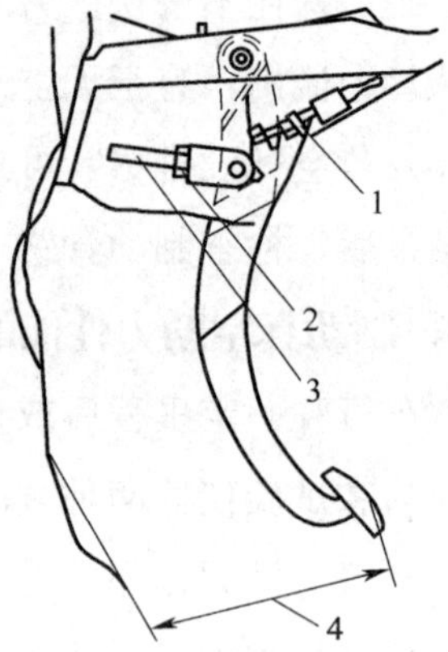

图 3—3—15　制动踏板高度的调整方法

1—制动灯开关固定螺母

2—真空助力器推杆固定螺母

3—助力器推杆　4—制动踏板高度

5．驻车制动的检查与调整

夏利轿车驻车制动是将操纵杆拉紧后，经过拉索和杆件等，使后轮制动器中的两制动蹄压紧在制动鼓上而产生制动作用。

（1）驻车制动的检查

将操纵杆在完全放松时拉紧，其工作行程应为 5～9 个齿。不符合规定时，应进行调整。

（2）驻车制动的调整

驻车制动的调整部位如图 3—3—16 所示，转动调整螺母，直到制动操纵杆的工作行程达到规定值为止。调整后，将车停在大于 20%的坡度上，轿车满载，用大于400 N 的力拉住操纵杆，轿车能够停稳为符合要求。

6．制动器的检查

（1）前轮制动器的检查

通过制动钳体上检查孔（图 3—3—17）检查制动盘和摩擦片的厚度，其标准值可参照具体车型的技术参数。如捷达轿车制动盘的标准厚度为 12 mm，磨损极限为 10 mm；

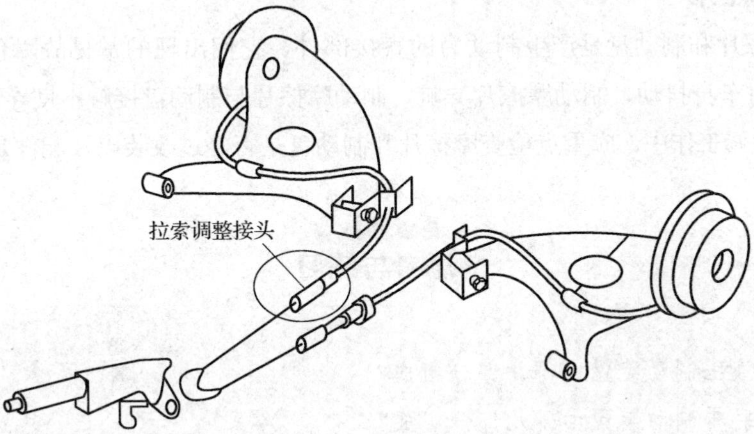

图 3—3—16　驻车制动的调整部位

摩擦片的标准厚度为 14 mm，磨损极限为 7 mm。若为通风式制动盘，则应查阅其具体技术参数。

(2) 后轮制动器的检查

对于前盘后鼓的大众捷达系列轿车，制动蹄片的标准厚度一般为 4 mm，磨损极限为 1 mm。制动鼓的标准内径为 180 mm，使用中的磨损会使其内径变大，其极限为181 mm。

制动器零件是关键部件，当磨损接近或达到极限值时，应及时更换磨损件。

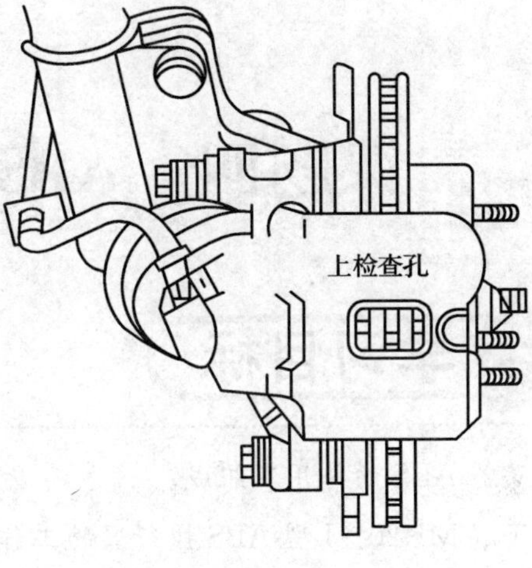

图 3—3—17　检查制动盘和摩擦片的厚度

四、故障案例

1．故障现象

一辆 2004 年产赛欧 SRV－AT 轿车，行驶里程为 56 000 km，车主反映车辆制动距离过长。

2．故障诊断

维修人员试车后发现制动距离明显过长，制动时感觉制动力不足。进行制动系统放气后，故障依旧。观察此车的制动盘，已经进行过改装，制动盘换成了带有通风孔的大尺寸制动盘。换回原车配置的制动盘进行路试，制动性能没有明显改善。拆下制动摩擦片，发现摩擦片上的接触痕迹只有几个点。

3．故障排除

拆下制动摩擦片，用细砂纸仔细打磨凸出点，以使制动摩擦片进行快速磨合。车辆使用一段时间后，制动性能明显改善，故障最终排除。

4. 故障点评

制动摩擦片和制动盘是产生制动力的直接部件，它们出现的常见故障包括制动盘翘曲导致制动时车身抖动，制动摩擦片异响，制动摩擦片与制动盘接触不良导致制动力下降等。在实际检修工作中，应重点检查摩擦片和制动盘是否经过改装以及配件是否合格。

思考与练习

1. 汽车液压制动装置由哪几部分组成？
2. 汽车驻车制动装置由哪几部分组成？
3. 汽车制动系的故障现象有哪些？
4. 如何排除液压制动系统内的空气？
5. 如何调整驻车制动系的间隙？

课题四　ABS 故障检测与诊断

学习目标

- 了解 ABS 的作用及组成。
- 了解 MK20－Ⅰ型 ABS 执行器的工作原理。
- 掌握 ABS 故障诊断的基本方法。
- 能够对 ABS 故障进行检测与诊断。

想一想

一辆上海桑塔纳 3000GSi 型轿车，在雨后，其 ABS 故障警告灯闪亮。这说明 ABS 出现了故障，应该如何诊断呢？

想一想：

1. ABS 为什么能取代传统的制动形式？
2. 在雪地和湿滑路面上行驶，ABS 尤显优越，为什么？
3. 雨后，尤其是驶过泥泞路段后 ABS 故障警告灯闪亮，主要原因应是轮速传感器间隙被泥沙或其他杂物堵塞所致，对吗？

制动系统发生故障时，应首先确定故障发生在常规制动系统还是ABS，为此可拔下ABS安全继电器（或电磁阀继电器），使汽车以普通制动模式工作。若故障现象消失，说明是ABS故障，否则就是常规制动系统故障。实践表明，使用的制动液符合标准时，制动压力调节器很少发生故障，即使发生故障也是线束损坏或接触不良；在正确使用和维修的前提下，ABS电控单元一般也很少发生故障；ABS中故障发生频率较高的是轮速传感器和线束。

一、汽车制动防抱死系统（ABS）的作用和组成

1. ABS的作用

汽车制动防抱死系统（ABS）通过安装在各车轮或传动轴上的转速传感器检测各车轮的转速，由微控制器计算出车轮滑移率，并与理想滑移率相比较，做出增大或减小制动器制动压力的决定，命令执行机构及时调整制动压力，以保持车轮处于理想的制动状态。因此，ABS装置能使车轮始终维持在有微弱滑移的滚动状态下制动，而不会抱死，以达到提高制动效能的目的。

2. ABS的组成

一般来说，带有ABS的汽车制动系统由基本制动系统和制动调节系统两部分组成，前者是由制动总缸、制动轮缸和制动管路等构成的普通制动系统，用来实现常规制动；后者由车轮转速传感器、制动压力调节装置、电子控制装置和ABS警告灯等组成。图3—4—1所示为美国ITT公司MK20－I型ABS。

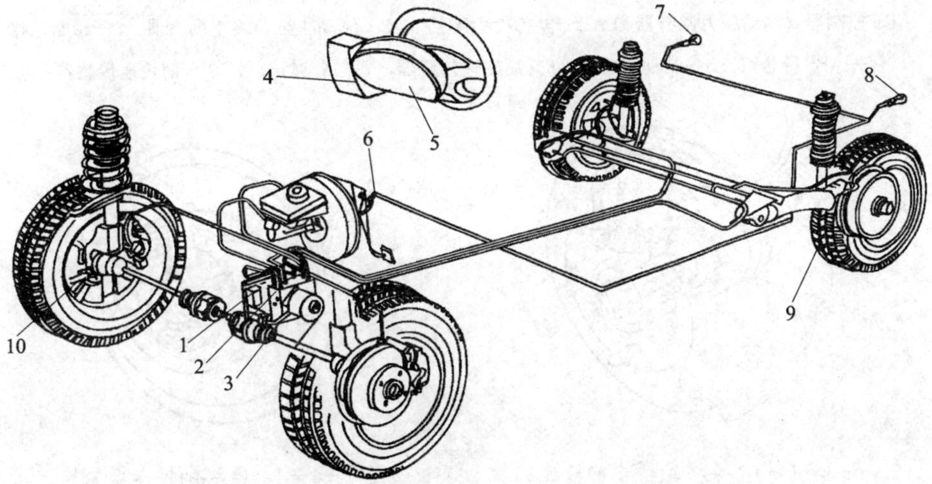

图3—4—1　美国ITT公司MK20－I型ABS

1—ABS电控单元J104　2—ABS液压控制单元N55　3—ABS液压泵V64　4—ABS故障警告灯K47　5—制动装置警告灯K118　6—制动灯开关F　7—右制动灯M10　8—左制动灯M9　9—左后轮速传感器G46　10—右前轮速传感器G44

桑塔纳轿车ABS各元件的安装位置如图3—4—2所示，4个轮速传感器均为电磁式，其齿圈有43个齿。前轮速传感器的齿圈安装在传动轴上，传感头安装在转向节上，其位置如图3—4—3所示。后轮速传感器的齿圈安装在轮毂上，传感头安装在固定支架上，其位置如图3—4—4所示。

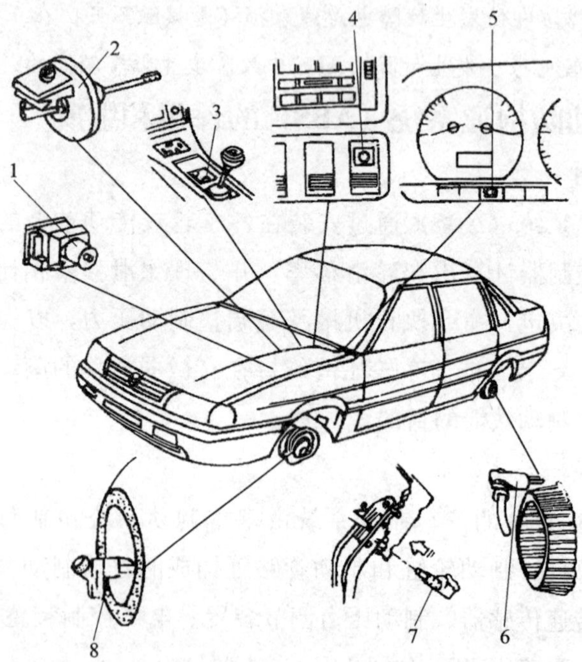

图3—4—2 桑塔纳轿车ABS各元件的安装位置

1—ABS控制器（制动压力调节器和ABS电控单元组件） 2—制动主缸及真空助力器 3—诊断连接器 4—ABS警告灯 5—制动警告灯 6—后轮速传感器 7—制动灯开关 8—前轮速传感器

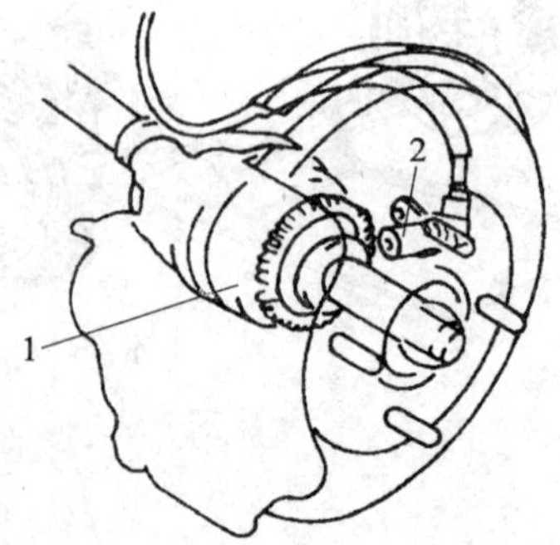

图3—4—3 桑塔纳轿车前轮速传感器的位置

1—齿圈 2—传感头

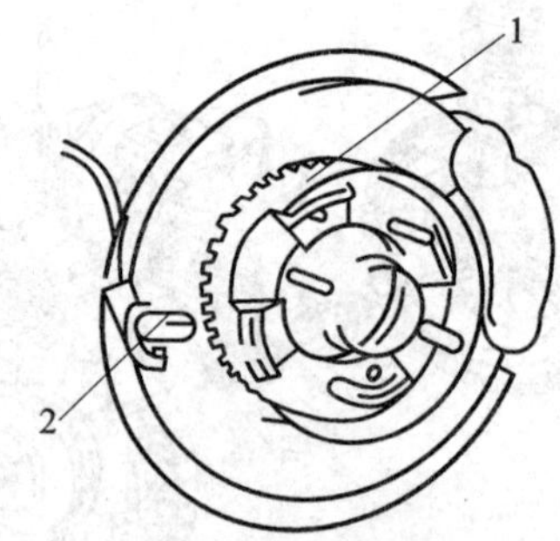

图3—4—4 桑塔纳轿车后轮速传感器的位置

1—齿圈 2—传感头

桑塔纳轿车的制动压力调节器为循环式，串联在制动主缸与制动轮缸之间，其外形如图3—4—5所示。调节器阀体内装有8个电磁阀，每个制动轮缸的液压回路中各用一对（一个进油阀和一个出油阀）。各电磁阀的开闭和液压泵的工作均由 ABS 电控单元控制，在电磁线圈不通电时进油阀为常开阀，出油阀为常闭阀。ABS 电控单元用螺栓固定在调节器阀体的一侧。

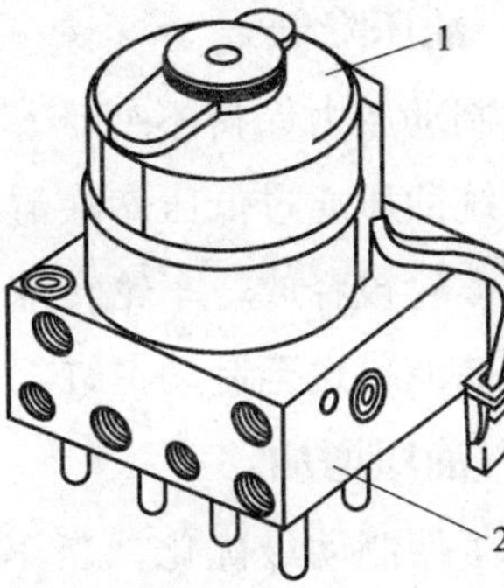

图 3—4—5　桑塔纳轿车制动压力调节器的外形

1—低压储液罐的电动液压泵　2—阀体

二、MK20 - I 型 ABS 执行器的工作原理

1．普通制动

开始制动时，驾驶员踩制动踏板，制动压力由制动主缸产生，经进油阀作用到车轮制动轮缸上，此时出油阀依然关闭，ABS 没有参与控制，整个过程和常规液压制动系统相同，制动压力不断上升。桑塔纳轿车 ABS 的工作原理如图 3—4—6 所示。

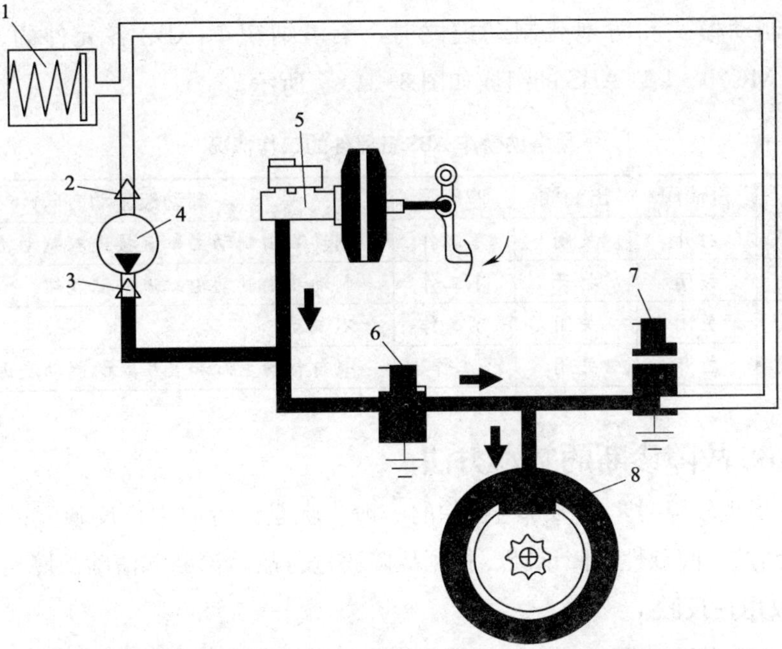

图 3—4—6　桑塔纳轿车 ABS 的工作原理（普通制动模式）

1—低压储液罐　2—吸入阀　3—压力阀　4—液压泵　5—制动主缸　6—进油阀　7—出油阀　8—车轮制动器

2．油压保持

当驾驶员继续踩制动踏板，油压继续升高到车轮出现抱死趋势时，ABS 电子控制单元发出指令使进油阀通电并关闭阀门，出油阀依然不通电而保持关闭，系统油压保持不变。

3．油压降低

当制动压力保持不变，车轮有抱死趋势时，ABS ECU 给出油阀通电并打开出油阀，系统油压通过低压储液罐降低油压，此时进油阀继续通电保持关闭状态，有抱死趋势的车轮被释放，车轮转速开始上升。与此同时，ABS 液压泵开始启动，将制动液由低压储液罐送至制动主缸。

4．油压增加

为了使制动最优化，当车轮转速增加到一定值后，电子控制单元给出油阀断电，关闭此阀门，进油阀同样因不带电而打开，ABS 液压泵继续工作，从低压储液罐中吸取制动液泵入液压制动系统。随着制动压力的增加，车轮转速又降低。这样反复循环地控制（工作频率为 5～6 Hz)，将车轮的滑移率始终控制在 20%左右。

如果 ABS 出现故障，进油阀始终常开，出油阀始终常闭，使常规液压制动系统继续工作而 ABS 不工作，直到 ABS 故障排除为止。

在普通制动模式和防抱死制动模式时，桑塔纳轿车 ABS 各元件的工作情况见表 3—4—1。MK20－I 型 ABS 的组成如图 3—4—7 所示。

表 3—4—1　　桑塔纳轿车 ABS 各元件的工作情况

工作过程	进油阀	出油阀	液压泵	制动液流动方向
普通制动模式	打开	关闭	不工作	制动液由制动主缸直接进入制动轮缸
“减压”模式	关闭	打开	不工作	制动液由制动轮缸流回储液罐
“保持”模式	关闭	关闭	不工作	不流动
“增压”模式	打开	关闭	工作	来自制动主缸和液压泵的制动液进入制动轮缸

三、ABS 故障诊断的基本方法

当 ABS 出现故障时，其诊断与排除的一般步骤是：听取用户反映、目测检查、警告灯检查、路试、间歇性故障诊断、根据故障码进行故障诊断和清除故障码。

1．听取用户反映

根据用户反映可知道，ABS 是否真的存在故障，在什么情况下、什么时候发生故障，诊断应该首先从何处入手。

2．目测检查

目测检查可以确定是否存在使 ABS 产生故障的明显原因，一般应从以下几个方面进行检查：

(1) 检查储液罐内的油液液面是否过低、液压装置外部是否泄漏和制动主缸工作是否正常，若发现问题可按需要添加制动液，确定制动液损失的原因并修理，并将各元件安装到正确的位置。

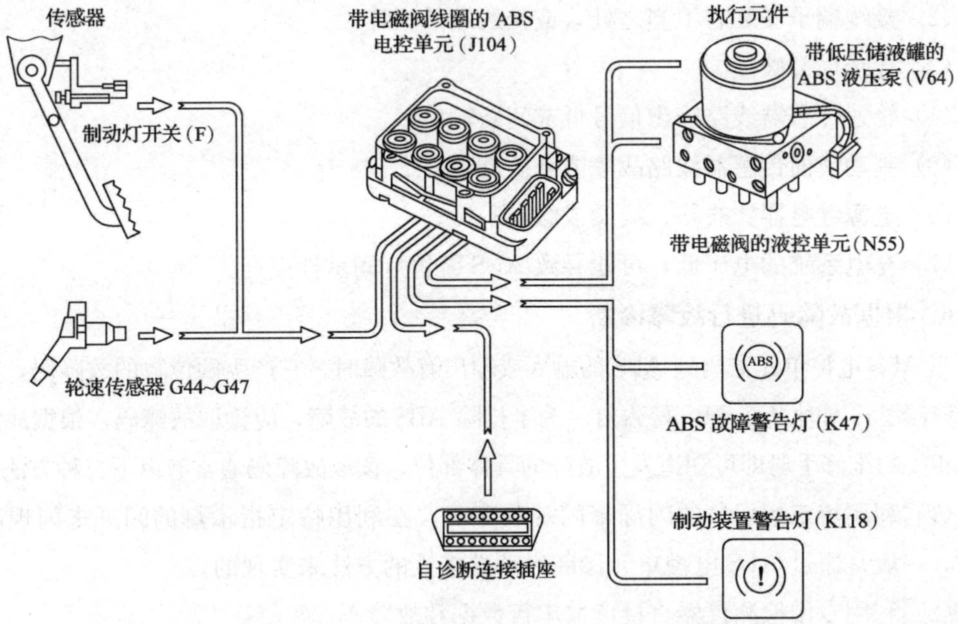

图 3—4—7　MK20－Ⅰ型 ABS 的组成

（2）检查驻车制动器是否完全放松和开关功能是否正常，视具体情况进行维修或调整。

（3）检查熔丝是否熔断，排除熔丝烧坏的原因，并更换熔丝。

（4）检查导线及连接器是否有破损或连接器是否有松动现象，并按需要修理和接好各连接器。

3．警告灯检查

仪表板上的两个警告灯分别指示系统中不同部件的问题，“BRAKE”警告灯一直亮，表示普通制动系统故障；“ABS”或“Anti－lock”警告灯一直亮，表示防抱死制动系统故障。正常情况下，ABS 警告灯应在点火开关接通 3～4 s 后熄灭。

4．路试

进行路试时，应首先检查制动踏板，同时应分清 ABS 工作和不工作时的区别，在 ABS 不工作时主要检查普通制动系统是否正常。测试 ABS 工作是否正常时，应至少在 40 km/h 的初始速度下紧急制动，若可以感觉到制动踏板有轻微的颤动，轮胎抱死的时间少于 15 s，轮胎与地面基本上无拖痕，说明 ABS 工作正常。否则，说明系统存在故障，ABS 不起作用。

5．间歇性故障诊断

大多数间歇性故障都是由连接器和导线接触不良引起的，出现间歇性故障应首先从以下几个方面进行检查：

（1）连接器接触不良或松动。

（2）接线端子安装有不当之处，或接线端子损坏。

（3）导线局部破损。

（4）轮速传感器线路输出信号低或间歇输出。

（5）制动液面传感器线路故障或液面低。

（6）电源继电器、线路、线圈或触点不良。

（7）充电系统的电压低，可能导致 ABS 警告灯间歇性点亮。

6．根据故障码进行故障诊断

当 ABS 电控单元监测到 ABS 的输入或输出有故障时，它产生两位数的故障码，存储在存储器里，同时点亮 ABS 警告灯。为了排除 ABS 的故障，应读取故障码，根据故障码查阅相关的维修手册即可知道发生故障的具体部位。读取故障码通常有以下三种方法：

（1）利用特定指示灯的闪烁来闪现故障码。在利用特定指示灯的闪烁来闪现故障码时，一般是通过 ABS 电控单元诊断启动端搭铁的方法来实现的。

（2）利用专用检测仪器直接读取串行数据和故障码。

（3）利用控制面板及信息显示中心显示故障码。

7．清除故障码

故障诊断完成后，清除故障码。

四、ABS 故障检测与诊断

1．根据故障码诊断、排除故障

（1）故障码 00283、00285、00287、00290

在进行故障诊断时，若读取出上述故障码，说明 ABS 存在与轮速传感器有关的故障，可能的原因是传感器或齿圈漏装传感器线圈，或线束短路、断路，传感头与齿圈间隙过大，传感器线束连接器接触不良，车轮轴承间隙过大，ABS 电控单元有故障等。上述故障码的诊断按表 3—4—2 进行，在每一步的检查中，若检查结果与表中不符，则进行下一步检查。以下其他故障码的诊断相同。

表 3—4—2　　故障码 00283、00285、00287、00290 的诊断

步骤	检查内容	检查结果	排除方法
1	检查轮速传感器安装是否正确	不正确	重新安装
2	检查轮速传感器的输出电压和电阻	正常	更换 ABS 电控单元
3	检查轮速传感器和线束连接器	不正常	修理或更换
4	检查轮速传感器齿圈	不正常	更换
5	检查车轮轴承间隙	不正常	修理或更换
6	检查轮速传感器与电控单元之间的线束	不正常	修理或更换

(2) 故障码 00668

出现此故障码，说明供电端子 30 未提供电压或电压过低，可能的原因有 ABS 熔丝熔断、蓄电池电压过高或过低、ABS 线束连接器损坏、电控单元故障等。故障码 00668 的诊断按表 3—4—3 进行。

表 3—4—3　故障码 00668 的诊断

步骤	检查内容	检查结果	排除方法
1	检查 ABS 30A 熔丝	不正常	更换
2	断开 ABS 线束与电控单元的连接，打开点火开关，测量线束端子 8 与 9、24 与 25、8 与 23 之间的电压	均为 9.5～16.5 V	更换 ABS 电控单元
3	检查 ABS 线束连接器	不正常	修理或更换
4	检查蓄电池电压	不正常	维护或更换

(3) 故障码 01044

当 ABS 电控单元软件编码与 ABS 线束的硬件跳针连接不一致时即出现此故障码，可按表 3—4—4 进行诊断。

表 3—4—4　故障码 01044 的诊断

步骤	检查内容	检查结果	排除方法
1	用 V. A. G1552 故障诊断仪检查 ABS 电控单元软件编码	错误（正确的编码为 04505）	重新编码
2	检查线束跳针 6 和 22 是否导通	不导通	修理或更换线束

(4) 故障码 01130

当 ABS 受高频电磁波干扰或电控单元认为车速信号不正确时，即出现该故障码，可按表 3—4—5 进行诊断。

表 3—4—5　故障码 01130 的诊断

步骤	检查内容	检查结果	排除方法
1	检查传感器输出电压是否正常	不正常	更换传感器
		正常	检查 ECU 和传感器之间的线束
2	检查传感器输出电压是否正常	正常	更换 ABS ECU

(5) 故障码 01276

当车速在 20 km/h 以上时，若 ABS 电控单元监测到液压泵电动机不工作，即出现此故障码，可能的原因有供电不足、液压泵电动机连接不良、电动机损坏、ABS 电控单元故障等，可按表 3—4—6 进行诊断。

表 3—4—6　　故障码 01276 的诊断

步骤	检查内容	检查结果	排除方法
1	检查蓄电池电压是否过低	过低	充电
2	将蓄电池直接接到液压泵电动机上	电动机不工作	更换制动压力调节器
3	检查 ABS 熔丝和电控单元线束连接器	不正常	修理或更换
4	用 V. A. G1552 故障诊断仪清除故障码并对制动压力调节器进行诊断	故障重现	更换 ABS 电控单元
		故障不重现	按间歇性故障诊断

2. 根据故障现象诊断、排除故障

有些故障通过 ABS 电控单元是无法检测到的，即 ABS 工作不正常，但调不出故障码。在此情况下，只能根据故障现象进行诊断。

(1) 在发动机熄火状态下，打开点火开关，ABS 警告灯不亮

出现此种故障现象，可能是警告灯电源电路断路、灯泡烧坏或警告灯控制器损坏，可按表 3—4—7 进行诊断。

表 3—4—7　　ABS 警告灯不亮故障的诊断

步骤	检查内容	检查结果	排除方法
1	检查 ABS 警告灯熔丝及其插座	不正常	更换或修理
2	折开 ABS 电控单元连接器，打开点火开关	警告灯亮	更换警告灯控制器与电控单元之间的线束
3	检查 ABS 警告灯	灯泡烧坏	更换
4	检查 ABS 警告灯电源和搭铁线路	线路断路	更换线束
5	检查 ABS 警告灯电源和搭铁线路连接器	不正常	修理或更换
6	检查故障现象是否重现	故障重现	更换警告灯控制器
		故障不重现	按间歇性故障诊断

(2) 发动机启动后，ABS 警告灯常亮

出现此现象而无故障码记忆，可能是 ABS 警告灯控制器损坏、控制器电路断路或电控单元故障，可按表 3—4—8 进行诊断。

表 3—4—8　　ABS 警告灯常亮故障的诊断

步骤	检查内容	检查结果	排除方法
1	检查 ABS 警告灯控制器与电控单元之间的电路是否断路	断路	更换线束
2	检查 ABS 警告灯控制器	不正常	更换警告灯控制器
		正常	更换 ABS 电控单元

（3）ABS 工作异常

ABS 工作异常与驾驶状况、路面条件及 ABS 各元件均有密切关系，若出现此故障现象而无故障码记忆，可按表 3—4—9 进行诊断。

表 3—4—9　　ABS 工作异常故障的诊断

步骤	检查内容	检查结果	排除方法
1	检查轮速传感器安装是否正确	不正确	重新安装
2	检查轮速传感器的输出电压	正常	更换 ABS 电控单元
3	检查轮速传感器和线束连接器	不正常	修理或更换
4	检查轮速传感器齿圈	不正常	更换
5	检查车轮轴承间隙	不正常	修理或更换
6	检查 ABS 电控单元连接器及中间连接器	不正常	修理或更换
7	检查故障现象是否重现	不重现	按间歇性故障诊断
8	拆下 ABS 电控单元，检查 ABS 线束相应端子轮速传感器的电阻（检查时同时摇动线束及连接器）	电阻正常	更换 ABS 电控单元
		电阻不正常	修理或更换线束及连接器

（4）制动踏板行程过长

导致制动踏板行程过长的原因可能是制动液泄漏、出油阀密封不良、液压系统有空气、制动盘磨损严重、驻车制动调整不当等，可按表 3—4—10 进行诊断。

表 3—4—10　　制动踏板行程过长故障的诊断

步骤	检查内容	检查结果	排除方法
1	目视检查液压管路接头处有无泄漏	有泄漏	拧紧管路接头
2	检查制动盘的磨损情况	不正常	更换制动盘
3	检查驻车制动调节装置	不正常	更换
4	对制动系统进行排气检查	有空气排出	重新排气
5	用 V. A. G1552 故障诊断仪检查制动压力调节器中出油阀的密封性	密封不良	更换调节器

（5）踩制动踏板吃力

在制动时，若感觉踩制动踏板非常吃力，一般是因真空助力器工作不良或制动压力调节器中进油阀不能打开所致，可按表 3—4—11 进行诊断。

表 3—4—11　　踩制动踏板吃力故障的诊断

步骤	检查内容	检查结果	排除方法
1	用 V. A. G1552 故障诊断仪检查制动压力调节器中的进油阀	不正常	更换调节器
2	检查真空助力器及踏板行程	不正常	按普通制动系统故障维修

（6）不能与诊断仪通信

在对系统进行检查或诊断时，若无法与 V. A. G1552 故障诊断仪通信，可能是 ABS 电控单元电源或诊断线路断路所致，可按表 3—4—12 进行诊断。

表 3—4—12　　不能与诊断仪通信故障的诊断

步骤	检查内容	检查结果	排除方法
1	将诊断仪与其他车进行接口通信试验	无法通信	维修诊断仪
2	检查 ABS 电源熔丝	熔断	更换
3	诊断仪屏幕有无显示	无显示	修理诊断连接器及其线束
4	拆下电控单元连接器，检查线束中电控单元接线端子 13 与诊断连接器端子 7 是否导通	不导通	修理诊断连接器或 ABS 线束
		导通	更换 ABS 电控单元

五、故障案例

1．故障现象

一辆桑塔纳 2000GSi 型轿车，当其行驶到 6 000 km 时，ABS 故障指示灯常亮不熄灭。

2．故障诊断

正常情况下，点火开关打开时，ABS 故障指示灯将进行自检，若系统无故障，3 s 后故障指示灯将熄灭；若系统有故障，故障指示灯将常亮，启动发动机后故障指示灯仍不熄灭。

ABS 故障指示灯常亮的原因有蓄电池电压过低、熔丝熔断、导线断线、插头松动或插接不牢固，以及 ABS 轮速传感器工作不良、液压调节装置工作不良、电控装置工作不良等。液压调节装置和电控装置是 ABS 的核心元件，该车仅行驶 6 000 km，一般不会发生故障，应从常规检查开始。检查蓄电池电压，为 12 V，正常。检查 ABS 熔丝、连接导线，正常。检查各插接头、继电器，连接牢固。检查轮速传感器时，发现传感器头部吸有很多铁屑和脏物。

3．故障排除

将传感器头部铁屑和脏物擦干净后，装复，ABS故障指示灯正常，故障排除。

4．故障点评

带有ABS的车辆，包括进口车，轮速传感器头部有磁力，很容易吸附铁屑及灰尘等脏物，当ABS故障指示灯点亮时，要首先检查这一部位。有时更换制动片后，没有对其进行紧固或装复间隙有误时，也会出现此类故障。

思考与练习

1. 简述ABS的作用及组成。
2. 如何进行传感器元件的测试？
3. 简述ABS故障诊断的基本方法。

课题五　转向系故障检测与诊断

学习目标

◆ 了解转向系的组成。
◆ 掌握转向系故障检测与诊断方法。
◆ 能够对转向系故障进行检测与诊断。

想一想

一辆桑塔纳轿车，行驶中转向盘不能自动回正，技术人员认为需要检查并调整转向盘和转向器。

想一想：

1. 汽车的转向器根据助力方式不同分为哪几种？
2. 如何调整及调整哪些部位才能恢复转向器的技术性能？

转向系的工作原理是利用转向盘、转向器直接偏转前轮，实现左右转向。其中转向器是变速增力机构。常见的转向方式有机械转向、动力转向、电控转向等几种。

一、转向系的组成

转向系通常由转向操纵机构、转向器和转向传动机构组成，可分为机械转向系和动力转向系，传统机械转向系的组成如图 3—5—1 所示，桑塔纳 2000 型轿车滑阀式动力转向系的组成如图 3—5—2 所示。机械转向系的操纵能量由人体产生，动力转向系则兼用人体和发动机动力作为转向能源，电动转向由直流电动机执行。

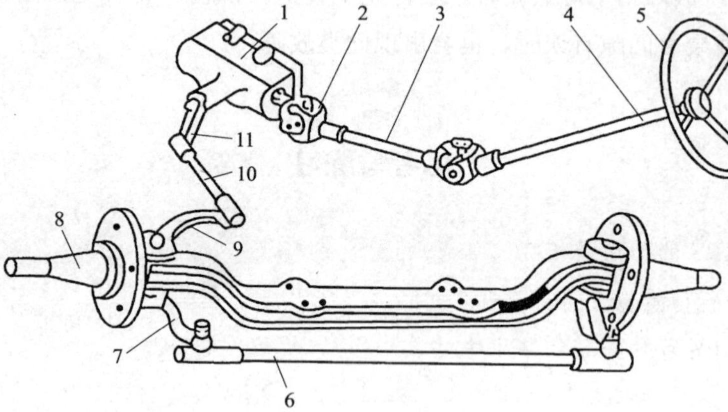

图 3—5—1　传统机械转向系的组成

1—转向器　2—转向万向节　3—转向传动轴　4—转向管柱　5—转向盘　6—转向横拉杆
7—转向臂　8—转向节　9—转向节臂　10—转向直拉杆　11—转向摇臂

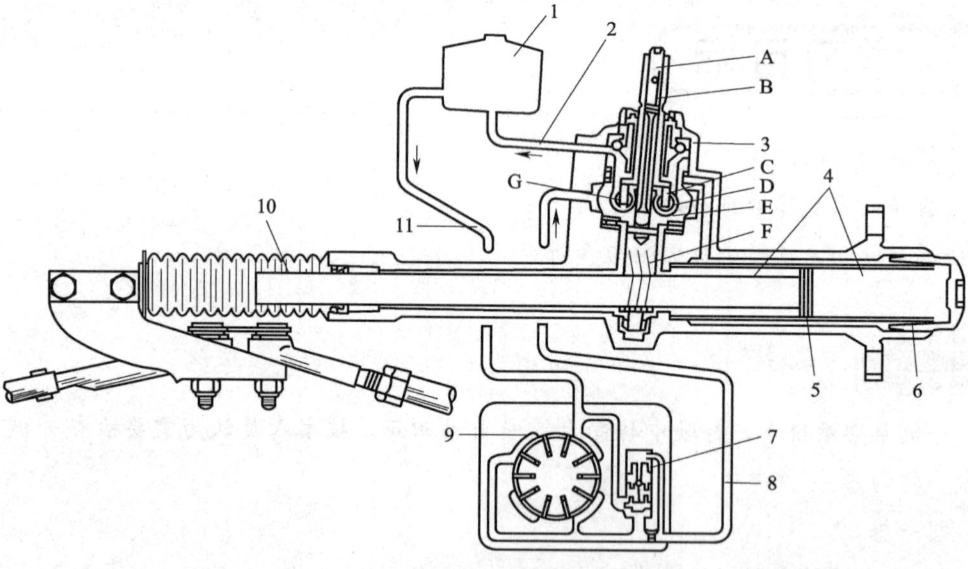

图 3—5—2　桑塔纳 2000 型轿车滑阀式动力转向系的组成

1—转向油罐　2—回油管　3—控制阀　4—活塞缸　5—活塞　6—活塞缸缸壁
7—压力与流量限制阀　8—进油管　9—叶片泵　10—齿条　11—吸油管
A—扭力杆　B—转向柱　C—拨叉　D—右阀芯　E—阀体　F—小齿轮　G—左阀芯

转动转向盘，通过转向万向节把转向力传给转向器，再经过转向传动纵横拉杆，带动转向节臂，直接偏转前轮，实现转向。

在动力转向中，液压转向系统的液压油泵由发动机带动，根据转向器的转动方向，可改变液压油的流动方向，从而推动液压油缸中的活塞，由液压力推动转向节臂，直接偏转前轮，实现动力转向，从而减轻驾驶员的疲劳强度。

二、转向系故障检测与诊断

1. 机械转向系故障检测与诊断

机械转向系的常见故障部位有转向盘、转向传动机构连接处、转向器等。机械转向系的常见故障包括转向沉重、转向盘自由行程过大和转向轮抖动。

（1）转向沉重

1）故障现象：汽车行驶中，驾驶员向左、右转动转向盘时，感到沉重、吃力，无回正感；汽车低速转弯行驶和掉头时，转动转向盘感到非常沉重，严重时甚至转不动转向盘。

2）故障原因及处理方法：转向沉重的根本原因是转向轮气压不足或定位不准，转向系传动链中出现配合过紧或卡滞而引起摩擦阻力增大。具体原因主要有：

①转向轮轮胎气压不足，应按规定充气。

②转向轮本身定位不准或车轴、车架变形造成转向轮定位失准，应校正车轴和车架，并重新调整转向轮定位。

③转向器主动部分轴承调整过紧或从动部分与衬套配合过紧，应予以调整。

④转向器主、从动部分的啮合间隙调整过小，应予以调整。

⑤转向器缺油或无油，应按规定添加润滑油。

⑥转向器壳体变形，应予以校正。

⑦转向管柱的转向轴弯曲或套管凹瘪造成互相碰擦，应予以修理。

⑧转向纵、横拉杆球头连接处调整过紧或缺油，应予以调整或添加润滑油。

⑨转向节主销与转向节衬套配合过紧或缺油，或转向节止推轴承缺油，应予以调整或添加润滑油。

3）故障诊断方法与流程：以桑塔纳乘用车为例，先检查轮胎气压，排除故障由轮胎气压过低引起。按图 3—5—3 所示机械转向系转向沉重的故障诊断流程找出故障部位。

（2）转向盘自由行程过大——转向不灵敏

1）故障现象：汽车保持直线行驶时，转向盘左右转动的游动角度过大。具体表现为：汽车转向时感觉转向盘松旷量很大，需用较大的幅度转动转向盘，才能控制汽车的行驶方向，而在汽车直线行驶时又感到行驶方向不稳定。

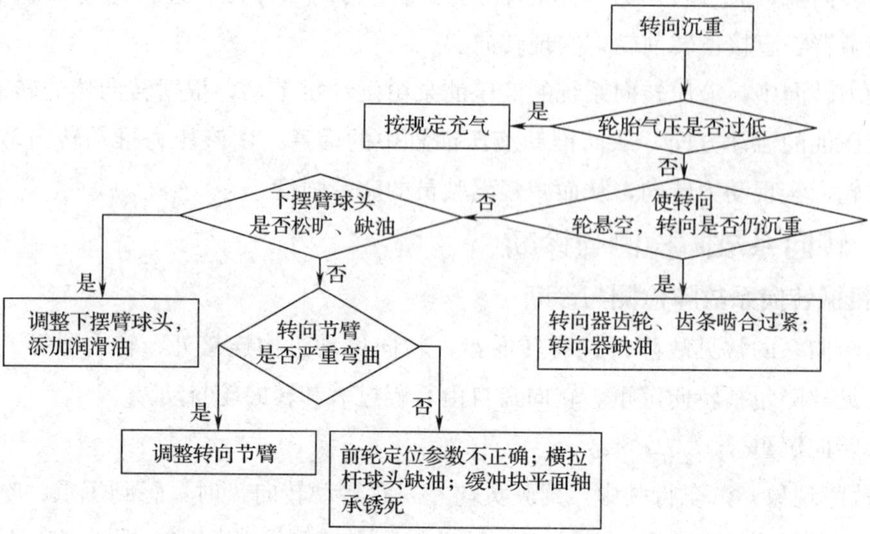

图 3—5—3　机械转向系转向沉重的故障诊断流程

2）故障原因及处理方法：转向盘自由行程过大的根本原因是转向系传动链中一处或多处的配合因装配不当、磨损等原因造成松旷。具体原因主要有：

①转向器主、从动啮合部位间隙过大或主、从动部位轴承松旷，应予以调整或更换。

②转向盘与转向轴连接部位松旷，应予以调整。

③转向摇臂与转向摇臂轴连接松旷，应予以调整。

④纵、横拉杆球头连接部位松旷，应予以调整或更换。

⑤纵、横拉杆臂与转向节连接松旷，应予以调整或更换。

⑥转向节主销与衬套磨损后松旷，应予以更换。

⑦车轮轮毂轴承间隙过大，应予以更换。

3）故障诊断方法：造成转向盘自由行程过大的根本原因是转向系传动链中一处或多处连接的配合间隙过大。诊断时，可从转向盘开始检查转向系各部件的连接情况，看是否有磨损、松动、调整不当等情况，找出故障部位，予以调整和紧固。

（3）转向轮抖动

1）故障现象：汽车在一定低速范围内或一定高速范围内行驶时，出现转向轮各自围绕自身主销进行角振动的现象。尤其是高速时，转向轮摆振严重，握转向盘的手有麻木感，甚至在驾驶室可以看到汽车车头晃动。

2）故障原因及处理方法：转向轮抖动的根本原因是转向轮定位不准，转向系连接部件之间出现松旷，旋转部件动不平衡。具体原因主要有：

①转向轮旋转质量不平衡或转向轮轮毂轴承松旷，应校正动平衡或更换轴承。

②转向轮使用翻新轮胎，应予以更换。

③两转向轮的定位不正确，应予以调整或更换。

④转向系与悬挂系的运动发生干涉，应予以更换。

⑤转向器主、从动部分啮合间隙或轴承间隙过大，应予以调整或更换。

⑥转向摇臂与其轴配合松旷或纵、横拉杆球头连接松旷，应予以调整或更换。

⑦转向器在车架上的连接松动，应予以紧固。

⑧转向轮所在车轴的悬挂减振器失效或左右两边减振器效能不一，应予以更换。

⑨转向轮所在车轴的钢板弹簧 U 形螺栓松动或钢板销与衬套配合松旷，应予以紧固或调整。

⑩转向轮所在车轴的左右两悬挂高度或刚度不一，应予以更换。

3）故障诊断方法与流程：以桑塔纳乘用车为例，根据转向轮抖动特征，按照图 3—5—4 所示机械转向系转向轮抖动的故障诊断流程找出故障部位。

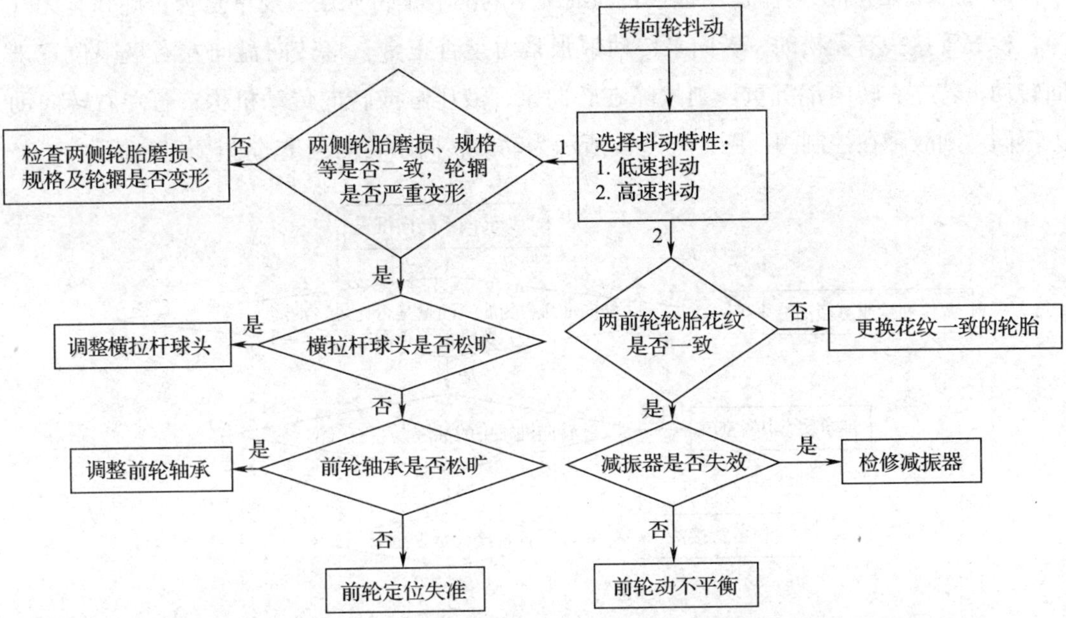

图 3—5—4　机械转向系转向轮抖动的故障诊断流程

2. 动力转向系故障检测与诊断

为了操纵轻便、转向灵敏和提高行车安全，目前高级乘用车、豪华客车和重型货车广泛采用了动力转向系。动力转向系一般是在机械转向系的基础上加装转向助力装置，常用的助力装置是液压式，主要由转向泵、动力油缸、控制阀、转向油罐和油管等组成。

动力转向系的常见故障部位有转向盘、转向传动机构连接处、转向器、转向泵、控制阀、油管接头等。动力转向系的常见故障包括转向沉重、转向时出现过大的噪声、转向助力瞬间消失、转向盘回位不良和转向盘自由行程过大等。

（1）转向沉重

1）故障现象：同机械转向系。

2）故障原因及处理方法：转向沉重故障一般由液压转向助力系统失效或助力不足、机械传动机构损坏或调整不当引起。具体原因主要有：

①转向油罐中的油液油量不足或规格不对，应使用正确的油液并调整到规定高度。

②油路堵塞或不畅，应予以检修。

③油路中有泄漏现象，应予以检修并排除。

④油路中有空气，应予以排气。

⑤转向泵传动带损坏或打滑，应予以调整或更换。

⑥调节阀失效，使输出压力过低，应予以调整或更换。

⑦转向机构调整不当，应予以调整。

3）故障诊断方法与流程：检查转向油罐中的油液是否充足、规格是否正确和有无气泡，检查管接头有无松动、转向泵传动带张紧力是否正常。将转向盘向左右极限位置来回转动，若左右转向都沉重，则故障在转向泵、液压缸或转向传动机构；若左右转向助力不同，则故障在控制阀。图 3—5—5 所示为动力转向系转向沉重的故障诊断流程。

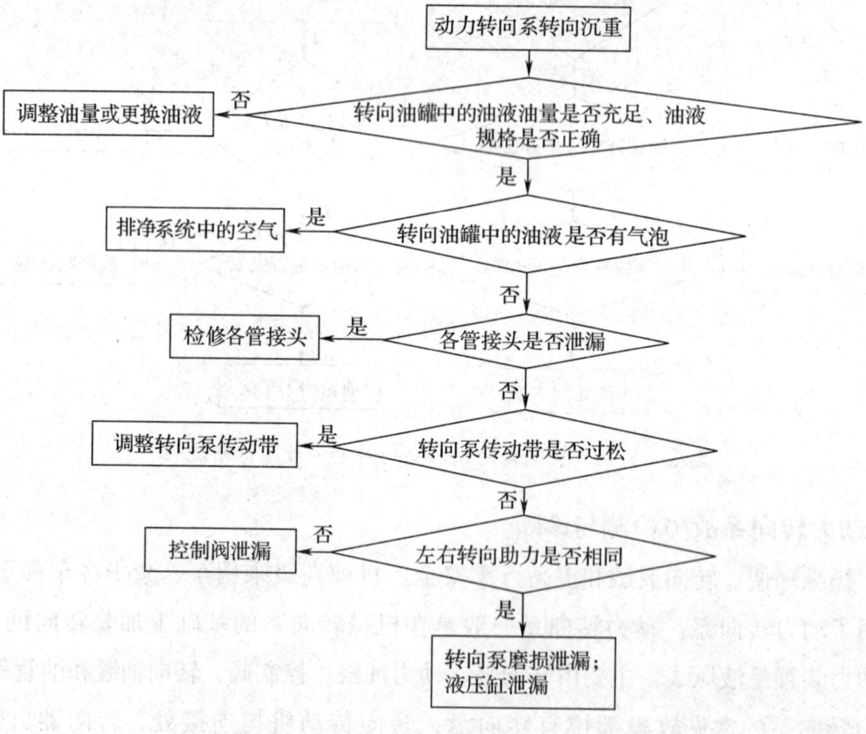

图 3—5—5　动力转向系转向沉重的故障诊断流程

（2）转向时出现过大的噪声

1）故障现象：汽车转向时，转向系出现过大的噪声。

2）故障原因及处理方法：装有动力转向系的汽车，在发动机启动后，转向助力泵的溢流阀中出现液流噪声是正常的，但噪声过大甚至影响转向性能时，该噪声应视为故障。因助力系统引起转向噪声的原因如下：

①转向泵损坏或磨损严重，应予以修理或更换。

②转向泵传动带打滑，应予以调整或更换。

③控制阀性能不良，应予以检修。

④系统中有空气，应予以排气。

⑤管道不畅，应予以检修。

3）故障诊断方法：转向时发出“咔嗒”声，在已排除转向泵叶片噪声的情况下，则可认定是由转向泵带轮出现松动引起的。

转向时发出“嘎嘎”声，是由转向泵传动带打滑引起的。

转向时转向泵发出“咯咯”声，是由于系统中有空气；发出“嘶嘶”声，而且系统无泄漏，转向泵传动带张紧度也合适，则是由油路不畅或控制阀性能不良引起的。

（3）动力转向系的其他故障

1）转向助力瞬间消失。故障原因及处理方法：转向泵传动带打滑，应紧固传动带；控制阀密封圈泄漏，应更换控制阀密封圈；系统泄漏造成油面过低，应找出泄漏部位，查明原因，排除故障；发动机怠速过低，应调整发动机怠速；系统内有空气，应排净空气。

2）转向盘回位不良。故障原因及处理方法：系统内有空气，应排净空气；压力限制阀工作不良，应更换；控制阀弹簧失效，应更换。

3）转向盘自由行程过大。故障原因及处理方法：系统内有空气或压力限制阀失效，应排净空气，更换压力限制阀或油泵。

三、故障案例

1．故障现象

帕萨特B5 1.8T轿车车速为120 km/h时，转向盘开始发抖；车速低于120 km/h时，转向盘无任何抖动现象。司机反映两前轮做了轮胎动平衡，该车行驶了10 000 km。

2．故障诊断

试车时发现，此现象与其他车型因轮胎动不平稳引起的转向盘发抖基本一致。将该车的4个车轮均拆下，对轮胎做动平衡，两前轮动平衡正常，左右轮约差10 g，左右后轮差 22 g。

3．故障排除

将两后轮进行动平衡后试车，故障排除。

4．故障点评

某些人认为只有两前车轮动不平衡才能引起车辆行驶时转向盘发抖，其实后轮动不平衡也能引起车辆行驶时转向盘发抖。

思考与练习

1. 简述汽车转向系的组成。
2. 汽车机械转向系的故障现象有哪些？
3. 汽车动力转向系的故障现象有哪些？

课题六　行驶系故障检测与诊断

学习目标

◆ 了解行驶系的组成。

◆ 掌握行驶系故障检测与诊断方法。

◆ 能够对行驶系故障进行检测与诊断。

想一想

一辆普通乘用轿车在行驶过程中，车辆有自动偏摆的现象，送修理厂检修，技术人员认为需要进行前轮定位、轮胎平衡等项目的检查。

想一想：

1. 汽车行驶跑偏的原因有哪些？
2. 汽车行驶不稳定对车辆的动力性、经济性、安全性有何影响？
3. 为何要进行前轮定位、轮胎平衡等项目的检查？

行驶系性能的好坏将直接影响车辆的动力性、经济性、安全性、可靠性和舒适性。

因此，需要经常对其进行维护、保养、检查和调整。行驶系是汽车极易损耗和产生故障的系统。

一、行驶系的组成

行驶系主要由车架、车桥、车轮（包括轮胎）和悬架组成，如图 3—6—1 所示。悬架分为独立悬架和非独立悬架，图 3—6—1 中前悬架为麦弗逊式独立悬架，后悬架为钢板弹簧非独立悬架。

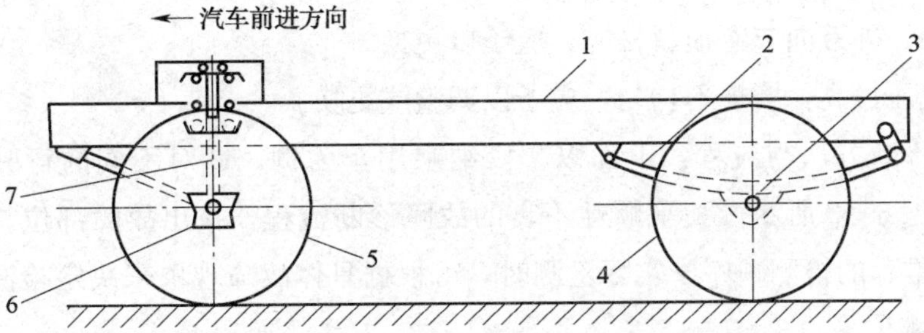

图 3—6—1　行驶系的组成

1—车架　2—后悬架（钢板弹簧非独立悬架）　3—后桥　4—后轮

5—前轮　6—前桥　7—前悬架（麦弗逊式独立悬架）

发动机通过传动系把动力传给驱动轮，驱动轮依靠地面附着力传递扭矩和转速。若附着力小于驱动力，车轮就会打滑。车轮又把地面的冲击和振动传给悬架，车轮和悬架吸收地面的冲击和振动，使车辆平稳运行。

常见的独立悬架为麦弗逊式，乘用车前悬架普遍采用此结构。麦弗逊式独立悬架的杆件和活动部位很多，球头销等处磨损松旷后会带来车轮定位角的变化。非独立悬架因其结构简单，工作可靠，被广泛应用于货车的前、后悬架。在少数乘用车中，非独立悬架仅用作后悬架。货车上非独立悬架普遍采用钢板弹簧式。由于货车行驶路面较差，悬架受到的冲击载荷大，加上有时超载情况严重，钢板弹簧很容易产生永久变形甚至断裂，从而引起车轮定位角的变化。

二、行驶系故障检测与诊断

1. 行驶系故障的经验诊断

行驶系的常见故障部位有减振器、杆系连接处以及驱动桥的齿轮、轴承等。

行驶系的常见故障包括行驶平顺性不良、车身横向倾斜和轮胎异常磨损等。

（1）行驶平顺性不良

1）故障现象：汽车行驶时出现振动，加速时出现窜动，驾驶员和乘客感觉不适。

2）故障原因及处理方法

①前稳定杆卡座松旷或橡胶支承损坏，应予以更换。

②车轮动平衡超标，应予以校正。

③减振器或缓冲块失效，应予以修理或更换。

④传动轴动不平衡，应予以校正。

⑤钢板弹簧支架衬套磨损、松旷，应予以更换。

⑥车轮轴承松旷或转向横拉杆球头松旷，应予以更换。

⑦钢板弹簧 U 形螺栓螺纹损坏或松动，应予以更换或紧固。

⑧发动机横梁和下摆臂的固定螺栓或衬套松旷，应予以修理或更换。

⑨半轴内、外万向节磨损、松旷，应予以更换。

⑩轮胎气压过高，磨损不均匀，应予以调整或更换。

3）故障诊断方法与流程：下面以桑塔纳乘用车为例，针对不同的行驶平顺性特征，对照图 3—6—2 所示行驶平顺性不良的故障诊断流程，找出故障部位。流程图中序号 1、2 是推荐的检测顺序，实际检测时，可根据具体故障现象来决定检测顺序，以便迅速排除故障。

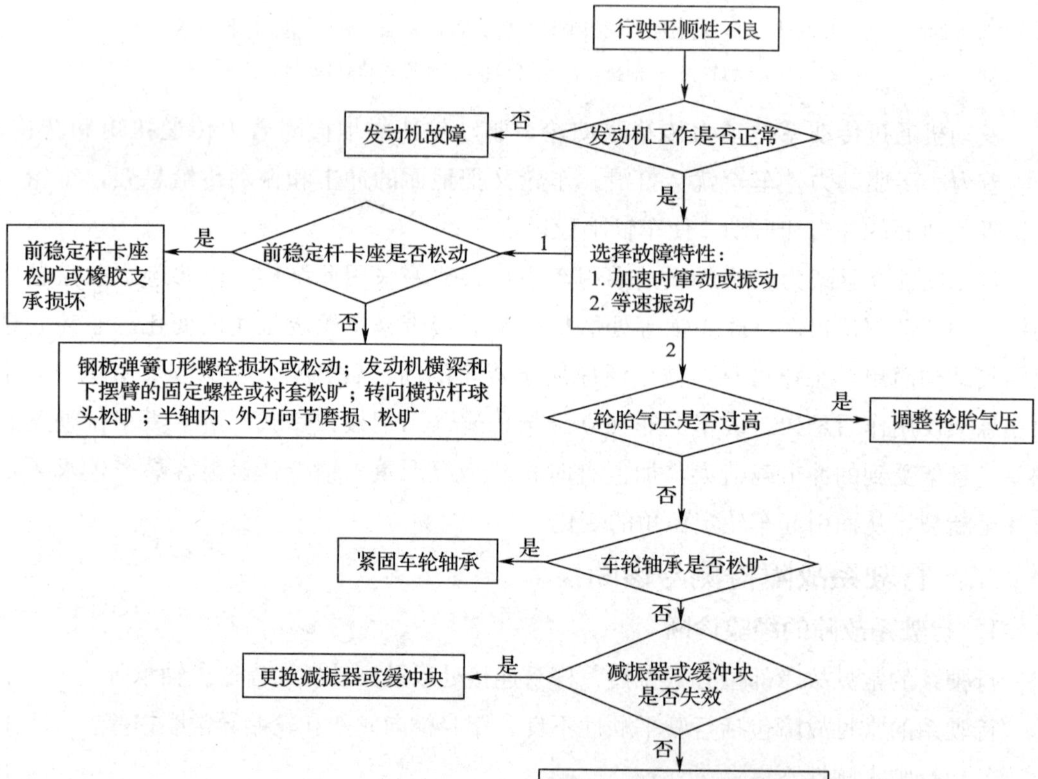

图 3—6—2　行驶平顺性不良的故障诊断流程

（2）车身横向倾斜

1）故障现象：汽车车身左高右低或左低右高，出现倾斜。

2）故障原因及处理方法

①左右轮胎气压不一致，应按规定充气。

②左右轮胎规格不一致，应予以更换。

③悬架弹簧自由长度或刚度不一致，应予以更换。

④下摆臂变形，应予以校正或更换。

⑤发动机横梁和下摆臂的固定螺栓或衬套松旷，应予以修理或更换。

⑥减振器或缓冲块损坏，应予以更换。

⑦发动机横梁变形，应予以校正或更换。

⑧车身变形，应予以整形、修理。

3）故障诊断方法与流程：以桑塔纳乘用车为例，先检查左右轮的气压、规格是否一致，再检查悬架、车身等部位，确定故障位置。图 3—6—3 所示为车身横向倾斜的故障诊断流程。

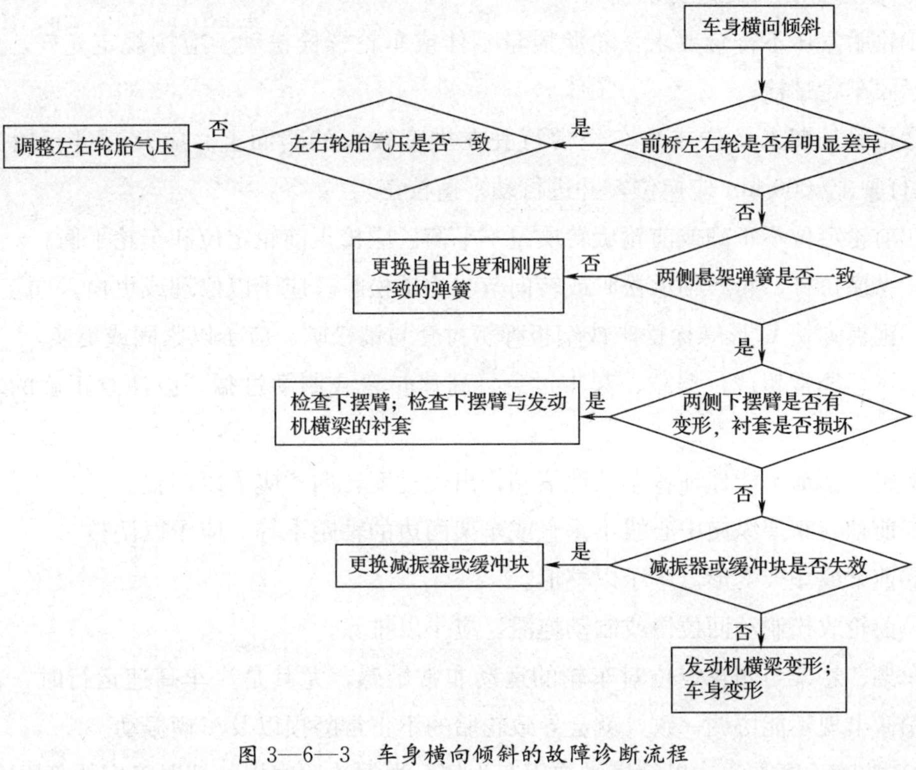

图 3—6—3　车身横向倾斜的故障诊断流程

（3）轮胎异常磨损

1）故障现象：轮胎磨损速度加快，胎面出现不正常的磨损形状。图 3—6—4 所示为前轮轮胎不正常磨损示意图。

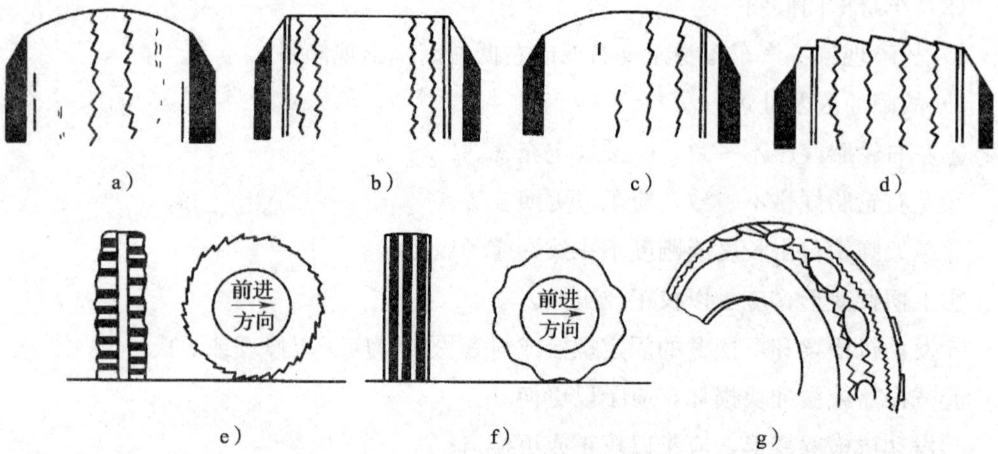

图 3—6—4　前轮轮胎不正常磨损示意图

a）胎肩磨损　b）正中磨损　c）外侧磨损　d）羽片状磨损　e）锯齿状磨损
f）波浪状磨损　g）胎肩碟片状磨损

2）故障原因及处理方法

①轮胎气压不符合要求，轮胎质量不佳或车轮螺栓松动。应按规定充气，更换轮胎或紧固车轮螺栓。

②轮胎长期未换位或汽车经常行驶在拱度较大的路面上。应及时进行轮胎换位（一般行驶 10 000 km 应换位，并进行动平衡校正）。

③前轮定位不正确或前轮旋转质量不平衡。应校正前轮定位和车轮平衡。

④纵横拉杆、轮毂轴承松旷或转向节与主销松旷。应予以修理或更换。

⑤钢板弹簧 U 形螺栓松旷或钢板弹簧衬套与销松旷。应予以紧固或更换。

⑥汽车经常超载、偏载、起步过急、高速转弯或制动过猛。应注意正确的驾驶方法。

⑦转向梯形不能保证各车轮纯滚动，出现过度转向。应予以调整。

⑧前轴与车架纵向中心线不垂直或车架两边的轴距不等。应予以调整。

⑨前梁或车架变形。应予以整形。

⑩前轮放松制动回位慢或制动拖滞。应予以排除。

车架、悬架与四轮定位对车轮的运动非常敏感，尤其是汽车高速运行时，若四轮运动稍微出现不能协调一致，就会导致轮胎的不正常磨损以及车辆振动。

3）故障诊断方法：以桑塔纳乘用车为例，根据轮胎磨损的情况确定故障原因。

①胎冠两肩磨损与胎壁擦伤，是由轮胎气压不足或汽车长期超载引起的。

②胎冠中部磨损，是由轮胎气压过高引起的。

③胎冠内（外）侧偏磨损，是由车轮外倾角过大（小）引起的。

④胎冠两侧呈锯齿状磨损，是由轮胎换位不及时、汽车经常紧急制动及长期超载引起的。

⑤胎冠由外（里）侧向里（外）侧呈锯齿状磨损，是由前束过大（小）引起的。

⑥胎冠呈波浪状或碟片状磨损，是由轮毂轴承松旷或车轮动不平衡引起的。

2．行驶系故障的仪器检测

行驶系的常用诊断参数有车轮静不平衡量、车轮动不平衡量、车轮前束、车轮外倾角、主销后倾角、主销内倾角、车轮侧滑量等。以上参数的数值正确与否，凭人工经验很难判断，必须通过车轮平衡仪、四轮定位仪等专用仪器进行检测和调整。

（1）车轮平衡的检测

随着道路质量的提高和高速公路的普及，汽车行驶速度越来越高，因此，对汽车车轮平衡度的要求也越来越高。车轮高速旋转时，不平衡质量会引起车轮上下跳动和横向摆振，不仅影响汽车的行驶平顺性、乘坐舒适性和操纵稳定性，而且也会影响行车安全。车轮的上下跳动和横向摆振还会加剧轮胎的磨损，缩短汽车的使用寿命，增加汽车的运输成本。

车轮不平衡的原因主要有轮辋、轮胎在生产和修理过程中的精度误差；轮胎装配不正确；平衡块脱落；汽车行驶过程中的偏磨损；使用翻新胎或补胎等。

1）车轮静平衡的检测。对于非驱动桥上的车轮，支起车轴，调整好轮毂轴承松紧度，用手轻转车轮，使其自然停转。在停转的车轮离地面最近处做一标记，然后重复上述步骤。如果每次试验标记都停在离地面最近处，则车轮静不平衡；如果多次转动自然停止后的标记位置各不相同，说明车轮静平衡。

对于驱动桥上的车轮，由于受到差速器等的制约，无法使用该方法，只能在装车前进行检测。即使静平衡的车轮，在装车使用时也可能动不平衡，因此，还应对车轮动平衡进行检测及校正。

2）使用离车式动平衡机检测及校正车轮动平衡。

①清除车轮上的泥块、石子和旧平衡块。

②将轮胎气压充至规定值。

③根据轮轴中心孔的大小选择锥体或多孔式连接盘，将车轮装上动平衡机，拧紧固定螺母。

④测量轮辋宽度 b、轮辋直径 d 和轮辋边缘至机箱的距离 a，将这三个值输入动平衡机。

⑤放下车轮防护罩，打开电源开关，按动启动按钮，车轮开始旋转，动平衡机开始采集数据。

⑥检测结束后，从指示装置读取车轮不平衡量和不平衡位置。

⑦抬起车轮防护罩，用手慢慢转动车轮，当指示装置发出声音或灯光等信号时停止转动。根据显示的平衡块质量，在轮辋内侧或外侧牢固安装平衡块。

⑧重新检测动平衡，直到指示装置显示不平衡质量<5 g，或显示“00”“OK”为止。

⑨关闭电源开关，取下被测车轮。

离车式动不平衡检测原理如图 3—6—5 所示。具体检测方法见其使用说明书。

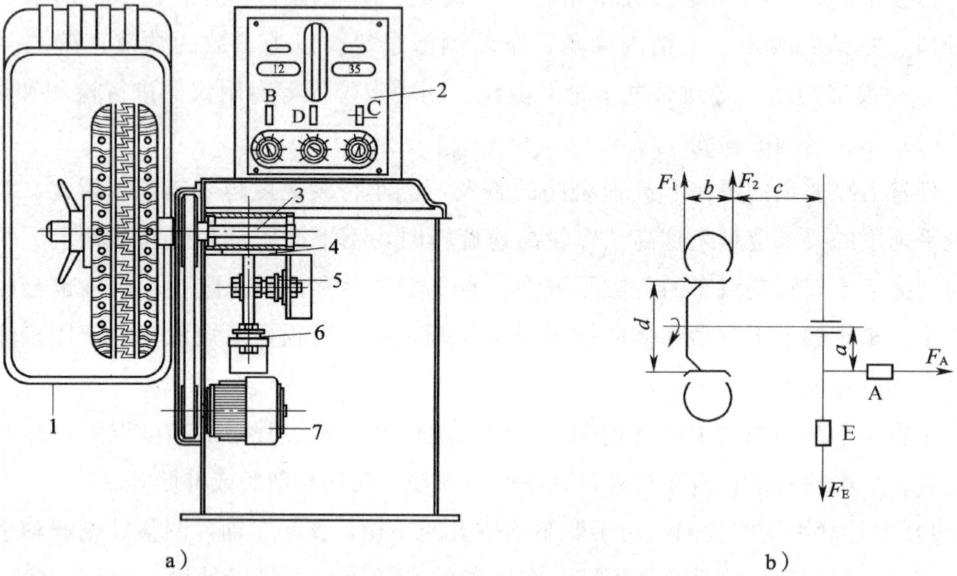

图 3—6—5　离车式动不平衡检测原理

a）离车式车轮平衡机　b）检测原理

1—安全罩　2—仪表板　3—主轴　4—应变梁　5—水平传感器　6—垂直传感器　7—驱动电动机

A—水平传感器　E—垂直传感器　F_1、F_2、F_E—轴向不平衡力　F_A—径向不平衡力

a，b，c，d—检测参数

3）使用就车式动平衡机检测及校正车轮动平衡。车轮动平衡的检测可将车轮安装到离车式车轮动平衡机上进行，但需要把车轮拆下。就车式车轮动平衡机可直接在在用车上使用，非常方便，而且既可进行动平衡检测，又可进行静平衡检测，校正的部件包括车轮、制动鼓（盘）、轮毂轴承等高速旋转体。

①检测前的准备工作。图 3—6—6 所示为就车式车轮动平衡机的组成及检测示意图。

a. 检测前，将汽车前部用千斤顶支起。注意保持前轴水平，使两边车轮距地面的间隙相等。

b. 清除被测车轮上的泥土、石子和旧平衡块等。

c. 检查轮胎气压，必要时调整至规定值。

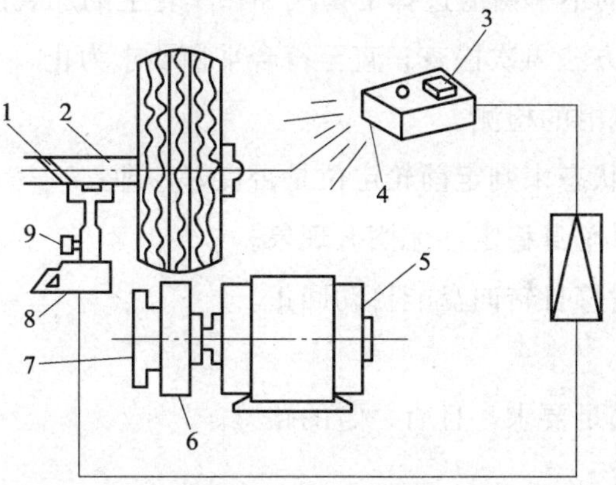

图 3—6—6　就车式车轮动平衡机的组成及检测示意图

1—传感磁头　2—转向节　3—不平衡度表　4—频闪灯　5—电动机
6—转轮　7—制动器　8—底座　9—可调支架

d. 用手转动车轮，检查轮毂轴承是否松旷，必要时调整至规定值。

e. 在轮胎外侧任意位置上用白粉笔或白胶布做好记号。

②车轮静平衡的检测及校正

a. 使用三角垫木或其他方法固定另一个前轮和两个后轮，将传感磁头吸附到悬架或转向节下，调节可调支架高度并锁紧。

b. 推动车轮动平衡机至车轮侧面或前面（视车轮平衡机形式不同而有所区别），检查频闪灯工作是否正常，检查转轮的旋转方向能否使车轮的转动方向与汽车向前行驶的方向一致。

c. 操纵车轮动平衡机转轮与轮胎接触，启动电动机并带动车轮旋转至规定转速。

d. 观察频闪灯照射下的轮胎标记位置，并从指示装置上读取不平衡量数值（用第一挡显示）。

e. 操纵车轮动平衡机上的制动装置，使车轮停止转动。

f. 用手转动车轮，使其上的标记仍处在上述观察位置上，此时车轮的最上部即为加装平衡块的位置。

g. 按指示装置显示的静不平衡量选择平衡块，并将其牢固地装夹到轮辋边缘上。

h. 重新驱动车轮进行检查，这时指示装置用第二挡显示。调整平衡块的质量和位置，直至符合平衡要求为止。

③车轮动平衡的检测及校正

a. 将传感磁头吸附在经过擦拭的制动底板边缘平整处，使磁头与车轮旋转中心处在同一水平位置。

b. 驱动车轮旋转至规定转速，按照上述检测方法观察轮胎标记位置，读取动不平衡值。

c. 停转车轮，按动不平衡值选择平衡块和在车轮上的加装位置，加装平衡块。

d. 按照上述检测方法再次检查，直至符合平衡要求为止。

（2）前轮定位及侧滑的检测

1）根据汽车行驶状态来判定前轮定位是否良好，即：

①汽车直线行驶时车身稳定，无摆振现象。

②转弯时无横向滑移且转向盘能自动回正。

③轮胎磨损量最小。

④转向盘操纵力满足要求，且有一定的路感。

⑤转向灵敏度适宜。

⑥有良好的操纵稳定性。

⑦无转向沉重等转向系故障、制动跑偏等制动系故障和行驶跑偏、轮胎异常磨损等行驶系故障。

2）前轮定位简介。汽车车轮定位主要是转向轮定位。除一些特殊汽车（如铲车）采用后轮转向外，大部分汽车都采用前轮转向，因此，转向轮定位一般也称为前轮定位。不少乘用车的后轮也有定位（后轮定位主要有后轮外倾、后轮前束等），即四轮定位。

前轮定位一般包括主销后倾、主销内倾、前轮外倾和前轮前束。前轮定位是前轴技术状况的重要诊断参数。车轮定位正确与否，将直接影响汽车的操纵稳定性、安全性、燃油经济性、轮胎等部件的使用寿命及驾驶员的劳动强度等。因此，车轮定位值的检测不仅对在用车十分必要，而且对新车定型和质量抽查也是必不可少的。

常见车型车轮定位参数见表 3—6—1。

表 3—6—1　　常见车型车轮定位参数

参数 车型	前轮前束	前轮外倾	主销后倾	主销内倾	后轮前束	后轮外倾
别克	−0.2°～0.2°	0.2°～1.2°	1.3°～2.3°		−0.4°～0.2°	−0.65°～0.35°
宝来	±10′	−30′±30′	7°40′±30′		20′±10′	−1°27′±10′
桑塔纳（JV 发动机）	−20′±10′	−1°40′±20′	30′		25′±15′	−1°40′±20′
丰田日冕 RT81	4～6 mm	1°20′±30′	20′±30′	6°55′		
奥迪 100	0.5～1 mm	−30′±30′	50′±40′	14°20′		
切诺基	−0.79～0.79 mm	±15′	7°30′±30′			

续表

参数 车型	前轮前束	前轮外倾	主销后倾	主销内倾	后轮前束	后轮外倾
夏利 TJ7100	−1～3 mm	20′±10′	2°55′±1°	12°±30′	4～8 mm	
跃进 NJ1041A	1.5～3 mm	1°	2°30′	8°		
解放 CA1091	2～4 mm	1°	1°30′	8°		
东风 EQ1090E	1～5 mm	1°	2°30′	6°		

需要说明的是，现在的乘用车上广泛使用的低压轮胎具有断面宽、与路面接触面大、弹性好、稳定力矩大等特点，有利于转向轮自动回正和提高汽车的行驶稳定性。所以现在的乘用车车轮定位值已不同于传统车系，如其主销后倾角小，甚至为负值；主销内倾角大到十几度；车轮外倾角小，有负值；前束也有负值。从上表中也能看出这些变化。

3）前轮定位的检测。前轮定位的检测是根据车轮旋转平面与各定位角之间存在的直接或间接的几何关系，用特制的仪器和设备测量其是否符合原厂规定。检测方法有静态检测法（汽车停止不动）和动态检测法（汽车以一定速度行驶，一般在试验台上进行），使用的仪器有气泡水准式、光学式、激光式、电子式和微机 3D 式车轮定位仪等。

国产 GCD-1 型光束水准车轮定位仪结构简单，价格低廉，便于携带。该仪器除由一个水准仪、两个支架和两个转盘组成外，还配备有两个聚光器、两个标尺、两个标杆和一个踏板抵压器。聚光器在标杆的配合下可测得车轮前束值，在标尺的配合下可测得后轴与前轴间的平行度、后轴与车架间的垂直度以及后轴与车架在水平平面的弯曲变形等。在车轮定位值的检测中，有时应将制动踏板踩下，使车轮处于制动状态，踏板抵压器（实际上是一个抵杆）可将制动踏板压下而顶靠在驾驶座或其他支承物上，以节省人力。

下面介绍使用国产 GCD-1 型光束水准车轮定位仪对前轮定位进行静态检测。

①检测前的准备

a. 检查轮胎气压和车轮载荷是否符合原厂规定，检查车轮轮毂轴承、转向节衬套与主销是否松旷，检查制动器是否可靠。

b. 检测场地应水平、平整，并将汽车的前轮回正成直线行驶位置，再将两前轮分别放在各自的转盘上，使主销中心线的延长线能通过转盘中心。在有工厂标记的条件下，根据工厂标记将转向器定在中间位置，即可保证前轮的直线行驶位置。如果没有工厂标记且认为前束在每个前轮上是均匀分配的，则可参照下述方法来确定前轮的直线行驶位置：取下转盘锁止销，在两前轮上分别安装支架和聚光器，将聚光器的光束水平投在后轮中心且与后轮垂直的带三角架的标尺上，标尺应紧靠在车轮中心。调节聚光器焦距，在标尺上得到一清晰的带有缺口的扇形图像。读出两侧标尺上指针所指的数值，如果两侧数值相等，则认为前轮处于直线行驶位置。

c. 前轮直线行驶位置确定后，应将转盘扇形刻度调整到零位，对准游动指针，然后加以固定。这样，在转动转向盘时，前轮的转角便可在转盘刻度尺上读出。

d. 将固定支架的两个固定脚卡在轮辋的适当部位，再移动活动支架，使其固定脚也卡在轮辋上，然后用活动支架的偏心卡紧机构将三个固定脚的定位端面贴紧在轮辋的边缘上。松开调整支座弹性固定板的固定螺栓，使调整支座沿导轨滑动，通过特制芯棒使调整支座安装聚光器或水准仪的孔中心与前轮中心重合，然后拧紧螺栓，将调整支座固定于导轨上。

②前轮外倾角的检测

a. 将水准仪黑箭头指示的定位销插入支架的中心孔内，并使水准仪在左右方向上处于水平状态。轻轻拧紧锁紧螺钉，固定水准仪。

b. 转动水准仪上的 A 调节盘，直到对应气泡管内的气泡处于中间位置，然后在黑刻度盘上读出 A 盘红线所指的角度值，该角度值即为前轮外倾角。用同样的方法可检测其他车轮的外倾角。

③主销后倾角的检测

a. 前轮外倾角测定后，不挪动水准仪，接着进行主销后倾角的检测。

b. 将前轮向内转 20°（对于左前轮则向左转，对于右前轮则向右转，下同），松开弹簧锁紧螺钉，使水准仪在左右方向上处于水平状态，然后拧紧锁紧螺钉。转动水准仪上的 B、C 调节盘，使其上的红线与蓝、红、黄刻度盘零线重合。调节对应气泡管的旋钮，使气泡管内的气泡处于中间位置。

c. 将前轮向相反方向转 40°，转动 B、C 调节盘，使气泡管的气泡回到中间位置，在蓝盘上读出 B、C 盘红线所示值，该值即为主销后倾角。用同样的方法检测另一侧的主销后倾角。

④主销内倾角的检测

a. 先踩下制动踏板或用踏板抵压器压住制动踏板，保持前轮的制动状态，再从支架上取下水准仪，将红、黄箭头所指的定位销插入支架中心孔内，轻轻拧紧锁紧螺钉。将被测前轮向内转 20°，松开锁紧螺钉，使水准仪在左右方向上处于水平状态，然后拧紧锁紧螺钉。

b. 转动 B、C 调节盘，使其上的红线与蓝、红、黄刻度盘零线重合。调节对应气泡管的旋钮，使气泡管内的气泡处于中间位置。

c. 将前轮向外转 40°，转动 B、C 调节盘，使气泡管内的气泡回到中间位置，此时

B、C 盘红线刻度或黄刻度盘所示值即为主销内倾角。用同样的方法检测另一侧的主销内倾角。检测左前轮时在黄刻度盘上读数，检测右前轮时在红刻度盘上读数，简称左黄右红。

⑤前轮前束的检测

a. 调整汽车两前轮至直线行驶位置，并保持不动。调节两套标杆长度，使同一标杆两标盘之间的距离略大于被测轮距，且两根标杆的长度完全相同，并能使聚光器光束指针大致投射到标牌的中间位置。将已调好的两套标杆分别放置在前桥的前、后侧，并平行于该桥。标杆距车轮中心的距离为车轮上前束测量点处车轮半径的 7 倍。

b. 将车轮一侧聚光器的光束投到前标杆的标盘上，使光束指针指向某一整数，再将该聚光器的光束向后投射到后标杆的标牌上，平行移动后标杆，使光束指针落在与前标牌同一数值上。然后将另一侧聚光器分别向前、后标杆投射光束，读出光束指针的指示值。用后标杆指示值减去前标杆指示值的差值，即为前束值。

4）前轮侧滑量的检测。前轮侧滑量的检测一般在侧滑试验台上进行，其值不得超过 5 m/km。前轮侧滑量是前轮定位失准的一种表现形式。

①影响侧滑量检测结果的因素

a. 转向轮外倾与前束匹配不当。

b. 轮毂轴承间隙过大或左右松紧度不一致。

c. 转向节主销和衬套磨损严重。

d. 横、直拉杆球头松旷或左右悬架性能有差异。

e. 前后轴不平行。

f. 左右轮胎气压不等或花纹不一致。

g. 轮胎磨损过甚或严重偏磨。

h. 轮胎表面有水、油或石子等。

i. 汽车通过侧滑试验台的速度过快。

j. 汽车通过侧滑试验台时转向轮与侧滑板不垂直。

②检测前的准备

a. 调整轮胎气压至规定值。

b. 清除轮胎表面的水、油或石子等。

c. 检查试验台导线的连接情况，仪表复零。

d. 打开试验台锁止装置，检查侧滑板能否滑动自如和回位（侧滑板回位后，指示装置应指示零点）。

③检测

a. 汽车以 3～5 km/h 的速度垂直、平稳地通过侧滑板。

b. 从显示装置上读取侧滑值。

c. 锁止侧滑板，切断试验台电源。

④注意事项

a. 避免试验台超载。

b. 汽车通过试验台时，不允许转向、制动或将汽车停放在试验台上。

c. 保持试验台及周围环境的清洁，尤其是侧滑板的清洁。

d. 对于后轮有定位的乘用车，也要检测后轮的侧滑量是否合格。

三、故障案例

1. 故障现象

一辆宝来乘用车，累计行驶 20 000 km，高速行驶时出现前轮摆动现象。

2. 故障诊断

左右转动转向盘，自由行程正常；进一步检查转向传动机构，未发现传动间隙过大的现象。据此，基本排除该现象由转向系故障引起。用千斤顶顶起车身前部，在转向轮离开地面的过程中，车轮底部明显向汽车垂直中心（向内）逐步移动。用手将车轮底部反复向内、外扳动，发现前悬架下摆臂与发动机横梁处产生松旷。经检查发现该处衬套已严重磨损。该车前桥采用麦弗逊式独立悬架，此处磨损后产生过大的间隙，使车轮外倾角发生了变化。

3. 故障排除

更换衬套。

4. 故障点评

悬架的各种衬套是易损件，如果保养不当，或长期运行，就应该适时更换，这是悬架的常见故障部位。

思考与练习

1. 汽车行驶系由哪几部分组成？
2. 如何检测车辆的侧滑量？
3. 为何要进行四轮定位？如何利用四轮定位仪检测车辆的四轮定位？
4. 汽车行驶系有哪些故障现象？

模块四

汽车电气系统故障检测与诊断

课题一 电源系故障检测与诊断

学习目标

◆ 了解电源系的组成。

◆ 掌握电源系故障检测与诊断方法。

◆ 能够对电源系故障进行检测与诊断。

想一想

一辆丰田卡罗拉轿车行驶中充电指示灯常亮。显然，发电机不工作，无法向蓄电池充电，更不能向用电设备供电。为了防止发动机因亏电而自行熄火，以及不影响下次启动发动机，需要对电源系进行检测，判断故障部位，排除故障，恢复发电机的充、放电能力。

想一想：

1. 维护型和免维护型蓄电池各有什么特点？

2. 蓄电池发热或极桩发热都有哪些原因？

轿车在使用过程中，发动机正常运转时，充电指示灯应熄灭。若充电指示灯不熄灭，说明发电机不工作，不能向用电设备供电，也不能向蓄电池充电。另外，当发动机转速逐渐升高时，发电机电压随发动机转速逐渐升高并稳定在某一电压值不变，一般为 14～16 V。如发现问题应检测电源系。

一、电源系的组成

电源系为双电源，即发电机和蓄电池并联工作，图 4—1—1 所示为桑塔纳轿车简化的电源电路原理图。

电源系主要由蓄电池、交流发电机和电压调节器组成。

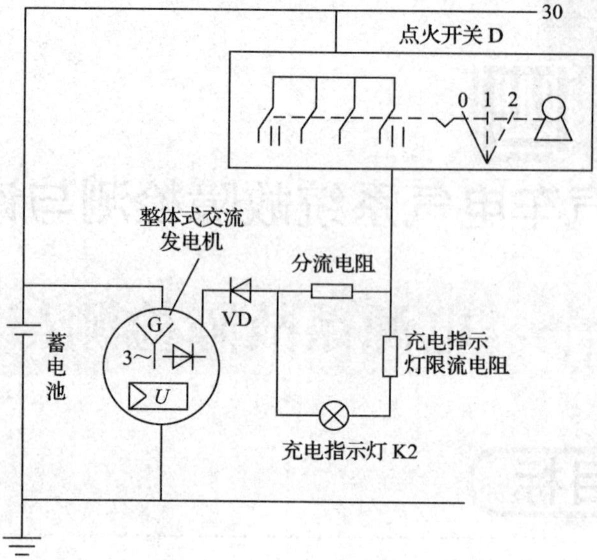

图 4—1—1　桑塔纳轿车简化的电源电路原理图

1．蓄电池

（1）蓄电池的作用

汽车上装有两个直流低压电源，一个是启动型蓄电池，另一个是发电机。发电机是由发动机带动而发电的，蓄电池是靠内部的化学反应来存储电能和向外供电的，两个电源与全车用电设备均接成并联电路，如图 4—1—2 所示。

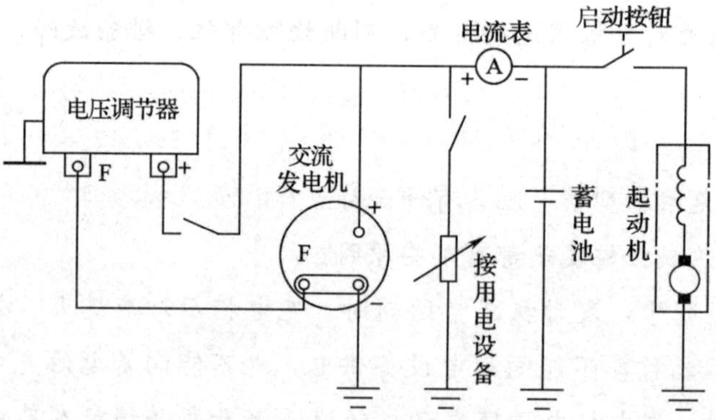

图 4—1—2　汽车并联电路

在发动机工作时，用电设备所需电能主要由发电机供给，而蓄电池的主要用途有：

1）汽车发动机启动时，蓄电池向起动机和点火装置供电。启动发动机时，蓄电池必须在短时间内（5～10 s）给起动机提供强大的启动电流（汽油机为 200～600 A，柴油机有的高达 1 000 A）。

2）在发电机不发电或电压较低时，蓄电池向点火系及其他用电设备供电，同时向硅整流发电机供给他励励磁电流。

3）当用电设备同时接入较多、发电机超载时，蓄电池协助发电机共同向用电设备供电。

4）当蓄电池存电不足、发电机负载又较少时，可将发电机的电能转变为化学能存储起来，即进行充电。

5）稳定电路电压。当发动机运转时，交流发电机向整个系统提供电流。蓄电池起稳定电气系统电压的作用。蓄电池相当于一个较大的电容器，可吸收发电机的瞬时过电压，保护电子元件不被损坏，从而延长其使用寿命。

蓄电池最突出的优点是内阻小，电压高而且稳定，还复系数（即放出电量与充入电量之比）高，成本低，易于满足汽车的需要。然而它也有一些缺点，如比能低、可靠性较差、易出现故障、需要经常维护、使用寿命较短等。

（2）蓄电池的结构

蓄电池一般由3个或6个单格电池串联构成，其结构如图4—1—3所示，主要由极板、隔板、电解液和外壳等组成。

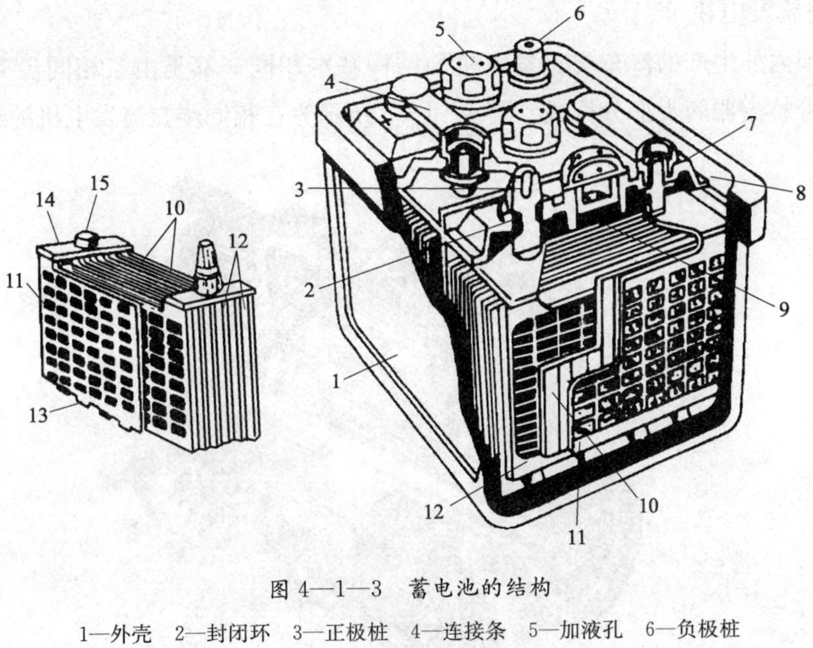

图4—1—3 蓄电池的结构

1—外壳 2—封闭环 3—正极桩 4—连接条 5—加液孔 6—负极桩

7—电池盖 8—封料 9—护板 10—隔板 11—负极板

12—正极板 13—支承凸起 14—横条 15—正极桩

蓄电池的外形如图4—1—4所示，可以看到正极桩、负极桩、规格型号及注意事项等。

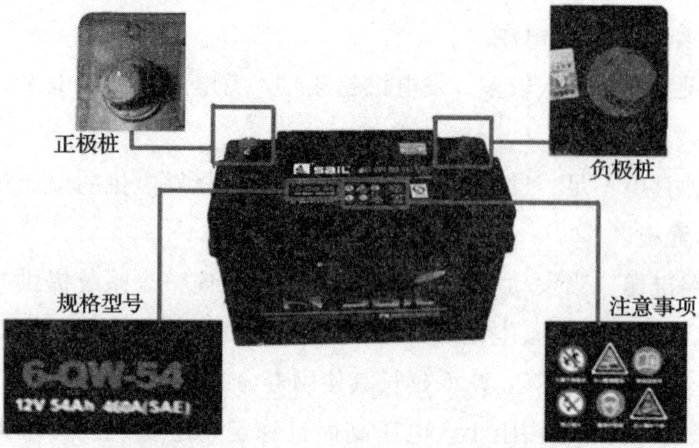

图 4—1—4　蓄电池的外形

(3) 蓄电池的选用原则

选用蓄电池时应遵循下列两条原则：

1) 蓄电池的电压必须与汽车电气系统的额定电压一致。

2) 蓄电池的内阻要小，容量要大，以保证发动机能够可靠启动。

2．交流发电机

目前国内外生产的汽车交流发电机的结构基本相同，都是由三相同步交流发电机和硅二极管整流器两大部分构成。图 4—1—5 所示为三相同步交流发电机的组件图。

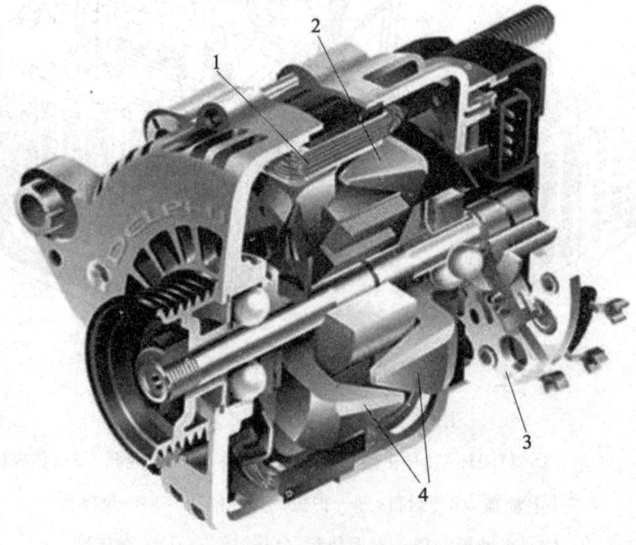

图 4—1—5　三相同步交流发电机的组件图

1—定子绕组　2—转子　3—元件板　4—磁极

三相同步交流发电机的作用是产生三相交流电。它主要由转子，定子，前、后端盖，风扇及带轮等组成。在发动机的驱动下，发电机转子磁场旋转，磁力线被定子绕组线圈切割，三相绕组中便产生完全对称的三相交流电。三相交流电经整流器整流和调压器调压后，输出相对稳定的直流电源，在正常情况下，输出电压为 14 V 左右。

（1）交流发电机的定期检查

一般来说，交流发电机每运转 700～800 h（约 30 000 km），应检修一次，主要检查电刷和轴承的情况。新电刷的高度为 14 mm，磨损至 7～8 mm 时应更换电刷；轴承如有显著松动，应予以更换。

（2）交流发电机的维护

1）经数次维护后，应将发电机解体，检查发电机的滑环有无脏污；清洗并检查轴承是否缺油；检查电刷的磨损情况及弹簧压力，视情况予以修理或更换。

2）用万用表检查整流二极管的性能是否正常。

3）用万用表检查定子线圈，其三个接头中任意两个都应连通；中性点的引线接头与线圈接头应连通，否则说明断路。每个接头与铁芯间应绝缘。

3. 电压调节器

由于交流发电机的转子是由发动机通过传动带驱动旋转的，且发动机和交流发电机的转速比为 1.7～3，因此，交流发电机转子的转速变化范围非常大，这样将引起发电机的输出电压发生较大的变化，无法满足汽车用电设备的工作要求。

电压调节器是将发电机输出电压控制在规定范围内的装置，当发电机转速升高时，电压调节器通过减小发电机励磁电流来减小磁通，使发电机的输出电压保持不变，当发电机的转速降低时，电压调节器通过增大发电机的励磁电流来增加磁通，使发电机的输出电压保持不变，使其不因发电机转速高时电压过高而烧坏用电设备和导致蓄电池过充电，也不会因发电机转速低时电压不足而导致用电设备工作失常。

图 4—1—6 所示为晶体管调节器和集成电路调节器。

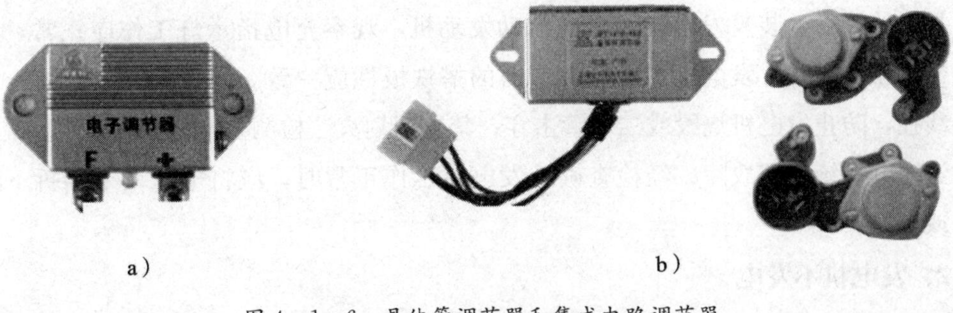

a）　　　　　　　　b）

图 4—1—6　晶体管调节器和集成电路调节器

a）晶体管调节器　b）集成电路调节器

二、电源系故障检测与诊断

1. 发电机工作不稳定

（1）故障现象

行车时电流表指针摇摆不定或指向放电，充电指示灯常亮。

（2）故障原因及处理方法

1）发电机传动带过松。首先接通点火开关，观察充电指示灯是否点亮，不亮应检查指示灯电路。启动发动机，观察充电指示灯是否熄灭，若不熄灭，则检查发电机传动带是否过松而造成打滑。在正常情况下，在大拇指的压力下，发电机传动带应有10～15 mm 的挠度。若过松，应将其张紧。

2）发电机、电压调节器和蓄电池间的连接线路或接头脱落。将发动机熄火，检查发电机、电压调节器和蓄电池间的连接线路或接头是否脱落或断路，如果是上述原因，应予以排除。

3）发电机损坏。直接测量发电机的输出端，若无输出，应更换发电机。

4）电压调节器损坏。用短路法短路电压调节器，若有电流输出，应更换电压调节器。

（3）故障诊断与排除方法

判断发电机是否损坏，应拆掉发电机上的磁场接线柱与电枢接线柱，用一个小灯泡进行试验。把小灯泡的一端接在发电机电枢接线柱上，另一端搭铁，启动发动机使其中速运转，观察小灯泡是否点亮。如果小灯泡不亮，说明故障在发电机本身，应予以检修。如果小灯泡点亮，应检查发电机内励磁线路的工作情况。把小灯泡的一端接在发电机的磁场接线柱上，另一端搭铁，启动发动机使其中速运转，观察小灯泡是否点亮。如果小灯泡点亮，说明故障在发电机至仪表指示灯的接线柱线路上，应予以检修或更换。如果小灯泡不亮，说明故障在发电机内的励磁线路上，应检修或更换发电机。

排除故障后，装复发电机。再次启动发动机，观察充电指示灯工作应正常，发电机输出电压应正常，发电机与电压调节器的搭铁极性应一致。禁止短接发电机上的磁场接线柱，防止发电机烧毁或二极管击穿；禁止用划火法检测发电机是否发电。

当充电系统出现故障、经检查确认发电机工作正常时，应将电压调节器拆下进行检修或更换。

2. 发电机不发电

（1）故障现象

发电机无电流输出，故障指示灯点亮。

（2）故障原因及处理方法

传动带过松，电刷发卡，励磁电路断路，转子和定子线圈短路、断路与搭铁，整流板二极管损坏等。张紧发动机带轮，拆解发电机，排除故障或更换发电机。

（3）故障诊断与排除方法

1）启动发动机前，当接通电源开关时，仪表上的充电指示灯不亮，应先检查蓄电池接线柱的连接是否牢固，若牢固，说明故障在发电机的励磁电路上。

2）检查电压调节器的磁场接线柱导线是否有电。若无电，说明充电指示灯损坏或蓄电池连接指示灯的火线断路，应予以检查或更换；若有电，应检查电压调节器的电枢线圈是否有电。若无电，说明电压调节器有故障，应予以更换；若有电，应检查发电机上电枢接线柱的导线是否有电。若无电，说明电压调节器电枢接线柱到发电机电枢接线柱的连接导线断路；若有电，说明故障发生在发电机内部，应检查电刷是否发卡、磁场线圈是否断路、滑环是否有油污。必要时应予以排除或更换。

发电机不发电的故障现象及解决方法见表 4—1—1。

表 4—1—1　　发电机不发电的故障现象及解决方法

原因	现象	措施
励磁线圈碰铁	拆下直流发电机磁场接线柱的接线，触碰此接线柱时出现强火花	拆下并检修励磁线圈，消除碰铁点
直流发电机电刷卡死	用旋具短接电枢接线柱与机壳时无火花，无电刷工作音	检查电刷的工作情况，必要时更换刷块
直流发电机绝缘电刷碰铁	如上项刮火无火花，拆除电枢接线柱上的导线，用电源线碰触此接线柱出现强火花	更换电刷刷架的绝缘垫片
直流发电机励磁线圈断路	如上项刮火无火花，拆除磁场接线柱上的导线，再碰触此接线柱时也无火花	拆下并检修励磁线圈及其连接线
交流发电机整流二极管击穿	行车中电流表总是指向放电，停车后用纸隔开断电器触点后电流表示数在 6 A 以上	更换失效的二极管
交流发电机励磁线圈断路或电刷卡住	停机，用纸隔开断电器触点，打开点火开关，电流表仍指零或接近于零	检查电刷的工作情况，拆下并检修转子线圈
发电机传动带脱落	发电机不转，电流表总是指向放电	更换新的传动带

3．发电机异响

（1）故障现象

发电机运转过程中产生“哗哗”或“吱吱”等异响。

（2）故障原因及处理方法

1）风扇传动带过紧或过松。应张紧发电机带轮。

2）发电机轴承损坏，被卡住或松旷、缺油，轴承钢球保护架脱落等。应更换发电机。

3）发电机转子与定子相碰，即“扫膛”。应拆解或更换发电机。

4）电刷磨损过大，或电刷与集电环接触角度偏斜，电刷在电刷架内倾斜摆动。应拆解或更换发电机。

5）发电机总装时部件不到位，使机体倾斜或发电机电枢轴弯曲。应拆解或更换发电机。

6）发电机传动带轮与轴松旷，使带轮与散热风扇碰撞。应拆解或更换发电机。

（3）故障诊断与排除方法

1）检查风扇传动带松紧度。应将其调整到合适的位置。

2）检查发电机带轮与发电机安装得是否松旷。若发现松旷应紧固螺栓。

3）用手触摸发电机外壳和轴承部位，若有烫手感说明定子与转子相碰或轴承损坏。应予以更换。

4）用听诊器探听发电机轴承部位，若有不规则的清脆响声，说明轴承缺油或滚珠已损坏。

5）拆出电刷，观察并检测其完好程度，若磨损过大，会导致接触不良等故障。应予以更换。

6）检查发电机内部机件的配合及润滑情况，检查二极管和定子线圈有无短路或断路。

4．充电电流过大

（1）故障现象

1）在蓄电池不亏电的情况下，充电电流仍在 10 A 以上。汽车行驶 2～3 h，电流表始终指示 5 A 充电电流。

2）蓄电池的电解液消耗过快，需经常添加。

3）照明灯泡、分电器断电触点经常烧损。

4）点火线圈或发电机有过热现象。

（2）故障原因及处理方法

1）电压调节器的电压调整得过高。应更换电压调节器。

2）电磁式电压调节器低速触点粘连，或高速触点脏污、接触不良、搭铁电阻增加，使励磁绕组不能及时短路。

3）电压调节器磁化线圈或温度补偿电阻断路。应更换电压调节器。

4）发电机绝缘电刷或正电刷与元件板短路。应拆解或更换发电机。

5）电压调节器中大功率三极管集电结和发射结之间的漏电流过大，不能有效截止。应更换电压调节器。

（3）故障诊断与排除方法

用万用表直流电压挡检测发电机电压，即红表笔触及发电机“B”接线柱，黑表笔搭铁，逐渐提高发动机转速，检测发电机电压。

1）如果电压偏低、充电电流很大，应检查蓄电池是否严重亏电或内部短路。

2）如果电压过高，可能是电磁式电压调节器低速触点粘连或高速触点接触不良。

3）如果人为闭合高速触点时，电压下降，则为电磁线圈、温度补偿电阻断路。

4）如果人为闭合高速触点时，电压仍不下降，则为高速触点氧化、脏污而存在闭合电阻，以致不能合理短路励磁电路。

5．发电机整流器火花大

（1）故障现象

电流表表针有时摆动，充电电流不稳定或不充电。

（2）故障原因及处理方法

1）电刷（图4—1—7）过分磨损，应更换电刷。

2）电刷弹簧弹力小，应更换电刷弹簧。

3）整流器表面拉毛、磨损，应更换发电机转子。

（3）故障诊断与排除方法

拆解发电机，更换电刷，测量弹簧弹力，视需要换件，用细砂纸磨整流器，或更换发电机。

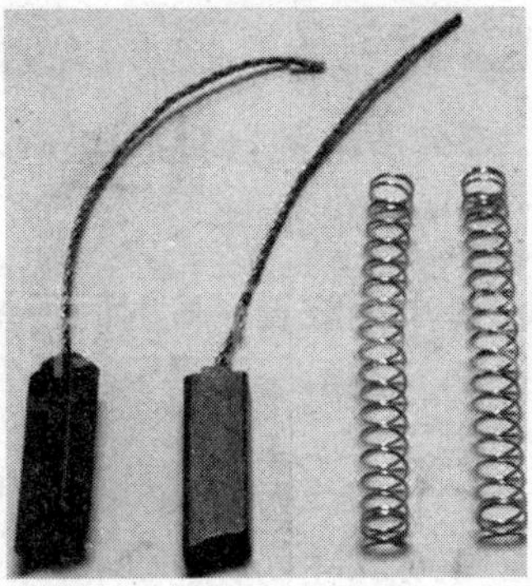

图4—1—7　电刷

6．蓄电池极板硫化

（1）故障现象

启动时不能供给足够的电压，发动机不能启动。充电时有下列现象：充电时电压迅速上升，过早发生“沸腾”现象，电解液温度很快上升到40℃以上；使用时电容量显著不足，且电压下降很快。

（2）故障原因

蓄电池极板上产生一层导电不良、白色的粗晶粒硫酸铅，正常充电时，不能完全使其转化为铅和二氧化铅，这种现象称为“硫酸铅硬化”，简称“硫化”。粗晶粒硫酸铅堵塞了极板孔隙，使电解液渗入困难并增加了内阻，因而蓄电池容量降低，引起供电不足，过早沸腾。

（3）故障诊断与排除方法

1）过充电法（适用于轻微硫化）。用初次充电的第二阶段充电电流连续进行过量充电。当电解液产生大量的气泡，比重达 1.28 左右，即可使用。最好将有硫化的个别电池单独进行过充电，使其消除硫化。

2）小电流过充电法（适用于较重硫化）。将蓄电池以 10 h 放电率放电至终止电压，倒掉电解液，加入蒸馏水，用初次充电的第二阶段充电电流进行连续充电，待电解液比重升至 1.15 左右时，再按 10 h 放电率放电至终止电压。然后再用原来的充电电流进行过充电，直到电解液比重不再上升时，把电解液比重调整到 1.28 并用 10 h 放电率放电至终止电压。若蓄电池容量达到额定容量的 80%，即可使用；若容量还很小，可按上述方法反复进行，直到蓄电池性能恢复正常为止。

3）水处理法（适用于严重硫化）。将蓄电池充电后，做一次 10 h 放电率放电，到单格电池电压均降至 1.8 V 为止。然后将电解液从蓄电池内倒出，并立即加入蒸馏水，静置 1～2 h，再用补充电第二阶段充电电流值的 1/2 进行充电，至电解液的比重达 1.12 以后，再将充电电流减小 1/5 继续充电，直到正、负极板开始出现大量气泡，电解液比重不再上升，即可停止充电。然后再用 10 h 放电率的 1/5 放电电流放电 1.5～2 h。重复数次，直到所有极板恢复正常，即可使用。

7．蓄电池自行放电

（1）故障现象

蓄电池放置一段时间很快就处于缺电状态，自行放电速度快。

自行放电不能完全避免，一般认为每天消耗本身容量的 1%～2%是正常的，若超过此数值，为不正常自行放电。

（2）故障原因及处理方法

1）极板材料或电解液中有杂质，杂质与极板或不同杂质之间就会产生电位差，形成闭合的“局部电池”而产生电流，使蓄电池放电。

2）隔板破裂，造成局部短路。

3）蓄电池盖上有电解液或水，使正、负极间形成通路而放电。

4）活性物质脱落，使极板短路造成放电。

5）蓄电池长期存放，电解液中硫酸下沉，使上部比重小，下部比重大，引起自行放电。

出现上述情况均应更换蓄电池。

（3）故障诊断与排除方法

要减少自行放电，电解液必须力求纯净，使用中应经常保持蓄电池盖清洁，以免短路。若电解液不纯净，需将蓄电池用标称容量 1/10 的电流放电至单格电压 1.7 V 为止，然后将电解液倒出，并用蒸馏水清洗干净，再换用纯净的电解液进行充电。

三、电源系检修注意事项

1. 熔丝的使用注意事项。熔丝在电路中起保护作用。当电路中流过的电流超过规定值时，熔断器的熔丝自身发热而熔断，使电路切断来达到防止电路连接导线和用电设备烧坏并将故障限制在最小范围内的目的。通常情况下，将很多熔丝组合在一起安装在熔断器内，并在熔断器盖上注有各熔丝的位置、名称和额定容量。

在环境温度为18～32℃的条件下，当流过熔丝的电流为额定电流的1.1倍时，熔丝不会熔断；当电流达到额定电流的1.35倍时，熔丝在60 s内熔断；当电流达到额定电流的1.5倍时，额定电流为20 A及以内的熔丝将在15 s内熔断，额定电流为30 A的熔丝将在30 s内熔断。

2. 插接器的拆装注意事项。插接器即连接插头和插座，用于导线与导线、线束与继电器、用电设备之间的相互连接。为了防止插接器在汽车行驶过程中脱开，所有的插接器均采用了闭锁装置。要拆开插接器时，首先要解除闭锁，然后把插接器拉开，不允许在未解除闭锁的情况下用力拉导线，这样会损坏闭锁装置或连接导线。

3. 在装有电子线路的汽车上，不允许使用“试火”的方法来判断故障，否则会给某些电路和电子元件造成意想不到的损害。

4. 不允许使用欧姆表及万用表的$R\times100$及以下挡来检测小功率晶体管，以免电流过大损坏晶体管。

5. 更换三极管时，应首先接入基极；拆卸时，应最后拆下基极。

6. 拆卸和安装电气元件时，应切断电源。

四、故障案例

1．故障现象

一辆夏利TJT101型轿车，装备376QE型发动机，日本电装公司电喷系统。据司机反映，该车在行驶中突然熄火后无法重新启动。经初步检查，发现无高压火，但仪表盘的发动机故障指示灯未点亮。

2．故障诊断

因故障指示灯不亮，所以无法读取故障码，只有先找出故障灯不亮的原因，才能进行下一步的工作。查看发动机室内的熔断器盒，EFI（电控燃油喷射系统）熔丝没有烧断，BACK（倒车灯）熔丝也未烧断。再检查驾驶室内的熔丝EFI NO.2，发现其已经烧断。更换一个新的熔丝后，再打开点火开关，仪表盘上的发动机故障指示灯点亮了。提取故障码，输出为正常码。

试着启动发动机，还是不能着车。开、关点火开关，可以听到汽油泵工作的声音，判断可能是点火系统的故障。拔下中央高压线试火，启动时无高压火。经检查为ECU

控制点火线圈的晶体管 ET455 内输出端口的功率三极管烧损，更换后可以正常启动。

虽然发动机已可以正常启动，但发动机电控单元是不会轻易损坏的，如果不找出电控单元损坏的原因，故障很有可能还会重现。

启动发动机后测量充电电压，发现电压为 12 V（不充电），充电指示灯也不熄火，显然充电系统有问题。试着提高发动机转速，充电指示灯在 1 500 r/min 以上时熄灭，此时测量充电电压为 12.5 V。经分析可能是原来的启动时间过长，造成蓄电池亏电，所以决定进行路试，一是让蓄电池充电，二是观察修好的电控单元在其他工况下是否有不正常的情况。

行驶几千米后，汽车开始出现加不上油的情况，但没有熄火。将车开回修理厂，再次测量充电电压，发现这时的充电电压达到了 16 V 以上，马上关闭发动机。因该车的发电机电压调节器在发电机内部，可以肯定是发电机损坏了，发动机电控单元损坏的根源也在于此。

3．故障排除

拆下发电机，更换一个新的电压调节器，故障彻底排除。

4．故障点评

发电机的故障可能引发多种电路的故障，发动机作为汽车用电的基本来源，必须保证其稳定的工作状态。在一般情况下，人们往往容易忽略最重要的电源电路，不注意对电源电路的维护和保养，这一点应该引起足够的重视。

思考与练习

1. 发电机常见故障有哪些？应如何检测和诊断？
2. 蓄电池常见故障有哪些？应如何检测和诊断？

课题二　照明与信号系统故障检测与诊断

学习目标

◆ 了解照明与信号系统的组成。

◆ 掌握照明与信号系统故障检测与诊断方法。

◆ 能够对照明与信号系统故障进行检测与诊断。

想一想

一辆桑塔纳轿车，前照灯的远、近光均不亮，急需查明原因，排除故障，保障安全行车。

想一想：汽车上有哪些照明灯？有哪些信号指示灯？

汽车照明系统的故障原因主要是导线连接松动、接触不良、短路或搭铁、断路和充电系电压调整得过高等。汽车照明系统故障在诊断时常采用试灯法和电源短接法。要排除汽车照明系统的故障，需要熟悉照明系统的组成，掌握照明系统的特征，能够看懂电路结构图，进行电路分析，能够在电路图上找到检测点和故障部位。

一、照明系统的组成

汽车照明系统包括前照灯、雾灯、示宽灯、牌照灯、内部照明灯及其开关电路等。桑塔纳轿车照明系统电路如图 4—2—1 所示。

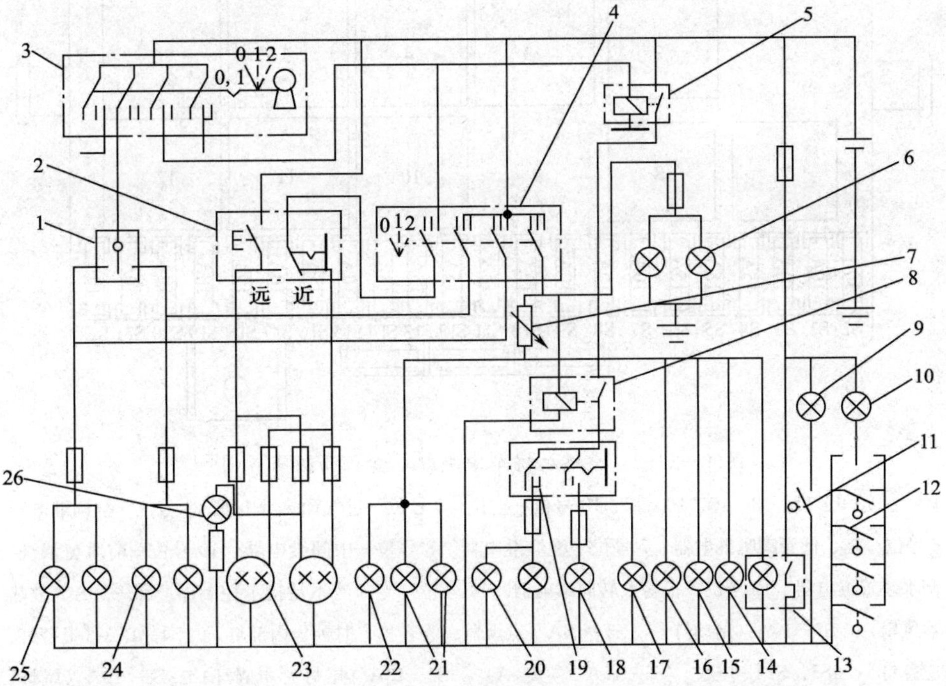

图 4—2—1　桑塔纳轿车照明系统电路

1—停车灯开关　2—变光和超车灯开关　3—点火开关　4—车灯开关　5—中间继电器　6—牌照灯　7—仪表灯调光电阻　8—雾灯继电器　9—行李舱灯　10—前顶灯　11—行李舱灯开关　12—前顶灯门控开关　13—点烟器照明灯　14—雾灯开关照明灯　15—后风窗除霜器开关照明灯　16—空调开关照明灯　17—雾灯指示灯　18—后雾灯　19—前、后雾灯开关　20—前雾灯　21—仪表灯　22—时钟照明灯　23—前照灯　24—右前、右后示宽灯　25—左前、左后示宽灯　26—远光指示灯这是典型的照明系统电路图，司乘人员总控、分控的各种形式的开关、熔丝、大电流继电器等用电设施一应俱全。除了行李舱灯、前顶灯、点烟器不受点火开关、车灯开关控制外，其余都受控于两开关。由于雾灯用电电流较大，因而其主电路经过中间继电器 5，又专设了雾灯继电器 8，但其控制电路仍受车灯开关 4 控制。

前照灯的远、近光电路与点火开关、车灯开关、变光和超车灯开关以及电源、熔丝有关，超车时远光受控于变光和超车灯开关。

图 4—2—2 所示为桑塔纳轿车中央配电盒正面板布置图，其上装有 8 个继电器、24 根熔丝。熔丝有 30 A、20 A、15 A、10 A 四种，分别用绿、黄、蓝、红色以示区分。继电器和熔丝的集中装配，使用户在进行故障检查和故障诊断与排除时十分方便。

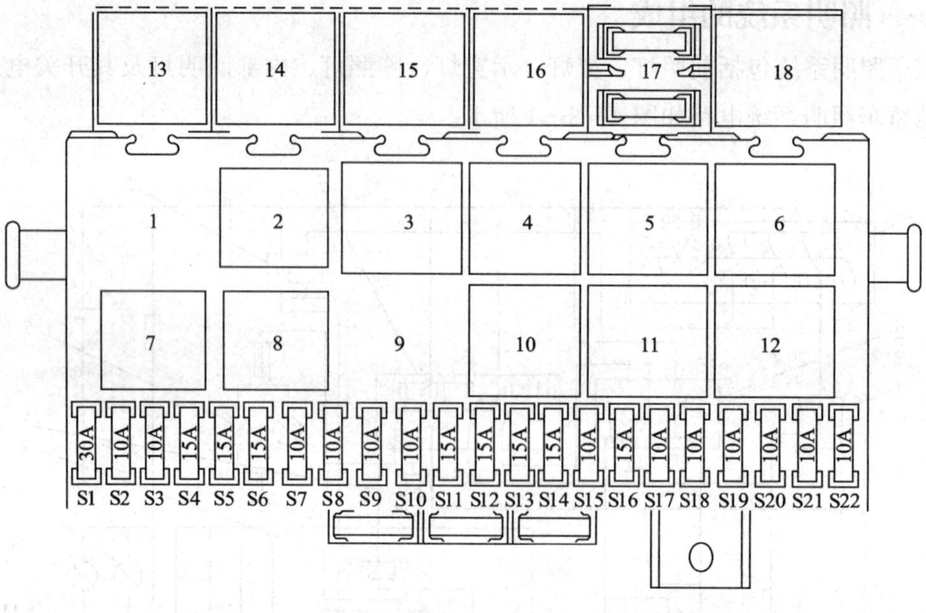

图 4—2—2　桑塔纳轿车中央配电盒正面板布置图①

1、3、4、9、11、13、15、16、17、18 号位—空位　2 号位—进气预热继电器　5 号位—空调继电器　6 号位—高、低音喇叭继电器　7 号位—雾灯继电器　8 号位—中间继电器　10 号位—前风窗清洗、刮水装置继电器　12 号位—报警及转向继电器　14 号位—冷却液不足指示控制器　S1—30A（散热器风扇）　S2—10A（制动灯）　S3—10A（点烟器、收音机、时钟、内部灯）　S4—15A（报警灯、应急灯）　S5、S12—空位　S6—15A（雾灯 A）　S7—10A（尾灯、左侧灯）　S8—10A（尾灯、右侧灯）　S9—10A（右前照灯远光）　S10—10A（左前照灯远光）　S11—15A（刮水器及清洗装置）　S13—15A（后风窗除霜器）　S14—15A（空调鼓风机）　S15—10A（倒车灯）　S16—15A（喇叭）　S17—10A（进气歧管预热热敏开关）　S18—10A（喇叭、制动警告灯）　S19—10A（转向信号灯）　S20—10A（牌照灯、杂物箱灯）　S21—10A（左前照灯近光）　S22—10A（右前照灯近光）

说明：

①S1～S22 后的括号内为其保护的用电器件名称。

二、照明系统故障检测与诊断

1．前照灯的远、近光均不亮

（1）故障现象

车灯开关处于 2 号位时，拨动变光开关，前照灯远、近光均不亮。

（2）故障原因及处理方法

1）熔断器 S9、S10、S21、S22 均断路。应更换熔丝。

2）车灯开关 E1 损坏。应更换车灯开关 E1。

3）变光开关 E4 损坏。应更换变光开关 E4。

4）前照灯的双丝灯泡损坏。应更换前照灯。

5）连接线路断路。应检查连接线路，排除故障。

（3）故障诊断流程

前照灯的远、近光均不亮的故障诊断流程如图 4—2—3 所示。

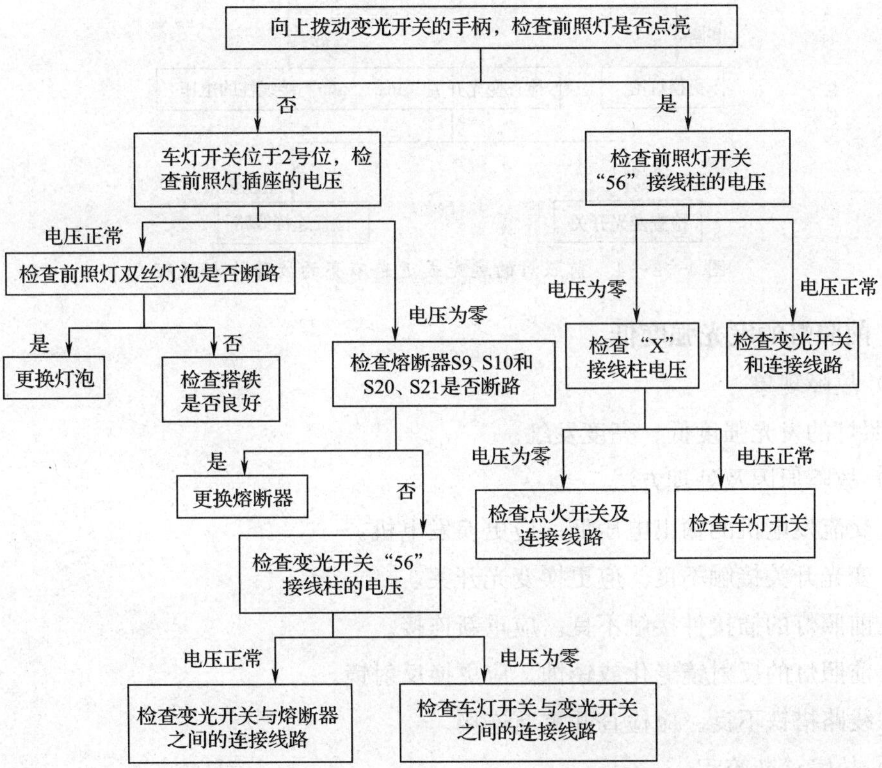

图 4—2—3　前照灯的远、近光均不亮的故障诊断流程

2．前照灯的远光或近光不亮

（1）故障现象

车灯开关处于 2 号位时，拨动变光开关，前照灯远光或近光不亮。

（2）故障原因及处理方法

1）变光开关的远光或近光挡接触不良。应检查并排除故障。

2）双丝灯泡的远光或近光灯丝损坏。应更换前照灯。

3）熔断器 S9、S10 或 S21、S22 断路。应更换熔丝。

4）远光灯或近光灯的连接线路断路。应重新连接。

（3）故障诊断流程

前照灯的远光或近光不亮的故障诊断流程如图 4—2—4 所示。

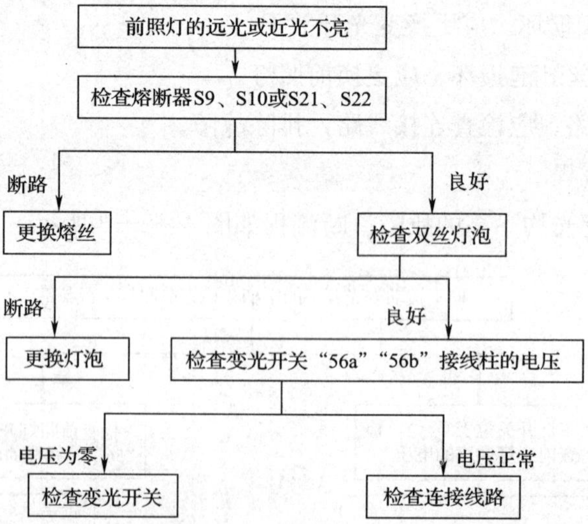

图 4—2—4　前照灯的远光或近光不亮的故障诊断流程

3．前照灯的发光强度低

（1）故障现象

前照灯的发光强度低、亮度发红。

（2）故障原因及处理方法

1）交流发电机的输出电压低。应更换发电机。

2）变光开关接触不良。应更换变光开关。

3）前照灯的插接件接触不良。应重新连接。

4）前照灯的反射镜老化或锈蚀。应更换反射镜。

5）线路搭铁不良。应检查并重新连接。

（3）故障诊断流程

前照灯的发光强度低的故障诊断流程如图 4—2—5 所示。

4．前照灯一侧的远光与近光均不亮

（1）故障现象

前照灯一侧的远光与近光均不亮。

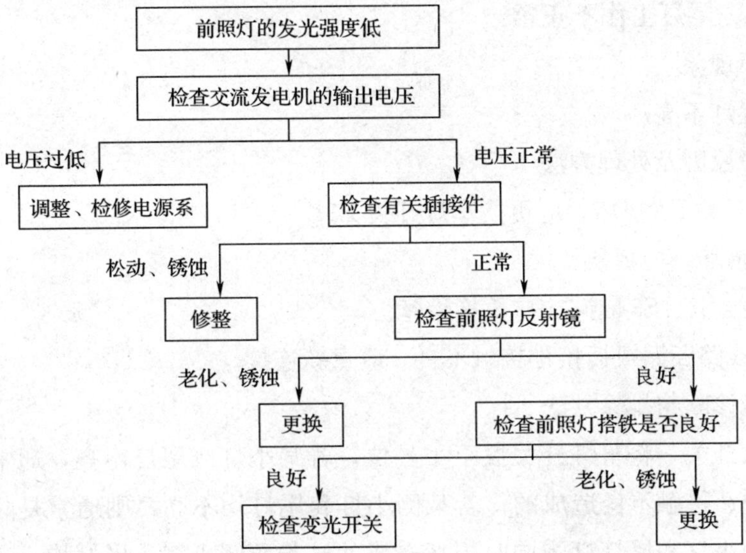

图 4—2—5　前照灯的发光强度低的故障诊断流程

（2）故障原因及处理方法

1）某侧双丝灯泡损坏。更换双丝灯泡。

2）熔断器 S9、S21 或 S10、S22 断路。应更换熔丝。

3）前照灯的插接件松脱或导线断路。应检查并重新连接。

（3）故障诊断流程

前照灯一侧的远光与近光均不亮的故障诊断流程如图 4—2—6 所示。

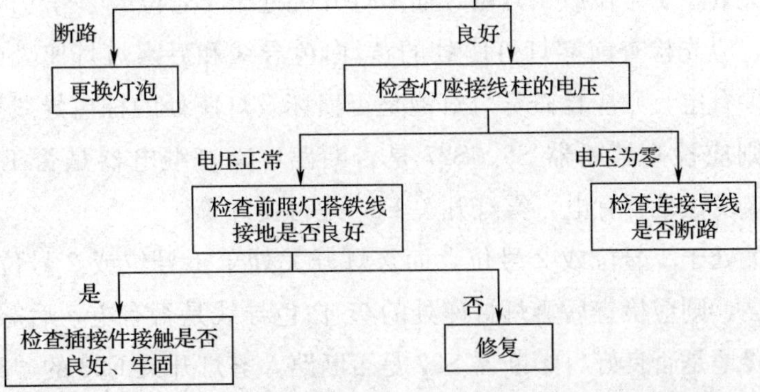

图 4—2—6　前照灯一侧的远光与近光均不亮的故障诊断流程

5. 小灯、尾灯工作不正常

（1）故障现象

小灯、尾灯不亮。

（2）故障原因及处理方法

1）车灯开关 E1 损坏。应更换车灯开关 E1。

2）灯泡损坏。应更换。

3）熔断器 S7、S8 断路。应更换熔丝。

4）连接线路断路或插接件接触不良。应重新连接。

（3）故障诊断与排除方法

接通点火开关，将车灯开关拨至 1 号位，若某小灯或尾灯不亮，通常是灯泡损坏或插接件松脱、接触不良造成的；若某侧小灯和尾灯均不亮，则通常是相应的熔断器断路或该侧的小灯和尾灯灯泡同时损坏造成的；若两侧小灯、尾灯均不亮，而接通停车灯开关后灯亮，则一般是灯光总开关损坏造成的。

6. 雾灯工作不正常

（1）故障现象

雾灯不亮。

（2）故障原因及处理方法

1）车灯开关 E1 损坏。应更换车灯开关 E1。

2）雾灯开关 E23 损坏。应更换雾灯开关 E23。

3）熔断器 S6、S27（高配车才有）断路。应更换熔丝。

4）雾灯继电器损坏。应更换雾灯继电器。

5）雾灯灯泡损坏。应更换雾灯灯泡。

6）连接线路断路或插接件松脱。应检查并重新连接。

（3）故障诊断与排除方法

当车灯开关处于 1 号位或 2 号位，而雾灯开关处于 1 号位或 2 号位时，前、后雾灯均不亮，此时，应先检查前雾灯灯座处的黄/白色导线和后雾灯灯座处的灰/白色导线是否有电。如果有电，则应检查雾灯灯泡是否损坏及灯座处的棕色导线接地是否良好；如果没有电，则应检查熔断器 S6、S27 是否断路，雾灯继电器是否工作，雾灯开关 E23 的“83”接线柱是否有电，雾灯开关 E23 是否良好等。

当车灯开关处于 1 号位或 2 号位，而雾灯开关处于 1 号位或 2 号位时，前雾灯正常，后雾灯不亮，则应检查后雾灯灯座处的灰/白色导线是否有电，后雾灯灯泡是否断路，棕色导线接地是否良好，熔断器 S27 是否断路，雾灯开关 E23 的“83b”接线柱是否有电等。

当车灯开关处于 1 号位或 2 号位，而雾灯开关处于 1 号位或 2 号位时，两前雾灯均不亮，而后雾灯亮，则应检查前雾灯灯座处的黄/白色导线是否有电，前雾灯灯泡是否断路，棕色导线接地是否良好，熔断器 S6 是否断路，雾灯开关 E23 的“83a”接线柱是否有电等。

三、信号系统的组成

信号装置由转向、危险报警、制动、倒车、停车、超车等信号灯组成，下面以桑塔纳轿车安全警示灯系统为例进行讲解，其电路图如图 4—2—7 所示。

四、信号系统故障检测与诊断

1．转向灯和报警灯均不工作

（1）故障现象

转向灯和报警灯均不工作。

（2）故障原因及其处理方法

1）熔断器 S19、S4 断路。应更换熔丝。

2）闪光继电器 J2 损坏。应更换闪光继电器 J2。

3）危险警告灯开关 E3 损坏。应更换危险警告灯开关 E3。

4）转向灯的灯泡断路。应更换灯泡。

5）连接线路断路。应检查并重新连接。

（3）故障诊断流程

转向灯和报警灯均不工作的故障诊断流程如图 4—2—8 所示。

2．报警灯工作正常，但转向灯不工作

（1）故障现象

报警灯工作正常，但转向灯不工作。

（2）故障原因及处理方法

1）熔断器 S19 断路。应更换熔丝。

2）转向灯开关 E2 损坏。应更换转向灯开关 E2。

3）危险警告灯开关 E3 损坏。应更换危险警告灯开关 E3。

4）连接导线断路或插接件松脱。应检查并重新连接。

（3）故障诊断流程

报警灯工作正常、转向灯不工作的故障诊断流程如图 4—2—9 所示。

3．报警灯和转向灯均工作正常，但仪表板上的指示灯不亮

（1）故障现象

报警灯和转向灯均工作正常，但仪表板上的指示灯不亮。

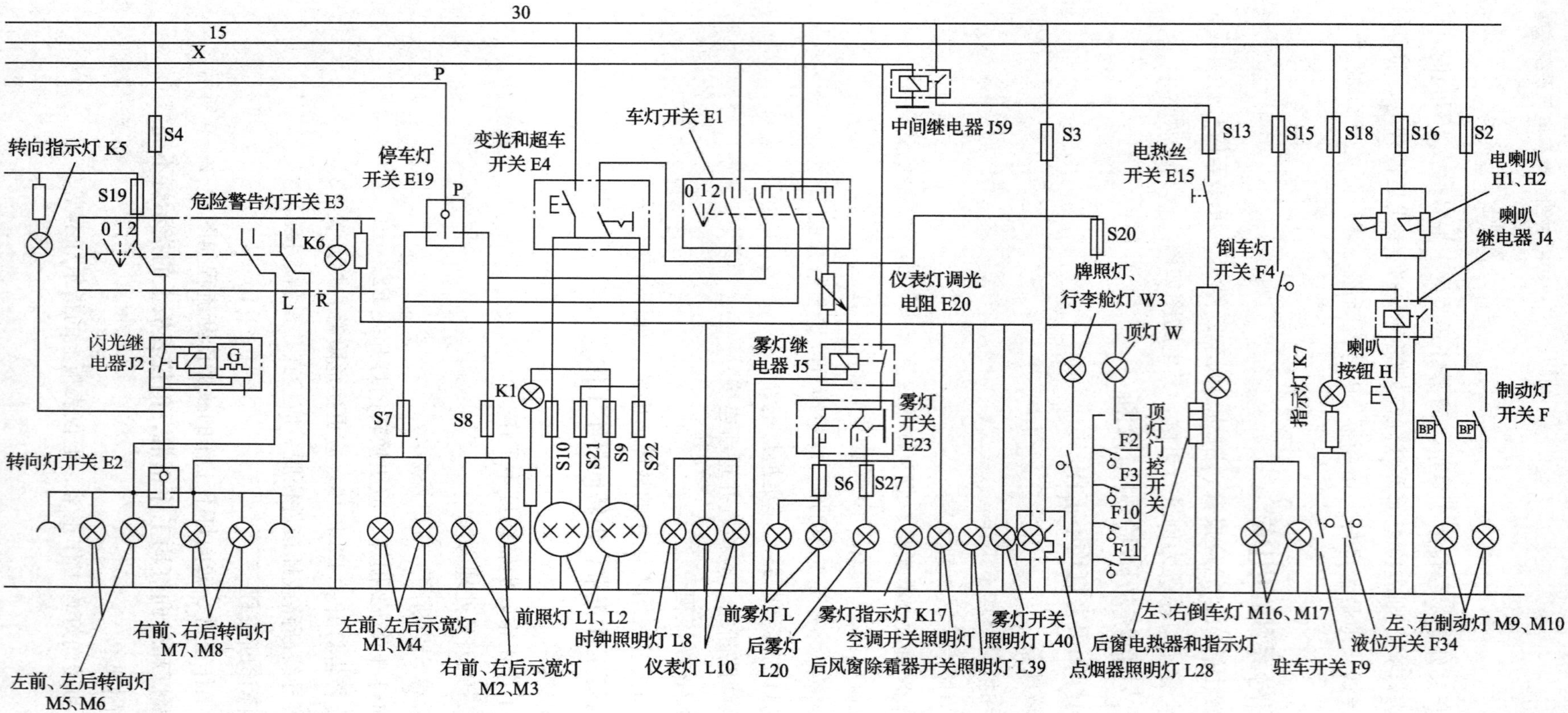

图 4—2—7　桑塔纳轿车安全警示灯系统电路图

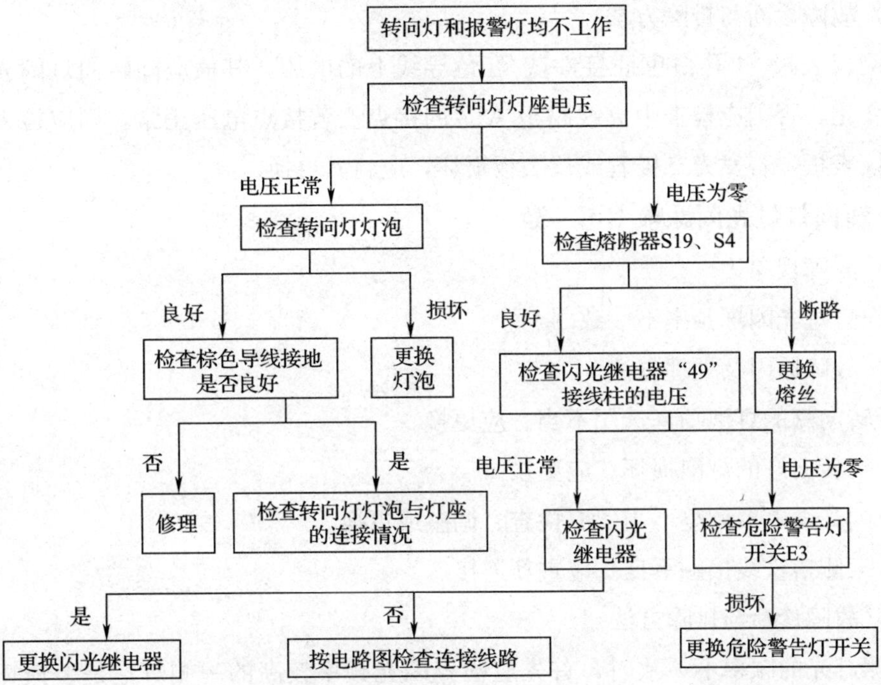

图 4—2—8　转向灯和报警灯均不工作的故障诊断流程

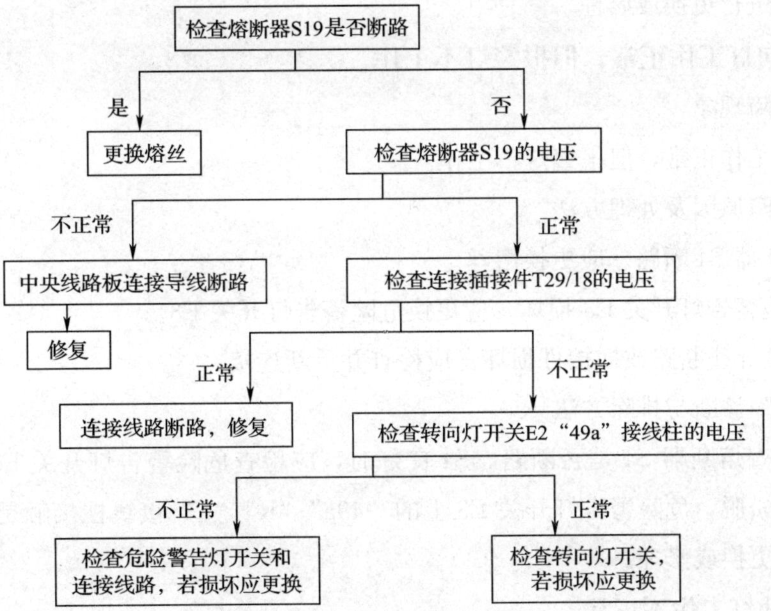

图 4—2—9　报警灯工作正常、转向灯不工作的故障诊断流程

（2）故障原因及处理方法

1）发光二极管损坏。应更换。

2）连接导线断路或插接件松脱。应检查并重新连接。

（3）故障诊断与排除方法

检测仪表板 14 孔白色插接件蓝/红色导线上的电压，其值应随转向灯闪光频率的变化而变化，否则应检查中央线路板 A17 的接点。若接点电压正常，则应检查发光二极管或仪表板，若发光二极管或仪表板损坏，应将其更换。

4．转向灯灯光闪烁频率不一致

（1）故障现象

转向灯灯光闪烁频率不一致。

（2）故障原因及处理方法

1）转向灯的灯泡功率选用不当。应更换。

2）某转向灯的灯泡损坏。应更换。

3）闪光继电器调整不当。应检查、调整或更换。

4）某侧搭铁线接触不良。应重新连接。

（3）故障诊断与排除方法

两侧灯光的频率不一致时，首先应检查闪光频率较高的一侧灯泡是否损坏，灯泡型号是否符合规定，再检查搭铁线接触是否良好，插接件连接是否牢固。若不符合要求，应对其进行更换或修理。

5．转向灯工作正常，但报警灯不工作

（1）故障现象

转向灯工作正常，但报警灯不工作。

（2）故障原因及处理方法

1）熔断器 S4 断路。应更换熔丝。

2）危险警告灯开关 E3 损坏。应更换危险警告灯开关 E3。

3）连接导线断路或插接件损坏。应检查并重新连接。

（3）故障诊断与排除方法

首先检查熔断器 S4 是否断路。S4 良好时，应检查危险警告灯开关 E3 是否正常，插接件是否松脱，危险警告灯开关 E3 上的“49a”“R”“L”接线柱接触是否良好，并视情况予以更换或修理。

6．制动灯工作不正常

（1）故障现象

踩下制动踏板，制动灯不亮。

（2）故障原因及处理方法

1）熔断器 S2 断路。应更换熔丝。

2）制动灯开关 F 损坏。应更换制动灯开关 F。

3）制动灯灯泡 M9、M10 断路。应更换制动灯灯泡 M9、M10。

4）连接线路断路或插接件松脱。应检查并重新连接。

（3）故障诊断与排除方法

如果一侧制动灯亮而另一侧制动灯不亮，应首先检查不亮侧的制动灯灯泡是否断路，灯座处黑/红色导线上的电压是否正常。若两者均正常，再检查搭铁线接触是否良好，灯泡与灯座接触是否良好。

如果两侧制动灯均不亮，应首先检查熔断器 S2 是否断路。若其正常，再检查制动灯开关 F 处黑/红色导线的电压是否正常。若该电压正常，则拆下制动灯开关 F 处的两根导线并连接在一起，若此时制动灯亮，说明制动灯开关损坏，应将其更换；若制动灯仍不亮，则应检查制动灯灯泡 M9、M10 是否断路，连接导线是否断路等。

7. 倒车灯工作不正常

（1）故障现象

倒车灯及语音警示系统工作不正常。

（2）故障原因及处理方法

1）熔断器 S15 断路。应更换熔丝。

2）倒车灯开关 F4 损坏。应更换倒车灯开关 F4。

3）倒车灯灯泡 M16、M17 断路。应更换倒车灯灯泡 M16、M17。

4）连接导线断路或插接件松脱。应检查并重新连接。

（3）故障诊断与排除方法

若两侧倒车灯均不亮，应首先检查熔断器 S15 是否断路。若熔断器 S15 良好，应挂入倒车挡，检查灯座处黑色导线上的电压是否正常。若电压正常，应检查倒车灯灯泡 M16、M17 是否损坏，搭铁线接触是否良好。若电压为零，则应检查倒车灯开关 F4 处黑色导线的电压是否正常。若正常，将其与黑/灰色导线连接在一起。此时，若倒车灯点亮，说明倒车灯开关 F4 损坏，应将其更换；若倒车灯仍不亮，说明连接线路断路，应将其修复。

8. 所有车灯均不亮

（1）故障现象

打开车灯开关，所有车灯均不亮。

（2）故障原因及处理方法

闭合车灯总开关后，若所有车灯都不亮，说明车灯电源电路存在断路。

（3）故障诊断与排除方法

首先按电喇叭，若喇叭不响，说明蓄电池到熔断器盒的电路有断路性故障或熔断器盒有故障；若喇叭响，说明蓄电池到熔断器盒的电路及熔断器盒均良好，可能是熔断器盒经电流表到车灯总开关的电路存在故障，应仔细检查并排除。

若前照灯不亮，先闭合前照灯开关及变光开关，若前照灯远光、近光灯不亮，说明车灯总开关至变光开关之间有故障，可用旋具将变光开关的火线分别触及远、近光接线柱。若远、近光均亮，说明变光开关不良；若远光亮、近光不亮，可能是变光开关与前照灯近光之间的电路异常；若远光不亮而远光指示灯亮，说明接线板与前照灯之间的电路异常；若远光指示灯不亮，通常是接线板与变光开关之间的电路异常；若两只前照灯中只有一只亮，则可能是灯泡灯丝烧断或连接线断路。

汽车照明与灯光信号装置常见故障现象、故障原因及处理方法见表 4—2—1。

五、故障案例

1. 故障现象

汽车车灯灯光暗淡或发红（这是汽车电路中的一种常见故障）。

表 4—2—1　汽车照明与灯光信号装置常见故障现象、故障原因及处理方法

序号	故障现象	故障原因	处理方法
1	所有的车灯都不亮	车灯开关前电源线路断路或搭铁	找出故障并排除
		熔断器断开或熔丝熔断	
		车灯开关触点接触不良、不闭合或车灯开关损坏	
2	车灯开关接通时熔断器立即跳闸，或熔丝立即熔断	电路中有短路、搭铁处	找出短路、搭铁处并加以绝缘
3	灯泡经常烧坏	电压调节器调整不当或失调，使发电机输出电压过高	重新调整电压调节器的输出电压
4	前照灯灯光暗淡	电源电压过低（蓄电池存电不足或发电机有故障）	对蓄电池充电或检修发电机
		配光镜或反光镜上积有灰尘	拆开前照灯进行清洁
		导线接头松动或锈蚀，使线路电阻增大	拧紧接头，清除锈蚀
5	前照灯变光时，远光或近光有一个不亮	灯丝烧断	更换灯泡
		接线板或插接器到灯泡的导线断路	检修线路并接牢
		灯泡与灯座之间接触不良	清除污垢、锈蚀，使其接触良好

续表

序号	故障现象	故障原因	处理方法
6	接通前照灯远光或近光时，右侧前照灯亮度正常，而左侧前照灯明显发暗	左侧前照灯搭铁不良	检测左侧前照灯搭铁部位
		左侧前照灯配光镜或反射镜上积有灰尘	拆开左侧前照灯进行清洁
		左侧前照灯灯泡玻璃表面发黑	更换左侧前照灯灯泡
		导线接头松动或锈蚀，使线路电阻增大	拧紧导线接头，清除锈蚀
7	左、右小灯均不亮	车灯开关到小灯间的导线断路	检查并接好导线
		小灯灯丝烧断	更换小灯灯泡
8	小灯一只亮、另一只不亮	小灯接线板或插接器到小灯间的导线断路	检查并重新接好导线
		小灯灯丝烧断	更换不亮的小灯灯泡
		小灯搭铁不良	使小灯搭铁良好
9	后（尾）灯不亮	线路中有断路处	检查并接好导线
		后（尾）灯灯丝烧断	更换后（尾）灯灯泡
		后（尾）灯搭铁不良	使后（尾）灯搭铁良好
10	制动灯不亮	线路中有断路处	检查并重新接好导线
		制动灯开关失灵或损坏	修理或更换
		制动灯灯丝烧断	更换灯泡
		制动灯搭铁不良	使制动灯搭铁良好
11	转向灯不闪烁	电源→闪光器→转向灯开关的电源线路断路	逐段检查并接好导线
		闪光器损坏	修理或更换
		转向灯开关损坏	修理或更换
12	左转向时转向灯闪烁正常，右转向时闪光变快	右转向灯的功率小	更换同型号、同功率的灯泡
		右转向灯中可能有一个灯泡烧坏	更换灯泡
		线路中有接触不良处	使其搭铁良好
13	右转向时转向灯闪烁正常，左转向时两个前小灯均有微弱灯光发出	左小灯搭铁不良（采用双丝灯泡时）	使前小灯搭铁良好
14	接通转向灯开关时，闪光器立即烧坏	转向灯开关至某一转向灯间的电路中有短路、搭铁处	找出短路、搭铁处，使其绝缘良好

2．故障原因

一般来说，车灯暗淡或发红的原因主要有以下几个方面：

（1）蓄电池电量不足，导致汽车行驶时灯光变暗或发红。

（2）电路接触不良，包括导线接头松动或锈蚀、搭铁不良等。

（3）电路中车灯线路的电阻过大。

（4）充电系统工作不良，充电电压下降。

3．故障排除

（1）蓄电池电量的检查

为了判断蓄电池的电量是否充足，可先将发动机熄火，待冷却后再启动汽车，查看起动机运转是否有力。若起动机运转无力，说明蓄电池电量不足，应拆下蓄电池进行充电。

（2）车灯电路接触情况的检查

如果蓄电池电量正常，则检查车灯电路的接触是否良好，接触问题多发生在车灯开关接线处、灯头和灯座之间、车灯接线板紧固螺钉、插销以及线尾处。可用手晃动上述部位，如果触动某处时灯光复明，或用旋具、导线将灯座与车身短接时灯光变亮，说明车灯电路接触不良。例如，当打开前照灯时，一只较明亮，另一只明显发暗，则多是发暗的前照灯灯泡搭铁不良。此时应将连接处清理干净，并使其连接可靠、接触良好。

（3）车灯电路电阻过大的检查

造成车灯电路电阻过大的主要原因是导线过细或过长、导线接头处锈蚀或误用铁丝代替熔丝（一般为用户所致）。因此，在雨天行车时，应及时将车灯接线板上的污泥、浊水清除干净，以防导线接头处生锈，使电阻增大，造成开灯时电压降过大。

（4）充电系统工作不良故障的检查

应首先检查交流发电机传动带的张紧度是否符合规定，如果传动带过松或打滑，应重新调整。交流发电机工作中，如果传动带过松或打滑，其转速会下降，尤其是在深踩加速踏板时，传动带离心力增大，跳动幅度增加，摩擦力减小，转速下降更为明显，会出现轻踩加速踏板时灯光正常、深踩加速踏板时灯光暗淡的反常现象。

4．故障点评

在电源系统正常的情况下，车灯电路接触情况的检查非常重要。接触不良会产生接触电阻，尤其是搭铁线处。因为电路导线一般是铜线，搭铁点是钢铁机体，由于金属不同，将会产生电位差，加速电子漂移，使局部腐蚀，此外，空气中的水分也会加速节点锈蚀，使接触电阻越来越大，最终导致汽车车灯灯光暗淡或发红（有时进行搭铁点的除锈即能排除故障）。

思考与练习

1. 汽车照明与信号系统由哪几部分组成？
2. 汽车照明与信号系统故障包括哪几个方面？

课题三　仪表与报警系统故障检测与诊断

学习目标

◆ 了解仪表与报警系统的组成及一般检修方法。

◆ 掌握仪表与报警系统故障检测与诊断方法。

◆ 能够对仪表与报警系统故障进行检测与诊断。

想一想

一辆上海大众普通型乘用车，轿车冷却液温度表显示不正常。检查仪表稳压器的电源电压，为 9.5～10.5 V，正常。检查冷却液温度传感器，发现电路出了问题。

想一想：如何对发动机起动系统进行故障检测与诊断，以排除故障，使其恢复启动能力，让发动机正常运转起来？

要排除冷却液温度表显示不正常故障，需要熟悉仪表电路，看懂电路图，才能迅速、准确地判断故障原因，找到故障部位，以便让仪表系统准确反映汽车的实际运行状态。

一、仪表与报警系统的组成及一般检修方法

1．组合仪表

现在的汽车上多为组合仪表，桑塔纳 2000 型轿车仪表板布置图如图 4—3—1 所示，其组合仪表示意图如图 4—3—2 所示。桑塔纳 2000 型轿车组合仪表电路原理图如图 4—3—3 所示。

仪表板上具有里程表、转速表、温度表、燃油表、时钟、动态油压报警、冷却液液位报警、高温报警、燃油不足报警、停车制动、充电、后风窗加热除霜、远光指示和内照明等 21 种仪表和功能，采用电子仪表或电子控制的装置有 11 项。夜间显示采

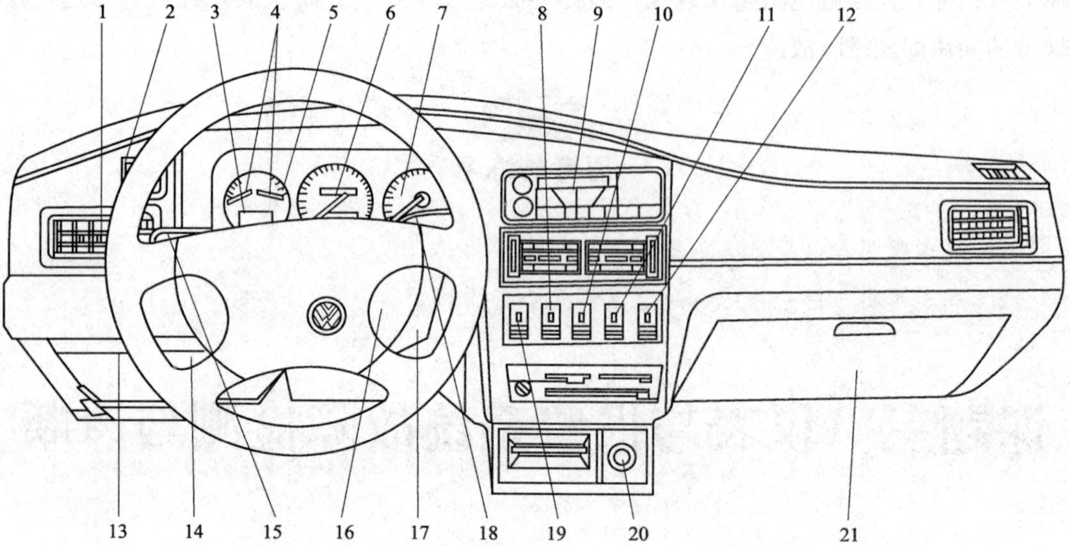

图 4—3—1　桑塔纳 2000 型轿车仪表板布置图

1—出风口　2—灯光开关及仪表板照明调节器　3—电子钟　4—冷却液温度表和燃油表　5—信号灯
6—车速里程表　7—转速表　8—备用开关座　9—收放机　10—雾灯开关　11—后窗加热开关
12—危险报警闪光灯开关　13—熔丝护板壳　14—阻风门拉手（汽油喷射发动机无此拉手）
15—转向信号灯及变光拨杆开关　16—喇叭按钮　17—转向器锁/点火开关
18—风窗刮水器及洗窗装置拨杆开关　19—空调装置开关
20—点烟器　21—杂物箱

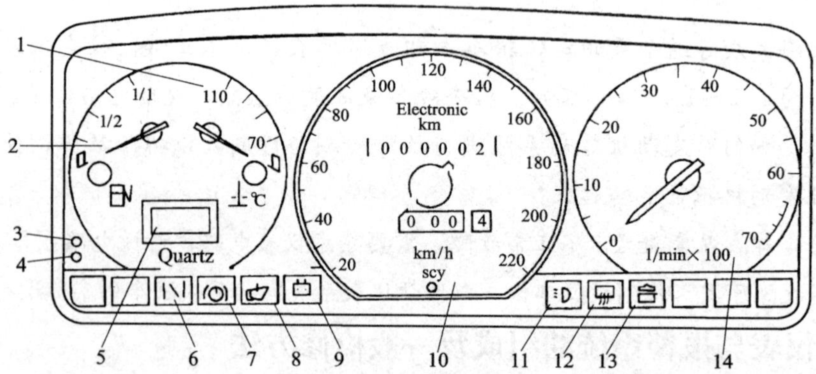

图 4—3—2　桑塔纳 2000 型轿车组合仪表示意图

1—冷却液温度表　2—燃油表　3—电子钟分钟调整旋钮　4—电子钟时钟调整旋钮　5—电子液晶钟
6—阻风门拉起指示灯　7—手制动拉起和制动液液面警告灯　8—润滑油压力警告灯
9—充电指示灯　10—电子车速里程表　11—远光指示灯
12—后窗除霜加热指示灯　13—冷却液液面警告灯
14—电子发动机转速表

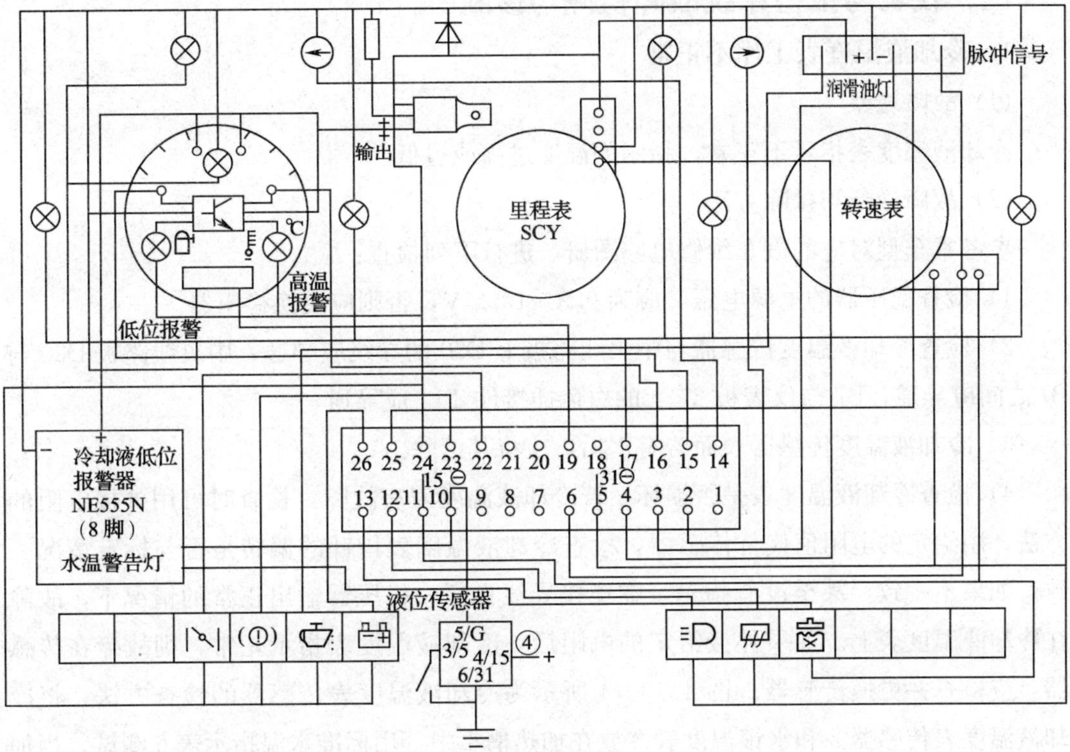

图 4—3—3 桑塔纳 2000 型轿车组合仪表电路原理图

用导光装置、透过式标度盘和导光指针，照明清晰、美观，富有立体感（桑塔纳轿车采用反射式全表面照明、无立体感）。

2．组合仪表故障检测与诊断的一般方法

（1）当组合仪表出现故障时，应根据其故障现象和电路原理分析故障产生的大致原因，然后以“由外向内”的步骤检查和排除故障，即先检查组合仪表板以外的传感器、开关、熔丝、线路及插接器等可能出现故障的部位。若将这些可能的故障原因排除后仪表还不能恢复正常，再拆检仪表板内部的仪表、印制电路板、灯泡等。

（2）若出现多个警告灯或所有警告灯不亮时，则应首先检查与之有关的熔丝和电源线路，若这些均正常，再检查仪表板的搭铁情况。

（3）若燃油表、润滑油压力表、水温表等仪表同时不工作时，也应首先检查其熔丝和电源线路，然后再检查仪表板的搭铁情况。

（4）若车速里程表不工作时，应先检查软轴有无松脱或断裂及车速传感器是否正常。

（5）各仪表及传感器可用替换法检验其工作是否良好，即用一个好的传感器替换原有的传感器，查看该仪表显示是否可以恢复正常。

二、仪表与报警系统故障检测与诊断

1．冷却液温度表工作不正常

（1）故障现象

冷却液温度表指示不正常，指示的温度过高或过低。

（2）故障诊断与排除方法

参考本车型对应的汽车维修电路图册，进行下列检查：

1）检查稳压器的电源电压，应为 9.5～10.5 V，否则应更换稳压器。

2）检查冷却液温度传感器与中央线路板上 D20 的导线应导通，中央线路板 D20 与 B7 之间应导通，B7 与仪表板 27 上的白色插接件 T14 应导通。

3）冷却液温度传感器表面若有水垢，应将其清除。

4）检查冷却液温度表是否损坏。若冷却液温度表有故障，检查时可用外接电阻的方法，用给定的电阻值代替传感器，检查冷却液温度表指针的偏转是否与标定情况一致。如果不一致，甚至没有指示，在连接导线良好、稳压器输出正常的情况下，故障在冷却液温度表上。如果外接给定的电阻后，冷却液温度表指示正常，则故障在传感器，应检查并更换传感器。图 4—3—4 所示为冷却液温度表传感器的检查方法。将冷却液温度表传感器 2 和水银温度表 3 放在加热槽 1 中，用标准水温指示表 6 测试。当加热至 115℃时，检测冷却液温度表传感器的电阻值应为 62 Ω；当温度低于 49℃时，其电阻值应为 500 Ω。

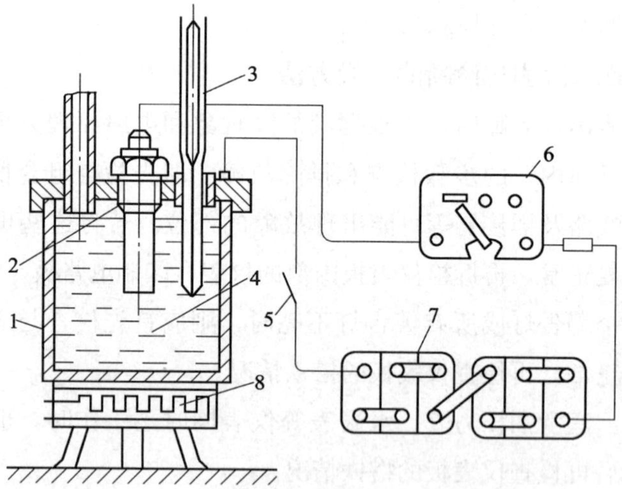

图 4—3—4 冷却液温度表传感器的检查方法

1—加热槽 2—冷却液温度表传感器 3—水银温度表 4—热水 5—开关

6—标准水温指示表 7—蓄电池 8—加热电炉

5）当冷却液不足、指示器开关损坏（此开关安装在溢水壶上）时，检查时需观察溢水壶上的凹沟内是否有积水。拔下指示器开关上的电线插头，检查电线插孔内是否有水，开关的两黑色检查脚上是否有横向裂纹，如果发现有上述情况，应更换冷却液指示器开关。

6）当冷却液不足、指示器控制器损坏时，应立刻检查中央线路板及线路板上 14 号位的冷却液不足指示器控制器，观察其是否因有冷却液而造成腐蚀。如果腐蚀程度较轻，可对其进行检查和清洁，腐蚀严重时应更换新品。

2．燃油表故障

（1）故障现象

燃油表显示不正常，与实际油面高度不相符。

（2）故障诊断与排除方法

以电热式燃油表为例（图 4—3—5），介绍燃油表的故障诊断与排除方法。

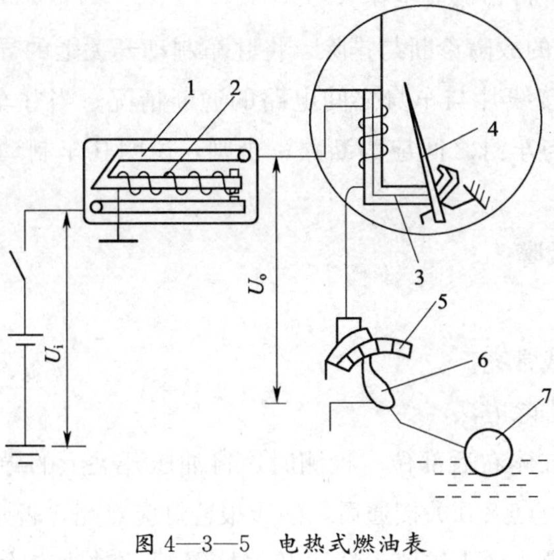

图 4—3—5　电热式燃油表

1—稳压电源　2—加热线圈　3—双金属片　4—指针　5—可变电阻　6—滑片　7—浮子

1）在车上检查时，可拆开位于燃油箱上部的导线插头，在燃油表一侧的插头处与车身之间串接一只试灯（规格为 12 V，3.4 W）。然后接通点火开关，试灯应点亮，且在几秒钟后试灯开始闪烁，燃油表指针应逐渐上升。若试灯不亮，说明电路断路或燃油表损坏。

2）对燃油表传感器进行检查时，可将万用表的两根表笔分别与燃油表传感器的两根导线连接，当浮子自高位向低位移动时，燃油表传感器的电阻值应随之变化。若电阻值变化不平稳或无变化，说明燃油表传感器接触不良或损坏。

3．制动报警灯故障

（1）故障现象

制动报警灯不亮或常亮。

（2）故障诊断与排除方法

启动发动机，将驻车制动器操纵杆放松，拆下制动液面报警开关的导线插头，用一段导线将拆下的导线的两个插头短接，将点火开关置于“ON”位置，观察制动报警灯是否点亮。如果制动报警灯仍然不亮，应检查制动报警灯是否损坏，导线是否断路或仪表板电路是否损坏；如果在插头短接时，制动报警灯点亮，应对制动液面报警开关和驻车制动开关进行检查。

1）制动液面报警开关的故障诊断与排除。检查制动液面报警开关时，将其上的导线插头拆下，用木棍将制动液储液罐中的浮子压到罐底，用欧姆表测量制动液面报警开关上两个接线片之间的电阻值，此时的电阻值应为零；否则，说明制动液面报警开关已经损坏，应对其进行检修或更换。

2）驻车制动开关的故障诊断与排除。将驻车制动开关上的导线插头拔下，用欧姆表检查驻车制动开关接线片与车身之间电路的通断情况。当驻车制动手柄被放松时，驻车制动开关接线片与车身之间应为断路；否则，说明驻车制动开关已经损坏，应对其进行检修或更换。

4．油压报警灯故障

（1）故障现象

油压报警灯不亮或常亮。

（2）故障诊断与排除方法

油压开关位于气缸体右后部位。检测时，将油压开关上的导线插头拔掉，并将线束一侧的插头接地，当点火开关接通后，油压报警灯应点亮，否则应予以检修。

将油压开关上的导线插头拔掉，油压开关接线端子对地应为通路（注意：当发动机不工作时，应为通路；当发动机工作时，应为断路）。

三、故障案例

1．故障现象

一辆别克 GL8 型轿车，打开点火钥匙，燃油表从最低点升到最高点，持续约 10 s 后，一下子又落到最低点，且一直无反应。

2．故障诊断

拔掉浮子线插，打开点火钥匙，测量端电压约为 12 V，且搭铁正常。测量浮子电阻值为 190 Ω，也在 40～250 Ω 的范围内。用一可变电阻接上，手动调节电阻值，燃油表也没有变化。刚好有一事故车，于是调换仪表总成和 PCM（动力系统控制模块），但症状依旧没有消除。根据以往的经验，由于燃油表到最高点，可能是线路某处搭铁。

3. 故障排除

顺线查找，原来在 PCM 通往浮子线路 C101 直至连接器处，有两根紫色线接错。重新调换，试车，一切正常。

后来询问驾驶员得知，该车换过一条线束，可能是新、旧线束混用，由于生产年份不同，插头分布不同，安装时混用，从而造成了该故障。故障虽然排除了，但并没有真正了解其原理。该车燃油表由 2 级串行数据线连接 PCM 与燃油表，PCM 向浮子提供5 V参考电压，浮子电阻值改变，电压随之改变。PCM 根据电压的变化来判断油位的高低，使燃油表指针动作。当高电压时（接错的线电压为 12 V，而不是 5 V），指针升到最高点，但当 PCM 检测到电压超过极限时，显示故障，不采纳浮子的信号，所以指针又回落到最低点。

4. 故障点评

从这次维修中，可以看出别克车与日本车有很大差异，主要表现在：

（1）别克车的浮子电压是 5 V；日本车的浮子电压是 12 V。

（2）别克车的 PCM 须经串行数据线到燃油表；日本车的 PCM 是直接从仪表到浮子。

（3）别克车浮子的电阻值越大，油量越多；日本车浮子的电阻值越大，油量越少。

（4）当别克车浮子线束为高电压时，浮子升到最高点；日本车是搭铁时浮子升到最高点。

思考与练习

1. 汽车仪表与报警系统有哪些组成部分？
2. 如何检测冷却液温度传感器的工作是否正常？
3. 组合仪表故障检测与诊断的一般方法是什么？

课题四　刮水器常见故障检测与诊断

学习目标

◆ 了解典型电动刮水器和洗涤器控制电路。
◆ 掌握刮水器常见故障检测与诊断方法。
◆ 掌握汽车电路故障检测与诊断方法。
◆ 能够对刮水器故障进行检测与诊断。

想一想

一辆桑塔纳轿车雨天行驶时刮水器不工作，需送厂检修。

想一想：

1. 刮水器都有哪些功能？应如何操作？

2. 电动刮水器是如何工作的？

随着汽车技术的不断发展与进步，许多舒适性设施不断增加，这些设施常用电力驱动，使附加电路越来越多。汽车上的辅助电路大多是独立系统，这给检修带来了许多方便。然而如果是电子控制电路，由于需要共用传感器，听从 ECU 的指令，往往相互牵涉，比较复杂。为了更好地进行辅助电路的检测和故障诊断，应先熟悉汽车电路故障检测与诊断的基本方法。

一、汽车电路故障检测与诊断的基本方法

诊断电气设备的故障时通常采用的方法有直观诊断法、利用车上仪表法、断路法、短路法、高压试火法、试灯法、万用表法、元件替换比较法和仪器法等。

1. 直观诊断法

汽车电路发生故障时，有时会出现冒烟和有火花、异响、焦臭、发热等异常现象。这些现象可通过人的眼、耳、鼻、手感觉到，从而可以直接判断出故障所在的部位和原因。

例如，在汽车行驶中突然发现转向灯与转向指示灯均不亮，用手一摸，发现闪光器发热烫手，说明闪光器已烧坏。

2. 利用车上仪表法

通过观察汽车仪表盘上的电流表、水温表、燃油表和润滑油压力表等的指针走动

情况，判断电路有无故障和故障产生的部位。

例如，当发动机冷态时，接通点火开关，水温表指针指示满刻度位置不动，说明水温表传感器有故障或该线路有搭铁。

只要用电设备通过电流表，电流表指针指示的电流值就可以作为诊断的依据。当工作电压一定，接通用电设备后，电流表指针指示“0”或所指的放电电流值小于正常值，说明用电设备电路的某处断路或导线接触不良。若接通用电设备后，电流表指针迅速由“0”摆到满刻度处，然后又回到“0”，其中由“0”摆到满刻度处，说明电路中某处搭铁、短路，电流表指针由满刻度处回到“0”，说明熔丝熔断。通过电流表诊断只能简单地判断是断路还是短路，具体部位还有待用其他方法判断。

例如，接通点火开关，电流表指针处于“0”位不动，且发动机不能发动，说明点火电路的低压电路有断路故障；电流表指针随起动机转动而摆动，且发动机不能发动，说明点火电路的高压电路有故障。

3．断路法

汽车线路发生搭铁（短路）故障时，可用断路法判断。将怀疑有短路故障的那段线路断开，以判定断开的那段线路搭铁。

例如，汽车行驶时，听到电喇叭长鸣，则可将喇叭按钮接线柱上的导线拆开，若喇叭停止鸣叫，说明喇叭按钮至喇叭继电器之间电路有搭铁现象；若喇叭仍长鸣，说明喇叭继电器触点烧蚀而不能分开，可进一步用断路法判断。

再如，若线路中有搭铁故障而使该电路中的熔丝熔断，可先用一只车灯作为试灯，将试灯两端引线跨接于断开的熔丝两端的接线柱上，此时试灯应点亮。然后再将插接器逐个断开，若断开插接器 4 时试灯亮，而断开插接器 3 时试灯不亮，说明插接器 3、4 之间的线路搭铁。图 4—4—1 所示为断路试验法。

4．短路法

汽车电路中出现断路故障，还可以用短路法判断，即用旋具或导线将怀疑有断路故障的电路短接，观察仪表指针的变化或电气设备的工作状况，从而判断出该电路中是否存在断路故障。例如，怀疑汽车电路中的各种开关有故障时，可用导线将开关短接来判断开关是否良好。

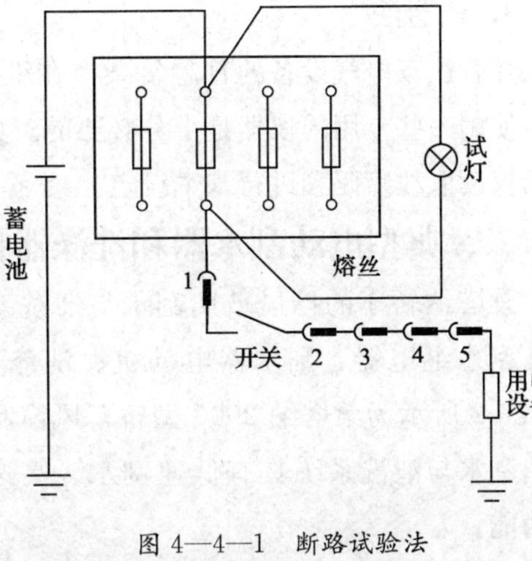

图 4—4—1　断路试验法

5．高压试火法

高压试火法是指通过对高压电路进行

搭铁试火，观察电火花状况，判断点火系的工作情况。具体方法是：取下点火线圈或火花塞的高压导线，将其对准火花塞或缸盖等搭铁部位，距离约为 5 mm，然后接通启动开关，转动发动机，观察其跳火情况。如果火花强烈，呈天蓝色，且跳火声较大，说明点火系工作基本正常，反之说明点火系工作不正常。

6．试灯法

试灯法就是用一只汽车用灯泡作为试灯，检查电路中有无断路故障。例如，用试灯的一端和交流发电机的电枢接线柱连接，另一端搭铁。若试灯不亮，说明蓄电池至交流发电机电枢接线柱之间的线路有断路；若试灯点亮，说明该段线路良好。

7．万用表法

用万用表测量线路各点的直流电压，若有电压，说明该测试点至电源之间的线路畅通；若无电压，说明该测试点与上一个测试点之间的线路断路。另外，可用万用表对电路或元器件的各项参数进行测试，并与正常技术状态的参数对比，来判断故障部位所在。如就车测量蓄电池的充电电流与端电压，可判断充电电路是否充电；测量电气部件中线圈绕组的电阻值，可判断绕组有无断路或短路；测量引线两端的电阻值，可判断电路有无断路等。万用表检测法是检测电路或元件较为准确、迅速的一种方法。

8．元件替换比较法

元件替换比较法是指在检修电路时，怀疑有些元件的性能对电路正常工作有影响，但其性能好坏还一时难以断定，所以就选用性能良好的元件将其替换，利用比较的方法来判断故障的一种方法。如火花塞火花弱，发动机不能发动，可用一个良好的火花塞将其替换，若发动机恢复工作，说明原来的火花塞有故障，应予以修理或更换。

9．仪器法

随着汽车电气设备的日趋复杂，在维修中，特别是维修装有电子设备较多的车辆时，使用一些专用的仪器是十分必要的。如检测富康轿车电控系统时，经常使用 ELIT 诊断仪读取故障码和进行基本设定。

二、典型电动刮水器和洗涤器控制电路

桑塔纳轿车的挡风玻璃刮水与清洗系统由挡风玻璃刮水器、刮水器与洗涤器开关、刮水继电器、刮水器电动机、洗涤器电动机、洗涤器水泵和喷嘴等组成。图 4—4—2 所示为桑塔纳 2000 型轿车风窗刮水与清洗系统控制电路。桑塔纳轿车挡风玻璃刮水与清洗系统具有低速刮水、高速刮水、点动刮水、间歇刮水和清洗玻璃 5 种功能。

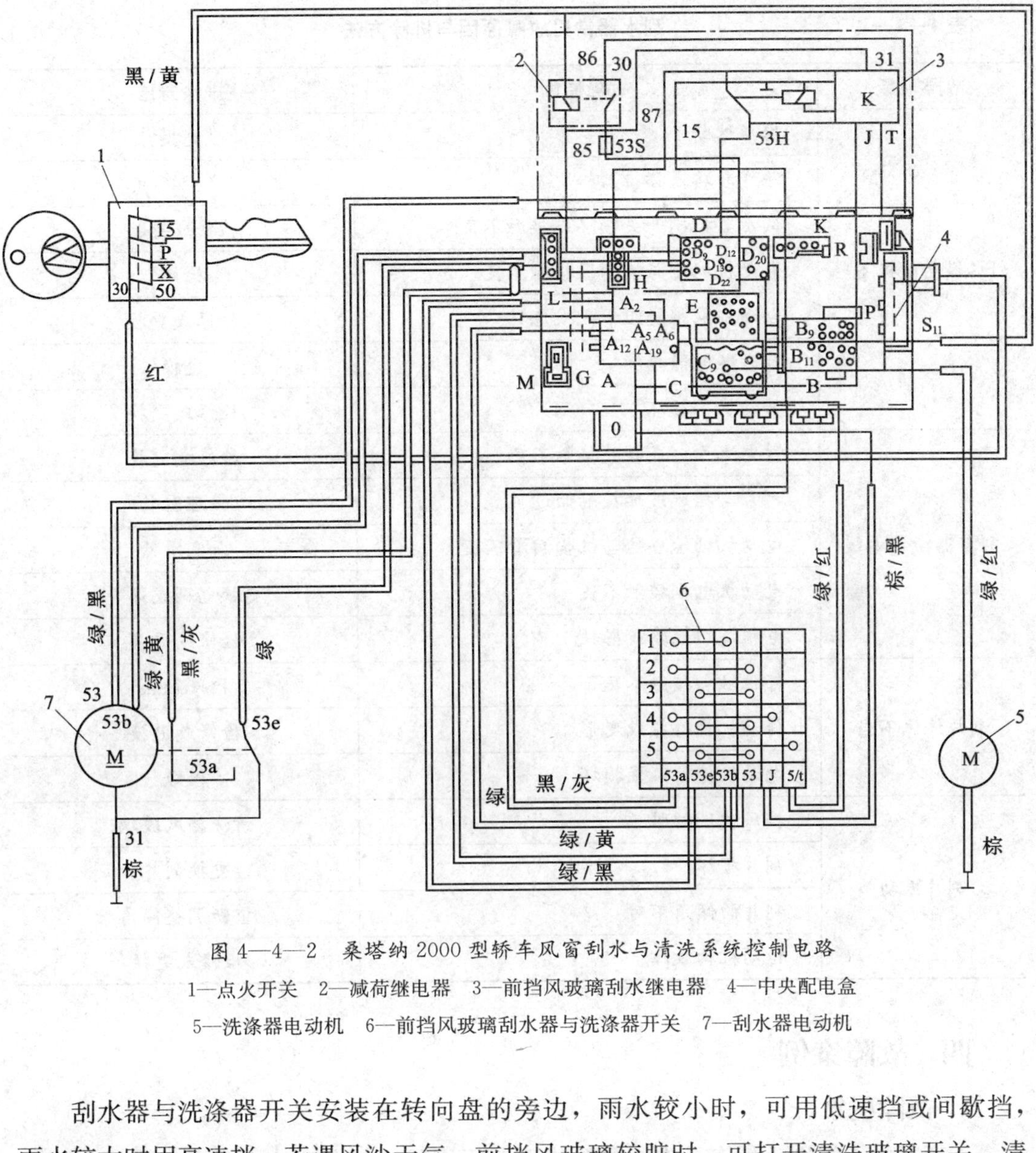

图 4—4—2　桑塔纳 2000 型轿车风窗刮水与清洗系统控制电路

1—点火开关　2—减荷继电器　3—前挡风玻璃刮水继电器　4—中央配电盒

5—洗涤器电动机　6—前挡风玻璃刮水器与洗涤器开关　7—刮水器电动机

刮水器与洗涤器开关安装在转向盘的旁边，雨水较小时，可用低速挡或间歇挡，雨水较大时用高速挡；若遇风沙天气，前挡风玻璃较脏时，可打开清洗玻璃开关，清洗前挡风玻璃。

三、刮水器常见故障检测与诊断

1. 故障现象

刮水器的常见故障有刮水器电动机不转、刮水器动作迟缓、刮片停位不当、刮片振动等。

2. 故障诊断与排除方法

刮水器常见故障原因与排除方法见表 4—4—1。

表 4—4—1　　刮水器常见故障原因与排除方法

故障现象	故障原因	排除方法
刮水器电动机不转	熔丝熔断	更换
	导线断路或插接器松脱	检修
	刮水器控制开关损坏或接触不良	检修或更换
	电动机电刷与换向器接触不良	检修
	电动机电枢绕组卡死或烧坏	检修或更换
	延时继电器损坏	更换
	传动机构损坏	检修或更换
刮水器动作迟缓	蓄电池亏电或开关接触不良	检修或更换
	刮片与挡风玻璃接触面过脏	清理脏物
	电动机轴承或传动机构润滑不良	加润滑油
	电动机电刷接触不良	更换电刷或弹簧
	电枢绕组短路或搭铁	检修或更换
刮片停位不当	停位触点接触不良	检修触点
	传动机构磨损或变形	检修或更换
	电动机停位装置损坏	检修
刮片振动	挡风玻璃过脏	清洗挡风玻璃
	刮片损坏	更换刮片
	刮片的倾角不对	重新调整倾角
	传动机构故障	检修或更换

四、故障案例

1. 故障现象

一辆新的上海别克轿车，在行驶途中正赶上下雨，打开刮水器开关，发现刮水器随时都会停止工作，但断开开关后却不能停止工作。

2. 故障诊断

该车电动车窗刮水与清洗系统主要由刮水器开关、刮水器电动机、联动杆、刮片、喷洗器泵、储液罐和喷嘴等组成。根据电动车窗刮水与清洗系统的结构与原理，可推断故障的主要原因有刮水器开关故障，刮水器电动机罩（电路板）故障，刮水器电动机线束或电刷短路，刮水器开关线路有短路、断路故障。先将点火开关置于“ON”位置，断开刮水器开关，拔下刮水器开关 48 孔线束插头进行检查，结果刮水器仍不停止工作。用万用表直流电压挡（10 V）测量刮水器开关插头深绿色端子与地间的电压，大于1 V。把刮水器开关接头插好，再拔出刮水器电动机线束插头，用万用表直流电压挡（10 V）检测刮水器电动机线束插头深绿色导线与地间的电压，大于1 V，说明深绿色导线与电源线之间有短路，且短路时有时无。当轿车运行时，由于振动使深绿色导线与电源线时而接触时而断开，当深绿色导线脱离电源线时，恰好两者短路，于是刮水器不停止工作。

3．故障排除

由于线束包扎得很好，破坏了既可惜，又不美观。因此，将深绿色导线从插接器上拆除（两端同时拆除），并做好绝缘处理，再用一根绝缘良好的导线代替原来的深绿色导线，用锡焊焊上导线的两个接头，将其装入原深绿色导线的位置处。插好插接器，进行通电试验，刮水器工作正常，故障排除。

4．故障点评

技术人员从电动车窗刮水与清洗系统的结构与原理出发，先推断故障的主要原因，然后进行故障的检查与测量，通过细致入微的观察与分析，重新布置了电路，显示了高超的技术水平和良好的职业道德。

思考与练习

1. 汽车电路的故障检测与诊断方法有哪些?
2. 刮水器常见故障有哪些?

模块五 汽车车身及附件故障检测与诊断

课题一 电动门窗故障检测与诊断

学习目标

- 了解电动门窗玻璃升降器的组成及电气线路。
- 掌握电动门窗故障检测与诊断方法。
- 能够对电动门窗故障进行检测与诊断。

想一想

在汽车使用过程中，经常会遇到车窗运动不灵活，或某个车窗在一个或两个方向都不能运动，导致汽车门窗关闭不严，失去防盗、密封作用。

想一想：

1. 车窗运动不灵活的原因有哪些？如何实现一键控制所有车窗的开闭？

2. 加装电动天窗有何优缺点？

为了保证汽车的使用性能，恢复防盗、密封作用，应及时修理门窗出现的问题。汽车门窗故障的主要原因有机械故障（机械零件磨损或传动卡滞）和电路故障（电动零件损坏）。

一、电动门窗玻璃升降器

1. 电动门窗玻璃升降器的组成

桑塔纳2000型轿车采用了电动门窗玻璃升降器，其结构如图5—1—1所示。

电动门窗玻璃升降器的组合开关如图5—1—2所示。它位于手动换挡杆前面的平台上，当点火开关置于“ON”位置时，可使用按键式组合开关方便地控制四扇门窗玻璃的升降。后排座位的乘客还可以使用安装在左、右门上的按键开关进行单独操作。

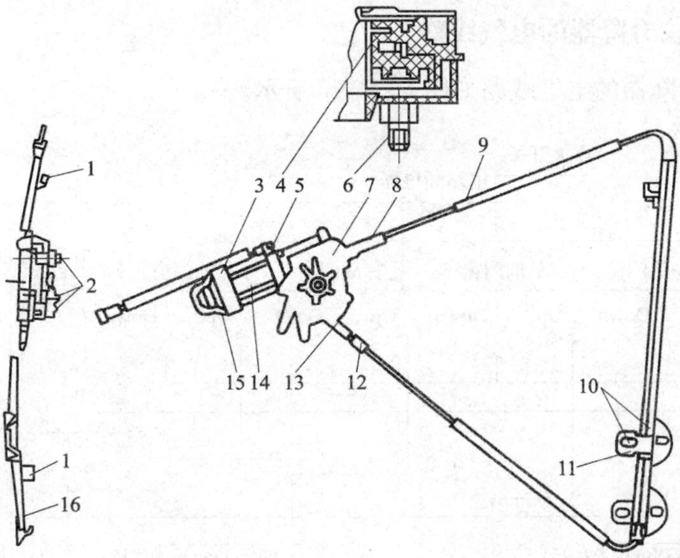

图 5—1—1　电动门窗玻璃升降器的结构

1—支架安装位置　2—电动机安装位置　3—固定架　4—联轴缓冲器　5—电动机　6—卷丝筒　7—盖板　8—调整弹簧　9—绳索结构　10—玻璃安装位置　11—滑动支架　12—弹簧套筒　13—安装缓冲器　14—铭牌　15—均压孔　16—支架结构

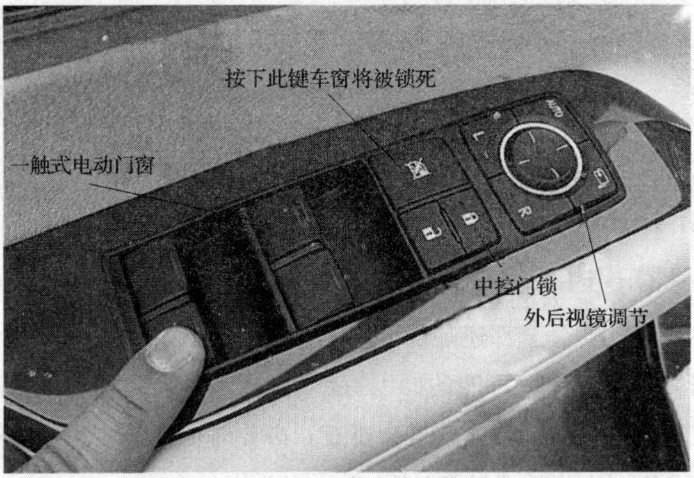

图 5—1—2　电动门窗玻璃升降器的组合开关

组合开关上的 4 个按键分别控制各自相应门窗玻璃的升降，中间的黄色开关为后窗玻璃升降总开关，可以切断后窗车门上的玻璃升降器开关。

驾驶员门窗玻璃升降的操作与其他门有所不同，只需要按一下下降键，门窗玻璃即可一降到底，如需中途停下，按一下上升键就可以了。

当点火开关关闭时，延时继电器会工作 1 min，在此期间门窗玻璃仍可起开关作用，然后自动切断。

2. 电动门窗升降器的电气线路

电动门窗升降器的电气线路如图 5—1—3 所示。

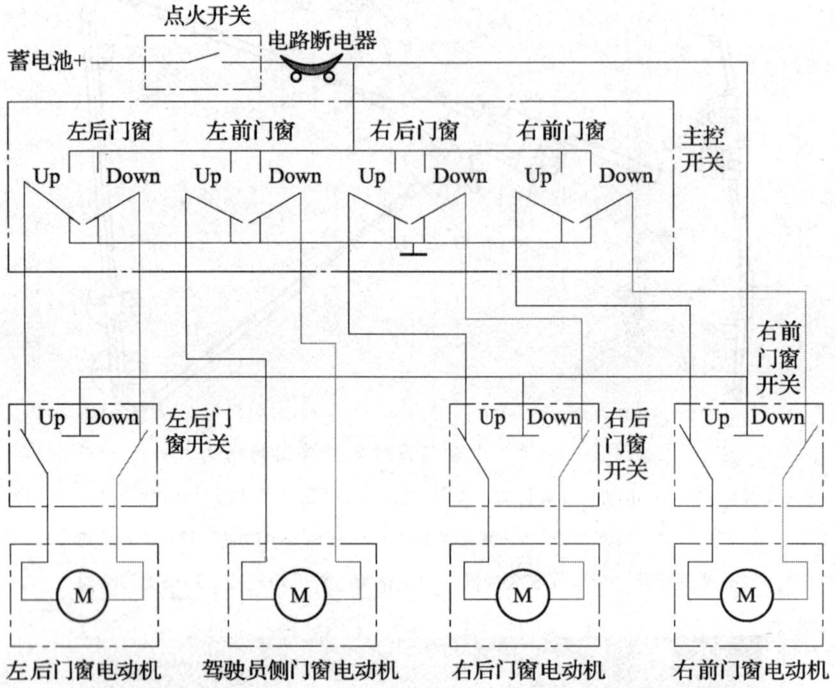

图 5—1—3　电动门窗升降器的电气线路

若在上图中设置一个搭铁总开关，即可控制所有车窗的开闭。

二、电动门窗故障检测与诊断

1. 玻璃升降器不工作

玻璃升降器不工作，分全部还是部分不工作。当点火开关置于“ON”位置时，按下按键时玻璃升降器不工作，可能的原因有熔丝熔断、线路断路、电动机损坏和开关损坏。可按照先检查电路通断的方式进行排查，必要时更换损坏的元器件。

2. 电动机工作正常，但升降器不工作

造成电动机工作正常、升降器不工作的原因通常是钢丝绳断开或跳槽、滑动支架断开或其传动钢丝夹转动。出现此故障时，可拆检排查，必要时换新件。

3. 玻璃升降器工作时发卡、有异响

出现此故障时，可拆检排查，重新调整安装螺钉和卷丝筒内的钢丝绳位置，检查安装支架的弧度是否正确，导轨是否损坏、变形和有异物，电动机是否损伤，必要时换新件。

互动项目——更换电动门窗玻璃

做一做

更换电动门窗玻璃并进行适当检修、调整与保养（图 5—1—4）。

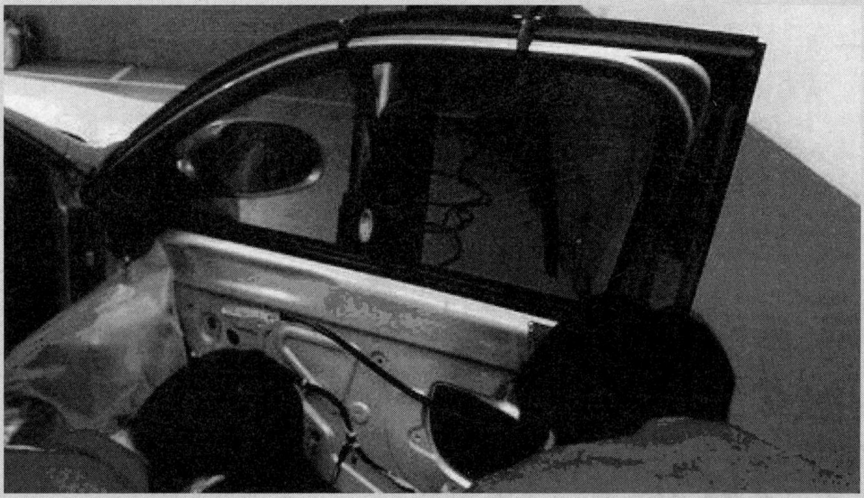

图 5—1—4　电动门窗玻璃的更换

三、故障案例

1．故障现象

一辆赛欧轿车，当自动天窗处于打开状态时，在颠簸的路面上行驶，不按天窗开关，天窗却能自行关闭。

2．故障诊断

首先考虑天窗控制开关或开关控制线路存在短路，逐一检查线束，没有发现破损等异常现象。于是更换控制开关后试车，故障仍存在。怀疑是天窗控制模块内部电路故障，在更换天窗控制模块后试车，故障仍未消失。仔细分析故障现象，故障只有在天窗打开时才会出现，并且自行动作的方向只向关闭的方向动作，于是考虑是控制天窗自动关闭这一线束出现问题。

3．故障排除

因为该天窗系统有一个特殊功能：天窗控制模块会一直检测并反映关闭点火开关状态的电压信号，当发现电压信号时，天窗控制模块会控制天窗电动机自动关闭天窗。据此仔细检查从熔丝 F16 到天窗控制模块之间的信号线路，最终发现该模块上的端子线路 B4 虚接。连接好线路后试车，天窗系统工作恢复正常。

4．故障点评

按常规处理汽车电路故障时，除了考虑故障单路电路外，还要注意关联电路对故障电路的影响因素。该故障正好说明了这个问题。

思考与练习

1．如何检测、诊断电动门窗故障？

2．如何检测、诊断电动天窗故障？

课题二　电动座椅故障检测与诊断

学习目标

- ◆ 了解电动座椅的组成及电子控制线路。
- ◆ 了解驾驶位置记忆系统。
- ◆ 掌握电动座椅故障检测与诊断方法。
- ◆ 能够对电动座椅故障进行检测与诊断。

想一想

一辆 LS400 型轿车，电控系统不能记忆驾驶员座椅的数据参数，需送厂检修。

想一想：

1．座椅位置电子控制系统由哪几部分组成？需要哪些位置传感器？

2．汽车后视镜要实现水平、垂直两个方向的调整至少需要几个直流电动机？

记忆驾驶员座椅数据参数的作用是，保证汽车在不同驾驶员驾驶时，能够自动调节座椅的位置，并让 ECU 记忆，以便下次驾驶时直接按“恢复”键恢复原位。如果 ECU 不能记忆驾驶员座椅的位置数据，则需要对自动座椅进行检修和调整。

一、电动座椅的组成

电动座椅是指汽车座椅空间位置的调整由电动机来完成，即实现座椅的自动滑动，从而改变座椅的前垂直、后垂直、前后倾斜、头枕和腰垫等位置的变化，以满足不同驾驶员对舒适性的需求，减轻驾驶员的疲劳强度。

电动座椅由座椅、电动机（多个）、传动机构、开关等组成。图 5—2—1 所示是电动座椅元件位置图。

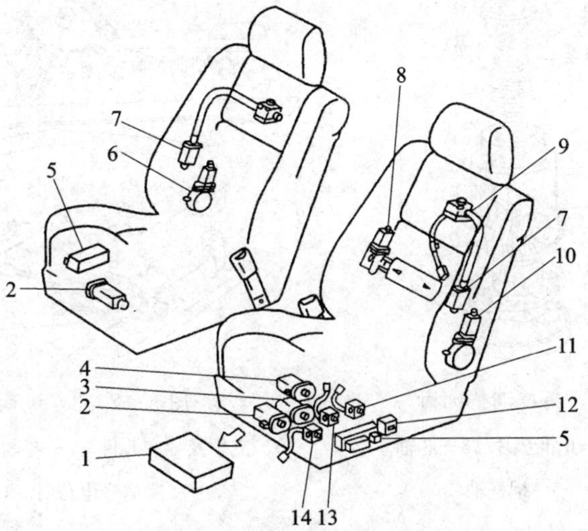

图 5—2—1　电动座椅元件位置图

1—电动座椅 ECU　2—滑动电动机　3—前垂直电动机　4—后垂直电动机　5—电动座椅开关　6—倾斜电动机　7—头枕电动机　8—腰垫电动机　9—位置传感器（头枕）　10—倾斜电动机和位置传感器　11—位置传感器（后垂直）　12—腰垫开关　13—位置传感器（前垂直）　14—位置传感器（滑动）

1．电动机

电动座椅用的电动机为直流双向式，可正反转。根据电动座椅的功能，一般配置多个电动机，常见的装有 6 个，以满足不同位置和方向的调整。

2．传动机构

（1）高度调整机构

高度调整机构（图 5—2—2）由止推垫片、蜗轮、芯轴、蜗杆轴等组成，调整时蜗杆轴在电动机的驱动下带动蜗轮转动，从而保证芯轴旋进或旋出，以实现座椅的上升与下降。

（2）纵向调整机构

纵向调整机构（图 5—2—3）由蜗轮、齿条、导轨、调整电动机、反馈信号电位计、支承及导向元件等组成，齿条装在导轨上。调整时，电动机转矩传至两侧的蜗轮，经导轨上的齿条带动座椅前后移动。

（3）靠背倾斜调整机构

靠背倾斜调整机构由两个调整齿轮与连杆组成。调整时，电动机带动两端的调整齿轮转动，调整齿轮与连杆联动，通过连杆的动作，达到调整靠背倾斜度的目的。

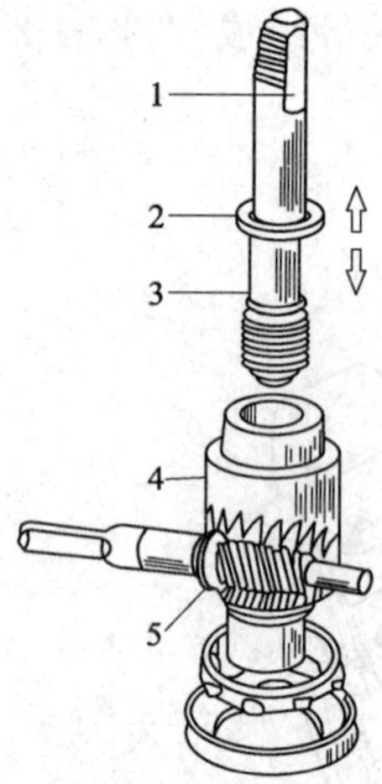

图 5—2—2 高度调整机构

1—铣平面 2—止推垫片 3—芯轴

4—蜗轮 5—蜗杆轴

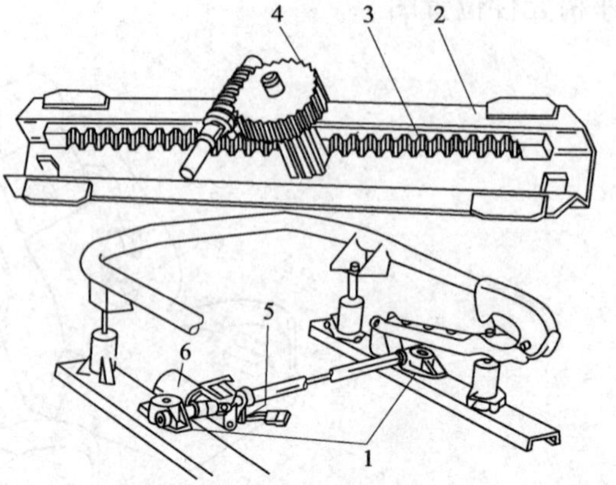

图 5—2—3 纵向调整机构

1—支承及导向元件 2—导轨 3—齿条 4—蜗轮

5—反馈信号电位计 6—调整电动机

二、电动座椅的电子控制线路

典型可调电动座椅的电子控制线路如图 5—2—4 所示。

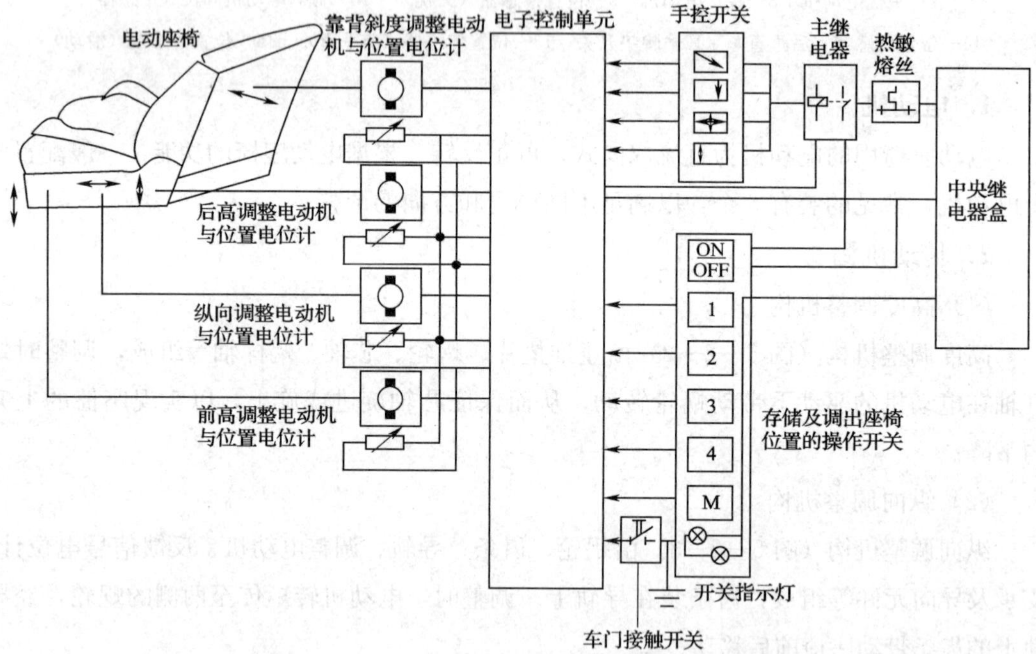

图 5—2—4 典型可调电动座椅的电子控制线路

存储装置用四个电位计来传感座椅的调定位置。电位计由一根螺杆驱动一个滑块在电阻丝上面滑动，传给电子控制装置的电压信号取决于滑块的位置。当座椅位置调定后，驾驶员只要按下“存储”按钮，电子控制装置即把这些电压信号存储起来，作为以后重新调整座椅位置时的基准。

三、驾驶位置记忆系统

现在的汽车为了更好地适应驾驶员的驾驶习惯，特设置驾驶位置记忆系统，记忆系统能存储两个人的驾驶位置，即尽管是两个人交替行驶，通过开关的单独控制，也能记忆自己的驾驶位置。驾驶位置记忆系统存储的内容包括驾驶座椅的前后、上下、倾斜以及靠枕的位置，驾驶员用安全带扣环的上下位置，转向盘的倾斜和伸缩滑动，左右后视镜的角度。

1. 存储操作

首先按动各部位的操作开关，决定自己的驾驶位置。一边按“SET”开关，一边按“存储”及“返回”开关，则 ECU 就记忆各部位的调整位置。为安全起见，这种操作只有在点火开关处于“ON”位置且自动变速器的换挡杆在“P”位置时才能实现。

2. 复位操作

将点火开关置于“ON”位置且换挡杆在“P”位置时，按“存储”及“返回”开关的“1”或“2”，则存储的状态复位。当换挡杆在“P”以外的位置时，上述复位动作被禁止（座椅的复位动作在踩下制动踏板时也被禁止）。

3. 位置传感器

座椅位置的调整是通过电动机实现的，为检测各部位的位置，相应部位设置有传感器。图 5—2—5 所示是座椅位置传感器的安装位置，图 5—2—6 所示是位置传感器的结构。位置传感器的检测原理是在电动机传动轴上安装磁铁，当轴旋转时，产生磁通变化，通过霍尔元件及放大电路输出旋转脉冲信号，从而检测出相对位置。

四、电动座椅故障检测与诊断

1. 电动座椅失去记忆

（1）故障现象

电动座椅移动时不能达到原设置的位置。

（2）故障原因及处理方法

1）电控单元 ECU 故障，用替换比较法检查 ECU 是否故障，即用同型号无故障的 ECU 进行替换和比较。

2）电动座椅电路或用电设备故障，如开关、继电器、熔断器、电动机损坏及导线接触不良等。

先检查电源和搭铁点，然后检查配电设施及执行电动机等。

（3）故障诊断方法

先从故障现象出发，结合电路图判断故障点，并在车上找到故障部位，逐一排查故

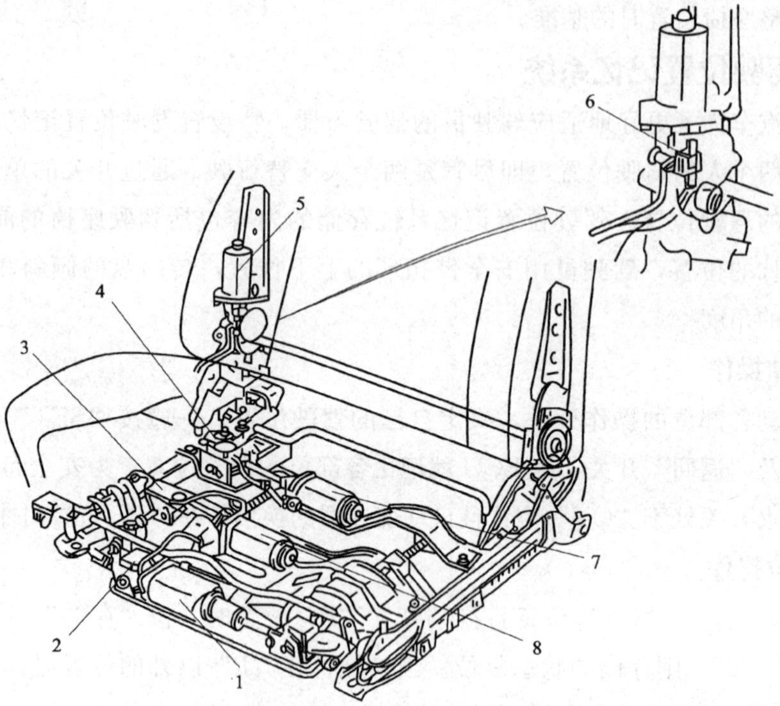

图 5—2—5 电动座椅位置传感器的安装位置

1—座椅滑移电动机 2—座椅滑移位置传感器 3—前位直立位置传感器 4—后位直立位置传感器 5—斜椅电动机 6—斜椅位置传感器 7—后部直立电动机 8—前部直立电动机

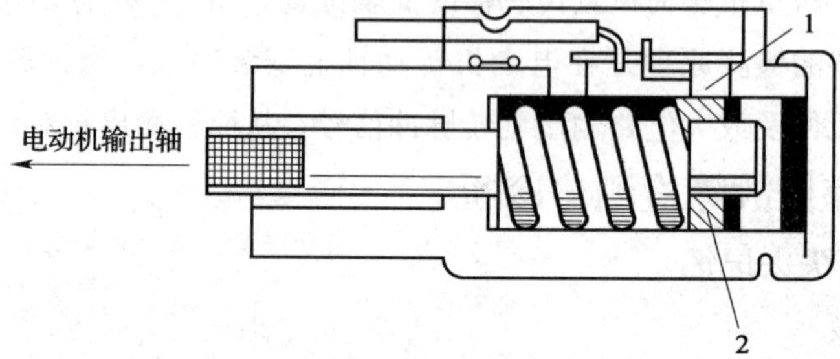

图 5—2—6 位置传感器的结构

1—霍尔元件 2—磁铁

障。如果电源供电良好，可直接检查故障点，例如，座椅不动作，可先检查电动机，然后检查电动机前后的电路和配电设施。

2．电动座椅不动作

（1）故障现象

电动座椅不能自动调节。

（2）故障原因及处理方法

1）发电机熔丝烧断，应更换熔丝。

2）门控继电器损坏或线路断路，应检查电路连接情况和继电器的工作情况。

3）电动座椅开关损坏。应将线束从开关上拔出，用欧姆表检查开关在各操作位置时的通断情况，观察是否和动作要求一致。

（3）故障诊断方法

打开点火开关，若电动座椅不动作，应先检查电源，再检查搭铁、熔断器；若电动座椅只是移动不到位，应检查电动机。可拆下电动机，用两根导线直接连接蓄电池正、负极，观察电动座椅是否能动作，若不动作，说明电动机已损坏，应更换电动机。

思考与练习

1. 电动座椅失去记忆故障应该如何诊断?
2. 电动座椅由哪几部分组成?

课题三　中控门锁及防盗系统故障检测与诊断

学习目标

◆ 了解电控车辆防盗系统的组成及工作原理。

◆ 掌握中控门锁及防盗系统故障检测与诊断方法。

◆ 能够对中控门锁及防盗系统故障进行检测与诊断。

想一想

一辆大众普通乘用车，修理后发动机不能启动，无点火信号和喷油信号。技术人员用故障检测仪读取故障码为011769（钥匙非法或信号太弱），显然是由于防盗系统被激活，需要解除防盗系统的约束才能启动发动机。出于防范，汽车防盗系统一般比较敏感，如拆下蓄电池，防盗系统即被激活。因此，检修车辆时，必须小心、谨慎。

想一想：

1. 对于防盗系统应该从何处着手进行车辆检修?

2. 中控门锁和防盗系统是如何联合工作的？

大众公司采用的防盗系统是一种防盗点火开关系统，它通过点火钥匙来进行电子应答，从而判断用户使用的钥匙是否合法，并以此确定是否允许发动机控制器工作。若钥匙非法，识读线圈通过防盗器控制单元发出信号给发动机电控单元，执行停火、停油指令，并发出防盗报警系统的声光信号。造成防盗系统故障的原因有使用了非法钥匙，或在检修发动机时拆下了蓄电池，因而启动了防盗系统。

一、电控车辆防盗系统的组成及工作原理

常见的电控车辆防盗系统有两种类型，一种是车主身份识别系统；另一种是防盗与中央门锁控制系统。当然，也有很多其他防盗系统，如超声波、红外线防盗系统，电流敏感或声音敏感传感系统等。

1. 车主身份识别系统

桑塔纳 2000 型轿车防盗系统属于车主身份识别系统。汽车防盗器的组成如图 5—3—1 所示。

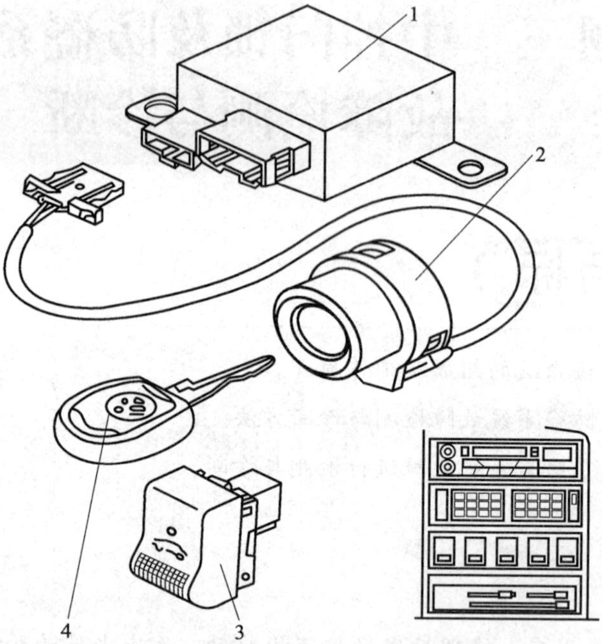

图 5—3—1 汽车防盗器的组成

1—防盗器控制单元（J362） 2—识读线圈（D2）

3—防盗器警告灯（K117） 4—带转发器的汽车钥匙

（1）当点火开关打开时，防盗器开始工作。防盗器控制单元通过识读线圈把能量传送给钥匙中的脉冲转发器，如图 5—3—2 所示。

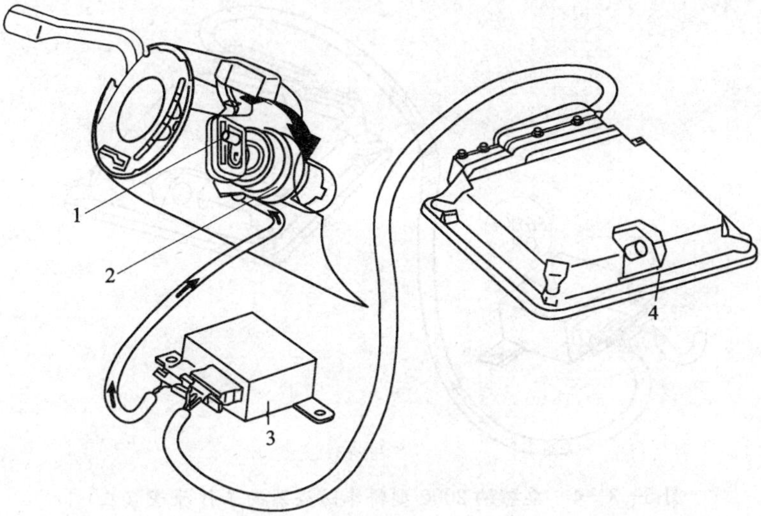

图 5—3—2　桑塔纳 2000 型轿车防盗器的工作原理（一）

1—脉冲转发器　2—识读线圈　3—防盗器控制单元　4—发动机控制单元

（2）脉冲转发器被激活，通过识读线圈把它的程控代码传送给防盗器控制单元。在防盗器控制单元中，输入的程控代码与先前存储在防盗器控制单元中的钥匙代码进行比较，如图 5—3—3 所示。

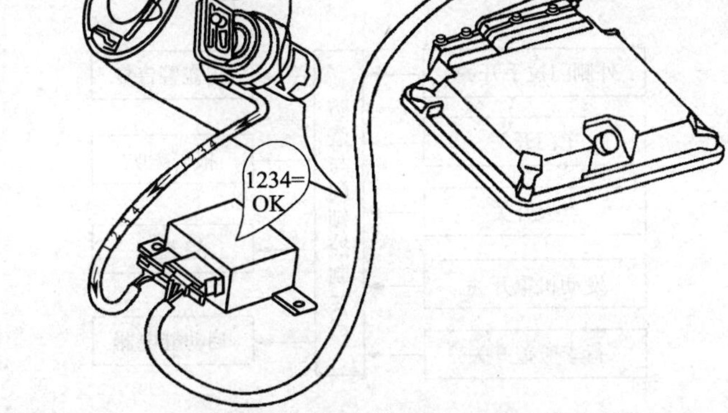

图 5—3—3　桑塔纳 2000 型轿车防盗器的工作原理（二）

（3）防盗器控制单元核对发动机控制单元的代码是否正确（该代码是由发动机控制单元存储在防盗器控制单元中的）。每次启动发动机时，控制单元中的随机代码发生器都会生成一个可变的代码。如果核对后代码不一致，发动机将在 2 s 内熄火，如图 5—3—4 所示。

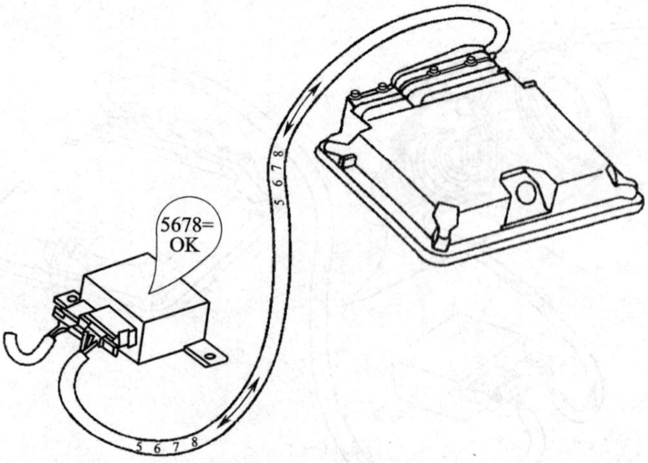

图 5—3—4　桑塔纳 2000 型轿车防盗器的工作原理（三）

2. 防盗与中央门锁控制系统

中央门锁工作时通过一系列电子控制来打开或锁住车门。多数自动门锁在车速超过某一设定值或具备一定条件时，能自动锁住或打开车门。中央门锁控制系统一般由原厂钥匙控制与遥控辅助控制两套系统组成，使用这两套系统开启车门为正常开启，否则为非法开启。

防盗系统一般由点火开关、外侧门拉手开关、车门开关（开门和锁门）、发动机罩开关、行李舱盖开关、防盗与门锁控制 ECU、防盗警告灯、报警喇叭、报警灯以及启动继电器等组成，如图 5—3—5 所示。

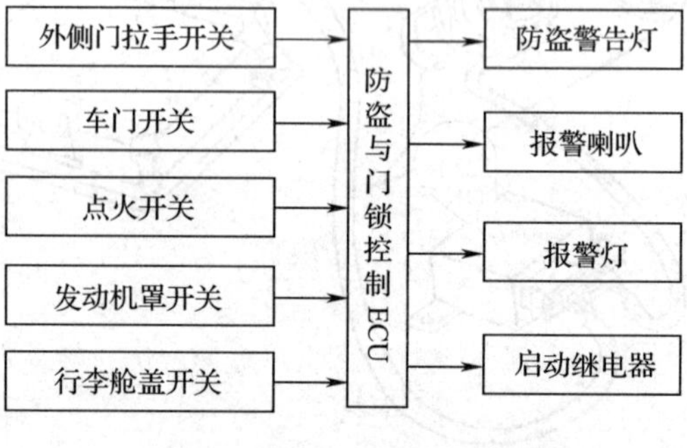

图 5—3—5　防盗与门锁控制系统的组成

点火开关、车门开关（开门和锁门）、发动机罩开关及行李舱盖开关等开关向防盗与门锁控制 ECU 输入各开关的状态信号。防盗与门锁控制 ECU 的作用是根据各开关输入的信号判断车门是正常打开还是非法打开，从而向防盗执行器（防盗警告灯、报警喇叭、报警灯以及启动继电器等）发出控制指令。防盗警告灯用于指示防盗系统的工作状态。报警喇叭的作用是当汽车被盗时发出报警声响。报警灯的作用是当汽车被盗时开始闪烁，发出报警信息。启动继电器的作用是当汽车被盗时切断起动机的工作电路，使发动机不能启动。

防盗与门锁控制 ECU 通常由报警状态设置、防盗检测、定时报警和解除报警状态等几个控制模块组成，当锁好所有车门时，该系统会执行约 30 s 定时检测，随后指示器开始断续闪烁，说明系统处于预警状态。当防盗与门锁控制 ECU 根据各开关（如点火开关、行李舱盖开关等）的信号判断车门为正常开启时，即解除报警状态；当判断为非法开启时，便控制各执行机构动作，使报警喇叭和汽车喇叭鸣叫，使前灯、尾灯和防盗警告灯开始闪烁，同时切断发动机启动线路，使起动机不能工作，发动机不能发动。

防盗报警系统通常与汽车中控门锁系统配合工作。当汽车处于防盗报警功能状态时，若有人企图不用钥匙强行进入汽车或打开发动机罩、行李舱门时，防盗报警系统的各种传感器便能检测到这种信息，立刻启动防盗报警系统，一方面发出报警，灯光闪烁，喇叭鸣叫，另一方面切断点火电路、启动电路和供油电路，使车辆不能运行。

二、中控门锁及防盗系统故障检测与诊断

1. 故障现象

桑塔纳 2000 型轿车防盗系统因各种原因被激活，系统锁止或不起防盗作用。

2. 故障诊断方法

防盗系统具有自诊断功能，如果系统元件产生故障，相应的故障码就存储在控制单元故障记忆中，可以用 V. A. G1551 或 V. A. G1552 故障诊断仪来读出故障。

防盗器的地址指令是 25。可以使用下列功能：

02　查询故障

05　清除故障存储

06　结束输出

08　读测量数据块

10　匹配

——00　频道，防盗器控制单元与发动机控制单元匹配

——21　频道，匹配钥匙

11　输入密码（登录）

3. 故障诊断步骤

(1) 诊断准备工作

连接 V. A. G1552 故障诊断仪，选择防盗器电子系统。

1) 在蓄电池电压大于 11 V、点火开关打开的情况下，打开车内变速器杆前的自诊

断插口盖，将 V. A. G1552 故障诊断仪的插头与车内自诊断插口相连接，如图 5—3—6 所示。

图 5—3—6　连接 V. A. G1552 故障诊断仪

此时显示器显示：

Test of vehicle system　　HELP	车辆系统测试　　帮助
Insert address word ××	输入地址字 ××

2）输入防盗器地址指令 25，显示器上将显示：

Test of vehicle system　　Q	车辆系统测试　　确认
25 - Immobiliser	25—防盗器

3）按“Q”键确认，约 5 s 后，显示器将显示：

330 953 253 IMMO VWZ6Z0T0456789 V01→
Coding 00000　　WSC 01205

显示器内容说明如下：330 953 253 为防盗器控制单元零件号；IMMO 为电子防盗系统缩写；VWZ6Z0T0456789 为防盗器控制单元 14 位数编号；V01 为防盗器控制单元软件版本；Coding 00000 为编码号；WSC 01205 为维修站代码（修理电子防盗器使用 V. A. G1552 时，必须先输入维修站代码）。

4）按“→”键，显示器上将显示：

Test of vehicle system　　HELP	车辆系统测试　　帮助
Select function ××	选择功能 ××

（2）查询故障

1）当需要查询防盗器故障时，输入 02“查询故障”功能，按“Q”键确认，此时显示器将显示：

X Faults recognized →	X 个故障发现 →

2）按“→”键，可以逐个显示故障码和故障内容，直到全部故障显示完毕为止。如果没有故障，显示器将显示：

No faults recognized →	没有故障发现 →

3）按“→”键，退回功能主菜单，显示器将显示：

Test of vehicle system　HELP Select function ××	车辆系统测试　帮助 选择功能 ××

在查询故障时，应注意以下内容：所有存在的故障或偶然故障都存储在故障记忆中；识别一个存在的故障至少需要 2 s；如果一个故障目前已不存在，作为偶然故障出现时，在显示器右下角将出现/SP；50 次驱动循环后，偶然故障将被自动清除。防盗器故障见表 5—3—1。

表 5—3—1　防盗器故障

V. A. G1552 屏幕显示	故障原因	产生的后果	故障排除
65535 Control unit defective 控制单元损坏	◆ 控制单元 1362 损坏	◆ 发动机不能启动，报警灯亮	◆更换控制单元
00750 Fault lamp 报警灯故障 ◆ 对地短路/开路 ◆ 对正极短路	 ◆ 线路损坏 ◆ 线路开路 ◆ 报警灯 K117 损坏 ◆ 线路损坏	 ◆ 报警灯亮 ◆ 报警灯不亮 ◆ 报警灯不亮 ◆ 报警灯不亮	 ◆修理损坏线路 ◆修理开路线路 ◆更换报警灯 ◆修理损坏线路
01128 Reader coil for immobiliser 防盗器识读线圈	◆ 识读线圈 D2 损坏 ◆ 线路开路 ◆ 短路	◆ 发动机不能启动，报警灯闪	◆更换读识线圈 ◆修理开路线路 ◆修理损坏线路

续表

V. A. G1552 屏幕显示	故障原因	产生的后果	故障排除
01176 Key 钥匙 ◆ Signal too weak 信号太弱 ◆ Not authorised 非法钥匙	◆ 转发器损坏 ◆ 钥匙不匹配 ◆ 识读线圈 D2 损坏	◆ 发动机不能启动，报警灯闪	◆配制新钥匙 ◆完成汽车所有钥匙匹配程序 ◆更换识读线圈
01177 ◆ Engine control unit not adapted 发动机控制单元没有匹配	◆ 更换发动机控制单元 ◆ 发动机控制单元与防盗器控制单元连接线开路或短路	◆ 发动机不能启动，报警灯闪 ◆ 发动机不能启动，报警灯不闪	◆完成发动机控制单元与防盗器控制单元匹配程序 ◆检修发动机控制单元与防盗器控制单元连接线
01179 ◆ Key programming incorrect 配钥匙程序错误	◆ 钥匙匹配不正确	◆ 报警灯快速闪动（每秒 2 次）	◆查询故障 ◆清除故障存储 ◆完成汽车所有钥匙匹配程序

（3）清除故障存储

清除故障存储这一功能用于在查询故障后，清除防盗器控制单元的故障存储。输入 05“清除故障存储”功能，按“Q”键确认，此时显示器将显示：

Test of vehicle system → Fault memory is erased	车辆系统测试 → 故障存储已被清除

（4）结束输出

输入 06“结束输出”功能，按“Q”键确认，此时显示器将显示：

Test of vehicle system HELP Enter address word ××	车辆系统测试 帮助 输入地址字 ××

完成这一功能后，V. A. G1552 将退出防盗器自诊断程序。

（5）读测量数据块

1）输入 08“读测量数据块”功能，按“Q”键确认，此时显示器将显示：

Read measuring value block HELP Enter display group number ××	读测量数据块 帮助 输入显示组号 ××

2）输入显示组号 22，按“Q”键确认，此时显示器将显示：

<table>
<tr><td colspan="4">Read measuring value block 22　→</td></tr>
<tr><td>1</td><td>2</td><td>3</td><td>4</td></tr>
<tr><td rowspan="4"></td><td rowspan="3"></td><td rowspan="2"></td><td>钥匙实数</td></tr>
<tr><td>钥匙状态
· 1=是　钥匙转发器正确
· 0=否　汽车钥匙匹配不正确，或转发器无效</td></tr>
<tr><td colspan="2">发动机控制单元回答
· 1=正确
· 0=不正确　发动机控制单元或连接线路有故障</td></tr>
<tr><td colspan="3">允许启动
· 1=允许启动
· 0=不允许启动　汽车钥匙匹配不对，或发动机控制单元与防盗器控制单元没有匹配</td></tr>
</table>

（6）匹配

更换发动机控制单元后，必须重新与防盗器控制单元进行匹配。完成此项工作必须使用一把合法的汽车钥匙。

1）连接 V. A. G1552，打开点火开关，输入防盗器地址指令 25，并按“Q”键确认。

2）按“→”键，显示器将显示：

Test of vehicle system　HELP Select function ××	车辆系统测试　帮助 选择功能 ××

3）输入 10“匹配”功能，此时显示器将显示：

Test of vehicle system　Q 10－Adaptation	车辆系统测试　确认 10—匹配

4）按“Q”键确认，此时显示器将显示：

Adaptation Feed in channel number ××	匹配 输入频道号 ××

5）输入频道号 00，按“Q”键确认，此时显示器将显示：

Adaptation　Q Erase learned values?	匹配　确认 清除已知数值?

6）按“Q”键确认，此时显示器将显示：

Adaptation　→ Learned values have been erased	匹配　→ 已知数值已被清除

7）按“→”键，完成匹配程序，退回功能主菜单，此时显示器将显示：

Test of vehicle system HELP Select function ××	车辆系统测试 帮助 选择功能 ××

此时点火开关是打开的，发动机控制单元的随机代码就被防盗器控制单元读入并存储起来。

（7）更换防盗器控制单元 J362 的匹配程序

1）当更换新的防盗器控制单元时，发动机控制单元的随机代码自动被防盗器控制单元读入并存储起来，应重新做一次所有钥匙匹配程序。

2）当更换从其他车上拆下来的防盗器控制单元时，应重新做一次发动机控制单元与防盗器控制单元匹配程序，然后再做一次所有钥匙匹配程序。

互动项目——加装汽车防盗系统

做一做

试加装汽车防盗系统（图 5—3—7）。

图 5—3—7 加装汽车防盗系统

（8）汽车钥匙的匹配

汽车钥匙匹配是清除以前所有合法钥匙的代码，必须将所有的汽车钥匙（包括新配的钥匙）与防盗器控制单元匹配，同时完成匹配程序。新配钥匙或增加钥匙数量，合法钥匙最多不能超过 8 把。如果遗失了一把合法的钥匙，为了安全起见，必须将其他所有合法钥匙重新完成一次匹配钥匙程序，这样能使丢失在外的钥匙变为非法，不能启动发动机。匹配钥匙的程序必须先输入密码（刮去密码牌上的涂黑层，即可见 4 位数密码）。

1）连接 V. A. G1552，打开点火开关，输入防盗器地址指令 25，按“Q”键确认。

2）按“→”键，此时显示器将显示：

Test of vehicle system HELP Select function ××	车辆系统测试 帮助 选择功能 ××

3）输入 11“输入密码”功能，显示器将显示：

Test of vehicle system　　Q	车辆系统测试　　确认
11 - Login procedure	11—输入密码

4）按“Q”键确认，此时显示器将显示：

Login procedure	输入密码
Enter code number ××××	输入密码号 ××××

5）输入密码号，在四位数密码前加一个“0”，例如，01234，此时显示器将显示：

Login procedure　　Q	输入密码　　确认
Enter code number 01234	输入密码号 01234

6）按“Q”键确认，此时显示器将显示：

Test of vehicle system　　HELP	车辆系统测试　　帮助
Select function ××	选择功能 ××

如果显示器显示：

Function is unknown or　　→	功能不清楚或　　→
Cannot be carried out at moment	此刻不能执行

说明密码号输错，必须重新输入密码。如果连续两次输入错误，第三次输入密码前，必须输入 06“结束输出”功能，退出防盗器自诊断程序，打开点火开关，等待 30 s 后再重新输入密码。

7）输入 10“匹配”功能，按“Q”键确认，此时显示器将显示：

Adaptation	匹配
Feed in channel number ××	输入频道号 ××

8）输入频道号 21，按“Q”键确认，显示器将显示：

Channel 21 Adaptation 2　　→	频道 21　匹配 2　　→
<—1　3—>	<—1　3—>

输入汽车钥匙数。汽车钥匙数根据需要可以输入 0～8，输入时可以按数字键直接输入钥匙数，或用数字键“1”和“3”，按“1”键为减少 1 把钥匙数，按“3”键为增加 1 把钥匙数，直到显示器右上角的数字符合需要的钥匙数为止。如果输入“0”，表示全部钥匙都变为非法，不能启动发动机。

9）按“→”键，显示器将显示：

Channel 21 Adaptation 2　　→	频道 21　匹配 2　　→
Enter adaptation value ××××	输入匹配钥匙数 ××××

10）按“0”键 4 次，再输入匹配钥匙数，例如，匹配 3 把钥匙，输入 00003，此时显示器显示：

Channel 21 Adaptation 2　　Q Enter adaptation value 00003	频道 21　匹配 2　　确认 输入匹配钥匙数 00003

11）按“Q”键确认，显示器将显示：

Channel 21 Adaptation 3　　Q <—1　3—>	频道 21　匹配 3　　确认 <—1　3—>

12）按“Q”键确认，显示器将显示：

Channel 21 Adaptation 3　　Q Store changed value?	频道 21　匹配 3　　确认 是否要存储改正的钥匙数?

13）按“Q”键确认，此时显示器将显示：

Channel 21 Adaptation 3　　→ Changed value is stored	频道 21　匹配 3　　→ 改正的钥匙数已存储

14）按“→”键。

15）输入 06“结束输出”功能，在汽车点火开关上的这把钥匙匹配完毕。

16）关闭点火开关，拔出汽车钥匙，然后插入下一把钥匙，打开点火开关。

17）重复上述操作，直到把所有的钥匙都匹配完毕为止。

在进行匹配汽车钥匙程序中，应注意以下几点：

1）匹配全部钥匙的操作不能超过 30 s，如果只是插入钥匙，而没有打开点火开关，那么这把钥匙匹配无效。

2）如果系统在读钥匙的过程中发现错误，如将已匹配过的钥匙再次进行匹配等，警告灯将以每秒 2 次的频率闪亮，读钥匙过程自动中断。

3）每次匹配钥匙的过程顺利完成，警告灯则点亮 2 s，然后熄灭 0.5 s，再点亮 0.5 s，最后熄灭。

4）在匹配钥匙完毕后，应选择 02“查询故障”功能，如果没有故障显示，说明匹配钥匙已成功完成。

5）如果要匹配钥匙中的转发器是坏的，或钥匙中没有转发器，显示器将显示：

Function is unknown or　　→ Cannot be carried out at moment	功能不清楚或　　→ 此刻不能执行

（9）获得密码的方法

如果不知道 4 位数密码，或密码牌丢失，可按以下步骤获得密码：

1）连接 V. A. G1552，打开点火开关，输入防盗器地址指令 25，按“Q”键确认，约 5 s后，显示器将显示：

330 953 253 IMMO VWZ6Z0T0456789 V01　　→ Coding 00000　　WSC 01205

2）维修站将读出的14位数防盗器控制单元编号电传到上海大众售后服务中心，然后由上海大众售后服务中心将查得的密码电传到维修站。

三、故障案例

1．故障现象

原装奥迪A6 2.6 L轿车，修理后发动机不能启动，无点火信号和喷油信号。

2．故障诊断

检测相关传感器及其线路，正常。通过分析认为是发动机ECU损坏。按零件号（4A0 862 257B）购回发动机ECU，换上后试车却出现以下现象：打开电动机，着车2～3 s后即熄火。能够着火说明喷油与点火都能进行了。根据现象初步判定可能是防盗系统起了作用。通过大众公司专用故障诊断仪V. A. G1552读故障码为011769（信号太弱或钥匙非法），判断是防盗系统没有被解除的缘故。

通过分析可能是新发动机ECU与旧防盗模块中的程序信息不一致，而导致防盗模块认为这一启动操作非法，从而断开发动机的点火和喷油信号。

3．故障排除

对新发动机ECU与旧防盗模块进行匹配，方法如下：

（1）使用匹配过的正确、合法的钥匙，打开点火开关，但不启动发动机。

（2）连接V. A. G1552并进入地址码为25的防盗控制系统。

（3）选择“匹配”功能，代码为10。

（4）输入通道号（两位数“00”）。

（5）仪器显示“是否清除数值”，按“Q”键确认。仪器显示“数值被消除”，表示匹配完成。发动机ECU的随机代码被防盗模块读入并存储起来。

至此匹配完成。对其他车型新发动机ECU与旧防盗模块的匹配，可用此方法，但不同车型的通道号却不同，如奥迪为“00”。

匹配完成后发动机就能顺利启动了。

4．故障点评

对这一故障，如果不知道新发动机ECU要与旧防盗模块进行匹配，可能还会认为新发动机ECU有故障，像ECU这类电气元件要在装用后退货是一件相当麻烦的事情，这样可能使问题变得更加复杂。对于新款大众系列汽车防盗系统，更换其系统的元件及钥匙等，应特别注意对它的匹配，否则无法启动发动机。

思考与练习

1. 如何给汽车防盗系统解码？
2. 如何进行汽车防盗系统的新钥匙匹配？
3. 如何对汽车防盗系统进行故障诊断？

课题四　安全气囊系统故障检测与诊断

学习目标

◆ 了解安全气囊系统的组成及工作原理。

◆ 掌握安全气囊系统故障检测与诊断方法。

◆ 能够对安全气囊系统故障进行检测与诊断。

想一想

对事故车辆进行分析发现，2/3 以上的撞车事故发生在车辆的前部。当汽车发生严重正面碰撞时，安全气囊系统控制安全气囊及时引爆，对前排乘客的头部和胸部提供有效的保护。

想一想：

1. 气囊的引爆条件是由碰撞力决定还是由车速决定？

2. 为什么更换安全气囊时需要整套换新？旧件不能代用吗？

若安全气囊系统正常，故障报警灯在打开点火开关时，经过自检程序后会自动熄灭。若不熄灭，说明系统有故障。为了能够保证汽车在发生碰撞事故时驾乘人员不受伤害，安全气囊必须能够及时膨胀开。

一、安全气囊系统的组成及工作原理

安全气囊系统（Supplemental Restraint System，SRS）又称为辅助防护系统或辅助约束系统，是当车辆发生碰撞事故时保护乘客的安全带补助装置，它与座椅安全带配合使用，在汽车发生碰撞时为乘客提供有效的保护。当汽车遭受冲撞导致车速急剧变化时，安全气囊迅速膨胀，承受并缓冲驾驶员头部与身体上部产生的惯性力，从而减轻人体遭受伤害的程度，如图 5—4—1 所示。

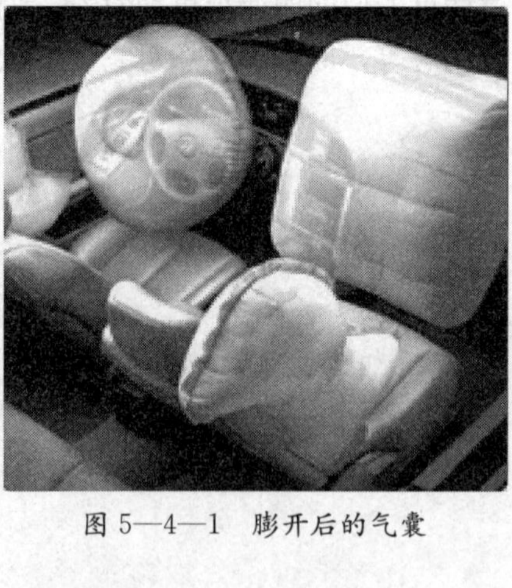

图 5—4—1　膨开后的气囊

汽车安全气囊系统主要由传感器、安全气囊控制单元（ECU）、安全气囊指示灯、安全气囊组件及安全气囊系统线束等组成。

1. 传感器

传感器是安全气囊系统主要的控制信号输入装置。其作用是检测、判断汽车发生事故时的碰撞强度信号，并将此信号输入安全气囊控制单元，控制单元根据传感器的输入信号来判断是否引爆充气元件使气囊充气。

(1) 碰撞传感器

碰撞传感器一般安装在车身前部和中部，如车身两侧的前翼子板内侧、两侧前照灯支架下面、发动机散热器支架左右两侧等（图 5—4—2）。其主要作用是检测车辆发生碰撞时的减速度或惯性力，并将信号送到安全气囊控制单元中。一般设有 3～4 个碰撞传感器。

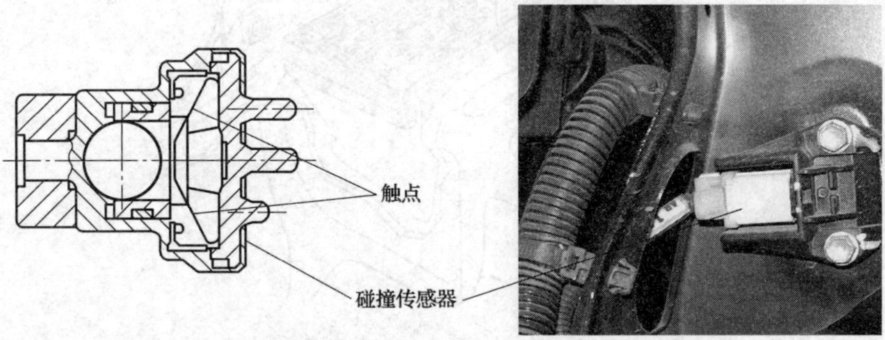

图 5—4—2　碰撞传感器

当汽车以 40 km/h 的速度与一辆正在停放的同样大小的汽车相碰撞，或者以不低于 22 km/h 的车速迎面撞到一个不可变形的固体障碍物时，碰撞传感器会动作，接通搭铁回路。

(2) 安全传感器

安全传感器又称为防护碰撞传感器或防护传感器，如图 5—4—3 所示。它一般装于安全气囊 ECU 内，是一种水银常开式开关。其作用是为防止碰撞传感器短路而造成气囊误膨开，供给 SRS 控制 ECU 信号，确定是否真发生碰撞。当汽车发生碰撞时，足够大的减速度力将水银抛上，使两极接通，从而接通电爆管电路。

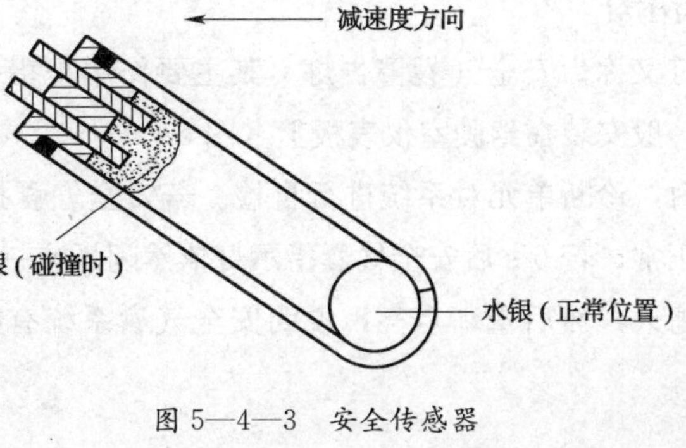

图 5—4—3　安全传感器

一般情况下，安全传感器动作所需要的惯性力或减速度值要小些。在 SRS 中，只有当安全传感器与任意一只碰撞传感器同时接通时，SRS 电路才能接通，气囊才可能充气。

2．安全气囊控制单元

安全气囊控制单元及其安全传感器一起被制作在安全气囊控制组件中，通常安装在驾驶室变速杆前、后的装饰板下面，如图 5—4—4 所示。

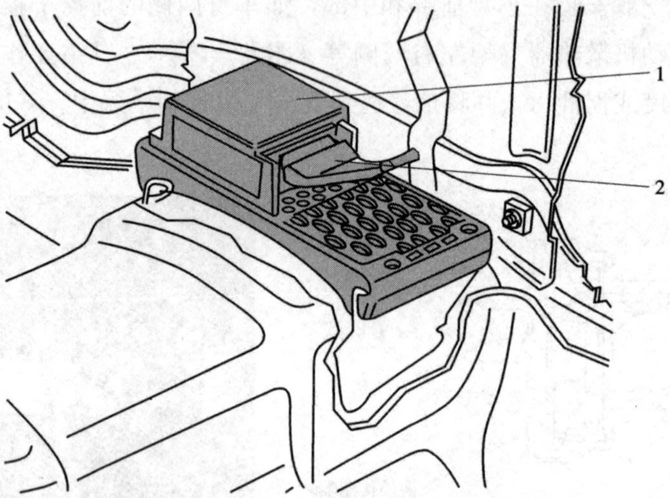

图 5—4—4　安全气囊控制单元

1—有触发传感器的控制单元　2—插头

安全气囊控制单元的作用是接收碰撞传感器及其他各个传感器的输入信号，判断是否点火引爆气囊及预紧器，并对安全气囊系统的故障进行自诊断。

气囊系统有两个电源，即汽车电源（蓄电池和发电机）和备用电源，备用电源电路由电源控制电路和若干电容器组成。当汽车发生碰撞导致蓄电池和发电机与气囊系统的供电电源断开时，备用电源在一定时间内（一般为 6 s）可以维持气囊系统供电。在维修气囊系统时应注意备用电源的作用，在断开蓄电池电源后仍需要等待一段时间以使备用电源放电，具体等待时间参阅相关维修手册。

3．安全气囊指示灯

安全气囊指示灯又称为安全气囊警告灯。其主要作用是指示安全气囊系统功能是否处于正常状态，一般安装在驾驶室仪表板上（图 5—4—5）。

接通点火开关时，诊断单元对系统进行自检。若安全气囊指示灯点亮 6 s 后熄灭，说明安全气囊系统正常；若 6 s 后安全气囊指示灯依然闪烁或一直不熄灭，或是打开点火开关时指示灯先熄灭，然后重新点亮，说明安全气囊系统有故障，提示驾驶员应进行维修。

图 5—4—5　仪表板上的安全气囊指示灯

4．安全气囊组件

安全气囊组件主要由气囊、气体发生器和点火器组成。其中驾驶员安全气囊组件位于转向盘中心处，如图 5—4—6 所示；前排乘客安全气囊组件位于仪表板右侧（杂物箱上方），如图 5—4—7 所示；侧面安全气囊组件位于前排座椅的靠背里，如图 5—4—8 所示。

图 5—4—6　驾驶员安全气囊组件的安装位置

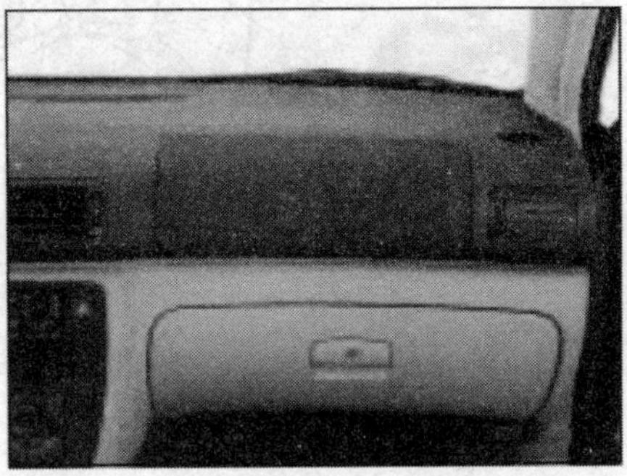

图 5—4—7　前排乘客安全气囊组件的安装位置

（1）气囊

气囊按其布置位置不同可分为驾驶员安全气囊、前排乘客安全气囊、侧面安全气囊、后座侧面安全气囊等。

在汽车遭受碰撞时，气囊一般在一次碰撞后 10 ms 内开始充气，从开始充气到气囊完全膨开的整个充气时间约为 30 ms。气囊背面或顶部设置有 2～3 个排气孔，当驾驶员在惯性力作用下压在气囊上时，气囊受压后便从排气孔排气，持续时间不到 1 s。

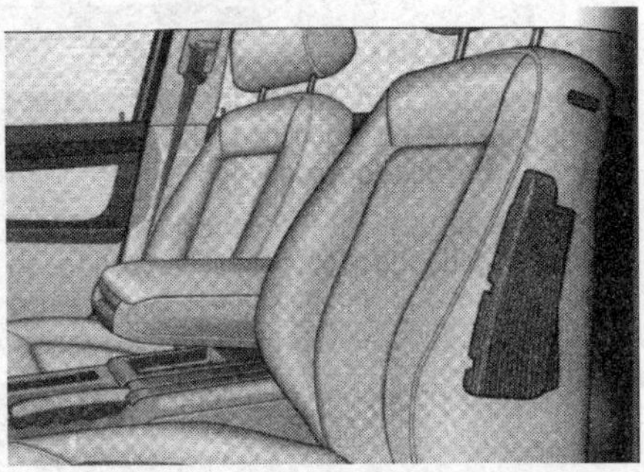

图 5—4—8　侧面安全气囊组件的安装位置

气囊由尼龙制成，内层涂有聚氯丁二烯，用以密封气体。气囊静止时被折叠成包，放在气体发生器上部和气囊饰盖之间，气囊饰盖表面模压有浅印，以便气囊充气爆开时撕裂饰盖，并减小冲出饰盖的阻力。

1）驾驶员安全气囊。驾驶员安全气囊安装在转向盘的中央，撞车时可保护驾驶员不被转向盘挤压而造成伤亡，其安装位置构成图如图 5—4—9 所示。汽车前排安全气囊的作用有效范围在汽车正前方±30°之间，如图 5—4—10 所示。欧洲各国安全气囊一般按驾驶员有座椅安全带设计，其体积约为 40 L。

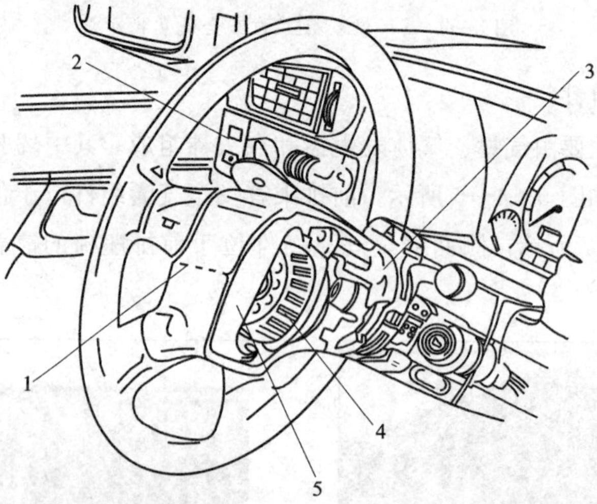

图 5—4—9　驾驶员安全气囊安装位置构成图

1—有预置裂缝的盖　2—故障警告灯　3—螺旋弹簧　4—杯形气体发生器　5—安全气囊

2）前排乘客安全气囊。前排乘客安全气囊安装在前排乘客座椅正前方，位于杂物箱和仪表板之间，撞车时可保护前排乘客不因撞击前挡风玻璃而造成伤亡。其气囊组件的结构如图 5—4—11 所示。

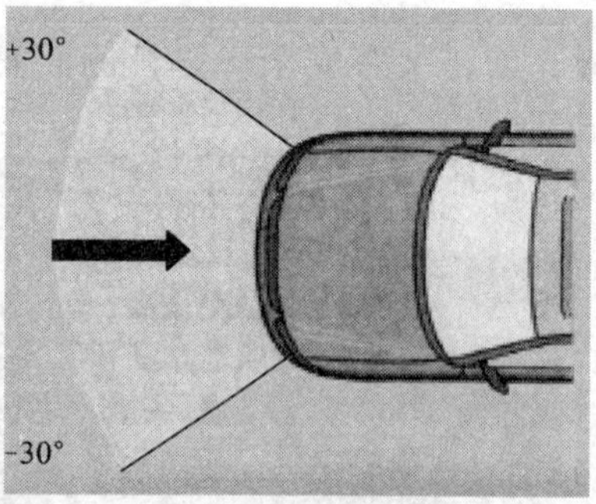

图 5—4—10　前排安全气囊的作用范围

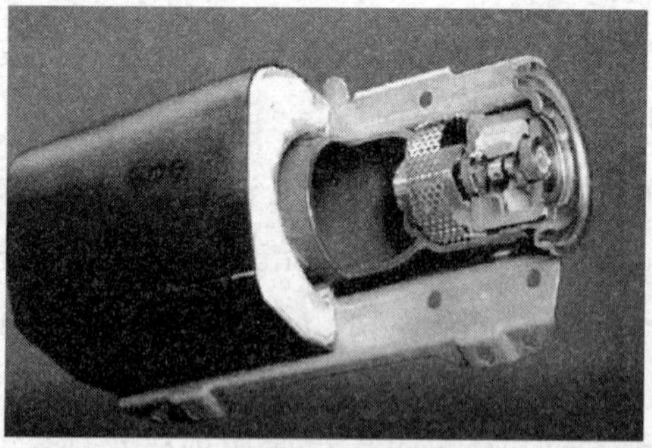

图 5—4—11　前排乘客安全气囊组件的结构

由于前排乘客安全气囊距离乘客的距离比较远，因此，其体积比驾驶员安全气囊的体积要大。美式的前排乘客安全气囊为 120～160 L，欧式的前排乘客安全气囊为

60～80 L。为了避免前排乘客安全气囊因不必要的爆炸而造成浪费（如座椅上没有乘客时），可以通过开关或仪器将前排乘客安全气囊关闭。

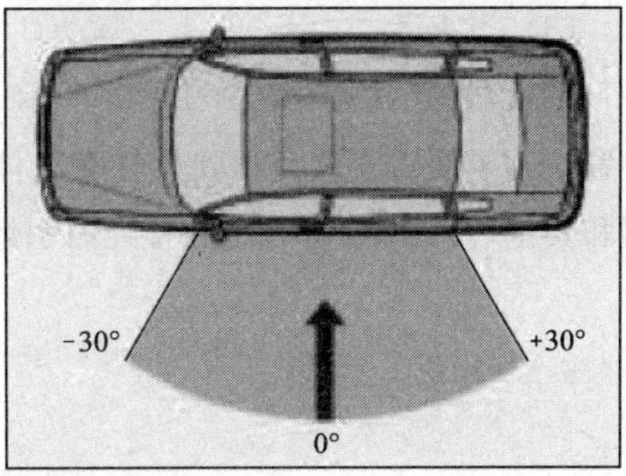

图 5—4—12　侧面安全气囊系统的作用范围

3）侧面安全气囊。侧面安全气囊分为驾驶员侧和前排乘客侧安全气囊，分别安装在驾驶员座椅靠背的左侧和前排乘客座椅靠背的右侧，以防止翻车时驾驶员和前排乘客与左、右侧车窗玻璃相撞而造成伤亡。当发生剧烈的侧面碰撞时，在汽车发生事故的那一侧会触发侧面安全气囊。侧面安全气囊系统的作用范围在±30°之间，如图 5—4—12 所示。

4）后座侧面安全气囊。后座侧面安全气囊安装在后排座椅靠背的外侧两端。

（2）气体发生器

气体发生器又称为充气器，由上盖、下盖、充气剂、点火器药筒等组成（图 5—4—13）。其作用是在点火器引爆点火剂时产生气体向气囊充气，使气囊张开。根据驾驶员侧或前排乘客侧安全气囊使用情况不同，气体发生器被制成了罐状或筒状。目前，气体发生器中所装的固体膨胀剂大多是由氮化钠为原料制成的片状颗粒。

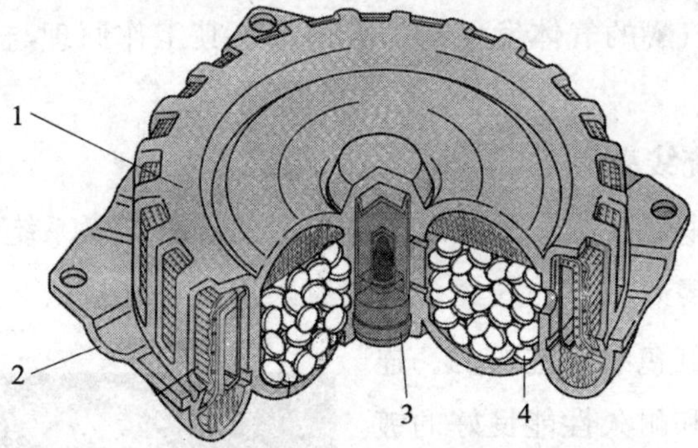

图 5—4—13　气体发生器

1—上盖　2—下盖　3—点火器药筒　4—充气剂

气体发生器使用专用螺栓固定在气囊支架上，只有使用专用工具才能进行装配。气体发生器自安装之日起，应每 10 年更换 1 次。驾驶席气体发生器一般都做成圆柱形，装配时只能用专用工具进行装配。

控制单元中的传感器激活电桥点火（触发）器，使固体膨胀剂爆炸、燃烧，从而产生大量对乘客无害的充填安全气囊用的氮气，并由金属过滤器进行净化和冷却。

(3) 点火器

点火器的结构如图 5—4—14 所示。点火器外包铝箔，安装在气体发生器内部中央位置。为了便于安装，驾驶员气囊气体发生器一般都做成圆形，其作用是在碰撞传感器和安全传感器将 SRS 电路接通时引爆点火剂，产生热量使充气剂分解。

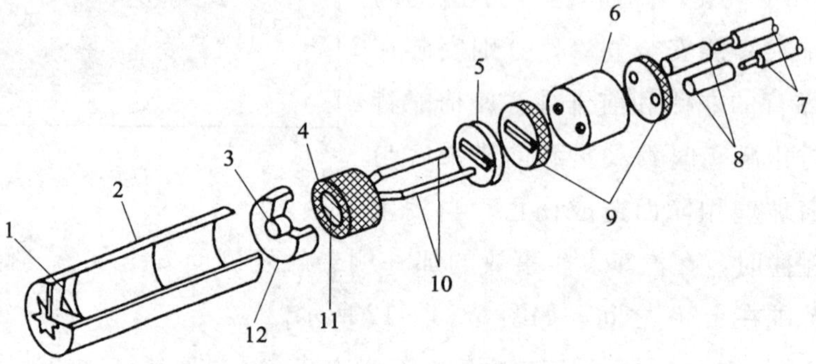

图 5—4—14 点火器的结构

1—引爆炸药 2—药筒 3—引药 4—电热丝 5—陶瓷片 6—永久磁铁 7—引出导线 8—绝缘套管 9—绝缘垫片 10—电极 11—电热头 12—药托

当 SRS 控制 ECU 发出点火指令时，电热丝电路接通，电热丝迅速红热并引爆引药，引药瞬间爆炸产生热量，药筒内的温度和压力急剧升高并冲破药筒，使充气剂受热分解释放氮气充入安全气囊。

前排乘客侧安全气囊的气体发生器为长筒形，其工作原理与驾驶员侧安全气囊的气体发生器相同。

5. 安全气囊系统线束

安全气囊系统线束连接器及保险机构是为了便于将气囊系统线束与其他电气系统线束区别开，目前大多数汽车的气囊系统线束采用黄色连接线，如图 5—4—15 所示。也有采用深蓝色或橘红色线束连接的。连接器采用了导电性能和耐久性能良好的镀金端子，并设计有防止气囊误爆机构，以保证气囊系统可靠工作。

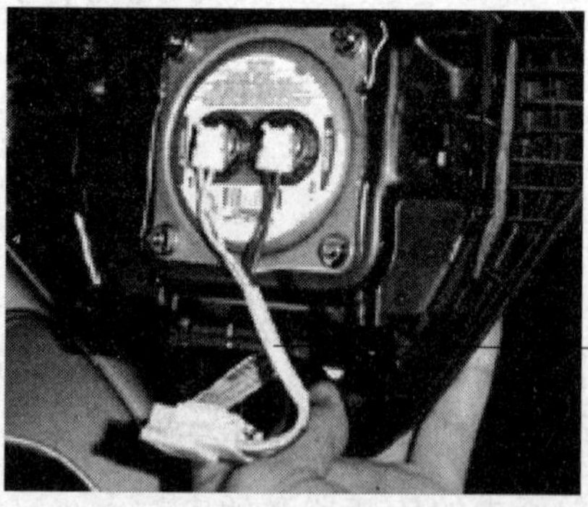

图 5—4—15 安全气囊系统线束采用黄色连接线

从气囊 ECU 到点火器之间的连接器采用了防止气囊误爆的短路片机构（铜质弹簧片，又称为短路弹簧片）。当拔下连接器时（拔下插头或插头与插座未完全接合），短路片自动将靠近气囊点火器一侧插头或插座的两个引线端子短接，以防止静电或误通电造成气囊误爆。

为了保证转向盘具有足够的转动角度且又不损伤驾驶席气囊组件的连接线束，在转向盘与转向柱管间采用了螺旋线束，即将电线束安装在螺旋形弹簧内，再将电线束、螺旋形弹簧放入弹簧壳体内。

在不同汽车制造厂提供的维修手册中，螺旋线束的名称各有不同，例如，螺旋线束也可称为螺旋弹簧、游丝或游丝弹簧。图 5—4—16 所示为带插接器的螺旋弹簧。在转向盘和转向柱之间安装螺旋弹簧时，需要注意安装位置和方向。

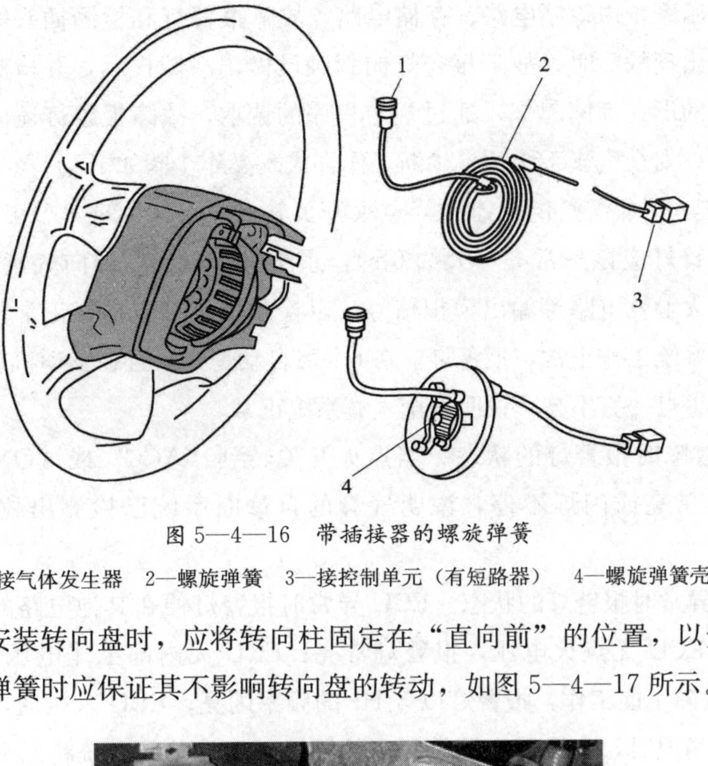

图 5—4—16　带插接器的螺旋弹簧

1—接气体发生器　2—螺旋弹簧　3—接控制单元（有短路器）　4—螺旋弹簧壳体

当拆卸和安装转向盘时，应将转向柱固定在“直向前”的位置，以免损坏螺旋线束。安装螺旋弹簧时应保证其不影响转向盘的转动，如图 5—4—17 所示。

图 5—4—17　安装螺旋弹簧时应保证其不影响转向盘的转动

二、安全气囊系统故障检测与诊断

1．安全气囊系统的故障诊断

在对安全气囊系统进行常规检查的基础上，一般可通过故障自诊断系统来检测。常规检查包括检查外观及连线情况，以及故障指示灯是否闪亮等。一旦故障指示灯闪亮，说明系统有故障。故障诊断一般利用 OBD 随车自诊断系统来进行。

（1）故障自诊断过程

当电控单元控制的安全气囊系统发生故障时，安全气囊系统通过其自诊断系统进行诊断。自诊断系统由诊断电路、存储电路、故障报警灯和检测插头等组成。其作用是当气囊系统出现故障时，故障报警灯向驾驶员做出故障提示，并检测故障发生的部位，以故障码的形式存储起来，通过规定程序的调取，故障报警灯还向维修人员指示具体的故障码。安全气囊系统的自诊断工作方式及操作步骤如下：

1）系统工作时报警灯的状态。当点火开关转到“ACC”或“ON”位置时，仪表盘内的气囊报警灯应该是常亮（大约 6 s），系统进行自检，即向气囊的中央传感器、微处理器、点火触发电路等输出模拟信号，以检测信号响应是否正常。若信号响应是正常的，说明系统工作正常，报警灯应在 6 s 后自动熄灭，且在发动机启动后及汽车正常行驶中，报警灯一直不亮，说明安全气囊系统正常。

2）系统故障时报警灯的状态。当点火开关转到“ACC”或“ON”位置时，气囊报警灯一直常亮或闪烁不停，说明气囊的自诊断系统已检测出故障并存储了故障码。

3）ECU 异常时报警灯的状态。ECU 异常时报警灯便在其他电路的直接控制下进行异常显示：ECU 无点火电压，报警灯常亮；ECU 无内部工作电压，报警灯常亮；ECU 显示有故障不能工作，报警灯以 3 Hz 的频率闪亮；ECU 未接通，报警灯持续闪亮。出现上述情况时，在报警灯警告闪亮的同时，电控单元系统将激活诊断插口的诊断电路，重新准备由报警灯显示故障码。

（2）故障码的读取

故障码可利用故障诊断仪来直接读取。找到故障自诊断插座，连接故障诊断仪，根据菜单提示进入安全气囊系统，按故障码的指示范围进行检修并排除故障。

（3）故障码的清除

安全气囊的故障经检修排除后，必须将原来存储的故障码利用诊断仪清除掉，否则其会继续存储在电控单元存储器中，并和新建立的故障码一起显示，从而造成混淆。清除故障码后试车，若故障码不再出现，说明故障已被排除。

2．安全气囊的拆卸与安装

（1）拆卸准备工作

1）接通点火开关，检查仪表板上安全气囊指示灯工作是否正常。

2）关闭点火开关，拔出钥匙，断开蓄电池正极，等待 2 min 以上，如果安全气囊指示灯工作异常，断开蓄电池正极后应等待 10 min 再进行操作。

3）拆卸转向盘时，应使用专用工具将转向柱锁定在“直向前”的位置，以保证控制装置和螺旋线束在安装时不会被损坏。

4）只能安装与原车零部件编号相同的配件，点火器是有失效期的，要严格按照配件上注明的有效期限使用相关配件。

5）接通蓄电池后，打开点火开关时，维修人员不要处于安全气囊打开的范围内。

6）安装完毕后，检查安全气囊指示灯运行是否正常。

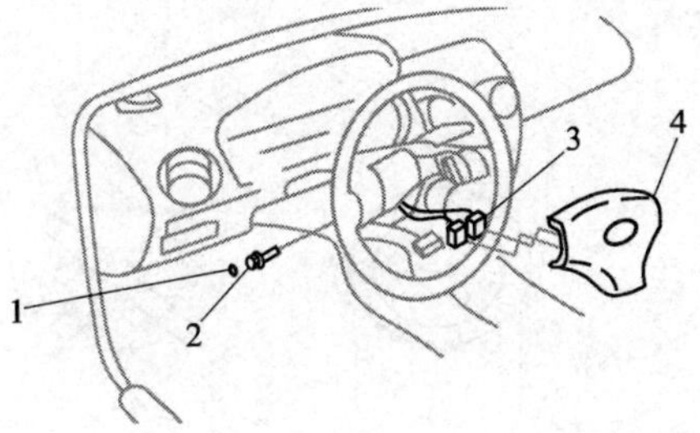

图 5—4—18　驾驶员安全气囊组件的拆卸顺序

1—外盖　2—螺栓　3—插头　4—驾驶员处的安全气囊组件

（2）驾驶员安全气囊组件的拆装

驾驶员安全气囊组件的拆卸顺序如图 5—4—18 所示。

1）拆卸时，松开转向柱调节装置，向上尽量拉出转向盘，将转向盘置于垂直位置，顺时针转动扳手 90°，以松开定位爪。让转向盘反向转半圈，以松开另一个定位爪。拔下安全气囊插头，再取下安全气囊，将其缓冲面朝上放置。旋下螺栓，拆下转向开关的上部装饰件及下部装饰件，拔下插头，松开定位爪，从转向开关上拉下带滑环的回位弹簧。

2）安装时，将转向开关上部装饰件插入下部的定位爪内，向下摆动后，旋紧螺栓。

①将点火开关置于“LOCK（锁）”位置。

②断开蓄电池负极，并保持至少 1 min。

③按图 5—4—18 所示的顺序进行拆卸。

④按照与拆卸相反的顺序进行安装。

⑤将点火开关置于“ON（开启）”位置。

⑥确认安全气囊指示灯点亮并保持大约 6 s，然后熄灭。

3）注意事项。操作未爆开过的安全气囊组件时，气囊的前表面不要朝着人体，以避免因气囊突然爆开而对人体造成伤害，如图 5—4—19 所示。通常采用的方式是将正面朝上放置，这样可以减小安全气囊展开时组件的运动。

(3) 前排乘客安全气囊组件的拆装

1）将点火开关置于“LOCK（锁）”位置。

2）断开蓄电池负极，并保持至少 1 min。

3）拆除杂物箱。

4）按照图 5—4—20 所示的顺序进行拆卸。

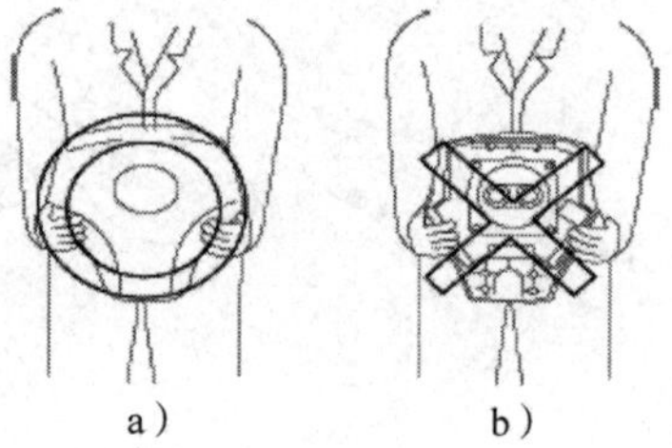

图 5—4—19 操作未爆开过的安全气囊组件

a）正确 b）错误

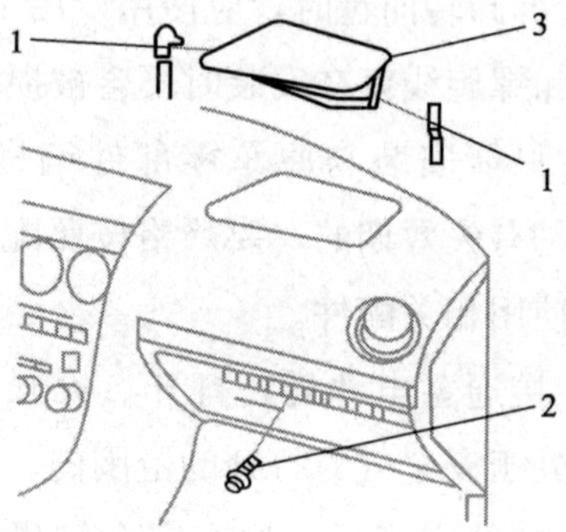

图 5—4—20 前排乘客安全气囊组件的拆卸顺序

1—插头 2—螺栓 3—前排乘客安全气囊组件

5）按照与拆卸相反的顺序进行安装。

6）将点火开关置于“ON（开启）”位置。

7）确定安全气囊指示灯点亮并保持大约 6 s，然后熄灭。

(4) 安全气囊控制 ECU 的拆装

在点火开关打开时，拆下安全气囊控制 ECU 及其插头可能导致安全气囊爆开。因此，在拆卸安全气囊控制 ECU 及其插头之前，应将点火开关置于“LOCK（锁）”位置，然后拆卸蓄电池负极并等待 1 min 以上。

只有在可靠安装安全气囊控制 ECU 后，才能接上 ECU 插头。否则，控制组件中的碰撞传感器可能会向安全气囊组件发送电信号而导致安全气囊组件展开，从而造成伤害。

注意，安全气囊一旦由于事故或其他原因爆开，则必须更换 SRS 单元。因为即使用过的 SRS 单元外部没有任何损坏，内部也可能已损坏。

(5) 螺旋弹簧的拆装

1）断开蓄电池负极。

2）拆卸驾驶员处的安全气囊组件。

3）拆卸转向盘。

4）拆卸转向柱罩盖。

5）按照图 5—4—21 所示的顺序进行拆卸。

6）按照与拆卸相反的顺序进行安装。

7）确保安全气囊指示灯点亮并保持大约6 s，然后熄灭。

如果安全气囊指示灯无法保持上述工作状态，则说明系统中存在故障，应用车载诊断系统对该系统进行检测。

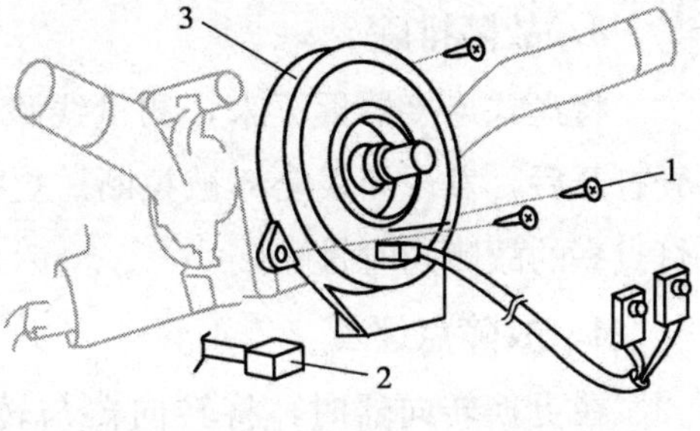

图 5—4—21　螺旋弹簧的拆卸顺序

1—螺钉　2—插头　3—盘式弹簧

（6）碰撞传感器的拆装

在拆卸碰撞传感器插头或碰撞传感器之前，应将点火开关置于“LOCK（锁）”位置，然后拆卸蓄电池负极并等待 1 min 左右，拆卸散热器护罩，按照螺栓→外盖→螺栓→插头→碰撞传感器的顺序进行拆卸，按照与拆卸相反的顺序进行安装。

注意，如果不正确地处理碰撞传感器，则可能会意外打开安全气囊及预紧安全带，从而导致严重的事故。

三、故障案例

1．故障现象

一辆帕萨特 B5 GSi 型轿车更换转向器后，出现安全气囊指示灯点亮，按喇叭时喇叭不响的故障现象。

2．故障诊断

用故障诊断仪 V. A. G1552 读取故障码为 00588，说明驾驶员侧安全气囊点火器（N95）的电阻值太大或太小、对正极短路、对地短路，用 V. A. G1552 无法消除故障码。

首先打开点火开关，按喇叭，喇叭继电器没有响声，显然喇叭继电器的吸引线圈没有工作。拆下喇叭继电器，测量安装喇叭继电器的电路板上线圈供电端子电压为 12 V，线圈电阻值为 60 Ω，正常。故障发生在线圈的搭铁端。从喇叭继电器线圈的搭铁端引出一根导线，搭铁（类似正常情况下按喇叭）后喇叭响了，说明喇叭继电器线圈的搭铁线断路。拆下转向盘进行检查和测量。拆下转向盘上的安全气囊后，看到喇叭按钮的触点有 4 个，应该不存在同时虚接的问题。同时看到安全气囊两脚插头的接线与喇叭按钮两脚插头的接线集装在一个五脚插头上。

帕萨特轿车将驾驶员座侧和乘员座侧的安全气囊作为标准配置装备到汽车上。驾驶员座侧的安全气囊控制单元装在中央通道的收音机下面，控制单元通过转向盘上的盘式连接器与安全气囊连接。盘式连接器内的导线长度应保证在转向盘向左或向右转至极限位置时还有一定余量，避免转至极限位置时将导线拉断，而盘式连接器在初次安装时必须固定在中间位置才符合上述要求。

3. 故障排除

将盘式连接器拆下来，测量线路的通断情况，发现全部断路。将盘式连接器的外壳打开后，发现导线全部被拉断。更换新的盘式连接器后，喇叭不响和安全气囊指示灯点亮的故障同时排除。

4. 故障点评

在更换转向器时，将转向器与转向盘下面转向杆的连接部位脱开。转向器在安装时没有定中或者转向盘没有固定在原来正中的位置，而是已经向左或向右转动了1圈或2圈，当上述情况存在时，在将转向器安装好后，实际上相当于安全气囊的盘式连接器的安装发生了错位（盘式连接器已经不在中间位置），这时向左或向右转动转向盘时，必然有一侧的导线长度不够而被强行拉断，而恰好该车的喇叭按钮搭铁线与安全气囊通往控制单元的导线集装在一起，所以喇叭不响和安全气囊指示灯点亮同时出现。

这两个故障实际上是由同一个原因引起的。因此，在拆装转向器，特别是带安全气囊的转向器相关部件时应注意以下几点：

（1）拆转向器时，必须将汽车放置在前进状态的正中位置，使转向盘处于中间位置。将点火开关钥匙在转向盘处于中间位置时取出来，让转向盘少量移动，使得转向盘锁锁上。这样能够防止转向盘在转向器拆下后毫无控制地旋转，避免安全气囊盘式连接器内的导线因转向盘过度旋转而拉断。

（2）安装转向器时必须预先将转向器定中。对于帕萨特轿车转向器的定中方法如下：

1）将内六角螺塞从转向器上拆下来，移动齿条直到齿条上的中心标志与外壳上的螺纹孔对齐为止，再在上述螺纹孔内拧入专用工具 V. A. G1907。

2）将转向器装回原来的安装位置，并将其他有关部件按规定安装好。将专用工具 V. A. G1907 从转向器上取出，用内六角螺塞将转向器螺纹孔密封，并按规定力矩拧紧。

3）在全部安装工作完毕后，用点火开关钥匙将转向盘锁打开。

思考与练习

1. 安全气囊指示灯在什么状态下说明其系统出现了故障？
2. 检修安全气囊时应注意哪些问题？

课题五　空调系统故障检测与诊断

学习目标

◆ 了解空调系统的组成及工作原理。

◆ 了解暖风装置的类型及组成。

◆ 掌握空调系统故障检测与诊断方法。

◆ 能够对空调系统故障进行检测与诊断。

想一想

一辆上海大众普通型乘用车，在行车中，空调系统不制冷，无冷风输出，需送厂维修。

想一想：

1. 空调系统温度调节范围一般为多少？

2. 空调系统不制冷的主要原因是什么？

汽车空调制冷和暖风系统如果出现故障，会使汽车的舒适性下降，尤其是夏季和冬季，舒适性下降会对汽车行驶安全性造成影响。空调系统的常见故障是系统不工作、不制冷或制冷量不足。

一、空调系统的组成及工作原理

桑塔纳 2000 型轿车空调系统是在原普通桑塔纳空调的基础上对蒸发器、压缩机、冷凝器、储液器、软管、加注阀等总成或零件做了重大改进，使它的制冷能力有了明显提高。桑塔纳 2000 型轿车空调系统的布置如图 5—5—1 所示。

空调系统的工作原理如图 5—5—2 所示。由蒸发器 1 出来的低温、低压制冷剂 R134a 气体，经低压软管 2、低压阀 9 进入压缩机 3。压缩机 3 将气态制冷剂吸进并压缩，变成高温、高压的制冷剂气体，由高压阀 7 出来经过高压软管 4 进入冷凝器 5，并把热量排出车外。同时，制冷剂被冷却为高温、高压的液态 R134a，从冷凝器底部流向储液干燥器 6，经过滤、脱水后由高压软管 4 送至膨胀阀 8。经膨胀阀的高压液态制冷剂减压后，成为低温、低压的雾状物进入蒸发器 1，通过蒸发器芯管吸收周围空气中的热量而变为气体，冷却后的空气即为冷气，经风扇被强制送回车内，达到降温的目的。低温、低压的气态制冷剂经低压软管 2 回到压缩机 3，开始新一轮的工作循环。

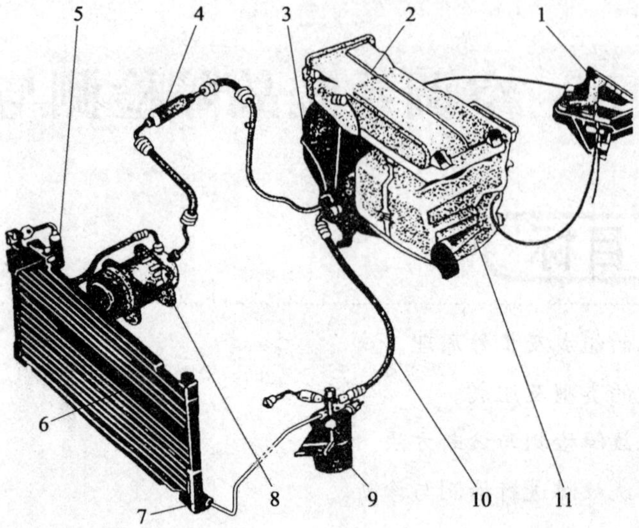

图 5—5—1　桑塔纳 2000 型轿车空调系统的布置

1—控制装置　2—进气罩　3—蒸发箱　4—S 管　5—D 管　6—冷凝器　7—C 管

8—空调压缩机　9—储液干燥器　10—L 管　11—加热器

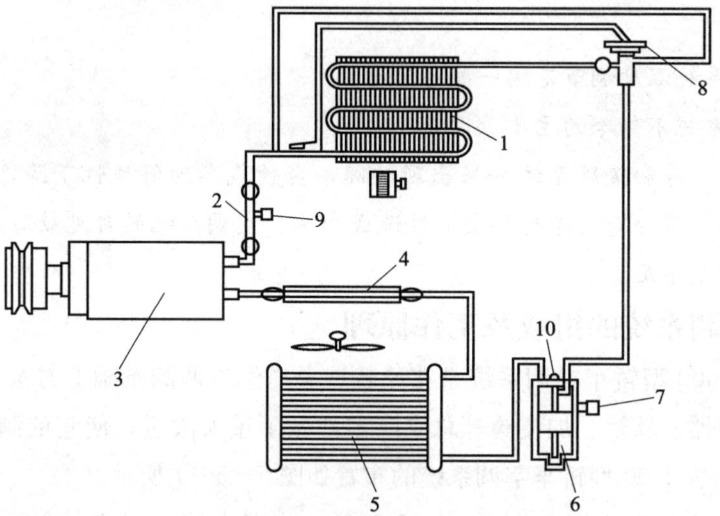

图 5—5—2　空调系统的工作原理

1—蒸发器　2—低压软管　3—压缩机　4—高压软管　5—冷凝器　6—储液干燥器

7—高压阀　8—膨胀阀　9—低压阀　10—压力开关

空调系统操纵杆及空调系统出风口的布置分别如图 5—5—3 和图 5—5—4 所示。

1．压缩机

由于桑塔纳 2000 型轿车空调系统的制冷剂由 R12 改为 R134a，这种制冷剂具有高渗透性，因此，普通桑塔纳轿车空调系统所用的 SD-508 型压缩机已不适用，改为 SE-

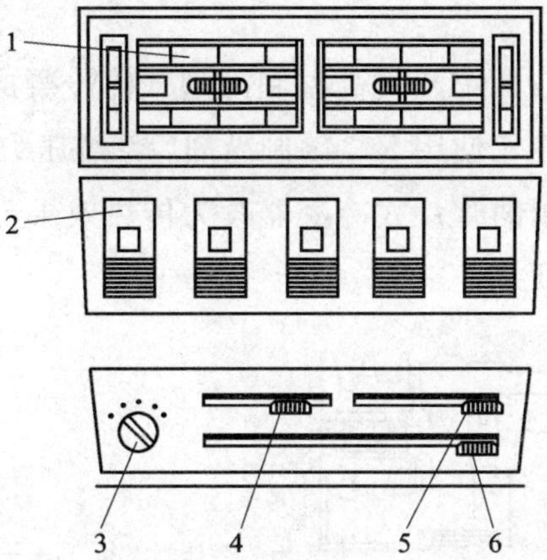

图 5—5—3 空调系统操纵杆

1—中央出风口 2—空调控制开关 3—自然风鼓风机开关 4、5—气流分布拨杆 6—温度选择拨杆

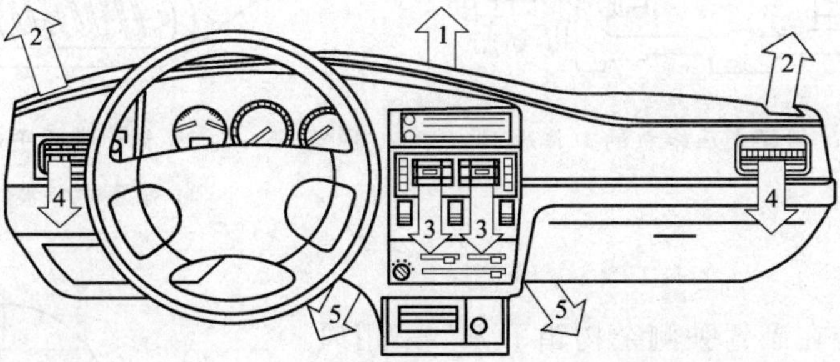

图 5—5—4 空调系统出风口的布置

5H14 型压缩机。该压缩机是在 SD－508 型压缩机的基础上根据制冷剂的要求进行了局部改动而制成的，主要改动有：

（1）冷冻润滑油由原 5GS 矿物油改为 SW－100 酯类合成油。

（2）轴封由原来的机械密封式改为双唇口径向密封式。

（3）有关零件提高了强度或改变了材料。为了提高密封性能，其中的橡胶密封件材料由 NBR/FKM 改为氢化丁腈橡胶。

SE－5H14 型压缩机属于摇摆斜盘式压缩机，图 5—5—5 所示为摇摆式压缩机的工作原理。当主轴旋转时，摇板做轴向往复摇摆，从而带动压缩机的活塞做轴向往复运动。压缩机采用电磁离合器形式，当接通电源时，电磁离合器线圈中的电流在离合器片与固定框之间产生一磁场，电磁离合器的磁铁吸向转子，电磁离合器带轮将从发动机上得到的动力传给压缩机轴，从而带动压缩机工作。当切断电源时，磁场消失，离合器分离，带轮空转。

这种压缩机的吸、排气压力及工作转矩的波动小，平均功耗低，工作变化平稳，且不会结霜。

2．冷凝器

冷凝器的作用是把来自压缩机的高温制冷剂气体冷凝成高压液体，并把吸收的热量排放到车外环境中去。由于使用 R134a 制冷剂后系统压力升高，为了提高冷凝效果，已将桑塔纳 LX 型轿车采用的管片式冷凝器改为传热效果更好的全铝管带式平流冷凝器，其结构如图 5—5—6 所示。

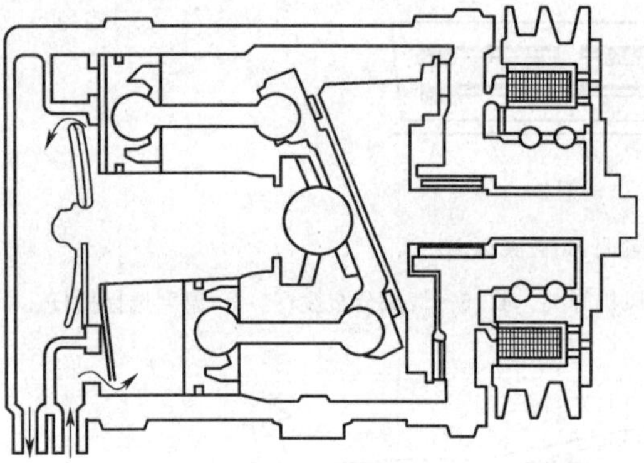

图 5—5—5　摇摆式压缩机的工作原理

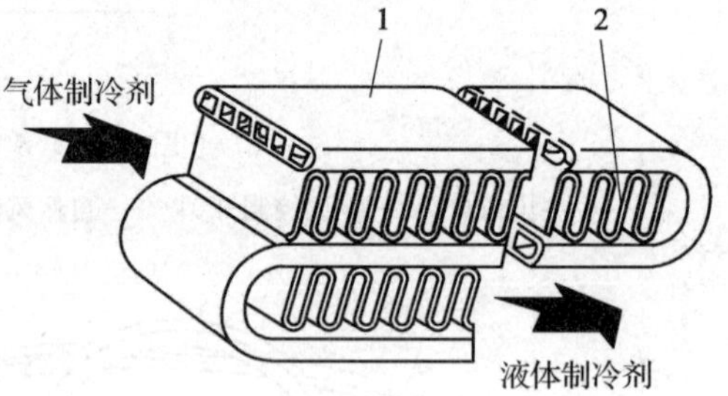

图 5—5—6　全铝管带式平流冷凝器的结构

1—扁管　2—波纹片

3．蒸发器

蒸发器安装在副驾驶侧杂物箱下方，采用风冷全铝板带式结构，其功能是将经节流阀流入的制冷剂液体蒸发成气体，吸收车内热空气的热量，从而达到降温的目的。蒸发器上插有感温开关的毛细管。采用 R134a 制冷剂时，易引起冷凝压力和温度上升，使制冷效率下降。为此，桑塔纳 2000 型轿车蒸发器的扁管加宽，翅片间距减小，从而增大了热交换面积，改善了换热性能。

4．储液干燥器

储液干燥器安装在发动机左前方纵梁上，它由过滤器、干燥剂、窥视玻璃孔、组合开关及引出管等组成（图 5—5—7）。它的主要功能有存储制冷剂、吸收制冷剂中的水分、过滤异物及进行高、低压保护等。

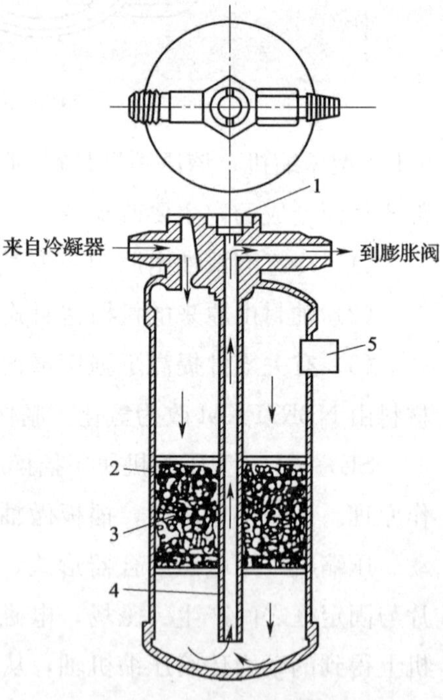

图 5—5—7　储液干燥器的结构

1—窥视玻璃孔　2—过滤器　3—干燥剂

4—引出管　5—组合开关

由于 R134a 与水的亲和力强，脱水困难，故干燥剂由原来的 XH－4A－5 改为 XH－7，干燥剂用量增加。为提高罐体的抗腐蚀能力，其材料由铁改为铝。

储液干燥器要直立安装，倾斜度不要大于 15°，否则，液态与气态制冷剂将不能完全分离。在空调系统的安装和维修过程中，干燥器必须最后安装到系统中，以防止空气进入干燥器。

5．膨胀阀

膨胀阀的主要功能是把高温、高压的液态制冷剂节流、降压，转化为低温、低压的雾状物，送入蒸发器，并控制流向蒸发器的供液量，防止过多的液体引起阻滞现象。

桑塔纳 2000 型轿车采用 H 型膨胀阀，该膨胀阀主要由阀体、感温元件、调节杆、弹簧、球阀等组成，其结构如图 5—5—8 所示。与桑塔纳 LX 型所采用的 F 型膨胀阀相比，由于它的感温元件直接安装在阀体内，因而调节灵敏度和制冷效率更高。

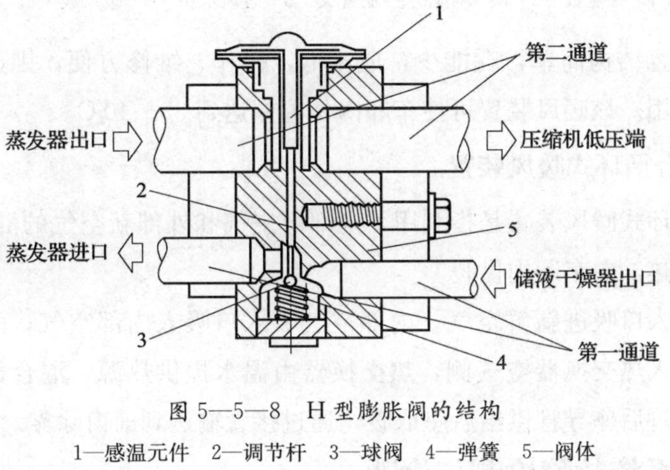

图 5—5—8　H 型膨胀阀的结构

1—感温元件　2—调节杆　3—球阀　4—弹簧　5—阀体

二、暖风装置

汽车暖风装置主要用于为车厢取暖及对风窗除霜，它是汽车空调的组成部分。上海桑塔纳轿车采用水暖式暖风机，包括暖风水箱（散热器）、鼓风机及外壳。暖风装置与制冷系统的蒸发器组成一体，与冷风系统共用鼓风机及壳体。暖风水箱的进水管上设置有调节水阀，以实现热水从发动机分流到暖风水箱，并可调节水流量的大小。

桑塔纳轿车的采暖量可通过改变水阀的开度来调节，也可通过改变风机的转速来调节，水阀的开度通过绳索由操纵板控制。

除前风窗的热风除霜口外，在左右两侧还有侧窗除霜口，以提高行车安全性。

1．水暖式暖风装置

水暖式暖风装置利用发动机冷却循环水的余热作为热源，并引入热交换器，由鼓风机将车厢内的空气或外部空气吹过热交换器而使其升温，如图 5—5—9 所示。

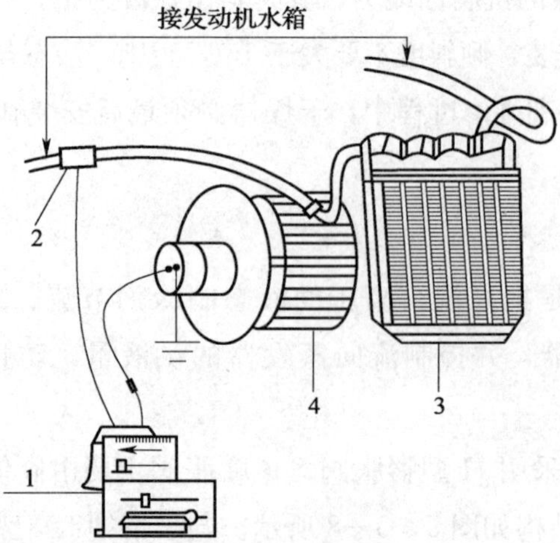

图 5—5—9　水暖式暖风装置

1—控制板　2—暖风循环水控制开关　3—暖风水箱　4—暖风鼓风机

这种暖风装置结构简单，耗能少，成本低，操作、维修方便，因此，在轿车和小型车辆上广泛采用。该暖风装置可使车厢内外温差达到 35～40℃。

2．内外混合循环式暖风装置

内外混合循环式暖风装置是指利用了内部旧空气和外部新空气的混合体为载热体，通过热交换器加热，向车厢内供暖。

外部空气吸入口吸进新鲜空气，内部空气吸入口吸入内部空气，两者在混合室混合后，由风机送入热交换器空气侧，热交换器由温水提供热源，混合气体经加热后送往前座脚下，通过后座导管供给后座取暖，通过接管输送到前窗除雾。

三、空调系统故障检测与诊断

1．空调不制冷

（1）故障现象

空调系统不制冷、无冷风输出。

（2）故障原因及处理方法

空调系统不制冷的故障原因及处理方法见表 5—5—1。

表 5—5—1　　空调系统不制冷的故障原因及处理方法

序号	故障原因	处理方法
1	熔断器烧断	查明原因并排除，更换熔断器
2	电路断路器故障	查明原因并排除，更换断路器
3	导线残破	修理或更换导线

续表

序号	故障原因	处理方法
4	导线折断	连接导线
5	导线腐蚀	清理、接上或更换接头
6	离合器线圈故障	更换离合器线圈
7	离合器电刷组件故障或磨损	更换电刷组件
8	风机电动机损坏	更换风机电动机
9	恒温开关损坏	更换恒温开关
10	低压控制器损坏	更换低压控制器
11	压缩机传动带松弛	张紧传动带，但不能过紧
12	传送带破损	更换传送带
13	压缩机吸气阀板损坏	更换吸气阀板和密封垫
14	压缩机排气阀板损坏	更换排气阀板和密封垫
15	压缩机缸盖或阀板密封垫损坏	更换气缸衬垫或阀板密封垫
16	压缩机损坏	修理或更换压缩机
17	制冷剂不足，或根本没有	更换轴封和垫、软管，查清漏点，予以修复
18	管路或软管堵塞	清理、更换管路或软管
19	膨胀阀进口滤网堵塞	清理滤网，更换干燥器
20	热力膨胀阀损坏	更换热力膨胀阀
21	膨胀管堵塞	清理或更换膨胀管
22	储液干燥器滤网堵塞	清洗滤网，更换储液干燥器
23	系统内湿气过多	更换干燥器，抽真空，加注 R134a
24	积累器滤网堵塞	更换积累器
25	吸气压力控制器损坏	修理或更换吸气压力控制器

（3）故障诊断方法

汽车空调不制冷是空调系统的常见故障，其基本的检修方法一般维修工都能掌握，即从简单到复杂，通过眼观、耳听找到故障原因或部位，即感官检查法。而另一种检测方法——仪表检测法容易被大家忽视，该方法往往能准确、快捷地查找到故障部位。

1）感官检查法

①检查压缩机运转状态

a. 传动带是否断裂或松弛。若传动带过松，会出现打滑现象，造成磨损加速而不能传递动力。

b. 压缩机内部是否有噪声。噪声可能是由于损坏的内部零件造成的，若内部磨损就不能有效压缩。

c. 压缩机离合器是否打滑。

②检查冷凝器及风扇状态

a. 冷凝器散热片是否被尘土覆盖。

b. 冷凝器风扇是否运转良好。

③检查鼓风机风扇运转状态。使用时使风机在低、中、高三种速度下运转，若有异响或电动机运转不良，则应进行维修或更换，否则会使送风气流不足。

④检查制冷剂液量

a. 若通过观察窗看到大量的气泡，说明制冷剂不足。若向冷凝器泼水使其冷却，在观察窗仍看不到泡沫，说明制冷剂过量。

b. 检查各装置连接处和接缝是否有油污，若有油污，说明该处有制冷剂泄漏，应重新紧固或更换零件。

⑤检查暖通阀和热控风挡是否关闭，其他风挡调节是否正常。若压缩机离合器不能吸合、鼓风机风扇不能运转、冷凝器风扇不能运转等，应先进行电气系统检查，如继电器、传感器、电路、控制单元等的检查。

2）仪表检查法。仪表检查法是利用成套压力表查找故障部位。检查时首先关紧压力表的高压端和低压端开关，在停机状态下，将制冷剂加注软管连接在压缩机相应的维修阀上，并利用制冷剂装置中的制冷剂压力排出软管中的空气。此时高、低压端读数应处于平衡状态（约 6 kg/cm^2），启动发动机，维持 1 500 r/min，将鼓风机转速设在最高挡，冷气设在最大位置，处于“再循环”状态。正常读数为：

R134a 低压：1.5～2.5 kg/cm^2，R134a 高压：14～16 kg/cm^2。

R12 低压：1.5～2.0 kg/cm^2，R12 高压：13～15 kg/cm^2。

①高压侧与低压侧压力表指示值低，通过观察孔可看见气泡。

原因：制冷循环漏气，制冷剂没有定期补充。

处理方法：用测漏仪测漏并进行修理，补充制冷剂。

②低压侧压力表指示负压，高压侧压力表的指示值比正常值低，储液罐前、后管路有温差，严重时储液罐前、后管路有霜。

原因：膨胀阀或低压管阻塞，储液罐或高压管路阻塞，针阀完全关闭。

处理方法：清除或更换相关部件和储液罐，若压力包漏气，应更换膨胀阀。

③高、低压两侧压力表的指示值均比标准值高，冷凝器排出侧不热。

原因：制冷剂填充过量。

处理方法：排出多余的制冷剂，使压力达标。

④高、低压两侧压力表的指示值均比正常值高，但停机后高压侧压力急剧降至约 2 kg/cm^2。

原因：制冷循环中混入空气（抽真空不够或填充时有空气进入）。

处理方法：重新抽空加注，如仍有上述症状，应更换储液罐及压缩机润滑油。

⑤高、低压侧压力表的指示值均比正常值高，低压侧管路形成霜冻或深度冷凝。

原因：膨胀阀失效（针阀开启过宽），膨胀阀感温包与蒸发器连接断开。

处理方法：检查并重新接好压力包，更换膨胀阀。

⑥低压侧压力高，高压侧压力低，停机后，两侧压力立即趋于平衡。

原因：压缩机阀、活塞环损坏，不能有效压缩。

处理方法：更换压缩机。

⑦低压与高压两侧压力表指示值波动。

原因：由于干燥器超饱和，制冷剂中的潮气不能去除，使膨胀阀中的针阀冻结，引起冰堵，当制冷剂不再循环时，先被周转热量解冻，然后再冻结成冰，这一过程反复循环。

处理方法：更换储液罐及压缩机润滑油，重新抽真空加注。

2. 制冷效果不好

(1) 故障现象

空调系统制冷效果不好、制冷剂不足。

(2) 故障原因及处理方法

空调系统制冷效果不好的故障原因及处理方法见表 5—5—2。

表 5—5—2　　空调系统制冷效果不好的故障原因及处理方法

序号	故障原因	处理方法
1	风机电动机转得慢	紧固接头或更换风机电动机
2	离合器打滑，电压低	找出原因，并予以修正
3	离合器打滑，磨损过量	更换磨损严重的离合器零件
4	离合器循环过于频繁	调整或更换恒温开关、低压控制器
5	恒温开关故障	更换恒温开关
6	低压控制器故障	更换低压控制器
7	吸气压力调节器故障	更换吸气压力调节器
8	经过蒸发器的气流不畅	清理蒸发器
9	经过冷凝器的气流不畅	清理冷凝器
10	储液干燥器滤网部分堵塞	更换储液干燥器

续表

序号	故障原因	处理方法
11	膨胀阀滤网部分堵塞	清理滤网，更换干燥器
12	孔管滤网堵塞	清理滤网，更换集滤器
13	压缩机进口滤网部分堵塞	清理滤网，查明原因并排除
14	膨胀阀遥控温包松动	清理接触处，捆紧遥控温包
15	膨胀阀遥控温包未经保温	用软木和胶条保温
16	系统内有湿气	按前述方法去除湿气，加注 R134a
17	系统内有空气	抽真空，加注 R134a
18	系统内制冷剂过多	抽取多余的 R134a
19	系统内润滑油过多	排除多余的润滑油或更换润滑油
20	积累器部分堵塞	更换积累器
21	储液干燥器部分堵塞	更换储液干燥器
22	热力膨胀阀故障	更换热力膨胀阀
23	制冷剂不足	修理泄漏处，抽真空，加注 R134a
24	冷却系故障	找出原因，予以排除

（3）故障诊断方法

应检查压缩机的运转状态、冷凝器及风扇的状态、鼓风机风扇的运转状态及制冷剂的液量等。

3．暖风与除霜的故障诊断

（1）故障现象

无暖风输出，不能除霜。

（2）故障原因

鼓风机不工作、暖风水箱堵塞或破裂、暖风循环水控制开关损坏或工作不良、暖风水管损坏或破裂、控制板开关失灵等。

（3）故障诊断与排除方法

1）故障诊断方法

①鼓风机不工作。可参照制冷系统电路故障的诊断和排除方法进行。

②暖风水箱堵塞或破裂。发动机工作时观察水温表，水温能上升，但车内暖风不足或根本不制热，可先用手试暖风出风口的风量是否正常。若风量正常，但只有微温或根本没有温的感觉，要检查操作是否恰当。操作正常时，再检查暖风水箱进水管道的温度，若进水管发热，出水管不热，就可以确定是暖风水箱堵塞。

③暖风循环水控制开关损坏或工作不良。这种现象大多是由于长期不使用，有污物、锈蚀等原因引起的，只要清除污物和锈渍后即可使用。确系损坏时，应按原要求加工修复。

④暖风水管损坏或破裂。可用耐温胶管更换，方法可参照制冷系统故障的修理方法。

⑤控制板开关失灵。检查控制板及风道转换板上遥控装置的钢丝是否脱落或折断。若钢丝脱掉，应重新装上；若系不灵活，可用润滑油润滑转动部位；若系折断，应重新换上同规格的钢丝。

若是电控或真空控制式控制板，应检查并排除电路故障，检查真空管是否堵塞。如金属真空管一段堵塞，用气焊加温后，可用钢丝穿通。畅通后，再用压缩空气吹净即可使用。

2）故障排除方法。把暖风水箱拆下来，用温碱溶液浸泡，浸泡时轻轻摇动水箱，使污物逐渐排出，直到暖风水箱进出管畅通为止。然后用清水反复冲洗，用压缩空气吹干后即可安装使用。

四、故障案例

1．故障现象

奥迪 A6 型轿车空调压缩机有时工作，有时不工作，特别是在天热需要空调时不工作。

2．故障诊断

奥迪轿车空调电路如图 5—5—10 所示。先用 V. A. G1551 查询故障码，显示的故障码说明高压开关 F118 有故障。清除故障码后，压缩机离合器吸合，压缩机工作。但试车后，压缩机又不工作了，经查询发现还是原来的故障码。F118 位于冷凝器左侧，用导线短接该开关，强制其工作，同时测量管路压力，发现高压达 3 000 kPa，说明管路压力确实过高，应立即关闭压缩机。引起空调系统压力过高的原因有冷凝器散热不良、制冷剂充注过量或系统进入空气。询问司机得知，此车空调系统没有拆修过，因此，应重点检查冷凝器是否散热不良。

3．故障排除

检查散热器风扇高速挡，运转正常。观察冷凝器表面，有许多灰尘、杂物，在冷凝器和发动机散热器间也有许多灰尘、杂物，彻底清除灰尘、杂物后试车，压缩机运转正常，制冷效果良好。

4．故障点评

F118 的作用是当由于某种原因使制冷管路压力达到 2 800～3 100 kPa 时，切断压缩机离合器，以保护空调系统。此开关应与另外一个高压开关 F23 区别开来。F23 也安

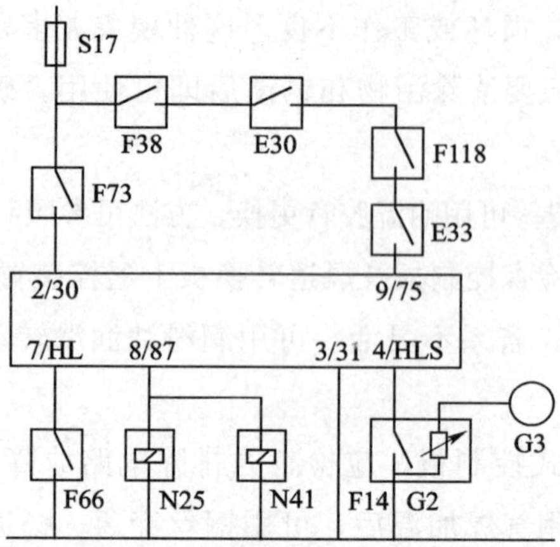

图 5—5—10　奥迪轿车空调电路

F73—低压开关　F38—环境温度开关　E30—空调开关　F118—高压开关　E33—温控器开关

F66—冷却液液面开关　N25—电磁离合器　N41—怠速提升阀　F14—冷却液温度过热开关

G2—冷却液温度传感器　G3—温度表

装在冷凝器的左侧，其作用是当空调系统管路压力达到 1 400～1 700 kPa 时，接通散热器风扇高速挡。

思考与练习

1. 汽车空调系统常见的故障有哪些？
2. 如何诊断汽车空调系统制冷剂不足故障？如何加注制冷剂？

课题六　音响系统故障检测与诊断

学习目标

◆ 了解汽车音响装置的组成及工作原理。

◆ 掌握音响系统故障检测与诊断方法。

◆ 能够对音响系统故障进行检测与诊断。

想一想

一辆帕萨特 B5 型轿车，打开音响系统，收不到音讯信号。

想一想：如何才能恢复音响系统的正常功能？或者说如何对音响系统进行故障诊断和检修？应从何处入手？

音响系统收不到音讯信号，一般牵涉音响电路中的元器件是否故障，如外围电路中的电容是否漏电，电阻值是否发生了变化，以及集成块和高频元件是否发生故障等。

音响系统是一个特殊的电路，或者说是一个特殊的领域，在使用过程中会遇到许多其他的常见问题，如收、放音系统的正确使用、技术维护、故障诊断和检修，以及音响系统的防盗等问题。

一、汽车音响装置的组成及工作原理

汽车音响装置主要由信号源、放大器和扬声器等组成。

1．信号源

信号源是指收放机和激光唱机。

（1）收放机

收放机是无线电接收装置，专用于接收广播节目。一般接收的信号有调幅和调频两种，调幅又分为中波和短波。图 5—6—1 所示为收放机的基本原理，电路部分由收音/放音、音量/音调平衡控制电路及音频功放组成。

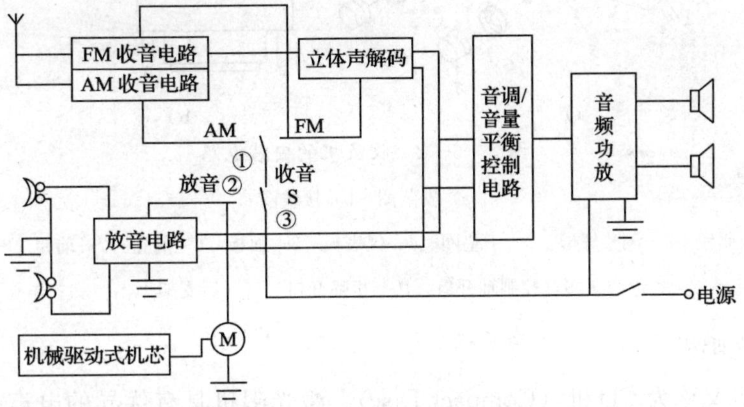

图 5—6—1　收放机的基本原理

功放电路将收音信号或放音信号放大后驱动扬声器发出声音。

传统的模拟式收放机一般用手调谐选台。目前，汽车使用的数字式收放机是较高级的无线电接收装置，采用电子式调谐器，去掉了调谐部分的调台拉线，提高了调谐工作的稳定性，抗振动性能比模拟式好。电子式调谐器的半导体调谐电路利用半导体二极管的可变电容性，使其不受振动、冲击的影响，而且精度高。电子式调谐器可以实现手动选台和自动搜索选台。当进行手动选台时，驾驶员通过控制器使分频系数发生变化，并输入到相位比较器，相位比较器再向天线调谐，这样便能根据不同的分频系数得到不同的调谐频率，从而达到选台的目的。当控制功能设定为自动选台时，控制器会自动按分频系数的某一方向（由大到小或由小到大）来改变。当搜索到某一电台时，控制器会自动将该分频值记录下来，并存入相应的电台顶置位置，直到搜索完全部调谐频率。此外，采用电子调谐器还可以实现各种特殊的功能，如按频率大小或信号强弱顺序记忆电台、自动跟踪某个电台、设置定时收听广播等。数字式收放机内部由数字集成电路组成，内部电路发出选台、存储、控制及显示信号，一次可存储 12～44 个电台，并可实现遥控。

收放机的安装电路如图 5—6—2 所示。接线时应注意带熔断器的红色线为火线，接点火开关 ACC 脚，黑色线为搭铁线。

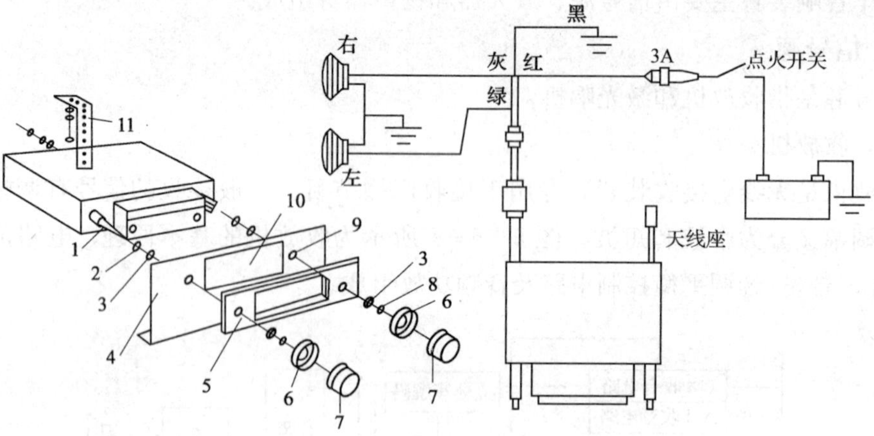

a）　　　　　　　　　　b）

图 5—6—2　收放机的安装电路

a）安装图　b）接线图

1—控制钮　2—调整螺母　3—平垫圈　4—仪表板　5—面板　6—后钮　7—前钮　8—螺母　9—控制轴开口　10—机嘴开口　11—后支架

（2）激光唱机

激光唱机又称为 CD 机（Compact Disc）。激光唱机具有优异的电声指标，其信噪比和动态范围远远优于传统的电唱机。激光唱机具有自动选曲、程序重放、遥控操作等功能，且激光唱片不易磨损，曲目丰富，目前已成为汽车音响的重要组成部分。

激光唱机一般具有自动存取唱片、选择放唱、编辑加工、长期记忆等功能。多片激光唱机在其 CD 唱片仓盒中可以同时放置多张唱片，又称为换片式 CD 唱机。多片激光唱机分为抽屉式和转盘式两种，抽屉式激光唱机是将多张唱片平行装入一个换片盒内（最多可达 12 片），放唱时可连续放音，换片时间为 5～6 s；转盘式激光唱机采用开盖方式，转盘上放置 3～5 张激光唱片，开机后可无限循环进行放唱，中途不用打开或中断放唱换片。

激光唱机主要由激光拾音器、伺服系统、数模转换与滤波系统、控制及显示电路等组成，如图 5—6—3 所示。索尼激光唱机的线路连接如图 5—6—4 所示。

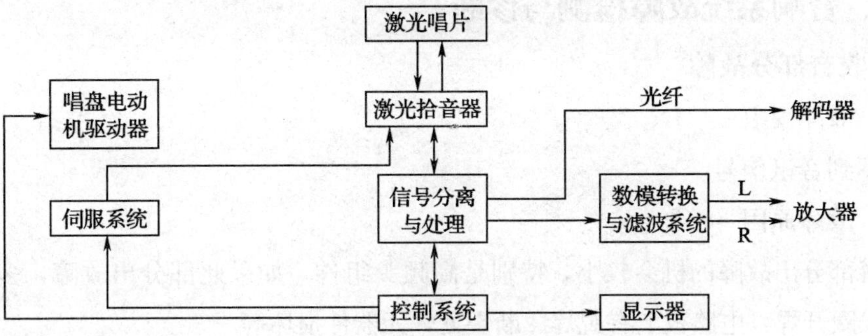

图 5—6—3　激光唱机的组成

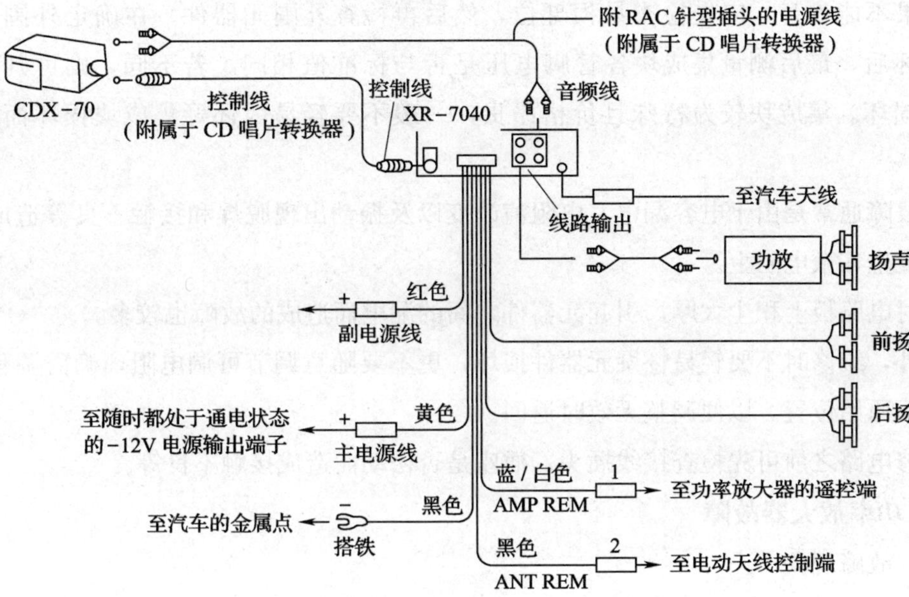

图 5—6—4　索尼激光唱机的线路连接

2．放大器

放大器的作用是将各种节目信号进行电压放大和功率放大，然后推动扬声器发出声音。放大器分为前置放大器、功率放大器和环绕声放大器三种。

前置放大器主要用于放大信号电压；功率放大器主要用于对前置放大器送来的电信号进行不失真电流放大，形成强有力的功率信号并推动扬声器发声；环绕声能使听众更具有临场感，它利用信号延迟的方法产生环绕声效果。

3．扬声器

扬声器是汽车音响系统的终端。扬声器通常由低音扬声器、中音扬声器、高音扬声器和分频网络组成。一般环绕声只重放 7 kHz 以下的反射声，故只需一只中、低音扬声器即可。

二、音响系统故障检测与诊断

1．收音部分故障

（1）故障现象

收不到音讯信号。

（2）故障原因

收音部分出故障的机会较小，特别是高频头组件，如果此部分出故障，多数为硬损伤，如线圈开焊，电路板上有脱焊、断裂处，元器件损坏等。

（3）故障诊断与排除方法

如果不能收音，应先检查易损部位，然后再检查外围元器件。在确定外围元器件无损坏后，最后测量集成块各管脚电压是否与标准值相同。若不同，则可判断是集成块损坏。集成块较为特殊且价格昂贵，一般不要轻易因怀疑集成块损坏而将其拆除。

此故障通常是由于电容漏电、电阻值改变以及振动出现脱焊和接触不良等造成的，且主要发生在微电阻上。

有时电路板上积尘太厚，引起元器件之间的漏电而造成的故障也较多。

另外，维修时不要轻易怀疑元器件损坏，更不要随意调节可调电阻，确需调整时，应先记下原始位置，以便调整无效时返回。

检修电路之前可先检查接线插头、插座是否松动而造成接触不良等。

2．功率放大器故障

（1）故障现象

没有功放效果。

（2）故障原因

1）汽车发电机电压调节器不良，引起电源电压过高，发生过压或过载而损坏。故障常伴有烧毁滤波线圈等元器件的现象，且滤波电容被击穿，从而造成其外壳变形、漏液等。

2）汽车发电机产生的瞬态峰值电压将集成块击穿。

（3）故障诊断与排除方法

观察熔丝是否为短路性熔断，或用万用表测量正负接线柱间的电阻值，如很小，即可确认。汽车收放机的功放块损坏后，一般应用原型号的集成电路来替换，特殊情况下可用其他的集成电路代替。从维修经验看，东芝 TA7240AP 性能较好，几乎可以代替所有的功放块，且其外围电路简单，失真小，功率大，保护功能齐全，代换改动小。但最好在集成电路与散热器之间涂一层硅脂以帮助散热，并紧固螺钉，将引线焊牢，必要时也可在各引脚之间涂胶，以加固和绝缘。

3．其他易损件故障

（1）故障现象

汽车收音机中的电位器也是较容易损坏的元器件之一，主要是带开关的音量及音调电位器，主要表现是接触不良、转轴断裂等。

（2）故障诊断与排除方法

电位器的转轴断裂应更换，电位器内部接触不良可先滴入少量润滑油并旋动几次，如果仍接触不良，则为膜片与触点磨损过多，应换新件。也可应急修理，方法如下：

1）拆下电位器中轴上的开口卡圈，再用旋具拨卡子，将各部分分离。用酒精或汽油对电位器进行清洗后按原样装好。拆卸时应记下原来元器件的连接及安装顺序，以便安装。

2）对于机械开关损坏，也可先滴入少量的润滑油，反复开关几次，若效果不明显，再考虑拆开修理。若拆装不便，可考虑用静噪开关来代替，或用原机开关加晶体管作为电子开关来代替。

4．诊断规律及检修注意事项

（1）故障分析与诊断规律

在掌握汽车音响的原理和维修基本知识后，便可对各种故障进行分析，然后判断出故障的大致部位。

1）首先排除机外因素引起的故障。汽车收放机的故障主要表现在收音、放音两方面，造成这两方面不正常的原因有外部因素，也有内部因素。在判断故障时应首先排除外部因素。

2）完全无声。检查音响电源的接线是否折断或接触不良，扬声器的接线是否脱落或接触不良。

3）调幅、调频收音部分均收不到电台。在汽车收放机中，为了减小汽车发动机等对收音的干扰，天线一般采用外拉杆天线。当天线未接上或因各种原因脱落时，会出现收不到电台的现象，此情况一般不属于故障。只要接上天线，就会恢复正常。检修时可用 1 m 左右的软导线插入天线端来代替，若能收到电台，即证明拉杆天线未接好或连线断线。

4）根据故障现象判断故障的大致位置，排除机外因素造成的故障后，应进一步观察故障现象，以判断故障发生的部位，尽快缩小故障范围。

（2）检修注意事项

1）熟悉所检修收放机的电源电压数值、极性位置。

2）掌握故障特点、故障类型。功放损坏故障较多，操作失误或强行操作造成机械损坏，灰尘、污物引起的漏电、操作失灵，以及机械磨损等故障居多。

3）掌握汽车收放机的接线规律。多数汽车收放机有四根外接线，黑色为搭铁线，红色为正电源线，其余分别是左、右声道扬声器引线，这类机型为立体声收放机。少数机型只有一路输出，用一路扬声器。还有些机型有四根输出线，这类机型也有立体声的，但其功放部分为两路 BTL 连接方式，扬声器的两引线应接在 BTL 的输出端，故共有四根线。

4）临时外接线要绝缘。修理时临时接的电源、扬声器引线等应注意包好接头，以防止因短路而损坏功放集成电路等元器件。

5）切忌带电焊接元器件。更换元器件时，一定要关断电源开关，最好彻底切断电源，确保人身安全，避免元器件受损。

6）不要随意调整可调元件。切勿随意调整汽车收放机内的有关电感、半可变电阻、半可变电容、中频变压器可调磁芯等。在没有准确判断出故障之前，若随意调整可调部分，会使本来无故障的电路失调而导致故障进一步扩大，或给判断故障增加难度。因为在无仪器的条件下，有些元器件是很难调准的。必须调整时，可先记下原来的初始位置，然后再进行调整，若调整无效时，则要及时恢复原位。

7）切忌随意更换熔丝。发现熔丝烧坏后，在未查明原因时，切忌随意更换熔丝，特别是更换与原来规格不同的熔丝，否则可能烧坏机内尚未烧坏的元器件。

8）切忌杂物落入机内。检修时切忌将金属物件落入机内，否则会造成短路而烧坏元器件。

9）按正确的检修顺序进行。一般为先电源部分，再功放部分，最后收音、放音信号部分等。

10）修后复查。检修时会短接、切断部分电路，取出的某些元器件检修完后一定要恢复原位。

11）确保焊接质量。

12）更换元器件时，要注意型号应一致，确保管脚位置正确、参数一致。

三、故障案例

1．北京现代索纳塔轿车 80 A 熔丝经常烧断，音响经常锁死

（1）故障现象

一辆北京现代索纳塔 2.7 L 轿车，在打开点火开关时出现仪表无指示、起动机不启动等故障，经检查发现发动机舱右侧 80 A 熔丝烧断。更换后，仪表指示正常，发动机也可以正常启动，但音响锁死。该车音响密码是 4 位密码，将密码直接输入后，音

响自动解锁。车辆运行五六天后，又出现上述故障。

（2）故障诊断

熔丝经常烧断的原因，一是线路中有搭铁处，二是用电设备中有负荷过大处。此类故障较难查找，主要是因为故障不常发生。

经检查线路中无明显的搭铁处。再检查主要的用电设备（如前照灯、空调等），发现冷凝器的温度很高，压缩机电磁离合器也经常吸合、断开，此时冷凝器风扇转动，但转速不是很低，判断是风扇电动机故障。

（3）故障排除

更换风扇电动机后，转速马上加快，冷凝器温度也明显降低，再将音响密码解开，故障排除，此后该车再没出现 80 A 熔丝烧断的故障。

（4）故障点评

该车风扇电动机负荷过大，使线路中电流增大，而电动机线路从 80 A 熔丝经过，当线路电流过大时，80 A 熔丝就烧断，音响锁死。问题出在相关电路上。

2．广州本田奥德赛轿车音响故障

（1）故障现象

一辆广州本田奥德赛七座轿车配置的 CO－JH1930K 型车载音响，在清洗激光头后出现不能开机故障，送厂维修。询问前期维修人员，客户送修音响时，故障为读盘不畅、易停顿、TOC（光盘目录）读取时间较长。根据经验判断激光头可能被灰尘污染，于是拆下清洗，关机将各电气连接件重新安装，复试，发现音响已彻底不能开机。

（2）故障诊断

在确认音响外部电路均正常的情况下试机，无屏显，操作键均无反应。拆开音响分析，该机为逻辑轻触控制结构，采用 NEC 公司的 UPD178098GF 型微处理器，其为系统的中央控制器。根据逻辑音响的控制特点，此类故障多由 CPU 外部的电源、复位、晶振等电路损坏造成，故先检查系统电源电路。考虑到 CPU 管脚较多且无详细资料，首先检测外部电路中的电源复位芯片 AN8065S，测量其 7 脚（V_{CC}）电压为 0，异常；依电路（图 5—6—5）逆向检测，电感 L602 无断路，且两端均无电压，说明故障出在上级电路。依次测量二极管 D704 的电阻值，发现二极管内部断路，用 1N4148 型二极管替换，通电复试，故障依旧。再测 AN8065S 的 7 脚电压上升为 9.5 V（正常应为 5～6 V），且芯片表面温度过热，说明电源电压过高。为避免电路元件损坏，应迅速切断电源，停止带电测量。对上级电路进行线路分析，观察 D704 前端为一典型的稳压电路，能够影响其电压输出的元件为 R、D703 和 Q703，测量电阻 R 的电阻值为 18 kΩ，正常；拆下稳压二极管 D703，测量其反向击穿电压为 6 V，正常；拆下三极管 Q703，检查发现其集电极与发射极已击穿短路，用市场上常见的 BC337 替换（管脚需调整），通电试机，音响开闭功能恢复正常，但CD机机芯内一直有齿轮啮合转动的噪声，且无法放入光盘，怀疑CD机机芯内部的机械组件定位不良或监测开关异常。分解机芯，检查发现位于机芯底板前部的进仓监测触点开关已被固定螺栓压坏，且其内部触点始终导通，从而导致CD机构一直执行误动作。

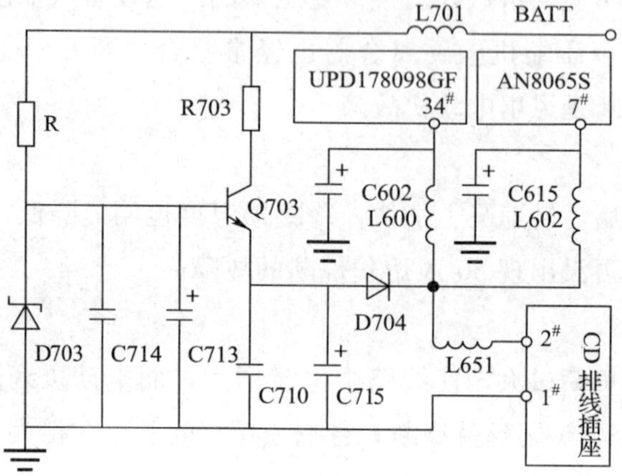

图 5—6—5　奥德赛音响电路图

（3）故障排除

更换新件后，音响工作正常。

（4）故障点评

因广州本田配置的音响激光头易被灰尘污染，在维修中激光头清洗作业较频繁，所以音响送修时，作业人员并未引起重视，简单擦拭后就匆忙装机，不料装配时未注意进仓监测信号开关的定位，紧固电路板时压坏了开关的触点臂，造成音响装配后CD机构误动作，光盘无法进仓播放。此时作业人员认为是电路部件连接不当，简单关闭点火开关后，就直接在车上带电重新插拔电气连接件，由于该款音响电路主板CD排线插座中的2脚（V_{CC}）和1脚（GND）相邻，插拔时角度出现微弱偏差便会引起电源电路短路，造成D704和Q703烧损，最终导致故障由CD机构的误动作扩大为音响无法开机。通过以上案例不难看出，由于车载音响空间小、结构紧凑，在拆装、维修过程中务必要认真、仔细，切忌不按规程带电作业。

思考与练习

1. 简述汽车音响装置的基本组成。
2. 汽车音响系统的常见故障有哪些？应如何检修？

模块六 汽车综合故障检测与诊断

课题一 发动机不能启动或启动困难故障检测与诊断

学习目标

◆ 熟悉发动机启动故障。

◆ 了解电控发动机的基本组成、工作原理与启动控制。

◆ 掌握发动机不能启动或启动困难故障检测与诊断方法。

◆ 能够对发动机不能启动或启动困难故障进行检测与诊断。

想一想

一辆桑塔纳轿车，在倒车进库时，发动机出现几下抖动后自动熄火，熄火后发动机再也无法启动。

想一想：

1. 如何在发动机启动困难时分辨是机械故障、启动电路故障，还是电控系统故障？

2. 影响发动机启动工况的因素有哪些？

一、发动机启动故障

汽车发动机的启动故障一般表现为不能启动（无初始燃烧）和启动困难，其中启动困难又分为冷启动困难和热启动困难。启动故障牵涉多个系统，是发动机综合性故障之一。

造成汽车发动机不能启动的原因很多，牵涉电源系统、起动系统、点火系统、燃油和空气供给系统以及发动机机械系统的技术状态，这也是汽车最常见的故障。

汽车发动机的启动故障主要应从以下两方面入手来分析：

1. 发动机的基本运行条件是否满足

首先分析汽车发动机能够正常运转必须具备的几个条件：

（1）气缸要有良好的压缩。

（2）具备数量和浓度均合适的混合气。

（3）具备足够的火花能量和正确的点火时刻。

（4）起动系统技术状态良好。

（5）蓄电池电压大于 12 V。

如果以上五个要素中有一个要素出现异常，便会引起发动机不能启动或启动困难。

2．电控发动机控制模块应能准确识别出启动状态，进而进行启动控制

由于启动工况的特殊性，使得控制系统必须有对应的控制程序来进行启动控制。在启动时，发动机控制模块 ECM 首先要根据点火开关、空挡启动开关、曲轴位置以及转速等信号，辨别出发动机是否正处于启动状态，然后再结合冷却液温度（水温）、曲轴转速、节气门位置等信号计算出喷油时间、点火时刻、启动空气流量等控制值，去驱动喷油器、点火器和怠速控制执行机构，以实现顺利启动。

若 ECM 没能识别出启动状态，则发动机将不能启动；若水温、转速等信号失准，一般会造成启动困难。

二、电控发动机的基本组成与工作原理

1．电控发动机

汽油从油箱内被油泵吸出并加压，经燃油滤清器过滤后，由压力调节器将压力调整到比进气管压力高出 0.25～0.3 MPa，再由燃油分配管送至冷启动喷油器和各电磁喷油器。图 6—1—1 所示为 Motronic M3.8.2 电控燃油喷射系统示意图。电磁喷油器由 ECM 控制，在油压一定和喷油器结构参数确定的前提下，ECM 给喷油器线圈通电的时间越长，喷油器的喷油量就越多。除此之外，ECM 还能控制喷油器的喷射时刻。

空气经过滤清器滤清后，经节气门体进入进气总管，并由歧管分配给各缸。进气量传感器装在进气管路上，用于检测进气量的多少，并将它以电信号的形式输送至发动机控制模块 ECM。

电控发动机的控制系统由控制中心 ECM 和大量的传感器和执行器组成。这些传感器用来监测发动机的工况并反馈控制结果，而执行器则用来执行 ECM 的控制指令。换言之，在发动机工作时，控制模块 ECM 根据各传感器传送过来的发动机工况信息，计算出最佳的控制值，来指挥喷油器、点火器、怠速机构等执行器产生动作，以使发动机工作在最佳技术状态下。

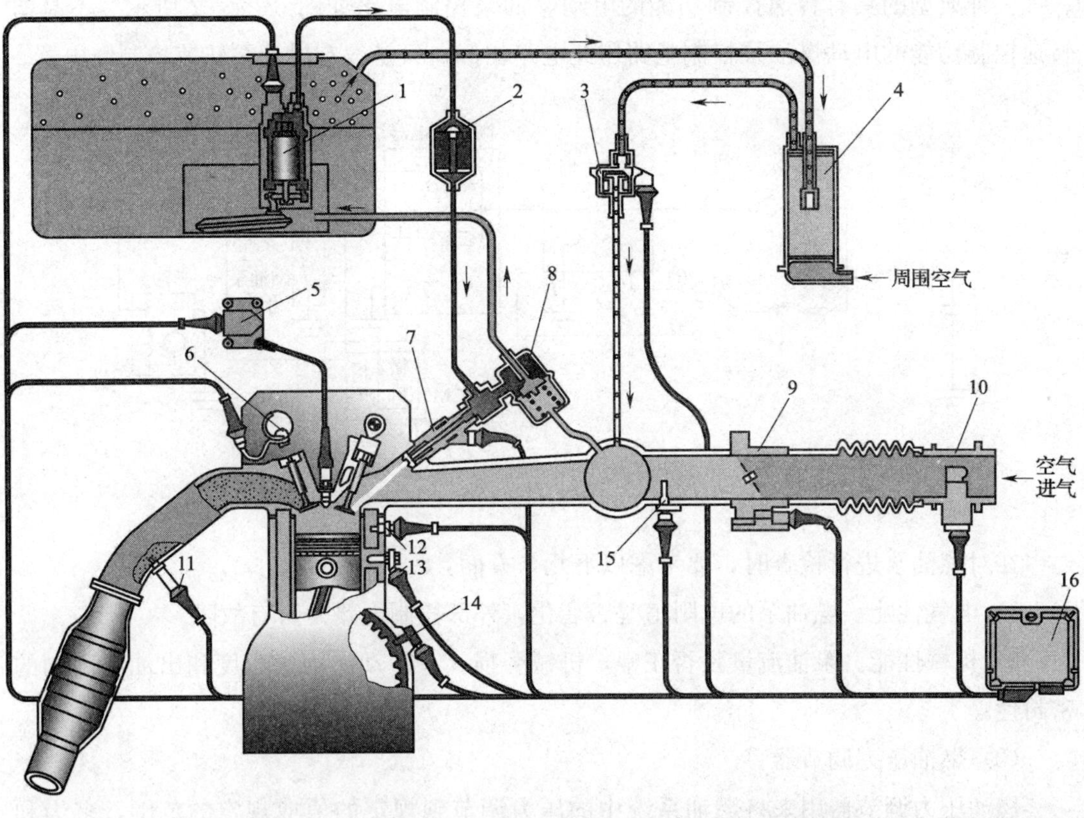

图 6—1—1　Motronic M3. 8. 2 电控燃油喷射系统示意图

1—电动燃油泵　2—燃油滤清器　3—炭罐清洗电磁阀　4—活性炭罐　5—带输出驱动级的点火线圈组件
6—凸轮轴位置传感器　7—喷油器　8—油轨和压力调节器　9—节气门体　10—空气流量计
11—氧传感器　12—冷却液温度传感器　13—爆震传感器　14—曲轴位置与转速传感器
15—进气温度传感器　16—ECM

2. 燃油子系统

（1）电动燃油泵

电动燃油泵用来提供具有一定压力的燃油。它有多种类型，但无论是哪种类型，其结构上都具有防止燃油倒流的单向阀（止回阀）。如果此阀密封不良，将会造成油路系统残余油压下降过快，发动机的热启动性能下降。

对于油泵的控制，只有在发动机运转时油泵才工作。若发动机没有转动，即使点火开关处于接通状态，出于安全考虑也不能使油泵长期工作。通常只有在点火开关由“关闭”转到“运转”位置时，发动机控制模块 ECM 才会接通油泵电路 2～3 s，如果没有再接收到转速信号，油泵电路将被切断。有的发动机为了降低功率消耗，延长油泵的使用寿命，还根据发动机的负荷和转速等情况对油泵的转速进行控制。

一种典型的具有转速控制功能的电动燃油泵控制电路如图 6—1—2 所示。不具有转速控制功能的电动燃油泵控制电路与此电路相似，只是没有燃油泵转速控制继电器。

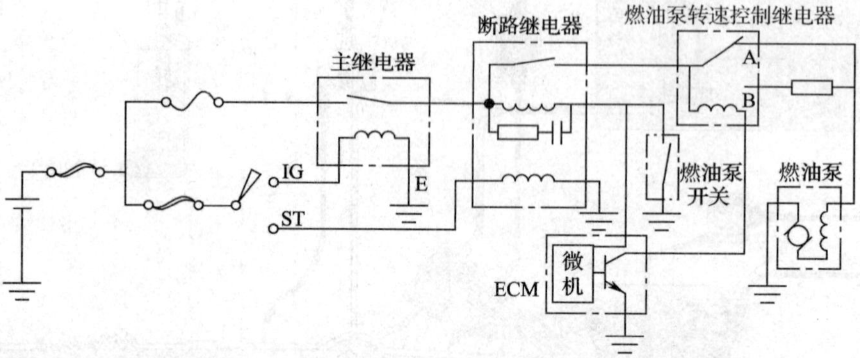

图 6—1—2　具有转速控制功能的电动燃油泵控制电路

在对燃油泵进行检查时，要考虑以下几个方面：

1）电气性能。燃油泵的电阻值是否变化，外部控制电路是否有故障。

2）机械性能。泵油流量是否正常，机械磨损（有振动噪声）程度和出油单向阀的密封性。

（2）燃油压力调节器

燃油压力调节器用来将燃油系统中的压力调节到规定的值或规定的范围，多为利用进气歧管的真空度来调节。当系统内的压力过高时，它可以使过多的燃油流回油箱。

（3）电磁喷油器

电磁喷油器实际上就是一常闭的电磁阀，它在 ECM 的控制下开启或关闭，以喷出适量的燃油。喷油器的基本控制电路如图 6—1—3 所示。发动机工作时，ECM 中的微机根据有关传感器的输入信号，经运算、判断后输出控制信号，控制大功率三极管导通与截止。三极管导通时，喷油器喷油；三极管截止时，喷油器停止喷油。

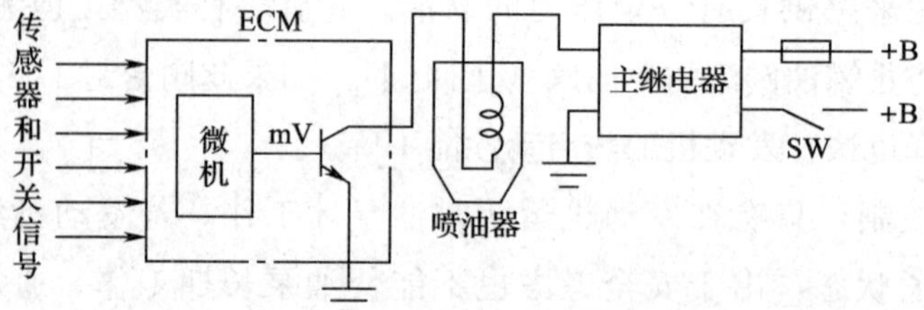

图 6—1—3　喷油器的基本控制电路

从检测与维修的角度来讲，喷油器有高阻值型和低阻值型之分。高阻值型喷油器电磁线圈的电阻值通常为 12～17 Ω，在进行故障诊断时可以直接连接到 12 V 电源上。

而低阻值型喷油器电磁线圈的电阻值通常只有 2～3 Ω，在连接到 12 V 电源上时，必须串联一限流电阻，以防止烧坏喷油器。

除常见的电气故障外，喷油器脏堵和泄漏也经常发生。

喷油器的脏堵故障会造成循环喷油量明显减少。由于我国的汽油品质不是很高，所以应定期清洗和更换喷油器。如果燃油系统装有冷启动喷油器，应确保它与主喷油器一起进行清洗。常用随车清洗器或超声波清洗仪对喷油器进行清洗。如果没有上述仪器，也可以给喷油器通 12 V 电压（注意通电电流不可过大），同时用压力为 3 kg/cm^2 的清洁高压空气逆向吹喷油器来完成清洗工作。

喷油器的泄漏故障会造成混合气过浓，导致发动机出现诸如启动困难、怠速不稳、动力不足、排气管冒黑烟等一系列故障症状。出现泄漏的喷油器必须及时更换。

此外，进行故障诊断时还要测试喷油器的喷射锥角（雾化情况）和在一定时间内的喷油量。

3．进、排气子系统

电控发动机的进、排气子系统可能包含诸如废气再循环、油箱蒸发排放控制、进气增压、三元催化转换器以及二次空气喷射等装置和电控可变配气机构。若这些装置脏堵或泄漏，也会引起发动机的启动故障。

4．电子控制部分

（1）发动机控制模块 ECM

发动机控制模块 ECM 是电控系统的控制中枢，负责收集和处理各输出信号，并计算出控制值去驱动执行元件。ECM 是高可靠性的电子元件，故障率极低。

（2）启动信号

启动信号主要用于冷启动加浓。启动信号一般取自起动机电源（在自动变速器配置的车辆上，它还受空挡、启动开关控制），其电路如图 6—1—4 所示。当启动开关接通时，ECM 检测到启动信号后，认为发动机处于启动状态而增加喷油量。

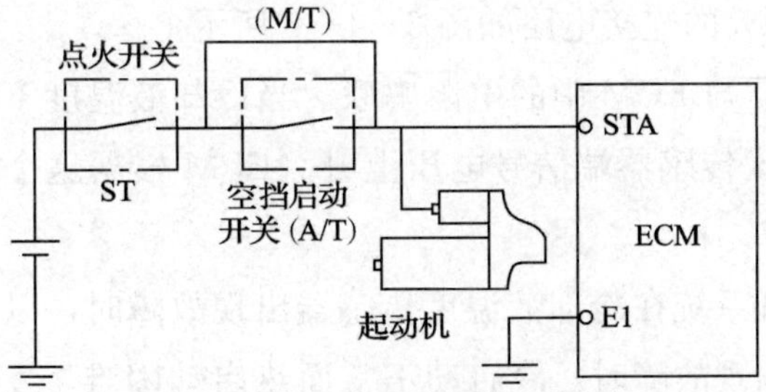

图 6—1—4　*启动信号电路*

有些发动机管理系统中取消了专用的启动信号线，由 ECM 根据点火开关和曲轴转速信号确定启动状态。

（3）曲轴位置与转速传感器

曲轴位置与转速传感器用来检测曲轴的位置和转速，其信号作为 ECM 对喷油控制、点火控制、怠速控制和 EGR 控制的主要控制依据。曲轴位置与转速传感器通常安装在分电器轴或曲轴上，主要有磁感应式、霍尔式以及光电式等几种形式。

磁感应式曲轴位置与转速传感器利用电磁感应现象工作，输出交变的脉冲信号。在检查这类传感器时，不仅要测量电磁线圈的电阻值，还应检查传感器间隙以及有无触发轮齿损伤等。

霍尔式曲轴位置与转速传感器是利用霍尔效应原理工作的，输出矩形方波信号。这类传感器需要通电后才能工作。

光电式曲轴位置与转速传感器利用光电效应工作，输出的也是矩形方波信号。这类传感器也是在通电后才能工作。

（4）凸轮轴位置传感器

凸轮轴位置传感器向 ECM 提供凸轮轴位置的信息，可用作点火控制和顺序喷射控制的判缸（气缸判别）信号。它通常安装在分电器轴或凸轮轴上。根据结构原理的不同，它也有磁感应式、光电式和霍尔式等几种形式。

如果凸轮轴位置传感器的信号与曲轴位置与转速传感器的信号不同步，也可能会出现启动困难甚至不能启动的现象。

（5）空气流量信号或进气管绝对压力信号

发动机启动时，该信号不被响应，所以它们通常与启动故障无关。

（6）冷却液温度传感器

冷却液温度传感器用来检测冷却液的温度，作为 ECM 判别发动机热状态的依据，通常安装在发动机冷却液通路上。多数汽车上的冷却液温度传感器采用负温度系数的热敏电阻，其特性为：冷却液温度越高，电阻值越低。冷却液温度传感器的结构、输出特性曲线以及与 ECM 的连接电路如图 6—1—5 所示。

冷却液温度传感器与 ECM 中的电阻串联。当冷却液温度下降时，热敏电阻的电阻值变大，冷却液温度传感器端信号电压上升。ECM 根据这个信号控制喷油器增加喷油量，以加浓混合气。

早期的发动机管理系统在冷却液温度传感器出现故障时，以 20℃作为应急控制温度。因此，该传感器出现故障时，冷启动正常而热启动困难，发动机启动暖机后排气管冒黑烟。现今的发动机管理系统则以 80℃作为应急控制温度，因此，该传感器出现故障时，热启动正常而冷启动困难。

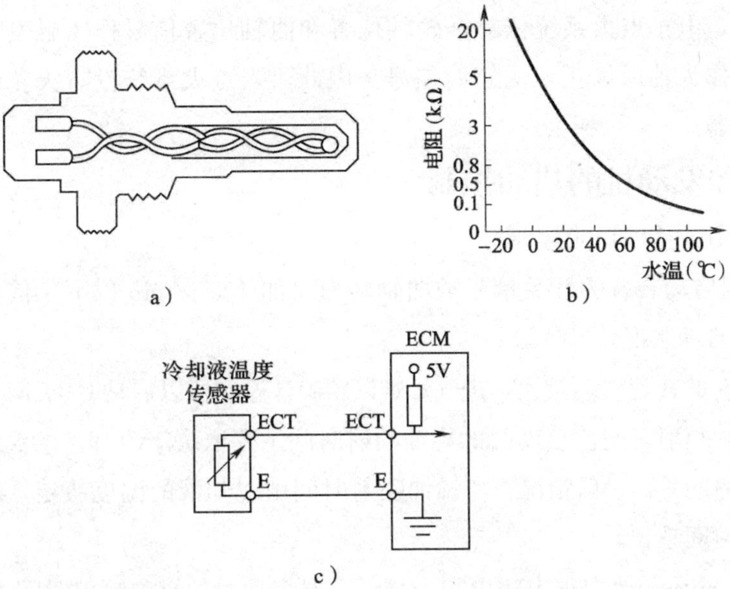

图 6—1—5　冷却液温度传感器的结构、输出特性曲线以及与 ECM 的连接电路

a）结构　b）输出特性曲线　c）与 ECM 的连接电路

（7）节气门位置传感器

节气门位置传感器提供节气门开度的信号。通常在启动时节气门是关闭的，该传感器输出节气门关闭（或小开度）信号。如果在启动时该传感器输出大开度（或全开）信号，ECM 将会减少喷油时间，甚至不喷油。

5. 点火子系统

微机控制的点火系统由相关传感器、ECU、点火线圈、分电器、高压导线和火花塞等元件组成，其工作原理简图如图 6—1—6 所示。ECM 根据相关传感信息确定通电时间和最佳点火时刻，并向点火执行元件（点火器或点火线圈）输出控制指令，接通或切断点火线圈的初级电路。当初级电路接通时，点火线圈开始充电；当初级电路断开时，在次级绕组中产生用来点火的高压电。

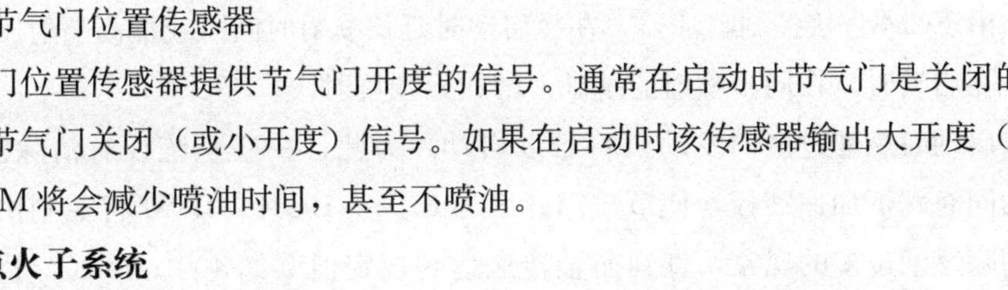

图 6—1—6　微机控制的点火系统工作原理简图

由此可见，电子点火系统依靠凸轮轴位置和曲轴位置信号作为触发主信号，其他传感器信号只作为辅助修正点火正时信号。因此，当点火系统没有火花时，要重点检查以上两传感器。

三、电控发动机的启动控制

1．启动时喷射时间的控制

ECM根据启动装置的开关信号或曲轴转速（如400 r/min以下）信号，来判断发动机是否处于启动工况。

由于启动时的转速波动较大，进气量难以精确计量，所以启动时ECM一般不根据进气量来计算燃油喷射时间。启动时的燃油喷射时间主要取决于冷却液的温度、启动时的转速以及启动时间等。一般情况下，燃油喷射时间由冷却液的温度决定，冷却液的温度越低，喷射的时间越长。

有时，ECM还需要根据电源电压的高低，对启动时的燃油喷射时间进行修正。

实现启动加浓的具体方式有以下几种：

（1）利用冷启动喷油器和温度时间开关，在冷启动时向进气总管内喷入附加燃油。

（2）由ECM直接控制喷油器，在冷启动时延长喷射时间（或提高喷射压力）。

（3）在启动时，在同步喷射的基础上增加异步喷射。

如果启动时燃油过多，发动机将难以启动。为此，一些系统设有清除溢油功能：在启动的同时踩下加速踏板，使节气门开度为80%～100%，ECM将控制供给稀混合气，以消除燃油过多的现象，直到曲轴转速达到规定值（如400 r/min）。目前，若在启动时节气门开度超过80%，大部分系统根本不喷油，其目的也是为了清除溢油。

2．启动时点火时刻的控制

在启动时，常使用固定的点火提前角进行点火控制。该固定的点火提前角由ECM中的备用IC设定。还有一些管理系统在发动机启动时，由ECM按照ROM中的程序控制点火提前角。该点火提前角是曲轴转速和温度的函数。如NISSAN公司生产的发动机，当水温在0℃以上启动时，其点火提前角为压缩上止点前16°；当水温在0℃以下时，根据水温的降低值适当地增加点火提前角。当启动转速低于100 r/min时，为了可靠点火，点火提前角减小，其值为平常启动时的点火提前角×启动转速/100。

3．怠速控制执行机构的启动位置（启动空气量）

在怠速由节气门开度所决定的系统（节气门直动式怠速控制系统）中，发动机启动时，ECM通常要驱动节气门电动机来使节气门稍稍打开一个角度，以控制启动空气量。

使用怠速步进电动机的怠速控制系统，通常在启动时使步进电动机由极限位置

（最大或最小步数）转动到由冷却液温度决定的位置，以控制启动空气量。

使用转阀的怠速控制系统，其启动位置也由 ECM 来确定。

其他影响启动工况的因素可参考相关课题。

四、故障检测与诊断

1. 发动机不能启动

（1）故障现象

发动机在有或无着火征兆的情况下不能启动。

（2）故障原因及处理方法

发动机不能启动的故障原因及处理方法见表 6—1—1 和 表 6—1—2。

表 6—1—1　　发动机不能启动，且无着火征兆的故障原因及处理方法

故障现象	故障原因		处理方法
启动发动机时，起动机转速正常，但发动机不能启动，且无着火征兆	点火系不点火或火花弱	低压线路工作不良	检查配线、熔断器、插接器、点火开关
		点火线圈工作不良	检查点火线圈有无断路、短路、搭铁
		点火器工作不良	检查点火器内部元件及电路的技术状况
		高压线路工作不良	检查高压线路有无破损、短路、断路
		分火头、分电器盖工作不良	检查分火头、分电器盖是否漏电
		火花塞工作不良	检查火花塞是否烧损、积炭及火花塞间隙是否正常
		曲轴位置传感器工作不良	检查传感器配线、插接器是否正常
			检查曲轴位置传感器的技术状况
	输油部分工作不良	油箱无油或供油不畅	检查油箱存油是否充足，油箱盖是否畅通
		输油管路堵塞或漏气	检查油管有无破损，接头是否松动
		汽油滤清器堵塞	检查、清洗或更换汽油滤清器
		汽油泵不工作或工作不良	检查汽油泵配线、插接器是否正常
			检查继电器、电动机有无断路、短路
			检查安全阀、单向阀是否失效
		油压调节器工作不良	检查膜片、弹簧及密封件的技术状况
	喷油器工作不良	喷油器线路接触不良	检查配线、熔断器、插接器是否正常
		电磁阀工作不良	检查电磁线圈有无短路、断路
		喷油器技术状况不良	检查喷油器喷嘴、喷油器弹簧是否正常
		喷油器控制信号不正常	检查 ECU 插接器及工作参数是否正常

续表

故障现象	故障原因		处理方法
启动发动机时，起动机转速正常，但发动机不能启动，且无着火征兆	进气系统工作不良	空气滤清器堵塞	检查、清洗或更换空气滤清器的滤芯
		进气软管堵塞或漏气	检查进气软管有无破损，连接是否可靠
		进气歧管、气缸垫密封不良	检查进气歧管、气缸垫是否漏气
		废气循环阀工作不良	检查配线、插接器是否正常
			检查废气循环阀的技术状况
	气缸压缩不良	缸盖与缸体不密封	检查气缸垫是否漏气
		进气歧管与缸体不密封	检查进气歧管是否漏气
		气门与气门座不密封	检查气缸压力
		活塞与缸套配合间隙过大	检查气缸压力

表 6—1—2　发动机不能启动，但有着火征兆的故障原因及处理方法

故障现象	故障原因		处理方法
启动发动机时有着火征兆，但发动机不能启动	火花太弱或点火时间不当	低压线路故障	检查配线、熔断器、插接器、点火开关是否正常
		点火器、点火线圈故障	检查点火线圈有无短路、搭铁
			检查点火器内部元件或电路是否正常
		高压部分故障	检查高压线有无破损、短路
			检查分电器盖、分火头是否漏电
		火花塞故障	检查火花塞是否烧损、积炭及火花塞间隙是否正常
		点火时间不当	检查及调整点火正时
	供油压力太低	油管、汽油滤清器堵塞	检查油箱盖是否畅通
			检查油管是否压瘪或破损，接头是否松动
			检查、清洗或更换汽油滤清器
		汽油泵工作不良	检查汽油泵的磨损情况
			检查继电器、电动机有无短路或烧损
			检查安全阀、单向阀是否失效
		油压调节器工作不良	检查膜片、弹簧及密封元件是否失效
	喷油器工作不良	控制信号不良	检查 ECU 插接器及工作参数是否正常
		喷油器技术状况不良	检查电磁线圈有无短路或搭铁
			检查、清洗喷油器喷嘴的积炭
			检查喷油器弹簧是否失效

续表

故障现象	故障原因		处理方法
启动发动机时有着火征兆，但发动机不能启动	进气歧管漏气或堵塞	空气滤清器堵塞	检查、清洗或更换空气滤清器滤芯
		进气软管及接头漏气	检查进气软管有无破损，连接是否可靠
		废气循环阀工作不良	检查配线、插接器、循环阀的技术状况
		进气歧管、气缸垫密封不良	检查进气歧管、气缸垫是否漏气
	控制信号不良	空气流量计工作不良	检查空气流量计配线、插接器及其技术状况
		冷却液温度传感器工作不良	检查冷却液温度传感器配线、插接器及其技术状况
		ECU 工作不良	检查 ECU 插接器及 ECU 的工作参数

(3) 故障诊断方法

对于发动机不能启动的故障，可以参考以下步骤进行诊断：

1) 检查油箱内的燃油量，并在点火开关刚接通时注意感觉油泵是否运转（有振动、声音）。

2) 检测电源电压和启动电路。

3) 连接故障诊断仪，打开点火开关，读取故障码。如有必要，检测相关输入、输出信号。

4) 进行跳火试验，检查点火系有无故障。

5) 对油路系统泄压后，用燃油压力表测量系统的燃油压力。

6) 检查喷油器的技术状况。

7) 用气缸压力表测量压缩压力，确定气缸的密封状况。

8) 检查及调整配气正时。

2. 发动机冷车启动困难、热车启动正常

(1) 故障现象

发动机冷车启动困难、热车启动正常。

(2) 故障原因及处理方法

发动机冷车启动困难、热车启动正常的故障原因及处理方法见表 6—1—3。

(3) 故障诊断方法

发动机冷车启动困难、热车启动正常的故障诊断流程如图 6—1—7 所示。

3. 发动机热车启动困难、冷车启动正常

(1) 故障现象

发动机热车启动困难、冷车启动正常。

(2) 故障原因及处理方法

发动机热车启动困难、冷车启动正常的故障原因及处理方法见表 6—1—4。

表 6—1—3　发动机冷车启动困难、热车启动正常的故障原因及处理方法

故障现象	故障原因		处理方法
发动机冷车启动困难、热车启动正常	冷启动喷油量过少	冷却液温度传感器工作不良	检查传感器配线、插接器是否正常
			检查冷却液温度传感器，必要时更换
		冷启动喷油器工作不良	检查冷启动喷油器配线、插接器是否正常
			检查或更换冷启动喷油器
		温度时间开关工作不良	检查温度时间开关配线、插接器是否正常
			检查或更换温度时间开关
	混合气数量不足	怠速控制装置工作不良	检查怠速控制阀配线、插接器是否正常
			检查或更换怠速控制阀

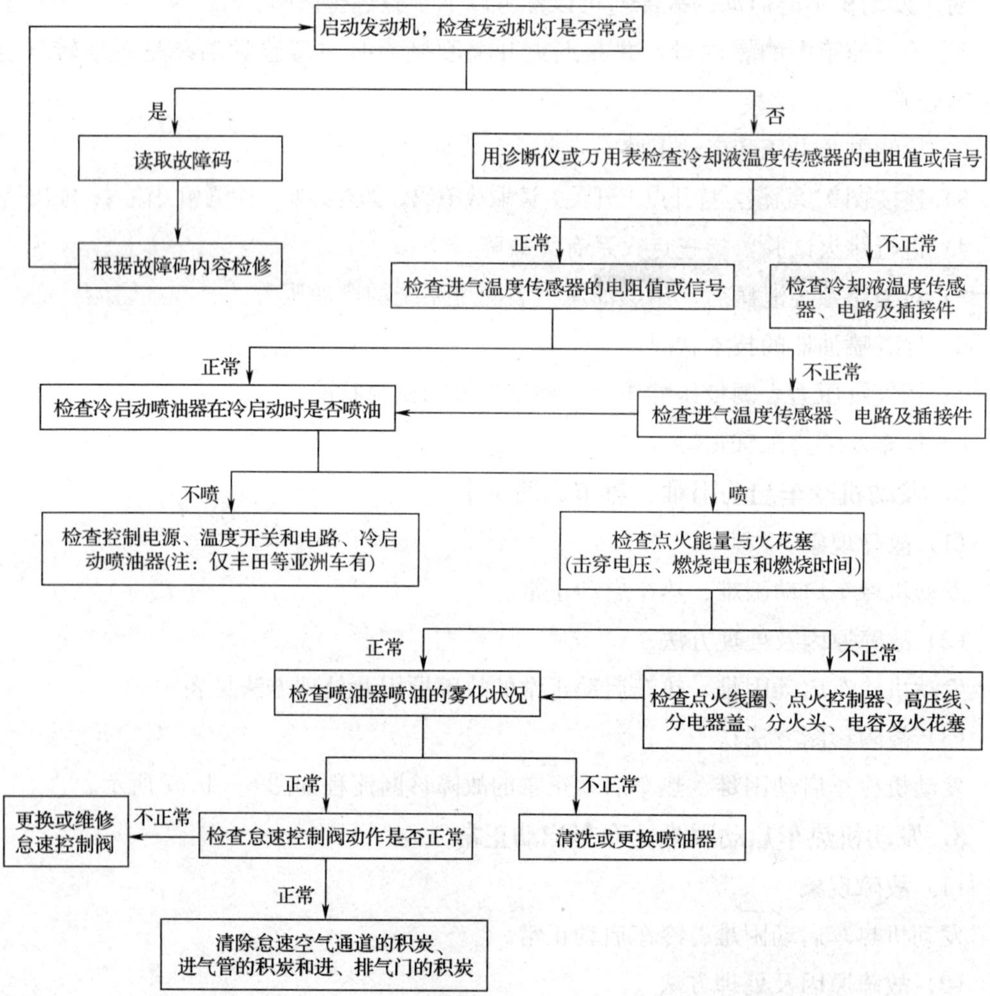

图 6—1—7　发动机冷车启动困难、热车启动正常的故障诊断流程

表 6—1—4　发动机热车启动困难、冷车启动正常的故障原因及处理方法

故障现象	故障原因		处理方法
发动机热车启动困难、冷车启动正常	喷油压力过低	油路堵塞或漏油	检查或更换汽油滤清器
			检查油管及接头是否漏油或堵塞
		燃油泵工作不良	检查燃油泵配线、插接器是否正常
			检查燃油泵磨损状况和单向阀工作状况
		油压调节器工作不良	检查油压调节器
	进气系统堵塞或漏气	空气滤清器堵塞	清洗或更换空气滤清器滤芯
		进气管漏气	检查软管、接头是否漏气
			检查进气歧管与缸体、缸盖的密封
		真空装置、废气再循环系统漏气	检查真空管是否松脱，废气再循环系统是否漏气
	启动时喷油量过多	喷油器漏油	检查配线和插接器是否正常
			检查喷油器电磁阀有无卡滞现象
		温度时间开关工作不良	检查温度时间开关配线、插接器是否正常
			检查或更换温度时间开关
	喷油时间修正信号异常	冷却液温度传感器工作不良	检查配线、插接器是否正常
			检查或更换冷却液温度传感器
		ECM 工作不良	检查 ECM 插接器及其工作参数

(3) 故障诊断方法

发动机热车启动困难、冷车启动正常故障诊断流程如图 6—1—8 所示。

五、故障案例

1. 故障现象

一辆广州本田雅阁 2.3 L 轿车，其发动机冷车启动正常、热车启动困难，热车启动后，发动机工作正常。

2. 故障诊断

分析该车产生故障的原因有：

(1) 点火能量不足（如火花塞、高压线不良等）。

(2) 分电器盖或分火头漏电。

(3) 点火线圈有故障。

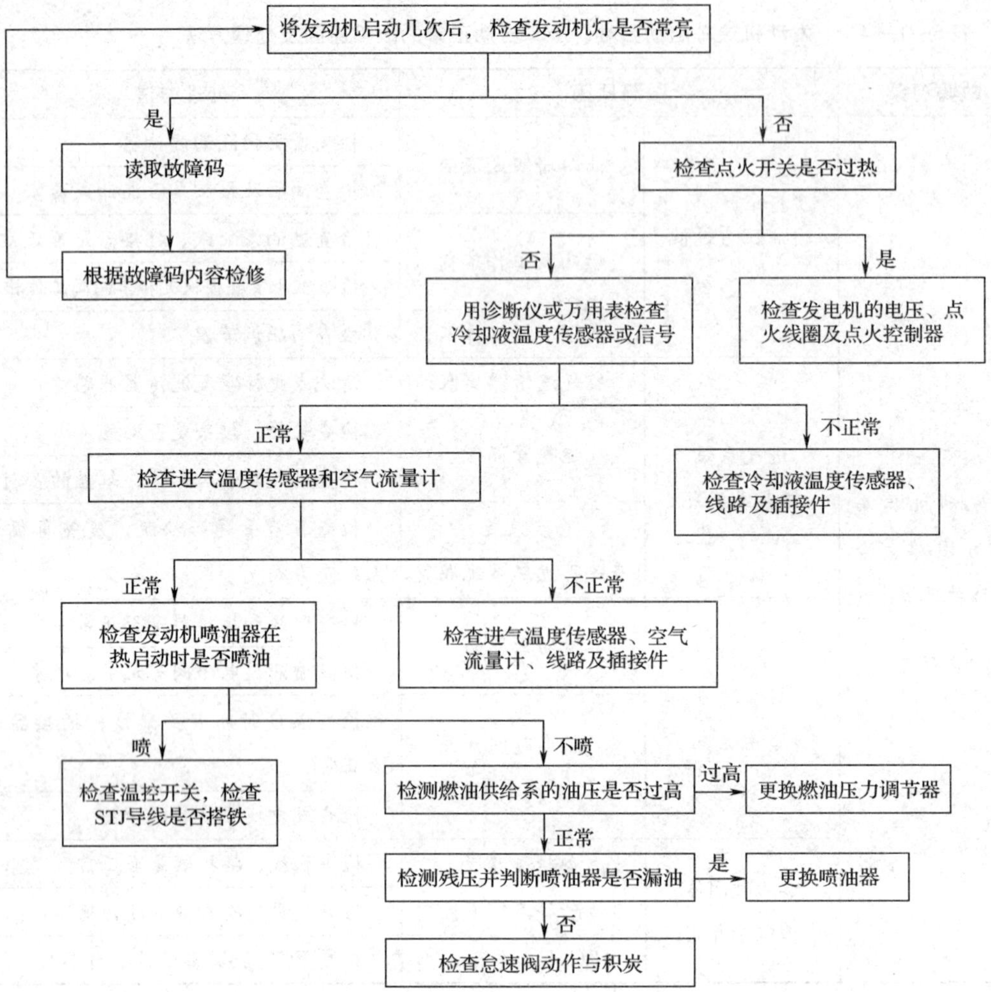

图 6—1—8　发动机热车启动困难、冷车启动正常的故障诊断流程

（4）点火器有故障。

（5）喷油器渗漏。

（6）发动机冷却液温度传感器有故障。

首先检查火花塞的跳火情况，发现火花很强，说明高压线、点火线圈、点火器、分电器、分火头、火花塞等正常，排除了点火系统有故障的可能性。燃油供给系统常见的故障是喷油器渗漏，为了避免判断失误，决定在燃油管路上接上燃油压力表，判断燃油供给系统是否存在泄漏现象。接上燃油压力表后，启动发动机很长时间发动机也不工作。再看燃油压力表的油压很低，显然燃油泵不工作。分析认为燃油泵不可能仅在启动时不工作，可能是控制燃油泵的 PCM - FI 主继电器或线路有故障。

图 6—1—9 所示为 PCM - FI 主继电器端子排列情况及内部结构。打开点火开关，经测量端子 5 有 12 V 电压。将 PCM - FI 主继电器的端子 1 搭铁，燃油泵不工作。

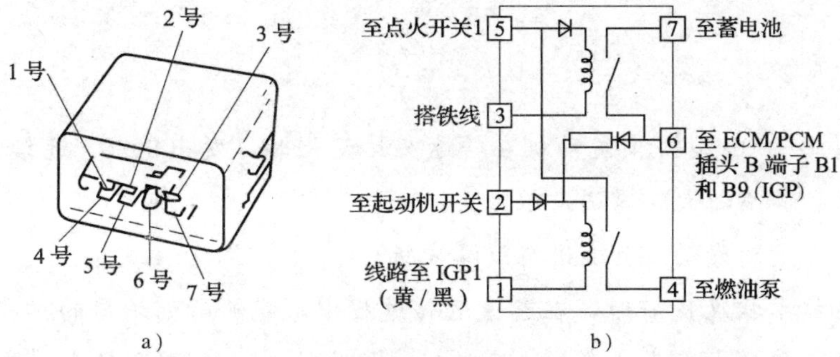

图 6—1—9 PCM-FI 主继电器端子排列情况及内部结构

a）端子排列情况 b）内部结构

启动发动机，经测量端子 2 有 10～10.5 V 电压，端子 4 无电压，不正常。将主继电器拆下，分解后发现其内部的端子 4 与 5 的触点烧蚀。

3．故障排除

更换 PCM-EI 主继电器后，故障排除。

4．故障点评

该车 PCM-FI 主继电器烧蚀，冷车时触点尚能接触到一起，而热车后，一旦触点断开就再难吸合，从而使燃油泵不工作，引起发动机冷车启动正常、热车启动困难的故障。

思考与练习

1. 发动机能够正常工作的必要条件是什么？如何检测发动机启动困难的故障？
2. 电控发动机的燃油子系统由哪些元件组成？各自的作用是什么？
3. 电控发动机的点火子系统由哪些元件组成？

课题二 汽车运行异响故障检测与诊断

学习目标

◆ 掌握汽车运行异响故障检测与诊断方法。

◆ 能够对汽车运行异响故障进行检测与诊断。

想一想

一辆桑塔纳3000型轿车发动机在转速突然变化时，发出低沉、连续的“咣、咣”声，转速越大，声响越大，需送厂维修。

想一想：如何对发动机异响进行故障诊断？

发动机的技术状况良好时，在怠速运转过程中，能够听到均匀的排气声音；在高速运转时，为平稳的轰鸣声；在加速运转时，将发出有力且圆润的轰鸣声。异响故障可以发生在汽车的任何一个运动部位。一般来说，异响的部位常伴随发热及润滑不良。如轮毂轴承过紧，停车后轮毂轴承处烫手。同样，变速器或后桥停车后发烫，说明缺少齿轮油而润滑不良。

一、发动机异响故障检测与诊断

1．曲轴主轴承响

（1）故障现象

汽车加速行驶或发动机突然加速时，发动机发出沉重而有力的“铛、铛、铛”或“咣、咣、咣”的金属敲击声，严重时机体将发生很大的振动；响声随发动机转速的提高而增大，随负荷的增加而增强，产生响声的部位在曲轴箱上与曲轴轴线齐平处；单缸断火时响声无明显变化；相邻两缸同时断火时，响声明显减弱或消失；温度变化时响声变化不明显；响声严重时，润滑油压力明显降低。

（2）故障原因及处理方法

1）曲轴主轴承盖固定螺钉松动。应拆解后紧固。

2）曲轴主轴承减磨合金烧毁或脱落。应更换曲轴主轴承。

3）曲轴主轴承和轴颈磨损过甚，轴向止推片磨损过甚，造成径向和轴向间隙过大。应更换曲轴主轴承和轴向止推片，必要时磨削或更换曲轴。

4）曲轴弯曲未得到校正，发动机装配时不得不将某些主轴承与轴颈的配合间隙放大。应校正或更换曲轴。

5）润滑油压力过低、黏度过小或润滑油变质。应检查润滑系统或更换合适的润滑油。

（3）故障诊断流程

曲轴主轴承响的故障诊断流程如图6—2—1所示。

2．曲轴连杆轴承响

（1）故障现象

汽车加速行驶和发动机突然加速时，发动机发出“铛、铛、铛”的连续、明显、轻

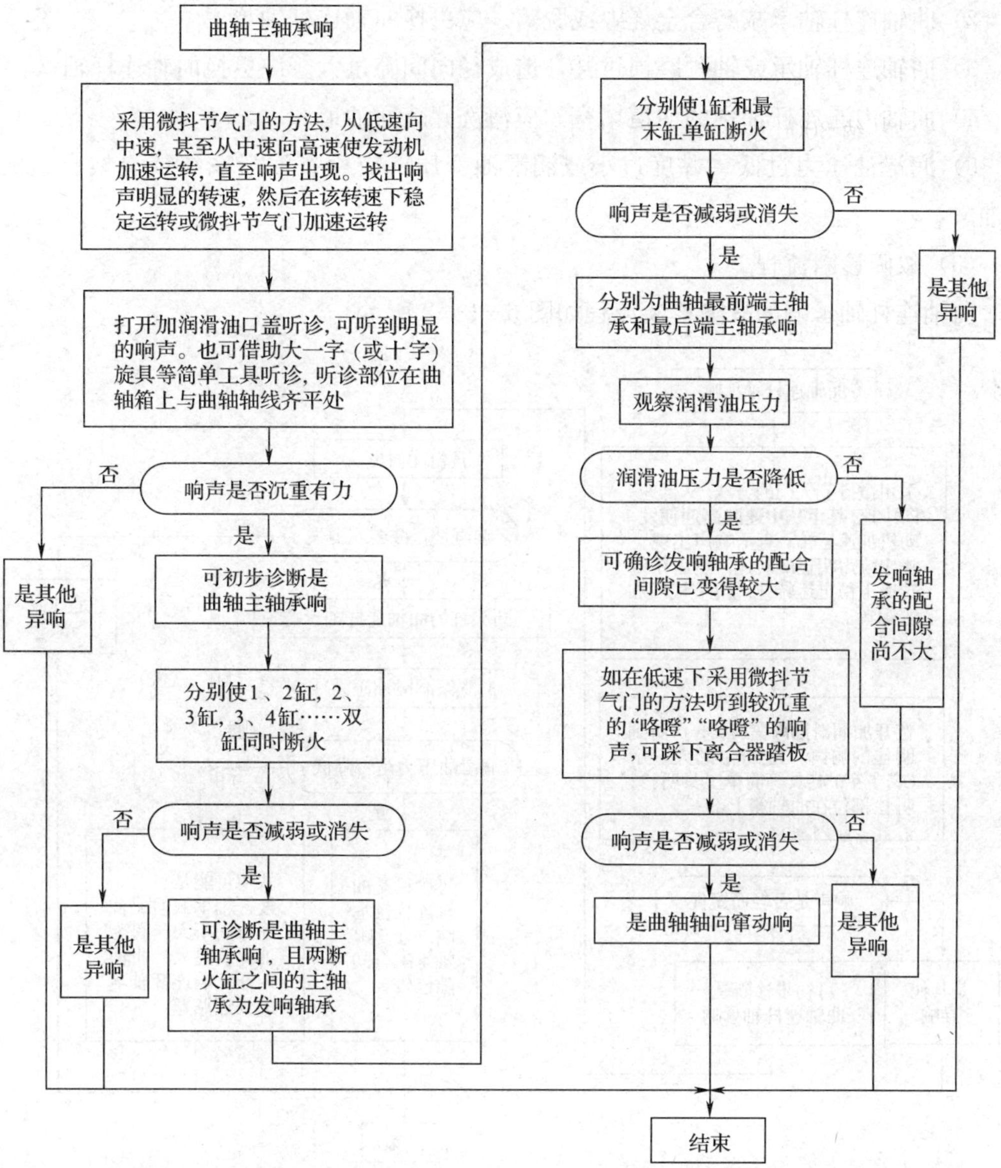

图 6—2—1　曲轴主轴承响的故障诊断流程

而短促的金属敲击声（这是连杆轴承响的主要特征）；连杆轴承严重松旷时，怠速运转也能听到明显的响声，且润滑油压力降低；发动机温度变化时，响声变化不明显；响声随发动机转速的提高而增大，随负荷的增加而增强，产生响声的部位在曲轴箱上部；单缸断火时，响声明显减弱或消失，但再次点火时又重新出现，即具有所谓的响声"上缸"现象。

（2）故障原因及处理方法

1）曲轴连杆轴承盖的固定螺栓松动或折断。应紧固或更换。

2）曲轴连杆轴承减磨合金烧毁或脱落。应更换曲轴连杆轴承。

3）曲轴连杆轴承或轴颈磨损过甚，造成径向间隙过大。应更换曲轴连杆轴承。

4）曲轴内通连杆轴颈的油道堵塞。应清洗并疏通油道。

5）润滑油压力过低、黏度过小或润滑油变质。应检查润滑系统或更换合适的润滑油。

（3）故障诊断流程

曲轴连杆轴承响的故障诊断流程如图 6—2—2 所示。

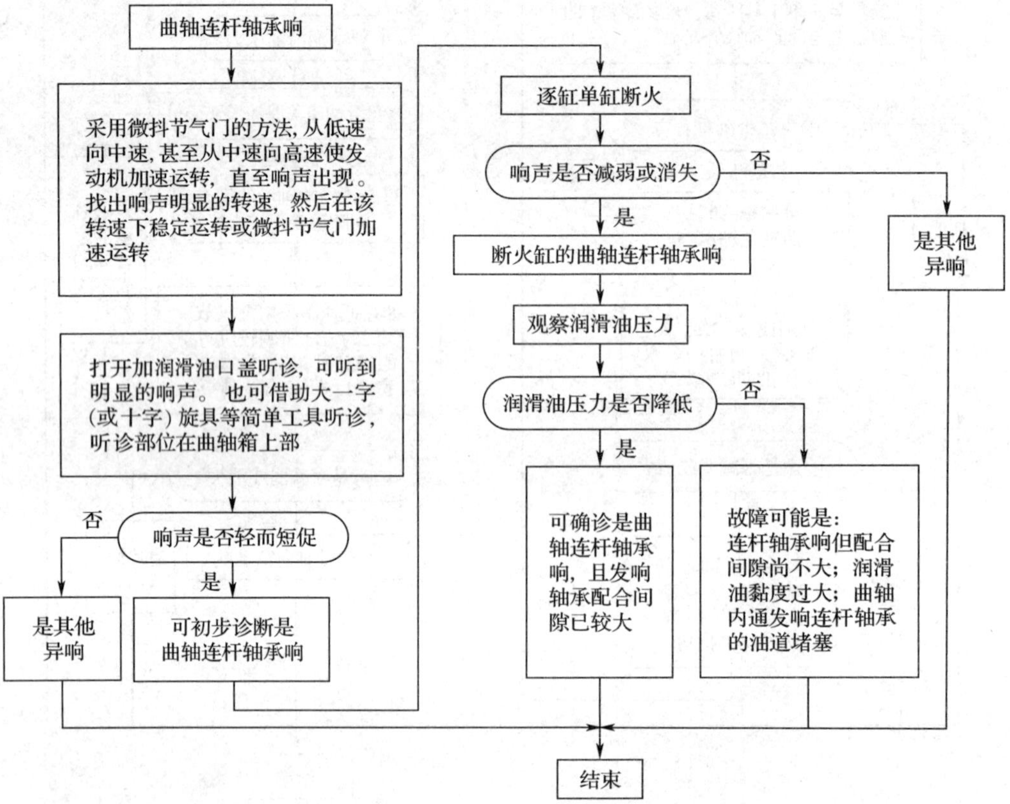

图 6—2—2　曲轴连杆轴承响的故障诊断流程

3．活塞销响

（1）故障现象

发动机在怠速、低速和从怠速、低速向中速微抖节气门时，可听到清脆而连贯的“嗒、嗒、嗒”的金属敲击声；响声随转速的升高而增大，随负荷的增大而加强；发动机温度变化时，对响声稍有影响但影响不大；响声严重时，润滑油压力不降低；单缸断火时，响声明显减弱或消失，再次点火瞬间响声又立即出现，甚至连续出现两个响声。

（2）故障原因及处理方法

1）活塞销与连杆小头衬套配合松旷。应更换活塞销与连杆小头衬套。

2）活塞销与活塞销座孔配合松旷。应更换活塞销。

（3）故障诊断流程

活塞销响的故障诊断流程如图 6—2—3 所示。

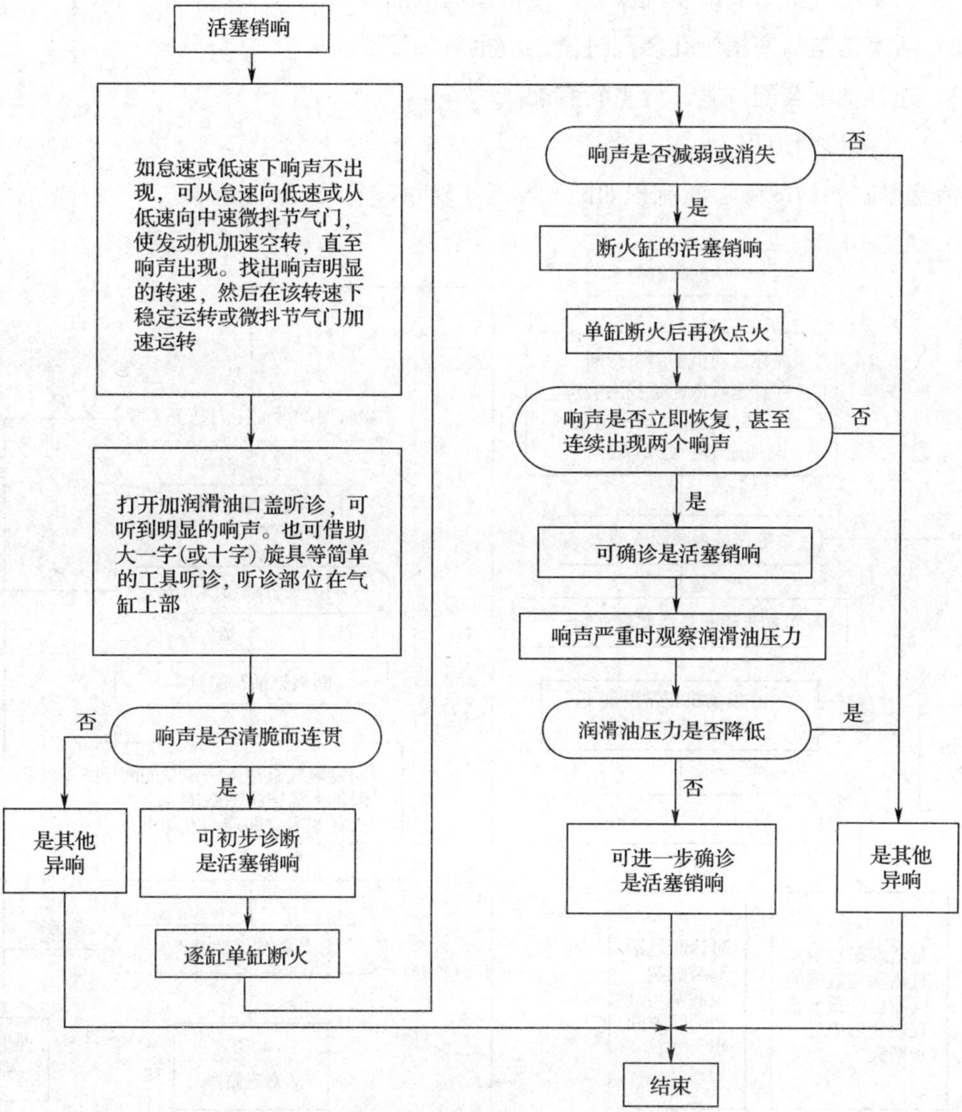

图 6—2—3　活塞销响的故障诊断流程

4．活塞敲缸响

（1）故障现象

发动机在怠速或低速运转时，在气缸的上部发出清晰而明显的“嗒、嗒、嗒”的金属敲击声，而中速以上运转时响声减弱或消失；发动机温度变化时响声亦变化，多数情况下响声冷车时明显，热车时减弱或消失；负荷越大时响声也越大；响声严重时，润滑油压力不降低；单缸断火时，响声减弱或消失。

(2) 故障原因及处理方法

1) 活塞与气缸壁配合间隙过大。应更换活塞或气缸。

2) 活塞与气缸壁润滑状况太差。应检调润滑油压力。

3) 活塞销与活塞销座孔装配过紧。应重新装配。

4) 连杆轴承装配过紧。应重新装配。

(3) 故障诊断流程

活塞敲缸响的故障诊断流程如图 6—2—4 所示。

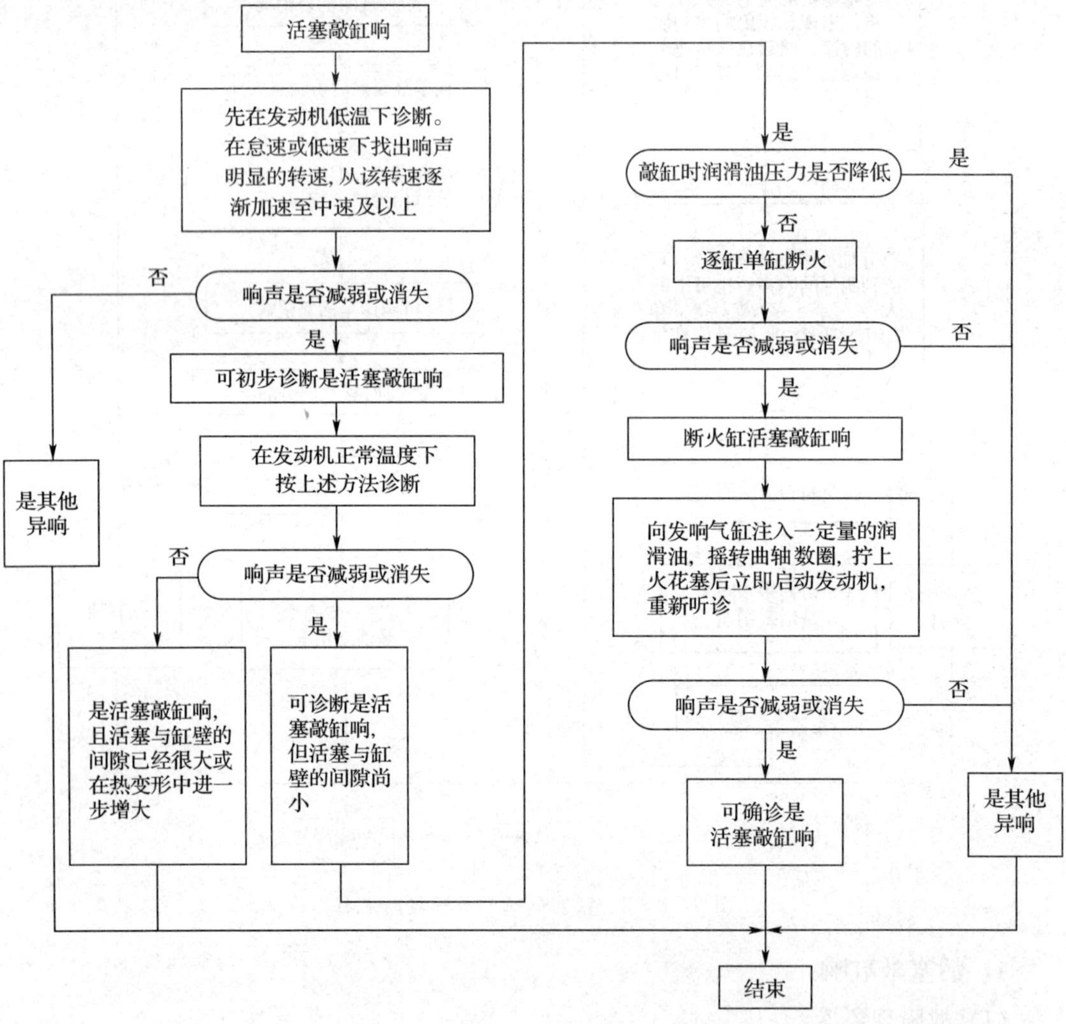

图 6—2—4 活塞敲缸响的故障诊断流程

5．发动机气门响

（1）故障现象

发动机怠速或低速运转时发出连续不断的、有节奏的“嗒、嗒、嗒”（在气门脚处）或“啪、啪、啪”（在气门落座处）的金属敲击声；转速增高时响声亦随之增高；温度变化时响声不变化；单缸断火时响声不减弱；若有数只气门响，则声音显得杂乱。

（2）故障原因及处理方法

气门响包括气门脚响和气门落座响。

1）气门脚响

①气门脚间隙过大。应检查并调整气门间隙。

②气门脚间隙调整螺钉松动或气门脚间隙处两接触面磨损异常。应重新检查并调整。

③气门脚处润滑不良。应检查并调整润滑油压力。

2）气门落座响

①气门杆与其导管配合间隙过大。应检查并调整。

②气门座圈松动。应更换气门座圈。

（3）故障诊断流程

发动机气门响的故障诊断流程如图 6—2—5 所示。

6．汽油发动机点火敲击响

（1）故障现象

汽车运行中，当在常用挡由较低车速急加速运行时，可听到汽油发动机发出类似金属敲击的“嘎、嘎、嘎”的响声。此时，如果稍抬加速踏板，响声便减弱或消失，再踩加速踏板响声又重新出现，发动机温度越高、负荷越大时，响声越强烈。

（2）故障原因及处理方法

造成点火敲击响的主要原因是发动机爆燃，其次也可能是早燃。爆燃与早燃虽然发生的时间不同（前者发生在火花塞点火以后，后者发生在火花塞点火以前），但两者有许多共同特点，并且是相互助长的。爆燃可引起早燃，早燃又进一步促进爆燃。产生爆燃与早燃的原因主要有以下几点：

1）汽油的品质差，特别是辛烷值含量过低。应换用合适的汽油。

2）发动机过热或负荷过大。应查明原因，排除故障。

3）点火时间过早或断电器触点间隙过大。应检查并调整点火系统。

4）混合气过稀。应查明原因，排除故障。

（3）故障诊断流程

汽油发动机点火敲击响的故障诊断流程如图 6—2—6 所示。

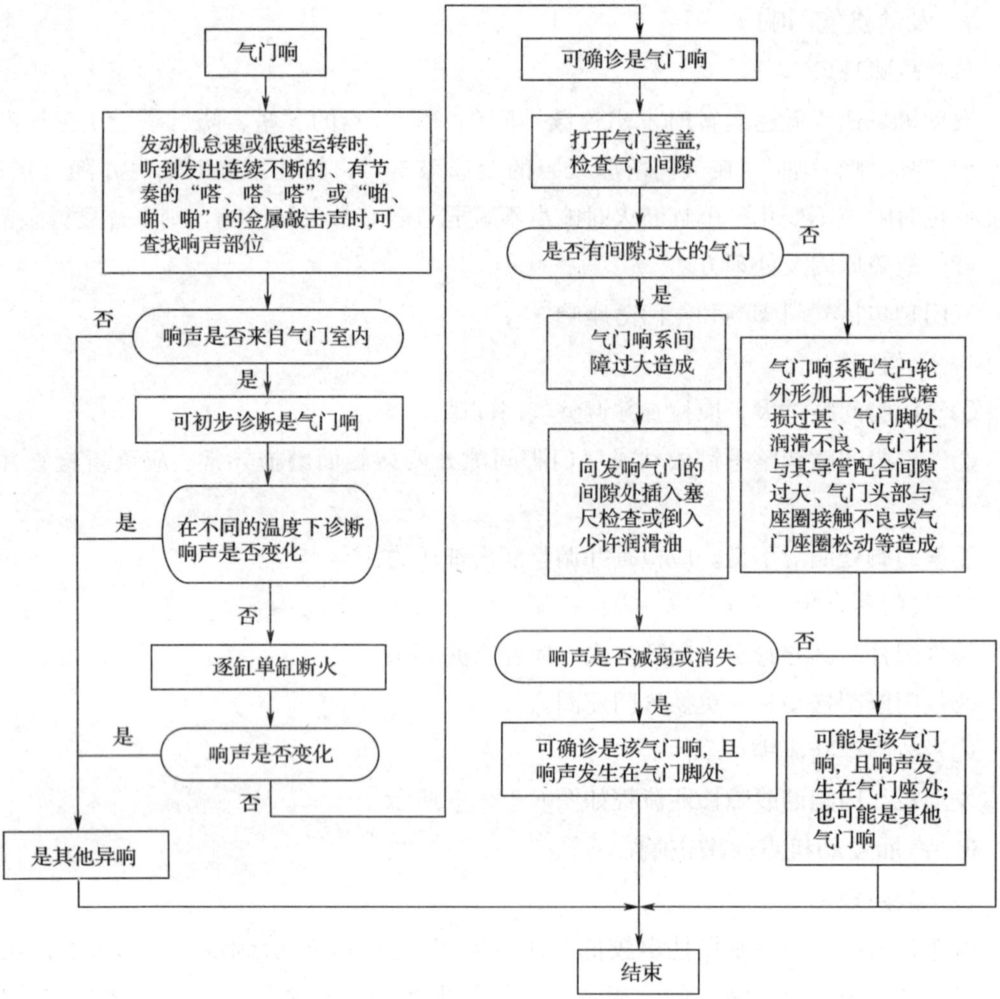

图 6—2—5　发动机气门响的故障诊断流程

诊断中要注意与气门响的区别，不要把点火敲击响误诊为气门响。气门响可发生在任何转速下（包括怠速），而点火敲击响发生在汽车加速行驶、爬坡和超越车辆等工况下。发动机产生点火敲击响后，只要适当推迟点火时间，汽车即可继续运行。如推迟点火时间后响声仍不消除，则应进一步找出原因并加以排除，一定不能勉强使用。

二、传动系统、悬架系统以及行驶系统的异响故障

汽车在运行过程中，一旦发现传动系统异响，一定要停车检查。

1. 首先观察变速箱、传动轴、驱动桥、轮毂等运动部位是否有漏油痕迹。一旦润滑油缺失，就会造成异响。因为润滑油不但起润滑作用，还起降噪作用。

2. 要用鼻嗅是否有异常气味。若有刺鼻异味，说明润滑油已变质，必须更换。

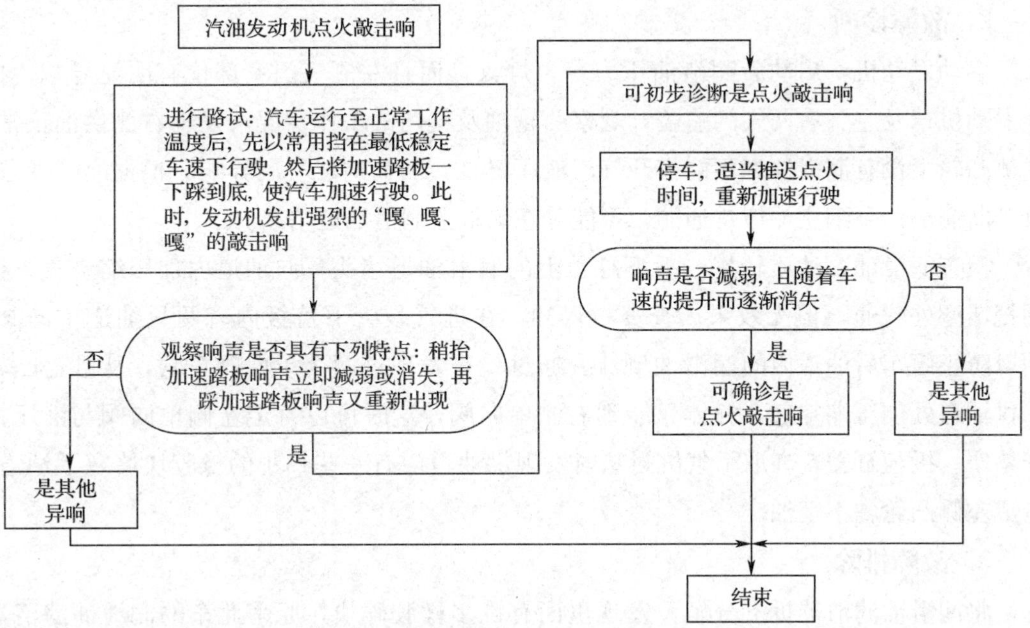

图 6—2—6　汽油发动机点火敲击响的故障诊断流程

3. 用手触摸变速箱、传动轴、驱动桥、轮毂等运动部位，感觉其是否过热，若过热、烫手则说明润滑油缺失（润滑油有降温的作用）。

对传动系统、悬架系统以及行驶系统的异响故障，也可让汽车在不加负载时低速试运行，通过望、闻、切、诊来确定发热和异响部位。如轮毂，在运行一段时间后，停车检查，用手触摸轮毂，若其中一个轮毂比其他三个轮毂温度高，则说明该轮毂缺润滑油，需要根据技术要求加注相应的润滑油。

对于一些传动连接部件，要逐一检查连接部位，看是否有因间隙过大而松旷。如转向连杆系统，要从转向盘一直检查到转向器、转向油缸、转向拉杆、转向节臂和转向轮。如有间隙要调整并消除，如需润滑要加注相应的润滑油等。

若出现因机械摩擦发出的异响，则必然会发现磨痕，如弹性钢板或弹簧的刚性连接部位异响，则必定有紧固件脱落、松动、开裂和变形等现象。

对于一些柔性传动部件，要按技术规定张紧，如传动带等。

若发现轮胎异响，则需要检查轮胎是否有开裂、起包、变形，否则就需要进行四轮定位了。

三、故障案例

1. 故障现象

一辆奥迪 A6 型轿车，该车在正常行驶中突然行驶无力、发动机有异响。

2．故障诊断

启动发动机，启动后润滑油压力警告灯灭，而且左侧气门室部位有明显异响。拆下发动机罩及左、右两气门室盖，观察凸轮轴及气门的工作情况，发现右侧供油正常，左侧凸轮上没有润滑油，不能打开气门液压挺杆，因而造成气门异响。根据故障现象，可判断润滑油泵到主油道是通的，可能是左侧缸盖润滑油道堵塞。

检查润滑油，油质较好。拆下缸盖上的润滑油道堵头，向油道内加压缩空气，试图把堵塞处吹通，但无效果。查资料得知，在进气歧管下盖板内有两只油道单向阀，用以防止停车后油道内的润滑油倒流。通过检查发现这两个单向阀正常，从缸盖凸轮轴供油道处加压缩空气，气体只能到右侧单向阀，这时可以肯定左侧单向阀与液压挺杆堵塞。拆检缸盖，在取下气缸衬垫时发现供油道内有一些细小的橡胶块堵塞了油道，造成左侧凸轮轴不上油。

3．故障排除

将润滑油滤清器拆下分解，发现里面有许多橡胶碎块，原来此车的润滑油滤清器是劣质产品，其密封橡胶为非耐油橡胶件，经润滑油浸泡后极易破损，重新安装一个正品润滑油滤清器，同时更换润滑油，试车，发动机工作正常。

4．故障点评

能够有针对性地查阅相关技术资料，是维修人员的基本技术素质。只有具有技术资料，能够运用和查阅技术资料，才算是一名合格的现代汽车维修技术人员。

思考与练习

1. 发动机的异响是如何产生的？如何判断发动机的异响故障？
2. 如何检查传动系统、悬架系统以及行驶系统的异响故障？

课题三　汽车行驶跑偏故障检测与诊断

学习目标

- 熟悉汽车行驶跑偏的故障现象及处理方法。
- 掌握四轮定位仪的检测原理。
- 能够对汽车行驶跑偏故障进行检测与诊断。

想一想

桑塔纳 3000 型轿车，行驶时不能保持直线方向，而自动偏向一边。检查发现两侧轮胎气压基本一致，为什么会自动跑偏呢？

想一想：行驶自动跑偏是行驶系、制动系出了问题？还是底盘、车架变形造成的？

汽车行驶中自动跑偏的原因牵涉行驶系、制动系、四轮定位以及车辆底盘或车架是否变形等因素，因此，需要熟悉行驶系、制动系、四轮定位、车架定位等的技术状态和技术参数，各系统的技术状态和技术参数都将影响汽车的直线行驶性能，使司机驾驶疲劳，造成安全隐患，或使轮胎不正常磨损。

一、行驶跑偏的故障现象及处理方法

1. 故障现象

汽车正常行驶、不踩制动时，必须紧握转向盘才能保持直线行驶。若稍有放松便自动跑向一边。

2. 故障原因及处理方法

造成汽车行驶跑偏的根本原因是汽车车轮的相对位置不正确，两侧车轮受到的阻力不一致。具体原因主要有：

（1）两前轮轮胎气压不等，直径不一或汽车装载质量左、右分布不均匀。应予以调整或更换。

（2）左、右两前钢板弹簧挠度不等，弹力不一或单边松动、断裂。应予以更换。

（3）前梁、车架发生水平面内的弯曲。应予以校正。

（4）汽车两边的轴距不等。应予以调整。

（5）两前轮轮毂轴承的松紧度不一。应予以调整。

（6）前轮定位不正确。应予以调整或更换部件。

（7）车轮有单边制动或拖滞现象。应予以检修。

（8）转向杆系变形。应予以校正或更换。

（9）动力转向系控制阀损坏或密封环弹性减弱，阀芯运动不畅或偏离中间位置。应予以调整或更换等。

3. 故障诊断流程

汽车行驶跑偏的故障诊断流程如图 6—3—1 所示。

制动拖滞是在汽车不制动而正常行驶时，该故障使所在车轮受到更大的阻力，使汽车向该侧跑偏。装载不均等原因会造成两侧车轮受到不同的负载，从而产生不同的行驶阻力，使汽车向装载较多的一侧跑偏。而轮胎磨损不一致等原因使该车轮和同轴车轮与地面的摩擦系数不一致，也会致使车轮受到不同的阻力，造成汽车行驶跑偏。

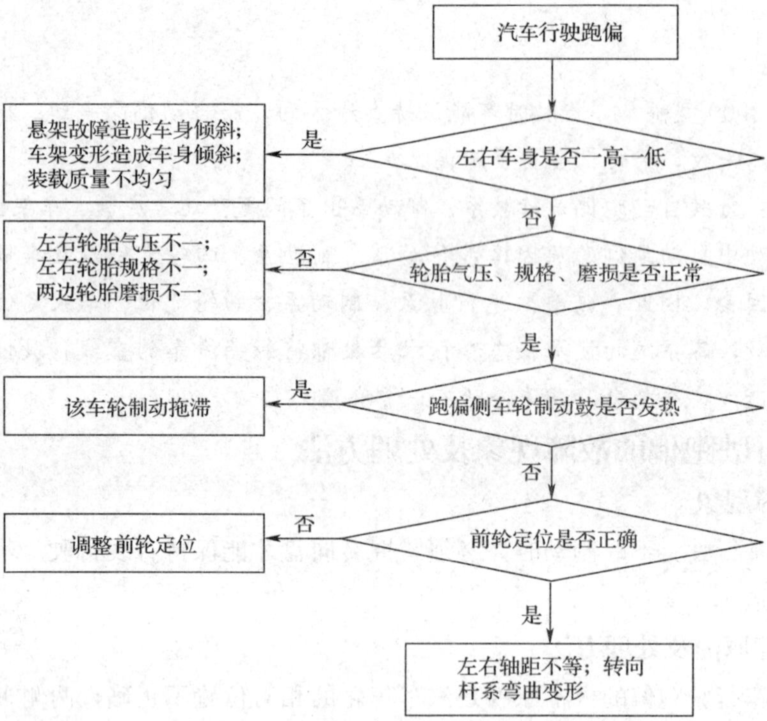

图 6—3—1　汽车行驶跑偏的故障诊断流程

行驶跑偏不但存在安全隐患，司机驾驶时易疲劳，而且还会造成轮胎不正常磨损，导致早期损坏，从而增加运营成本。

二、四轮定位仪的检测原理

四轮定位仪是专门用来测量车轮定位参数的设备。它不但适用于前轮定位，而且适用于具有后轮定位的汽车四轮定位参数的检测。四轮定位仪可检测的项目包括车轮前束及前张角，车轮外倾角，主销后倾角，主销内倾角，转向 20°时的前张角，推力角和左、右轮轴距差等，如图 6—3—2 所示。尽管四轮定位仪的形式多样，但它们的基本测量原理是一致的，只是采用的测量方法（或使用的传感器类型）及数据记录与传输的方式有所不同。

1．前束、轴距差、推力角的检测原理

为了提高测量精度，检测前，根据四轮定位仪的类型，常通过拉线或光线照射及反射等方式形成一封闭的长方形，图 6—3—3 所示为 8 束光线形成的封闭长方形。检测时，应将车体摆正并使车轮处于直线行驶位置，通过安装在车轮上的传感器进行前束、轴距差、推力角的检测。安装在车轮上的传感器有不同的类型，这里以光敏三极管式传感器为例说明其检测原理。

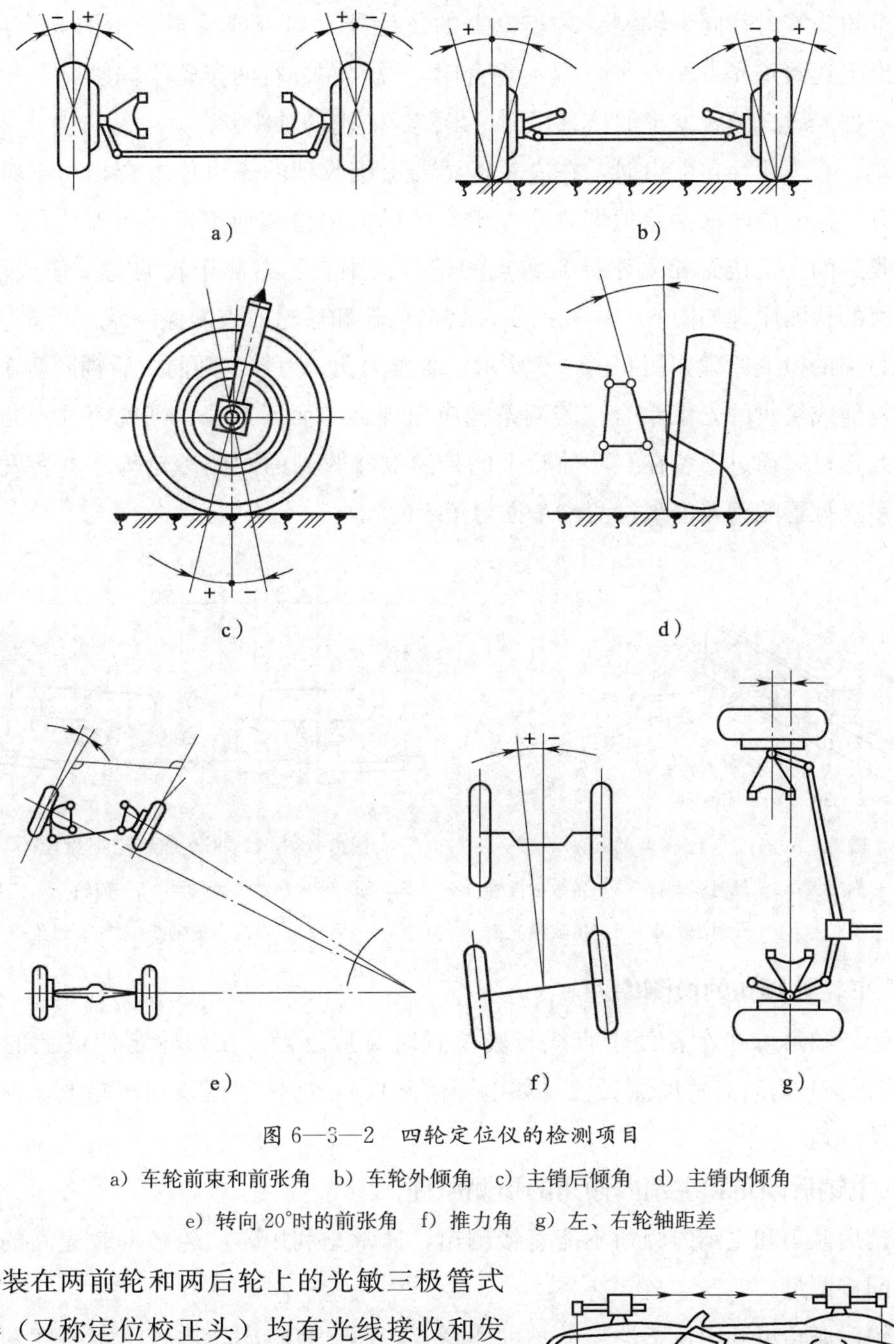

图 6—3—2　四轮定位仪的检测项目

a）车轮前束和前张角　b）车轮外倾角　c）主销后倾角　d）主销内倾角

e）转向 20°时的前张角　f）推力角　g）左、右轮轴距差

安装在两前轮和两后轮上的光敏三极管式传感器（又称定位校正头）均有光线接收和发射（或反射）功能，在传感器的受光平面上将光敏三极管等距离地排成一排，在不同位置上光敏三极管接收到光线照射时，其光敏管产生的电信号即可代表前束值（角），左、右轮轴距差及推力角的大小。

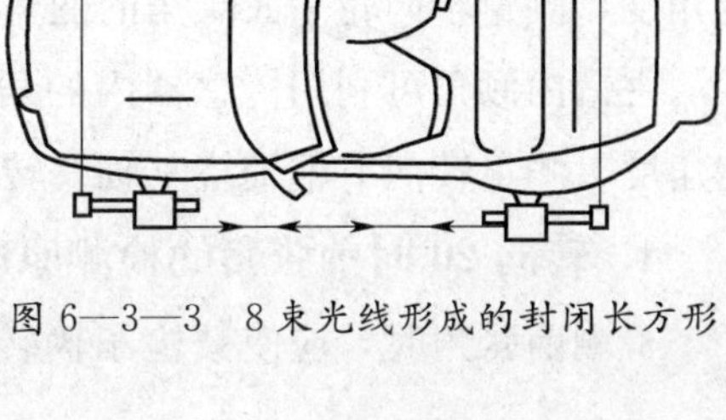

图 6—3—3　8 束光线形成的封闭长方形

前束角为零时，同一轴左、右车轮上的传感器发射（或反射）出的光束应重合。当检测出上述两条光束相互平行但不重合时，说明左、右两车轮不同轴，车轮发生了错位，根据光敏三极管发出的信息可测量出左、右轮的轴距差。

当左、右车轮存在前束时，在右轮传感器上接收到的光束位置会相对于原来的零点位置有一偏差值，该偏差值即表示左侧车轮的前束值或前束角；同理，在左轮传感器上接收到的光束位置相对于原来零点的偏差值则表示右侧车轮的前束值或前束角。车轮前束的检测原理如图 6—3—4 所示，转向前轮和后轮前束的检测原理相同。

推力角的检测原理如图 6—3—5 所示。若推力角 δ 为零，则前、后轴同侧车轮上的传感器发射或接收的光束重合；若两条光束出现夹角而不重合，则说明推力角 δ 不为零。因此，可以通过安装在汽车前轮上的传感器接收到的同侧后轮传感器所发射光束相对于零点位置的偏差值来检测汽车推力角 δ 的大小。

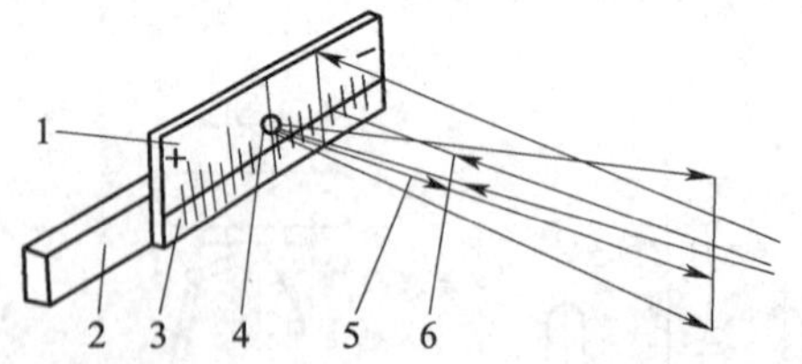

图 6—3—4 车轮前束的检测原理

1—刻度板 2—投射器支臂 3—光敏三极管 4—激光器 5—投射激光束 6—接收激光束

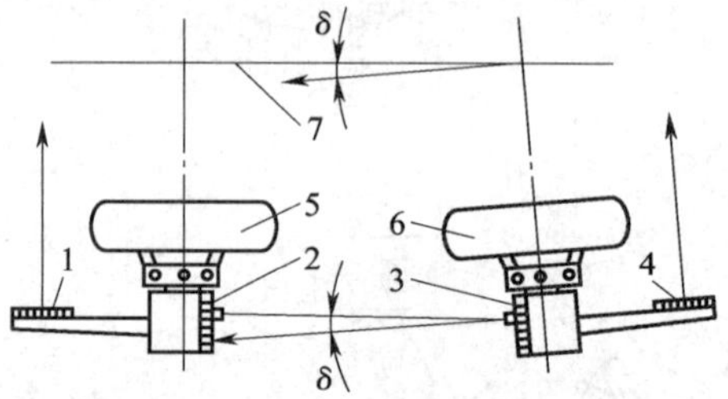

图 6—3—5 推力角的检测原理

1～4—光线接收器 5—前轮 6—后轮 7—汽车纵轴线 δ—推力角

2．车轮外倾角的检测原理

车轮外倾角可在车轮处于直线行驶位置时直接测得。在四轮定位仪上的传感器（定位校正头）内装有角度测量仪（如电子倾斜仪），把传感器装在车轮上，可直接测出车轮外倾角。

3．主销后倾角和主销内倾角的检测原理

主销后倾角和主销内倾角不能直接测出，通常是利用转向轮转动时建立的几何关系进行间接测量。

主销后倾角可利用传感器内的角度测量仪，通过将转向轮内转一定角度和外转一定角度，测量转向轮平面倾角的变化量来间接测出。

主销内倾角可利用传感器内的角度测量仪，通过将转向轮内转一定角度和外转一定角度，测量转向节枢轴绕其轴线转动的角度来间接测出。

4．转向 20°时前张角的检测原理

检测前张角时，应使被检车辆转向轮停在转角仪的转盘中心处，车轮处于直线行驶位置，转动转向盘使右转向轮向右转 20°后，读取左转向轮下转盘上的刻度值 λ_1，则 $20° - \lambda_1$ 即为向右转向 20°时的前张角；使左转向轮沿直线行驶方向向左转 20°后，读取右转向轮下转盘上的刻度值 λ_2，则 $20° - \lambda_2$ 即为向左转向 20°时的前张角。

目前，电脑四轮定位仪受到广大用户的青睐，除了平面红外光线扫描的电脑四轮定位仪外，立体型 3D 电脑四轮定位仪也已面世，操作起来像三维动画一样直观、明了。电脑四轮定位仪一般由主机、彩色显示器、操作键盘、高精度传感器、支架、转盘、打印机、遥控器等组成，往往制成可移动式。这种仪器一般由安装在车轮上的传感器把车轮与定位角之间的几何关系转变成电信号或光信号，送入电脑进行分析和判断，然后由显示屏或打印机输出。采用电脑四轮定位仪进行车轮定位参数检测时，可一次顺序完成前、后轮前束，前、后轮外倾角，主销内倾角与主销后倾角等多项测量，其测试速度快，测量精度高。现代先进的电脑四轮定位仪不仅采用了先进的测量系统和科学的检测方法，而且存储了大量常见车型的四轮定位标准数据，在检测过程中可随时把实测数据与标准数据进行比较，并通过屏幕用图形和数字显示出需要调整的部位、调整方法以及在调整过程中数值的变化，把复杂四轮定位的检测、调整过程简化成“看图操作”。

互动项目——汽车的基本检查

汽车的基本检查项目如下：

1. 用举升机升起车辆，检查底盘与悬架的技术状态。图 6—3—6 所示为悬架在汽车中的位置。

2. 检查汽车的四轮定位与轮胎气压。

3. 检查转向系统的技术状态。

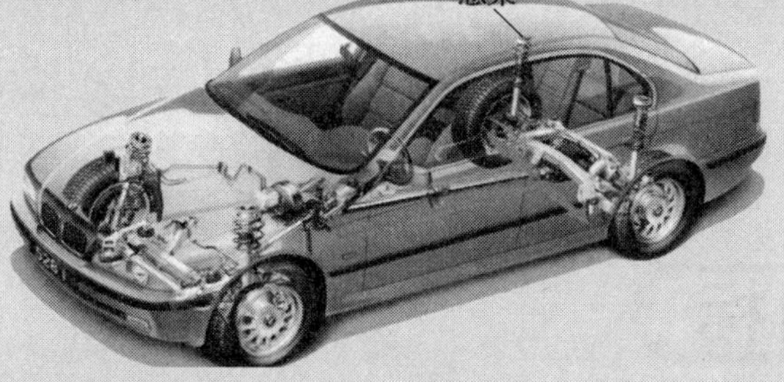

图 6—3—6　悬架在汽车中的位置

三、故障案例

1. 故障现象

帕萨特 B5 型 1.8T 轿车行驶时跑偏。

2．故障诊断

车辆行驶时跑偏的原因有：

（1）前轮左、右轮胎气压不一致。

（2）前轮制动器分离不彻底。

（3）转向拉杆球头松旷。

（4）前轮定位不准。

（5）前减振器失效。

（6）车身或车架变形。

按上述故障原因进行检查，发现右前减振器漏油。

3．故障排除

更换右前减振器后故障排除。

4．故障点评

减振器漏油不仅会使车辆行驶中跑偏，而且会使车辆在不平的路面上行驶时发出异响，严重影响车轮定位，加速轮胎的磨损，因此，检修中要多加注意。

思考与练习

1. 汽车行驶跑偏的故障原因有哪些？应如何诊断？
2. 简述四轮定位仪的检测原理。

课题四　汽车电子控制系统故障检测与诊断

学习目标

- 熟悉汽车电子控制系统故障诊断的基本方法。
- 了解间歇性故障的诊断和无故障码故障的诊断。
- 熟悉汽车电子控制系统故障诊断的基本流程。
- 熟悉汽车电子控制系统故障诊断时的注意事项。
- 能够对汽车电子控制系统故障进行检测与诊断。

想一想

一辆桑塔纳3000型轿车，出现怠速发抖，急加速不好，排气管冒黑烟等多重故障。通过清洗节气门体和喷油器，更换空气流量计和火花塞，清洗怠速阀等处理后，故障依旧。

想一想：汽车怠速不良是小故障吗？怠速不良与哪些因素有关？

在电控发动机中，若节气门、怠速控制阀、喷油器、高压缸线、火花塞、空气流量或进气压力传感器以及油泵等部位出现故障，都会造成发动机怠速异常，车辆发抖或闯车等现象。要正确诊断和排除此类故障，需要了解汽车电子控制系统的组成、原理和特点；熟悉故障码的读取方法；掌握各种仪器、工具的使用方法与技巧；理解故障诊断的基本原则；具有清晰的诊断思路和正确的检测方法。怠速不稳看似小故障，其实诊断起来非常麻烦，这是包括机、电、气、液及其自动控制等技术的综合性故障之一。

一般来说，汽车电子控制系统由传感器、电控单元ECU和执行器三部分组成。传感器收集汽车运行时的即时动态信息，然后送给ECU进行处理，按处理结果发出指令，使执行器动作，实现自动控制。这是一个机、电、气、液一体化的智能闭环控制系统，因此，汽车电子控制系统的故障诊断有其相应的方法和规律可循。

一、故障诊断的基本方法

根据所采用的手段与方法不同，汽车电子控制系统故障诊断的基本方法可分为直观诊断法、自诊断法和仪器诊断法三种。

1．直观诊断法

直观诊断法就是通过人的感觉器官对车辆故障现象进行问、看、听、摸、嗅、试等初步、直观的检查。通过“问”可以了解故障出现的时间、出现的过程（是自然产生还是人为造成）和故障现象的特征等。通过“看”可以观察到元件损坏的表面现象，如断裂、脱落、松旷、泄漏、堵塞、脏污、烧蚀等。通过“听”可以听到各种正常和不正常的响声，如漏气、高压漏电、爆燃、放炮、回火、电磁阀动作等响声。通过“摸”可以感觉到抖动、温度、湿度等。通过“嗅”可以嗅出漏油、异常的尾气排放和高温烧煳味等。通过“试”可以直观地试验出某些元件或系统的性能好坏，如火花塞的跳火、油压调节器的调压性能、点火的时刻、发动机的动力性能、自动变速器的各项检验效果和ABS的工作效果等。诊断时要做到认真、细致和完全。

通过以上诊断，可以再现故障的全过程，了解和掌握故障现象的详细特征，并结合积累的经验，通过大脑的分析和判断，可以直接找到故障的具体部位。这种方法简单、实用，不需要借助任何仪器与设备，有许多故障都是通过这种方法得以排除的。

2．自诊断法

汽车电子控制系统是一个相当复杂的系统，ECU在完成各项控制功能的同时，还带有自诊断功能，即控制系统中有一套监控程序，能够对系统中的传感器及其电路、执行器及其电路、ECU 的自身情况进行监控。如果被监控的电路信号超出正常的范围，ECU 将以故障码的形式记录并存储下来，同时采用应急容错控制技术，运行备用程序，调节备用参数来替代错误的信号，以维持车辆的基本工作状态。在进行故障诊断时就可以利用这一功能，如可以利用 ECU 的自诊断功能读取和消除故障码，进行数据在线检测、执行器功能测试和基本设定等。

（1）读取故障码与清除故障码

故障码的读取和清除可以直接用故障诊断仪（图 6—4—1）进行。即按菜单引导进入读码，排除故障后清码，再试车，若故障码不再出现，说明故障已被排除。

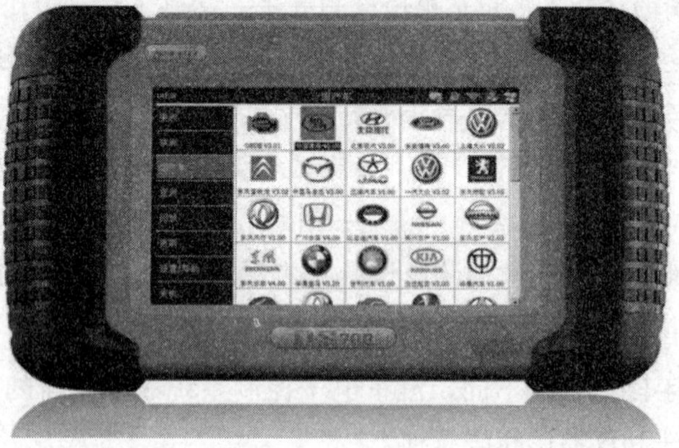

图 6—4—1　故障诊断仪

（2）读取数据流

利用故障码进行故障诊断虽然在一定程度上比较方便、快捷，但存在两方面的局限性，一是故障码只能指明某一部分电路有故障，只是一个范围，不能具体到故障部位；二是 ECU 只能监测到信号的范围，不能监测到被测信号的变化特性，即只对值域和时域超出有效范围的信号设置故障，而对没有超出有效范围，但不合理的数据则无法判断。所以故障码只是一个重要参考，不能完全依赖于对故障码的检测，在排除故障时还必须做更进一步的检测。

许多车辆的自诊断系统除了具有故障码的设置功能外，还具有行车记录功能，能记录车辆在行驶过程中的传感器、执行器及相关电路的数据和资料，将故障诊断仪通过故障诊断插座与车辆 ECU 相连，在故障诊断仪的显示屏上便可以显示出所测的数据。通过分析、比较这些数据，可以为进一步的故障诊断和排除疑难故障提供更多的信息和线索。同时，利用故障诊断仪还可以通过车辆 ECU 向执行器发出控制指令，使某些执行器动作，以测试其功能的好坏，如喷油器动作的测试、活性炭罐电磁阀动作的测试、换挡电磁阀动作的测试等。目前，一般的故障诊断仪都具有这样的功能，即数据流显示功能。

（3）基本设定

在大众系列的某些车型中，更换元件之后需要进行参数匹配，又称为基本设定。如更换节气门体，这些车的节气门体上有节气门电位计、节气门定位器、节气门定位电位计和怠速开关，更换后需要将节气门体与ECU进行匹配，如果更换了ECU，也需要在节气门体与新ECU之间进行匹配，否则会出现发动机怠速发抖、行驶无力等现象。这一工作必须由故障诊断仪来完成，V. A. G1551、V. A. G1552及一些通用型故障诊断仪都已具备这样的功能，具体设定方法可以参考故障诊断仪的使用说明书。

3. 仪器诊断法

仪器诊断法是利用最基本的检测仪器对控制电路中的输入信号和输出信号进行直接测量，测量参数可以是电阻、电压、电流、频率、信号波形等，采用的仪器可以是万用表、示波器、LED试灯等。

（1）万用表法

此方法应选用高阻抗的数字万用表或汽车专用万用表，这种万用表一般都具有测量电阻、电压、温度、频率、电容等功能，可直接用于测量元件或电路的电阻、电压和通断情况，对于交流信号和脉冲信号可以测量其频率，外接上温度传感器后还可以测量外界的温度。在确定故障具体部位时，万用表往往是最简单而实用的诊断仪器。

（2）示波器法

能够用作示波器的设备有汽车示波器、故障诊断仪和发动机综合分析仪等。采用示波器可以“截取”ECU与传感器或执行器之间的电子信号，并以波形的方式显示出来。波形记录了信号的幅值与时间之间的关系，从波形上可以得到信号的幅值（电压的大小）、频率、占空比、脉冲宽度、特性和信号的变化规律等。通过对波形的分析，理论上可以将导致汽车故障的所有原因一一检查出来，尤其在对付“疑难杂症”时特别有效，它是当今汽车故障诊断中一种重要的诊断仪器。

测量时，要将点火开关置于“OFF”位置，拆下连接插头，用细铜线将信号插脚引出来，再插上连接插头，然后将引出线与示波器相连，要特别注意防止线路短路。

常用示波器来检测霍尔传感器、电磁感应式传感器、光电式传感器、氧传感器、爆震传感器的信号波形和喷油器、各种电磁阀的驱动电压波形等。

（3）LED试灯法

利用试灯可以快速、方便地检查电路的供电、搭铁情况，可以直观地检查ECU对执行元件的控制功能，如可以检查喷油器、电磁阀、继电器、点火器等元件的控制电路是否正常工作。

由于汽车电子控制系统相当复杂，所产生的故障现象也是形式多样，其中有些是连续性故障，有稳定的故障现象或故障码，且只要条件满足故障就会出现，这类故障比较容易排除。有些是偶发性、间歇性故障，属“疑难杂症”，在诊断时往往很难再现故障症状。遇到这类故障时，根据驾驶员反映的情况可以采用条件模拟法来诱发故障产生，常用方法有振动模拟、加热模拟、水淋模拟、加速模拟、减速模拟等。然后根据自身的条件，综合应用上述故障诊断方法，快速、准确地找出故障部位。

一般来说，不同车型和不同电子控制系统的基本组成是相同的，都是由传感器、ECU 和执行器组成，大同小异。所以汽车电子控制系统故障诊断的基本原则和基本方法一般能够适用于各种车型和各个系统。但由于不同车型和不同控制系统各有其特殊性，在传感器的形式、信号的数值、执行器的形式、控制方式和控制机理等方面可能不尽相同。在对某一具体车型进行具体故障诊断时一定要区别对待，根据车型的要求，灵活运用上述介绍的仪器和方法，切不可千篇一律。

很多仪器并不是非要在诊断汽车电子控制系统时才可以用，在前面模块课题的内容讲解过程中，有许多故障的诊断步骤都用到了上面的某些具体的仪器，这些仪器的使用知识可参阅前面的内容。

二、间歇性故障的诊断

间歇性故障是指受外界因素（如温度、受潮、振动等）影响而有时存在、有时又自动消失的故障。由于此类故障无明显的故障现象，诊断比较困难，一般需模拟司机所陈述的故障出现时的条件和环境，使故障再现，以便根据故障现象查明故障原因。

1．振动法

对于汽车电子控制系统线路接触不良或元件安装不牢固等引发的故障，汽车行驶中由于振动往往会使故障现象时隐时现。遇到此类故障，可使发动机维持怠速运转，在水平和垂直方向摇动线束或线束插接器，用手轻拍装有传感器的部件，观察发动机故障是否再现，如果故障再现，说明摇动的线路或轻拍部位的传感器有故障。

注意不能用力拍打继电器，否则可能会造成继电器断路；对传感器进行振动试验时，可用万用表测量其输出信号有无异常变化，以确定该传感器是否有故障。

2．加热法

如果故障只在热机时出现，可用电吹风加热怀疑有故障的汽车电子控制系统元件，如果加热某元件时故障再现，说明该元件有故障。

注意不能对 ECU 中的元件直接加热，且加热温度不应超过 60℃。

3．水淋法

如果故障只在雨天、洗车后或高湿度环境下出现，可用水喷淋车辆使故障再现，以便根据故障现象分析、判断故障原因。

注意不能用水直接喷淋汽车电子控制系统元件，而应将水喷淋在发动机散热器前面，间接改变发动机室内的湿度。

4．用电设备全部接通法

如果怀疑因用电负荷过大而引起故障时，可接通全部用电设备，检查故障是否再现。

5．道路试验法

有些故障只在特定的行驶状态下出现，则必须通过道路试验的方法使故障再现，以便查明故障原因。

间歇性故障一般不会长时间出现，所以在诊断故障时，用上述方法使故障再现后，应抓住时机，根据故障码提示和故障现象迅速对故障进行诊断。

三、无故障码故障的诊断

无故障码故障是指在汽车使用中有明显的故障现象，但故障指示灯不亮，按规定程序调取故障码时，显示正常码。无故障码故障的诊断步骤见表6—4—1。

表6—4—1　　无故障码故障的诊断步骤

步骤	检查内容	正常	不正常的处理方法
1	发动机不工作时检查蓄电池电压	不低于11 V	充电或更换蓄电池
2	盘转发动机检查曲轴能否转动	能转动	按故障诊断表诊断
3	检查起动机能否启动	能启动	直接转到步骤7进行检查
4	检查空气滤清器滤芯是否过脏或损坏	滤芯良好	清洁或更换滤芯
5	检查发动机怠速运转情况	怠速运转良好	按故障诊断表诊断
6	检查发动机点火正时	点火正时正确	调整点火正时
7	检查燃油系统压力	压力正常	检查并排除燃油系统故障
8	检查火花塞和高压线跳火情况	火花正常	检查并排除点火系统故障
9	上述检查是否查明故障原因	查明故障原因	按故障诊断表诊断

四、故障诊断的基本流程

汽车电子控制系统的组成和工作原理基本相同，控制系统的信息采集由传感器完成，信息处理由电控单元ECU完成，并发出指令驱动执行器动作，实现控制，动作完成情况由闭环系统反馈。系统若有不正常情况发生，会以故障码的形式存储在ECU中，同时点亮故障指示灯，警示某电子控制系统发生故障，给维修人员指明诊断思路。因此，在对汽车电子控制系统进行故障诊断时，在进行基本检查的前提下，应遵循代码优先的原则。下面以电控燃油喷射系统为例，介绍故障诊断的基本流程。

故障诊断的基本流程如图6—4—2所示。

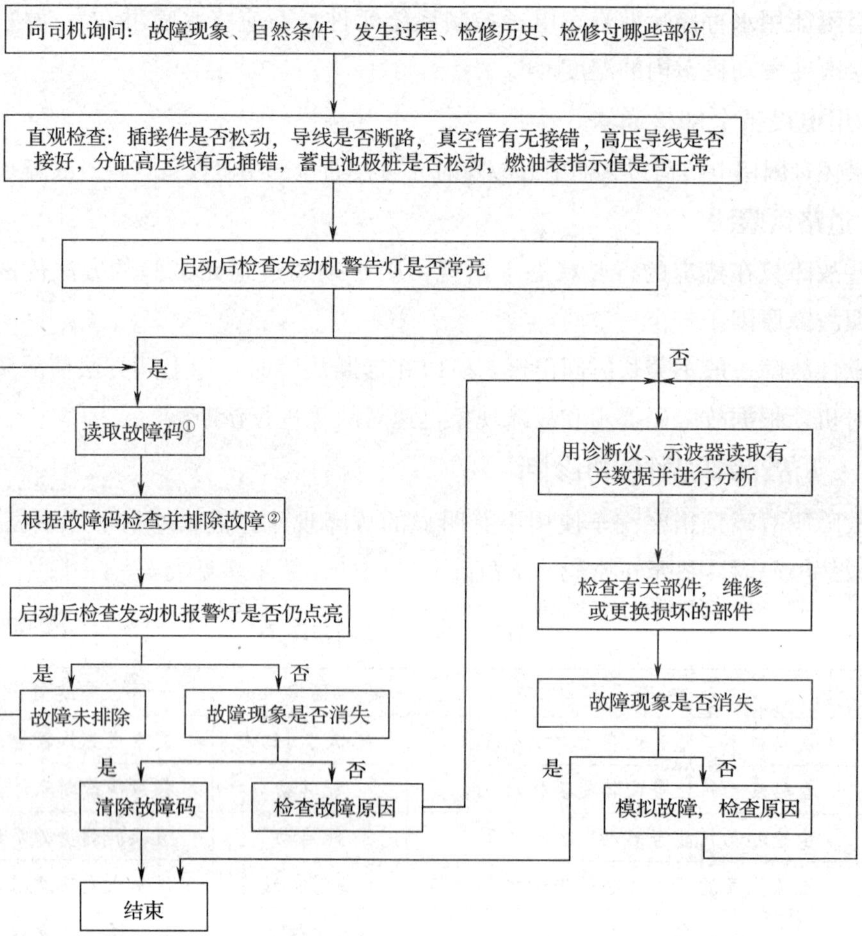

图 6—4—2　故障诊断的基本流程

说明：

①读取故障码。查阅该车的故障码表，掌握故障码的确切含义，确定故障产生的部位。

②如无故障码输出（显示正常码）或没有故障码含义注释表，可根据故障现象，结合该车型的故障诊断及检修表，按所示故障部位顺序进行检查。

汽车故障检测与诊断的基本流程通常按以下步骤进行，又称为“八步诊断法”。

1．问诊并填写用户调查表

为了迅速地查找出故障发生点，首先要询问司机，了解故障出现时的情况和自然条件，了解故障的发生过程以及检修历史等，然后详细填写维修车辆登记表。此表与诊断测试结果一起作为查找故障点的依据，同时也可作为检修后验收、结账的参考依据。

2．外观初步检查

电控燃油喷射系统的故障大多数是小故障，如线路短路、断路或人为装错，以及一些传感器、执行器的规定值失调等。所有进气胶管均不能有破裂。检查各种卡箍紧固是否适度。检查各种真空管是否有破裂、扭结、插错。插错真空管会造成发动机怠速不稳，甚至使发动机无规律地出现工作不良。喷油器应安装正确，密封圈完好。密封圈上部安装或密封不良会导致漏油，造成严重事故；下部密封不良会导致漏气，使发动机真空度下降，运行不良，还会使进气压力传感器信号增加，喷油量增加，从而致使混合气变浓等。

3．故障再现

在填写维修车辆登记表后，按照司机所叙述的故障现象，在车速、负荷、道路条件达到产生故障的条件下驾驶汽车，尽量使故障现象再度出现。从故障表现的形式上，结合外观仔细检查的结果，对该车故障有一个初步的诊断。

4．读取故障码

启动发动机故障自诊断系统，读取故障码然后清除；识别故障码是历史码还是现行码，试车后再读一次故障码，以确认故障。

5．分析并判断故障部位

借助维修工具和其他仪器对故障关联的系统进行检测和诊断，结合与该车有关的技术资料查找故障源，分析并判断故障部位。

6．排除故障

对已确诊的故障点进行调整、测试和维修，排除故障后，清除故障码，并试车验证故障是否排除。

7．建立客户故障档案

必要时，进行典型案例登记。

8．交车并对司机提出相关技术维护建议

要注意的是，大多机械部分及很多电子系统都不受汽车电子控制系统的监控。因而这些部分或系统的故障引起驾驶性能问题时，不会产生相应的故障码，也无法在ECU的数据流中或示波器中检测到这些故障。在检测到汽车电子控制系统无故障码时，应检查和排除机械部分的故障。在识别故障环节，应与司机充分交谈，准确了解故障和其产生的条件及症状的严重程度，可以询问如下问题：

（1）故障是一直存在还是有时才出现？出现时是否有规律？现在是否还发生？

（2）故障是否发生于某些特定时间，如加速或爬坡，或特定温度（如冷启动或热启动）时？

（3）症状是噪声、振动、气味、性能故障或是上述任意几项的组合？

（4）这些故障以前是否出现过？曾采取什么措施进行修理？

（5）汽车最近一次维修是什么时候？修理时采取了什么措施？

五、汽车电子控制系统故障诊断时的注意事项

在对汽车电子控制系统进行故障诊断或检修时，由于电子线路的复杂性与特殊性，

必须注意下列事项：

1. 蓄电池线没连接完好时不能启动发动机。

2. 点火开关处于“ON”位置时绝不可拆除或连接电线插头，尤其是ECU插接器。

3. 点火开关处于“ON”位置时不能拆除或安装蓄电池线。

4. 检修L型燃油喷射系统的压力时，应拆下蓄电池至继电器的供电电路。

5. 拆开任何油路部分前都应降低燃油系统的压力。

6. 不要轻易拆下ECU盒盖；拆装ECU连接线时，必须将点火开关置于“OFF”位置。

7. 对电控单元进行检修时，要注意人体静电对ECU芯片的影响，不可用手触摸汽车电子控制系统的各个连接端子；电控单元的所有接头必须连接牢靠，否则会损坏集成电路。

8. 电路断路或接触不良是汽车电子控制系统常见的故障，绝不可用搭火的方法来检查线路是否通断，因为搭火造成的电路瞬间短路可能引起电路中线圈电感的自感电动势过高，从而击穿电子元件。

9. 音响设备的天线应离ECU尽可能远些，其天线的连接线距ECU应不小于20 cm。

10. 当拔下润滑油尺、拆开润滑油盖及曲轴箱通风管等时，可能会引起发动机运转不稳。

11. 进气系统管路不能有裂纹、漏气，否则会引起发动机运转不稳。

12. 对采用电子控制技术的车辆进行焊接时，要注意保护好各个控制系统的ECU，最好将其拆下来，等焊接完后再装上去。

13. 清洗车辆时，不要让水洒到电路连接插头处，尤其是分电器上，否则易造成电路锈蚀、漏电和短路。

14. 在对控制系统的元器件进行检测时，一般应首先检查元器件的供电与搭铁电路是否正常，然后再检测元件本身。

15. 安装蓄电池时，千万不能将正负极接反，且蓄电池极桩夹一定要牢固固定，否则易烧毁蓄电池极桩或损坏电气元件。

16. 诊断故障时应遵循由外到内、先易后难、由直观到复杂的原则。

17. 虽然汽车的很多系统都采用了电子控制技术，但汽车的很多故障都是由于非电路故障引起的，在诊断故障时往往要先排除传统结构可能存在的问题，如真空漏气、汽油泄漏、高压漏电和火花塞有积炭等，然后再检查电子控制系统可能出现的故障。

六、故障案例

1. 桑塔纳2000GSi型时代超人轿车多重故障的诊断与检修

(1) 故障现象

一辆桑塔纳2000GSi型时代超人轿车行驶里程为120 000 km，出现怠速不稳、急加速不好、进气管回火、路试时有闯车等现象，尤其在二挡换三挡、三挡换四挡时，加速抖动厉害，加速踏板稳住一段时间稍好，同时伴有冷却液温度高、“开锅”等现象。

（2）故障诊断与排除

该故障的原因比较复杂，牵涉机构、系统较多，但重点在发动机。换挡时故障加剧，是发动机的负荷变化所致。在了解车辆基本技术情况的前提下进行了常规检查。然后用大众公司专用的故障诊断仪进行电子控制系统的故障检查，结果为“自适应过程超出上限”。启动发动机，进行动态数据流分析，输入“007”组，观测氧传感器的反馈情况，长期显示0.8～0.9 V的电压值，修正已达-25%，说明ECU已指令喷油量减少。输入“002”组，观测空气流量计信号，怠速时进气量达50 g/s，显示偏高。

拆检火花塞，电极发黑，证明确实混合气过浓。更换空气流量计，换火花塞，检测高压线也有漏电现象。清洗节气门体、喷油器，装复后怠速先稳定了2 min后又开始抖动，并且更加厉害，急加速也没有好转。

断缸发现怠速时三缸基本不工作，二缸工作不好。这时考虑到“开锅”现象，上水管压力很高，考虑可能是气缸衬垫冲坏了，决定测试一下缸压，结果两个缸压在启动发动机时能到0.8 MPa，而着车情况下只有0.4 MPa左右，遂决定拆下缸盖检测。当拆下缸盖后发现气缸衬垫完好，气门密封严实，水不循环是因为水泵轮已经碎裂。换完气缸衬垫并装复水泵后，故障依然存在，此时诊断维修工作陷入僵局。

更新并调整思路，以前遇到这类汽车加速有闯车现象时一般更换火花塞、高压线，基本都能解决问题，可见点火系统的范围应重点考虑。由于已接近傍晚，天已微黑，这时发现三缸的点火似乎要比一缸的弱一些，一、四缸的点火发白，而二、三缸发蓝。把点火线圈总成上的触发线对调，缸线对调，试车后发现，二、三缸工作了，而一、四缸反而工作不好。至此，发现问题所在，更换点火线圈后故障彻底排除。

（3）故障点评

时代超人轿车的点火线圈是两缸并用的，当一组点火变弱时，混合气不能充分燃烧，所以氧传感器反映混合气过浓。同时，空气流量计又提供了错误的进气量，因冷却液温度高，开锅，问题又出在二、三缸线的两缸点火线圈，所以很容易被误诊为气缸衬垫冲坏了，如果有点火测试仪就可能不会误诊。

此车关键在于点火能量变弱而非不点火，所以不易判断。

2．奥迪轿车怠速高、游车故障

（1）故障现象

装备KE-JETROMC燃油喷射系统的直列五缸机，发动机启动后，怠速一直居高不下，转速在1 500～1 800 r/min游车，且严重抖喘。

（2）故障诊断

根据故障现象，初步分析造成该故障的原因是怠速控制阀损坏、怠速调整不当、冷启动阀滴漏和节气门卡滞、关闭不严等。

首先检查怠速控制阀，用手握住怠速控制阀的阀体，接通点火开关。手能感到阀体在振动，同时也听到了“嗡、嗡”的动作声。初步判断怠速控制阀的控制电路正常，怠速控制阀也在工作。启动发动机，在其怠速运转时（发动机水温达到80℃时），用旋具调整节气门体上的怠速螺钉，用专用工具调整燃油分配器上的CO型螺钉，经过反复调整，收效甚微。再将冷启动器阀上的连接器脱开，其怠速依然居高不下。从节气门上将进气胶管拆下，目测节气门关闭严密，无卡滞现象。拆下各缸火花塞检查，发现电极均为铁红色，说明火花塞燃烧状况良好，点火正常，混合气配比合理。

通过上述检查分析，认为故障还是在怠速控制阀部分。于是拆下怠速控制阀上出气口的胶管，启动发动机，用手堵住通向进气道的胶管口，并人为调节进气量，结果发动机怠速降下来了，由此可见是怠速控制阀故障。

（3）故障排除

更换一只新的怠速控制阀后，再启动发动机，高怠速后，发动机转速下降到750～800 r/min。加速时，发动机强劲有力。

（4）故障点评

检查该故障单刀直入，以检查怠速控制阀为主，其他相关部件为辅，效果很好。

思考与练习

1. 简述汽车电子控制系统故障诊断的基本方法和基本流程。
2. 简述汽车电子控制系统故障检修时的注意事项。